ein Ullstein Buch

W0245290

Ullstein Buch Nr. 3041
im Verlag Ullstein GmbH,
Frankfurt/M – Berlin – Wien

Umschlagentwurf:
Kurt Weidemann
Alle Rechte vorbehalten
© 1974 by Verlag Ullstein GmbH,
Frankfurt/M – Berlin – Wien
Printed in Germany 1974
Gesamtherstellung:
Ebner, Ulm
ISBN 3 548 03041 6

Arthur Rosenberg

Demokratie und Klassenkampf

Ausgewählte Studien

Herausgegeben und
eingeleitet von
Hans-Ulrich Wehler

ein Ullstein Buch

Inhalt

Hans-Ulrich Wehler: Einleitung

Daß Arthur Rosenberg ein Mann schroffer Widersprüche war, ist bis heute das Auffallendste an ihm. Ob sie eine Frage seines Temperaments und Charakters oder eher ein Spiegelbild der Umwälzungen und Gegensätze seiner Gesellschaft bildeten, läßt sich schwer entscheiden. In Deutschland jedenfalls war es ungewöhnlich, daß aus einem gelehrten Fachwissenschaftler einige Jahre lang ein aktiver kommunistischer Politiker wurde, und merkwürdig auch bleibt es zu verfolgen, wie ein Ultralinker sich zeitweilig der stalintreuen Orthodoxie anschloß und ihr dann wieder rigoros den Rücken kehrte, wie der Hochschätzung bolschewistischer Leistungen für Rußland ihre Verwerfung als reaktionäres Modell für die westlichen Industrieländer folgte, wie mit exaltierter Begeisterung für die internationale proletarische Revolution ein beschränkter deutscher Nationalismus einherging, wie neben einer engstirnigen Faschismusinterpretation gleichzeitig eine differenzierte Darstellung der Weimarer Republik entstehen konnte. Genug davon – biographisch ist diese Neigung zum abrupten Übergang, diese Zweigleisigkeit prinzipieller Auffassungen, diese Gespaltenheit der intellektuellen Tätigkeit fraglos interessant. Aber das dauerhaft Wichtige an Arthur Rosenberg bleibt doch seine Fähigkeit zur kritischen Analyse von Politik und Gesellschaft, sein scharfsinniges, ebenso entschiedenes wie unabhängiges Urteil in wissenschaftlichen Fragen, seine bemerkenswerte Nachwirkung auch noch 30 Jahre nach dem Tode im Exil.

Man hat mit einleuchtenden Gründen Rosenbergs Lebensweg in drei klar unterscheidbare Phasen eingeteilt: Auf die Zeit strenger Altertumswissenschaft folgte das politische Engagement, anschließend die Tätigkeit als Zeithistoriker[1]. Nichts ließ zunächst vermuten, daß Rosenberg aus der einmal gewählten Bahn ausbrechen würde. Am 19. Dezember 1889 in eine jüdische Berliner Kaufmannsfamilie geboren, getaufter Protestant, Abiturient des Askanischen Gymnasiums – offenbar ganz ein Kind des Besitz- und Bildungsbürgertums, bezog er 1907 als Student der Alten Ge-

---

[1] So die bisher beste, gedrängte Analyse von H. Berding, A. Rosenberg, in: Deutsche Historiker, Hg. H.-U. Wehler, Göttingen 1972, IV, 81–96. Ausführlicher, aber enttäuschend: H. Schachenmeyer, A. Rosenberg, Wiesbaden 1964; neuerdings knapp: F. L. Carsten, A. Rosenberg, Ancient Historian into Leading Communist, Journal of Contemporary History 8. 1973, 63–75.

schichte und Klassischen Philologie die Berliner Universität, wo er
acht Semester lang vor allem bei Adolf v. Harnack, Eduard Meyer
und Ulrich v. Wilamowitz-Moellendorf arbeitete. Seine Promotion
über die »römische Zenturienverfassung«, die 1911 bei Meyer und
Otto Hirschfeld abgeschlossen wurde, fand in der wissenschaftlichen Kritik wohlwollende Beachtung. Drei Jahre später, im Januar 1914, habilitierte sich Rosenberg schon mit einer Untersuchung
über den »Staat der alten Italiker«, fünfundzwanzigjährig nahm er
als Privatdozent für Antike Geschichte seine Lehrtätigkeit in Berlin auf. Weitere Ergebnisse seiner intensiven Beschäftigung mit
dem Altertum bildeten eine »Geschichte der Römischen Republik«
sowie eine »Einleitung und Quellenkunde zur Römischen Geschichte«, die freilich beide erst nach dem Weltkrieg erscheinen
konnten[2]. 1917 gab er, mit einer ganz konventionellen Einleitung
versehen, Johann Gustav Droysens »Geschichte Alexander des
Großen« erneut heraus. Bis dahin hatte Rosenberg einen guten
Ruf, ja Ansehen als Althistoriker erworben, dessen sichere Karriere an einer deutschen Universität nur eine Frage der Zeit zu sein
schien. Von Neigungen zu einer riskanten Außenseiterrolle, wie
sie damals nicht wenige Intellektuelle auf dem revisionistischen
oder linken Flügel der SPD übernahmen, ist nichts überliefert.
Von einer Analyse der antiken Geschichte in Begriffen der Marxschen Theorie kann gar keine Rede sein[3].

Der Krieg riß auch Rosenberg aus seinem Alltag. Noch 1914
wurde er zum Heer eingezogen. Meist war er im Kriegspresseamt
tätig, kurze Zeit auch bei den deutschen Besatzungsbehörden in
Frankreich und im Nachrichtendienst, wo er eine zeitlebens anhal-
tende Bewunderung für Ludendorff entwickelte. Überhaupt
schätzte er die preußisch-deutsche Militärtradition hoch ein; über
die Kampfqualität italienischer Soldaten konnte er dagegen noch

---

[2] Untersuchungen zur römischen Zenturienverfassung, Berlin 1911. Der Staat
der alten Italiker, Berlin 1913. Geschichte der römischen Republik, Leipzig
1921. Einleitung und Quellenkunde zur römischen Geschichte, Berlin 1921.
Eine umfassende Bibliographie (mit Besprechungsnachweisen) findet man in:
Schachenmeyer, 173–83.
[3] Wenn Schachenmeyer meint (16), schon die Diss. zeige einen »marxistischen
Standort«, dann verkennt er völlig, daß ein gewisser sozialhistorischer Realismus einschließlich der Verwendung des Klassenbegriffs bei den Althistorikern,
besonders bei Meyer, nicht selten vorkam. Diesem Milieu entstammte auch
Rosenbergs Terminologie.

in den 30er Jahren herablassend spotten. Es mag zur Luden-
dorff-Verehrung noch ein gewisser Kriegs-Chauvinismus hinzuge-
kommen sein, jedenfalls soll sich Rosenberg 1917 der »Deutschen
Vaterlandspartei« angeschlossen haben[4]. Wie lange er es in jener
von Tirpitz und Kapp organisierten, extrem nationalistischen, an-
nexionistischen, frühfaschistischen Massenbewegung ausgehalten
hat, ja, ob er überhaupt formell Mitglied geworden ist, das läßt
sich nicht mehr ermitteln. Unmittelbar nach dem Ausbruch der
Revolution schloß er sich jedoch – und das bedeutete in der Tat
einen radikalen Kurswechsel – der USPD an. Als sich diese Partei
1920 in Halle spaltete, ging er mit dem linken Flügel zur KPD
über. Wie viele Intellektuelle der 20er Jahre erlag auch er einige
Zeit der Faszination des revolutionären Marxismus[5].

Sieben Jahre lang hat Rosenberg, der als leidenschaftlicher Anhänger Lenins auftrat, mit aller Energie seine Tätigkeit als kommunistischer Publizist und Politiker verfolgt. Im Januar 1921
übernahm er die Auslandredaktion der »Internationalen Presse-
Korrespondenz« (Inprekor), im selben Jahr wurde er Stadtverord-
neter in Berlin[6]. Die Niederlage im Herbst 1923 führte zu keinem
Gesinnungswandel, fortab schloß er sich vielmehr der sog. linken
Opposition in der KPD um Ruth Fischer und Arkadi Maslov an
und lehnte den »opportunistischen« Kurs Brandlers ganz so entschieden wie Lenins Neue Ökonomische Politik (NEP) als falschen Kompromiß ab. Das Jahr 1924 bedeutete den Höhepunkt in
seiner politischen Karriere: Erst wurde er in den Parteivorstand
des Bezirks Berlin-Brandenburg, dann im April in das Zentral-
komitee, im Mai als Abgeordneter in den Reichstag gewählt. Auf
dem 5. Weltkongreß der Komintern im Juli – schon vorher war er
aber mehrfach in Rußland gewesen – wurde er sowohl in das Prä-

---

[4] Nach Mitteilung von Hans Rosenberg, der einige Jahre lang mit Arthur
Rosenberg zusammen am New Yorker Brooklyn College unterrichtete. Ver-
wandtschaftsbeziehungen gibt es übrigens zwischen den beiden Rosenbergs
nicht.
[5] Zur politischen Laufbahn außer Schachenmeyer und Carsten: H. Weber,
Die Wandlungen des deutschen Kommunismus, Frankfurt 1969, II, 262 f; R.
Fischer, Stalin und der deutsche Kommunismus, Frankfurt o. J., 221, 494, 505,
507, 537, 541, 552, 735; O. K. Flechtheim, Die KPD in der Weimarer Republik, Offenbach 1948, Frankfurt 1971²; G. Nollau, Die Internationale, Köln
1959, 65 f, 79.
[6] Vgl. das Verzeichnis seiner Beiträge in der »Inprekor« bei Schachenmeyer,
175–78.

sidium als auch in das Exekutivkomitee aufgenommen. In der
KPD bildete er mit Fischer, Maslov und Scholem den Führungs-
kern der Ultralinken, die ihn auch als ihren Kandidaten ins Polit-
büro brachten. Seit dem Frühjahr 1926 begann er sich indes von
dieser Gruppe zu distanzieren und Thälmanns linientreue Orthodoxie – die Gefangene der »russischen Staatspolitik«, wie er bald selber urteilte[7] – zu unterstützen. Im April 1927 trat er plötzlich aus
der KPD aus. Als Gründe gab er das Scheitern der Komintern in
China und den Rechtskurs der sowjetischen Politik an, der die
Komintern als Belastung galt. Tatsächlich hatten ihn aber die Enttäuschung sowohl über die revolutionsromantische Phrasendre-
scherei der KPD – ein Verbalradikalismus, dem Rosenberg freilich auch oft genug selber gehuldigt hatte –, als auch über die an-
haltende Spaltung der Arbeiterbewegung, die fast alle Kräfte der
KPD absorbierte oder frustrierte, weit stärker zum Austritt moti-
viert. Resignation und Einsicht, daß diese Linke keine Machtchan-
ce besitze, bestimmten seinen Schritt.

Obwohl Rosenberg noch 1924 vom »parlamentarischen Affen-
theater« gehöhnt hatte[8], entpuppte er sich fortab im Reichstag vier
Jahre lang als profilierter Redner, und im Reichstagsausschuß für
Auswärtige Angelegenheiten arbeitete er neben Ruth Fischer
ebenso intensiv mit wie im »Untersuchungsausschuß für die Ursachen des deutschen Zusammenbruchs«, wo ihm als Berichterstatter
seine fachspezifische Ausbildung zugute kam. Mit seinem Ausscheiden aus der KPD endet die Mitwirkung in den Ausschüssen,
1928 erlosch sein Reichstagsmandat, danach zog er sich aus dem
aktiven politischen Leben ganz zurück.

1928 erschien auch das erste seiner Bücher, das ihn einer breiten
Öffentlichkeit bekannt machte: die seit 1925 geplante »Entstehung
der Deutschen Republik 1871–1918«[9]. Hier gelang Rosenberg eine
Interpretation der Geschichte des Deutschen Kaiserreichs, die deshalb originell genannt werden darf, weil er an eine kritische Tradi-

---

[7] Geschichte des Bolschewismus von Marx bis zur Gegenwart, Berlin 1932,
204. Ital. 1933; engl. und poln. 1934; franz 1936. Neuaufl. Frankfurt 1966,
1969.
[8] Fischer, 505.
[9] Die Entstehung der Deutschen Republik, 1871–1918, Berlin 1928. Engl. 1931.
Neuausg. zusammen mit dem Fortsetzungsband (Anm. 14) als: Entstehung
und Geschichte der Weimarer Republik, Hg. K. Kersten, Frankfurt 1955,
1971[13].

tion der deutschen Historiographie auch auf diesem Gebiet nicht anknüpfen konnte. Zustatten kam ihm dabei, daß er als Referent des Untersuchungsausschusses in großem Umfang Quellenmaterial, das Historikern damals sonst nicht zugänglich war, durchgearbeitet hatte. Vor diesem Ausschuß hatte er auch schon die These entwickelt, die er in der zweiten Hälfte des Buches breiter ausführte, daß nämlich Ludendorff die wirkliche Revolution als letzte »Revolution von oben« eingeleitet habe, ja, die November-Revolution wollte er dort zunächst nur als »Beiwerk« gelten lassen – eine Fehldeutung, die er aber alsbald korrigierte[10].

Seit seiner Rückkehr ins akademische Leben schrieb Rosenberg auch für Rudolf Hilferdings »Gesellschaft«, die lebendigste theoretische Zeitschrift, die die deutsche Sozialdemokratie je besessen hat. Regelmäßig hielt er Vorträge vor sozialdemokratischen Jugendorganisationen und Studentengruppen, fraglos näherte er sich in dieser Zeit der Position des linken SPD-Flügels. 1932 zog er mit seiner »Geschichte des Bolschewismus« noch einmal einen Schlußstrich unter seine kurzlebige kommunistische Vergangenheit. Obwohl diese erste Entwicklungsgeschichte in deutscher Sprache sich von Invektiven und persönlicher Polemik freihielt, kritisierte Rosenberg doch mit aller Entschiedenheit die Russifizierung des Marxismus und Sozialismus verbietet«, nur mehr abstoßend wirken[11]. lem Anspruch unter die konventionell-egoistischen Imperative russischer Staatsräson. Auf einen selbständigen Kopf wie ihn konnte nach der Ernüchterung seit 1927 der »dogmatische Absolutismus in Rußland ..., der jedes selbständige kritische Denken über Marxismus und Sozialismus verbietet«, nun mehr abstoßend wirken[11]. Ehe das Buch erörtert werden konnte, wurde die erste Auflage von den Nationalsozialisten eingestampft.

Rosenberg lehrte seit 1930 als nichtbeamteter außerordentlicher Professor für Alte Geschichte und Soziologie weiter an der Berliner Universität. Da ihm diese Stellung kein reguläres Einkommen verschaffte, unterrichtete er gleichzeitig als Studienassessor am Köllnischen Gymnasium. Ein leichtes Leben war das nicht, aber wie andere Außenseiter der Weimarer Republik – sei es nun Gu-

---

[10] Das Werk des Untersuchungsausschusses der Verfassungsgebenden Deutschen Nationalversammlung und des Deutschen Reichstags, Reihe IV: Die Ursachen des Deutschen Zusammenbruchs im Jahre 1918, Hg. A. Philipp u. a. (Bd. 1–12, Berlin 1925/29), VII/1, 1928, 261.
[11] Geschichte des Bolschewismus, 1969, 226.

stav Mayer, Veit Valentin oder Ludwig Quidde – bekam auch er
trotz unleugbarer wissenschaftlicher Qualitäten keine ordentliche
Professur. Schon im März 1933 begann die Verfolgung durch das
braune Regime, den äußeren Anlaß bot sein Bolschewismus-Buch;
im September wurde ihm durch ministeriellen Erlaß die Lehrbe-
fugnis entzogen. Am 30. März aber hatte Rosenberg bereits Zürich als ersten Zufluchtsort gewählt. 1934 erhielt er eine Fellow-
ship an der Universität Liverpool. In der Schweiz und in England
schrieb er gelegentlich für die in Karlsbad erscheinende Exilzeit-
schrift der SPD, die »Zeitschrift für Sozialismus«[12]. Im Rahmen
dieser publizistischen Tätigkeit entstand auch 1934 seine Kampf-
schrift gegen den »Faschismus als Massenbewegung«. Sie enthüllte
freilich jene typische Borniertheit des Erklärungsversuchs, die seit
den 20er Jahren bei nicht gerade wenigen linken Kritikern festzustellen ist, denn auch Rosenberg mißverstand den Faschismus
gründlich als Agenten des Monopolkapitals. Diese enge Anlehnung an die Definition der Komintern hinderte ihn daran, die notwendige historische Trennschärfe zu gewinnen, um traditionelle
und neue Elemente in tatsächlicher Intention und im Programm,
in sozialer Zusammensetzung und politischer Funktion vor allem
des Nationalsozialismus unterscheiden zu können. Aufschlußreich
bleibt jedoch, wie Rosenberg sich um eine komparative Perspektive bemühte, obwohl sein starres Schema einen erklärungskräftigen
Vergleich erschwerte[13].

Im folgenden Jahr kam seine noch in Zürich begonnene »Geschichte der Deutschen Republik« in Karlsbad heraus[14]. Hier
führte er die Darstellung im Anschluß an die »Entstehung« von
1918 bis 1930 weiter, als seiner Meinung nach mit dem autoritären
Regime Brünings das Vorspiel zu Hitlers Machtergreifung begann.
Nicht zuletzt der eigenen Selbstverständigung diente dann sein
viertes zeitgeschichtliches Buch über »Demokratie und Sozialismus«, in dem Rosenberg vor allem am Leitfaden – und auch zur

---

[12] Vgl. hierzu E. Matthias, Sozialdemokratie und Nation, 1933–38, Stuttgart
1952, 66–71, 301, Anm. 86; L. J. Edinger, Sozialdemokratie und Nationalsozialismus, 1933–1945, Hannover 1960.
[13] Der Faschismus als Massenbewegung, Karlsbad 1934, in diesem Band
III.12; gekürzt in: O. Bauer u. a., Faschismus und Kapitalismus, Hg. W.
Abendroth u. a., Frankfurt 1967 u. ö., 75–141.
[14] Geschichte der Deutschen Republik, Karlsbad 1935; engl. 1936. Ital. 1945.
Neuaufl. s. Anm. 9.

Rechtfertigung – der Marx-Engelsschen Analyse zeitgenössischer Politik das Verhältnis dieser beiden Grundströmungen der modernen Geschichte verfolgte[15]. Abgeschlossen wurde die Untersuchung in New York, denn im Oktober 1938 war Rosenberg in die Vereinigten Staaten ausgewandert, wo er am New Yorker Brooklyn College eine neue Position als akademischer Lehrer fand. Dort starb er am 4. Februar 1943, nicht einmal 54 Jahre alt. Welche politische Position er nach 1945 vertreten hätte, darüber läßt sich nur spekulieren. Fest steht jedoch, daß seit dem Ende der 20er Jahre seine Auffassung unverändert geblieben war, »die Zukunft des Sozialismus« könne nur »bei den demokratischen und geistig unabhängigen Parteien des Westens ruhen«[16].

Rosenbergs Wirkung geht bis heute einmal allgemein davon aus, daß er zu den wenigen deutschen Neomarxisten gehört, die Politik- und Gesellschaftsgeschichte in Anlehnung an die Marxsche Theorie zu schreiben versucht haben, anstatt nur über theoretische Probleme zu räsonieren; sodann hat sich seine Analyse der deutschen Revolution von 1918 als außerordentlich anregend erwiesen. Rosenberg hielt die historische Theorie Hegel-Marxscher Provenienz für die Grundlage jeder »erfolgreichen« Geschichtswissenschaft. »Ein Geschichtsforscher, ... der ernsthaft um das Verständnis der Vergangenheit oder seiner eigenen Zeit ringt, kann gar nicht anders, als nach den Hegel-Marxschen Ideen verfahren«[17]. Rosenbergs Einfluß beruht zum guten Teil darauf, daß er in diesem Sinn die Marxsche Gesellschaftsanalyse, verbunden mit einem ausgeprägten Verständnis für die Rolle der Ideologien namentlich des modernen Nationalismus, vor allem auf die neuere deutsche Geschichte angewandt hat. Dieser Ansatz eröffnete ihm Einsichten in den Wirkungszusammenhang der historischen Entwicklung, wie sie der konventionellen nationalpolitischen und di-

---

[15] Demokratie und Sozialismus. Zur politischen Geschichte der letzten 150 Jahre, Amsterdam 1938; Neuaufl. Frankfurt 1962, 1971.

[16] Socialist Parties, Encyclopaedia of the Social Sciences 14. 1934, 220; in diesem Band: II.5. – Es wirft ein Schlaglicht auf die innere Zerrissenheit Rosenbergs, daß er in New York schärfste Kritik am Nationalsozialismus mit lebhafter Bewunderung der militärischen Leistungen deutscher Truppen in den ersten Jahren des Zweiten Weltkriegs verband, wenn er Wochenschauberichte gesehen hatte (Mitteilung von H. Rosenberg).

[17] A. Rosenberg, Was bleibt von K. Marx? Maß und Wert 3. 1940, 384–90; in diesem Band: II.4. – Zu den theoretischen Prämissen am klarsten Berding.

plomatiegeschichtlichen Historiographie versperrt blieben. Eine
Fülle gescheiter Analysen und historischer Urteile zeigt, daß Rosenbergs Theorie ihm den Blick für zentrale Probleme geschärft
hat. Andererseits blieb dieses Instrumentarium bei Rosenberg
noch relativ grob – zumal da er wenig Interesse an explizit wissen-
schaftstheoretischen Fragen besaß –, so daß die Komplexität der
Probleme manchmal zu sehr verkürzt wurde. Im Vergleich mit anderen Darstellungen zeitgenössischer Fachkollegen bewährt sich
jedoch Rosenbergs Darstellung noch immer als ein Entwurf, von
dem die größte stimulierende Wirkung ausgeht.

Ungleich tiefer, wenn auch mit einem zeitlichen Verzögerungs-
effekt hat seine spezielle Leistung gewirkt, die Beurteilung der Revolution von 1918 aus dem starren Dualismus von bolschewisti-
schem Regime hier, parlamentarischer Republik dort befreit und
auf den dritten Weg einer entschlossenen Demokratisierung mit
Hilfe der Rätebewegung hingewiesen zu haben. Eine ernsthafte
Diskussion darüber hatte sich nach 1928, erst recht nach 1933 als
unmöglich erwiesen, aber rund 30 Jahre später hat die neue west-
deutsche Revolutionsforschung an eben diese Thesen Rosenbergs
angeknüpft, in seinem Sinn die nach 1949 zunächst bekräftigte ste-
rile Alternative aufgelöst und unter der leitenden Frage nach den
verbesserten Chancen einer sozialen Demokratie die wenn auch
kurzlebige Offenheit der Situation und das demokratische Poten-
tial der Räte bis Anfang 1919 herausgearbeitet[18]. Es ist erstaunlich und spricht für die hohen analytischen Fähigkeiten Rosenbergs, daß seine Beurteilung des Umbruchs von 1918 die Bewäh-
rungsprobe intensiver wissenschaftlicher Überprüfung so ein-
drucksvoll überstanden hat. In seiner Deutschen Geschichte von
1871 bis 1930, aber auch in seinem Demokratie-Buch gibt es jedoch noch eine ganze Reihe von Thesen, die ein ähnliches Nach-
bohren lohnen würden. Noch ist die Fülle seiner Anregungen keineswegs ausgeschöpft.

Zur Textauswahl

Die hier vereinigten ausgewählten Studien Rosenbergs entstam-
men drei Arbeitsbereichen: der Alten Geschichte, der Geschichte

---

[18] Vgl. H.-U. Wehler, Das Deutsche Kaiserreich, 1871–1918, Göttingen 1973,
III.8, und E. Kolb Hg., Vom Kaiserreich zur Weimarer Republik, Köln 1972,
mit der Lit.

des marxistischen Sozialismus und der neueren deutschen Geschichte. Die populärwissenschaftlich geschriebene Einführung in
die griechisch-römische Geschichte unter der Fragestellung von
»Demokratie und Klassenkampf« (I. 1) spiegelt Rosenbergs Interesse daran wider, für den Unterricht in der Republik neue Lehr-
materialien zu erarbeiten. Das entsprach übrigens auch der kultur-
politischen Intention der USPD, in der sich während der kurzen
Zeit ihrer Existenz die auf Schulreform zielenden Impulse vielleicht am stärksten ausdrückten. Wenn man sich vergegenwärtigt,
wie wenig sich im deutschen Erziehungssystem nach 1918 verändert hat, wie namentlich das höhere Bildungswesen aufs Ganze gesehen ein Bollwerk traditionalistischer, wenn nicht gar offen reaktionärer Auffassungen blieb, wie lange die Lehrbücher des kaiserlichen Deutschland weiter benutzt wurden (z. T. bis 1938!), dann
wird man diese Absicht Rosenbergs, dem Umbruch von 1918 gerade in einem meinungsbildenden Fach gerecht zu werden, nicht
gering schätzen. Der Versuch zeigt auch, daß er sich nicht »zu
schade« war, nicht aus akademischem Dünkel zögerte, auf andere
Ausbildungsebenen hinüberzuwechseln. Dabei entschloß er sich
aber zu einer überaus gewaltsamen Aktualisierung seines Themas,
die in der Übertragung moderner Sozial- und Politikbegriffe auf
die antike Geschichte am klarsten zutage trat. Zugegeben, der Historiker muß die Probleme der Vergangenheit auch immer in die
Sprache seiner Zeit übersetzen, um sie verständlich zu machen,
aber Rosenberg verfehlte durch sein Vokabular und Interpreta-
tionsmuster die sozialstrukturelle Eigentümlichkeit und politische
Andersartigkeit der griechischen und römischen Gesellschaft mit
ihren Herrschaftssystemen. Weder hat sich diese Darstellung als
wissenschaftlich haltbar erwiesen, noch kann sie wissenschaftge-
schichtlich erhebliches Interesse beanspruchen. Biographisch bleibt
sie jedoch außerordentlich aufschlußreich für Rosenbergs Bereitschaft, seine fachwissenschaftlichen Kenntnisse in allgemeinver-
ständlicher Form zu vermitteln und zugleich rigoros einem politischen Deutungsschema zu unterwerfen, das der historischen Indi-
vidualität der antiken Welt ganz unangemessen war[19].

Die Untersuchung über »Diktatur und Demokratie bei Aristoteles« (I. 2) verleugnet zwar keineswegs einen politischen Antrieb,

---

[19] Meinem althistorischen Kollegen J. Martin danke ich für Rat und Kritik
im Hinblick auf dieses Experiment von Rosenberg.

aber sie zeigt andererseits deutlich, wie Rosenberg in seinem ersten Wissenschaftsgebiet philologisch genau und sachkundig zu argumentieren verstand. Insofern verdeutlicht sie die innere Spannung, die sich nicht selten an ihm beobachten läßt. Andere Beiträge zur Alten Geschichte sind von zu spezieller Natur, als daß sie sich für diese Auswahl empfohlen hätten.

Im zweiten Teil sind vier Arbeiten über Marx und den marxistischen Sozialismus zusammengefaßt worden. Auf eine biographische Skizze (II. 3), die Rosenberg zu einem Sammelband über »Menschen, die Geschichte machten« beisteuerte, folgt (II. 4) die 1940 in der deutschen Emigrationszeitschrift »Maß und Wert« erschienene Verteidigung einiger Grundzüge der Marxschen Theorie als einer noch immer gegenstandsadäquaten und gegenwartsrelevanten Position, der Golo Mann damals mit lesenswerten Argumenten sofort lebhaft widersprochen hat[20]. Für die große »Enzyklopädie der Sozialwissenschaften«, die Anfang der 30er Jahre in den Vereinigten Staaten herausgegeben wurde, hat Rosenberg mehrere Artikel geschrieben, vor allem biographische[21], aber auch einen vergleichenden Überblick über die Entwicklung der sozialistischen Parteien (II. 5), der in nuce sein Urteil über die Chancen des Sozialismus in der Zwischenkriegszeit enthält. Der im englischen Exil entstandene Aufsatz über das »Geschichtsbild des Bolschewismus« (II. 6) faßt noch einmal Grundgedanken seines Bolschewismus-Buches zusammen. Er konnte 1939 nur mehr an relativ abgelegener Stelle in einer skandinavischen Fachzeitschrift erscheinen, wie auch gleichzeitig Rosenbergs Studie über »Demokratie und Sozialismus« in einem holländischen Verlag, der sich der deutschen Emigrationsliteratur besonders annahm, erscheinen mußte.

Im dritten Teil finden sich publizistische Arbeiten sowohl aus der »Gesellschaft« – über den politischen Antisemitismus der akademischen Oberschicht Deutschlands seit den 70er Jahren (III. 7), über das unvoreingenommen gewürdigte kriegsgeschichtliche Werk des Berliner Historikers Hans Delbrück (III. 8)[22] und zur

---

[20] Vgl. G. Mann, Geschichte und Geschichten, Frankfurt 1961, 429–38.
[21] Encyclopaedia of the Social Sciences 7, 399 f (Hohenlohe-Schillingsfürst); 9, 139 f (Landauer), 346 f (Legien); 10, 301 f (Mehring); 15, 429 f (Windthorst), 526 (Zetkin).
[22] Vgl. A. Hillgruber, H. Delbrück, in: Deutsche Historiker, Hg. H.-U. Wehler, IV, Göttingen 1972, 40–52.

Debatte über den Ausbruch des Ersten Weltkrieges (III. 9) – als auch aus der »Zeitschrift für Sozialismus«: ein Rückblick auf die November-Revolution von 1918 (III. 10) und ein Vergleich der Wiener Revolution von 1848 mit dem Februaraufstand von 1934 (III. 11).

Größere Aufmerksamkeit dürfte Rosenbergs Beitrag zur Faschismusdiskussion finden (III. 12) der ein Dilemma linker Kritik ganz klar enthüllt. Auf der einen Seite bot die marxistische Gesellschaftsanalyse Ansatzpunkte, um überhaupt das Phänomen des Faschismus im Rahmen einer historischen Theorie auf den Begriff zu bringen, auf der anderen Seite verhinderten die starren Schablonen einer dogmatischen Orthodoxie eine realitätsnahe Beurteilung. So vermochte auch Rosenberg im Faschismus nur einen »guten, alten Bekannten«: den »gegenrevolutionären Kapitalismus« zu erkennen, der den antiliberalen Typ bürgerlicher Massenbewegungen erneut vor seinen Karren gespannt habe. Faschismus bedeutete für Rosenberg ausschließlich ein Instrument des »Monopolkapitals«, folglich kamen durch ihn auch »keine prinzipiell neuen Züge« in den modernen Klassenkampf hinein. Zwar bestand Rosenberg zu Recht auf der historischen Kontinuität bestimmter Entwicklungen – z. B. vom Imperialismus, Antisemitismus und militanten Nationalismus der Vorkriegszeit zum Faschismus der 20/30er Jahre –, aber er nivellierte dann ziemlich rücksichtslos wichtige historische Unterschiede und ignorierte zugleich bittere Erfahrungen seiner Gegenwart. »Niemals« könne der Faschismus das »reale Klassenverhältnis« zwischen Bourgeoisie und Proletariat verändern, behauptete er. Zwischen Mittelstand und Proletariat gebe es keinen gravierenden Gegensatz, unter energischer sozialistischer Führung könnten vielmehr beide während einer großen Krise kooperieren; überhaupt lehnte Rosenberg die empirisch erhärtete These ab, wonach der deutsche Mittelstand das ausschlaggebende soziale Reservoir für die nationalsozialistischen Wählerstimmen bedeutete, er hielt sie sogar für »gemeingefährlich«, da sie den »Faschismus und die gerade regierende Fraktion der Bourgeoisie« für »prinzipiell verschieden« erkläre. Statt dessen bezeichnete er die NSDAP als »eine Partei des absterbenden Kapitalismus« oder als »die nötige Massenbasis« für »die Pläne des Großkapitals«, kurzum: Rosenberg bewegte sich hier völlig im Umkreis einer mechanistischen Agententheorie und scheiterte eben deshalb daran, mit ihr den Faschismus als »Massenbewegung« zu

erklären. Den Tiefpunkt argumentativer Unschärfe erreichte er
aber mit Behauptungen wie etwa dieser, daß nach 1930 drei »Formen des deutschen Faschismus«: Nationalsozialisten, Deutsch-Na-
tionale und die »Richtung Brüning« um die Macht gerungen und
die beiden ersten »Fraktionen« gesiegt hätten, oder mit der Pro-
gnose, daß ausgerechnet Hitler jederzeit gegen einen »General«
oder »Prinzen« ausgetauscht werden könne, denn das werde »an
den Kräften und an den Funktionen des Systems nichts ändern«.
In diesem Irrgarten der Agententheorie verschwammen alle Kon-
turen zwischen autoritären und faschistischen Regimes, zwischen
historischen und neuartigen Faktoren, zwischen einem konventionellen Politiker wie Schleicher und einem charismatischen »Führer« wie Hitler. Gewiß muß man Rosenberg zugute halten, daß er
1934, soeben außer Landes getrieben, seine Schrift verfaßte, als
der Nationalsozialismus noch nicht auf Dauer etabliert wirkte, gewiß wollte er an einen schnellen Zusammenbruch glauben, gewiß
fehlte es auch nicht an erhellenden Urteilen besonders über die historische Genesis des Nationalsozialismus, über den italienischen
Faschismus als Entwicklungsdiktatur, über die frühfaschistischen
Elemente des organisierten Antisemitismus. Aber insgesamt ist es
doch bestürzend zu sehen, wie ein wacher Geist wie Rosenberg die
Scheuklappen einer politisch motivierten Dogmatik nicht ablegen
konnte. In diesem Sinne bleibt seine Streitschrift ein aufschlußrei-
ches Dokument, das weit über das individuelle Problem hinaus als
symptomatisch für die Folgen einer Entscheidung gelten kann, anstatt der Marxschen »Methode« als »Leitfaden beim historischen
Studium« einer »Doktrin« als »fertiger Schablone« zu folgen,
»wonach man sich die historischen Tatsachen zurecht schnei-
det«[23]. Diese Warnung von Friedrich Engels ist damals wenig beachtet worden, sie ist auch heute noch längst nicht überholt.

---

[23] Engels an W. Sombart, 11. 3. 1895, Marx-Engels-Werke 39, 428. Vgl. allg.
hierzu: E. Nolte Hg., Theorien über den Faschismus, Köln 1972[3].

Arthur Rosenberg
Demokratie und Klassenkampf
Ausgewählte Studien

, I. ZUR ANTIKEN GESCHICHTE

1. Demokratie und Klassenkampf im Altertum

Demokratie, Diktatur, Proletariat: Drei Begriffe des antiken Staatslebens

Zwei große Strömungen treten gegenwärtig [1921] im politischen Leben Deutschlands auf: die einen, besonders in der Arbeiterschaft, streben die »Diktatur des Proletariats« an, die anderen erklären die Demokratie für die wünschenswerteste Form der staatlichen Existenz. Aber die wenigsten von denen, die für die »Diktatur des Proletariats« gegen die »Demokratie« streiten oder umgekehrt, wissen, daß die drei Begriffe, die hier auftreten, aus dem Altertum stammen: »Demokratie« so gut wie »Diktatur« und »Proletariat« sind Vorstellungen, die aus dem antiken Staatsleben entlehnt sind.

Aber zunächst eine Vorfrage: Was ist »antik« und was ist »Altertum«? Vor ungefähr 2000 Jahren war in Deutschland noch alles wild und wüst. In den Urwäldern zwischen Rhein und Oder hausten Menschen, deren Bildungszustand nicht viel anders war als der der heutigen Kongoneger. Ähnlich sah es im größten Teil von Europa aus. Dagegen im Süden Europas, in Griechenland und Italien, wohnten schon damals gebildete Menschen. Es gab dort Städte und Bücher, Wissenschaft und Kunst. Diese frühe Zeit, in der Italien und Griechenland die einzigen Sitze einer höheren Kultur in Europa waren, nennt man »Altertum«. Die Verhältnisse und Dinge jener Zeit bezeichnet man als »antik«. »Antik« kommt aus dem Lateinischen und bedeutet etwas, was »aus alter Zeit stammt«. Jedermann hat schon von »antiken« Möbeln und ähnlichen Dingen gehört. Freilich stammen die »antiken« Möbel und sonstigen »Antiquitäten«, die heute verkauft werden, in der Regel nicht aus dem Altertum, sondern sie sind viel jünger.

Die Bewohner Griechenlands im Altertum nennt man die »alten Griechen« und ihre Sprache »Altgriechisch«. Ebenso könnte man auch von den »alten Italienern« und »Altitalienisch« reden; aber in diesem Fall ist der Sprachgebrauch anders. Wenn man die Einwohner Italiens im Altertum meint, sagt man gewöhnlich die »alten Römer« und ihre Sprache nennt man »Lateinisch«. Griechenland und Italien bildeten nämlich im Altertum ursprünglich keine

einheitlichen Staaten, so wie heute, sondern sie zerfielen in unzählige Kleinstaaten. Jeder dieser Kleinstaaten bestand gewöhnlich
aus einer Anzahl Dörfer und einer Stadt, und er hieß nach dieser
Stadt. So war der wichtigste Staat des alten Griechenland: Athen,
und des alten Italien: Rom; also die beiden Städte, die heute die
Hauptstädte ihrer Länder sind. Nun ist es dem Staat Rom durch
viele Kriege gelungen, alle anderen Kleinstaaten Italiens zu besiegen und in sich aufzusaugen, so daß am Ende alle Bewohner des
alten Italien zu »Römern« wurden. Deshalb spricht man heute von
den »Griechen und Römern« als den beiden Kulturvölkern des Altertums, und nicht von »Griechen und Italienern«.

Von den Griechen und Römern haben nun die übrigen Völker
Europas sehr viel gelernt, und die Spuren dieser Belehrung kann
man noch in vielen Begriffen unserer heutigen Sprache auffinden.
Und damit kehren wir zu unserem Ausgangspunkt zurück: zu
»Proletariat«, »Diktatur«, »Demokratie«. Alle drei Worte stammen aus dem Altertum: proletarius und dictator sind lateinisch,
demokratia ist griechisch. »Proletarius« bedeutete im alten Rom
den »Besitzlosen«; im Gegensatz zu dem »Besitzenden«, dem »as-
siduus«; eigentlich der »Ansässige«, weil der wichtigste Besitz in
der ältesten Zeit der Grundbesitz war. Seltsamerweise war »Proletarier« im alten Rom ein amtlicher Begriff; jeder Römer wußte,
sozusagen durch die Polizei, ob er Proletarier war oder nicht. Dies
erklärt sich aus dem Militärwesen des Altertums. Im Altertum gab
es ja noch kein Schießpulver und kein Gewehr, daher waren die
wichtigsten Waffen des Soldaten für den Nahkampf eingerichtet:
Säbel und Lanze für den Angriff, Helm und Panzer für den
Schutz. Die Männer, die mit diesen Gegenständen ausgerüstet waren, die schwerbewaffneten Infanteristen, bildeten den Kern der
antiken Landheere. Wehrpflichtig im Kriege war jeder gesunde erwachsene Mann. Aber seine Waffen bekam der Soldat in der Regel nicht vom Staat geliefert, sondern er mußte sie sich aus eignen
Mitteln anschaffen. Nun kosteten Panzer, Helm usw. damals eini-
ges Geld; wer nichts hatte, konnte sich die Waffen des »schweren
Infanteristen« nicht besorgen. So ergab es sich von selbst, daß nur
der Besitzende bei der schwerbewaffneten Infanterie, und natürlich
auch bei der Kavallerie diente, der Besitzlose jedoch nicht. Damit
war aber der Proletarier keineswegs militärfrei. Ihn benutzte man
zunächst als Leichtbewaffneten. Der Staat lieferte den Armen ganz
billige kleine Speere und Schleudern. Damit betätigten sie sich auf

Patrouillen, als Aufklärer und ähnlich. Die militärische Hauptleistung des Proletariers im Altertum lag aber auf anderem Gebiet: die Kriegsschiffe der antiken Staaten wurden natürlich nicht durch Dampf bewegt, sondern man trieb sie durch Ruderkraft vorwärts, so wie die Galeeren der neueren Zeit. Der Ruderer auf dem Kriegsschiff brauchte gar keine Waffen und Ausrüstungsgegenstände, sondern nur seine kräftigen Arme. So war der Flottendienst unter den damaligen Verhältnissen die normale militärische Betätigung des Proletariers. Jetzt wird es begreiflich, daß im alten Rom bei jedem Mann schon in der Stammrolle vermerkt war, ob er Proletarier war oder Besitzender. In Griechenland lagen die Dinge ganz ebenso: in Athen hießen die Proletarier Theten. Man kann sich leicht erklären, daß eine solche Militärverfassung zu einer Klärung und Verschärfung der Klassengegensätze außerordentlich beitragen mußte. Jedermann wußte zu jeder Zeit, ob er zum Proletariat gehörte oder nicht, und in jedem der vielen Kriege des Altertums trat die Scheidung der Armen und der Besitzenden eindringlich hervor: der Wohlhabende zog ins Feld hoch zu Roß oder stolz mit Panzer und blankem Helm; der Arme dagegen als Schleuderer, wie der kleine David in der Bibel, oder als Ruderknecht. – Es sei übrigens daran erinnert, daß der Begriff »Proletarier« vom Altertum zur Gegenwart eine Wandlung durchgemacht hat: im Altertum machte einfach die Besitzlosigkeit den Proletarier; heute versteht man unter Proletarier denjenigen, der seine eigene Arbeitskraft verkaufen muß, um so seinen Lebensunterhalt zu gewinnen.

Wenn wir jetzt zur »Diktatur« übergehen, so bedeutete »dictator« ursprünglich einen hohen Beamten des römischen Staats. Rom war 500 Jahre lang eine Republik. Diese Republik hatte genauso ihre Präsidenten wie die modernen Freistaaten. Die Römer hatten jedes Jahr Präsidentenwahl: aber sie wählten da nicht einen Präsidenten – sondern zwei zugleich. Diese beiden Präsidenten, Konsuln genannt, regierten gemeinsam den Staat auf ein Jahr. Die Römer fürchteten nämlich, daß wenn es nur einen Präsidenten gäbe, dieser zu mächtig werden und die Freiheit der Bürger bedrohen könnte. Wenn aber zwei Präsidenten mit gleicher Macht nebeneinander standen, vermochte der eine auf den anderen aufzupassen. Wenn der eine etwas tun wollte, und der andere verbot es, durfte es nicht geschehen. Nun gab es aber doch Zeiten, wo der Staat mit besonders schwierigen Verhältnissen zu kämpfen hatte, z. B. im Krieg, und wo man doch, statt der beiden Köpfe, ein einziges Haupt der Republik haben wollte, und dann wählte man einen einzelnen, obersten Präsidenten. Ein solcher Einzelpräsident hieß in Rom: dictator, und seine Tätigkeit: Diktatur. Es war jedoch vorgeschrieben, daß der Diktator nie länger als 6 Monate im Amt bleiben durfte; so stark war das Mißtrauen der Römer gegen den Präsidenten der Republik. Als aber später die römische Republik verfiel, kam es mehrfach vor, daß Generale an der Spitze der Armee die Macht an sich rissen und eine Gewaltherrschaft ausübten. Solche Männer nannten sich ebenfalls »Diktatoren«. Immer ist aber im Altertum die Diktatur die Herrschaft eines einzelnen über den Staat, sei es rechtmäßig, sei es unrechtmäßig. Dagegen bezeichnete man die Herrschaft einer Klasse oder eines Standes im Altertum niemals als Diktatur. Man sieht also, daß dieser Begriff heutzutage eine wesentlich andere Färbung angenommen hat als bei den alten Römern. Wenn im Altertum in einem Staat das Proletariat die Herrschaft hatte – also um modern zu reden, die »Diktatur« ausübte – dann nannte man einen solchen Zustand – Demokratie. Wahrlich, auch die politischen Kampf- und Schlagworte haben ihre seltsame Geschichte.

Das griechische Wort »Demokratia«, von dem unser »Demokratie« herkommt, zerfällt in zwei Bestandteile: Demo – kratia. Die zweite Hälfte: »kratia«, bedeutet die »Herrschaft«, der erste Teil: »demo«, stammt von »Demos«, »das Volk«. Danach wäre also »Demokratia«: die »Volksherrschaft«. Aber in der griechischen praktischen Politik hatte dieses Wort einen viel engeren Sinn: es war der Gegensatz zu »Oligarchia«. Die »Oligarchia« war aber die »Herrschaft der Minderheit« im Staat, also die Demokratie die »Herrschaft der Mehrheit«. Indessen war dies im Altertum niemals eine beliebige Minderheit und Mehrheit, sondern Oligarchie war stets: die Herrschaft einer Minderheit der Reicheren, und Demokratie: eine Herrschaft der Mehrheit der Ärmeren. Wo die Grenze zwischen den »Ärmeren« und den »Reicheren« gezogen war, das hing von den politischen und sozialen Verhältnissen des betreffenden Augenblicks ab. Entweder waren die Ärmeren nur die Proletarier, oder es war zugleich auch der Mittelstand. Andrerseits waren die Reicheren bald nur die Großgrundbesitzer, bald aber auch die mittleren Landwirte, größeren Handwerksmeister usw. Genaueres über diese Klassenkämpfe des Altertums wird noch weiter unten zu sagen sein.

Sklaven, Leibeigene, Proletarier: Drei unterdrückte Stände im Altertum

Mancher Leser des ersten Kapitels unseres Buches wird sich gewundert und sich die Frage vorgelegt haben: Hat es denn im Altertum wirklich freie Proletarier in nennenswerter Anzahl gegeben? Ist nicht damals alle schwere Arbeit von Sklaven getan worden? In der Tat findet man oft die Auffassung, das Altertum sei die Zeit der Sklavenarbeit gewesen, die folgende Periode, ungefähr bis zum Jahre 1800, habe im Zeichen der Leibeigenschaft gestanden, und dann sei die Zeit der freien Lohnarbeiter herangebrochen. Diese Scheidung der drei Zeitabschnitte ist an sich richtig: im Altertum spielte die Sklaverei, und im Mittelalter und der sogenannten Neuzeit (1500–1800) die Leibeigenschaft eine bedeutsame Rolle, und das Anbrechen des Maschinenzeitalters schob dann die freie Lohnarbeiterschaft in den Vordergrund. Indessen muß man sich hüten, diese drei Entwicklungsstufen allzu einseitig aufzufassen: im Altertum hat es neben den Sklaven auch sehr viele Leibeigene und noch mehr freie Proletarier gegeben. Die Lehre, daß das Wesen aller Geschichte in Klassenkämpfen besteht, bestätigt sich gerade bei der Betrachtung des Altertums vollkommen. Aber es ist nicht gerade der Klassenkampf des Freien und des Sklaven, der das Wichtigste in der alten Geschichte darstellt, sondern andere Klassengegensätze hatten noch größere Bedeutung.

Die Sklaverei wurde im Altertum dadurch möglich, daß damals, wie schon oben betont wurde, nördlich der Kulturländer Italien und Griechenland, in Europa eine Unmenge wilder Stämme hausten. Diese wilden Völker, die Gallier in Frankreich und den Alpenländern, die Thraker und Illyrer auf dem Balkan, die Skythen in Rußland, die Germanen in Deutschland usw. lagen ständig miteinander im Krieg. Ein Dorf überfiel das andere, brannte es nieder und schleppte die Einwohner weg, die dann auf den Sklavenmarkt wanderten. Unternehmende Sklavenhändler brachten darauf diese Menschenware in die Kulturländer. Es waren also ähnliche Zustände wie beim Negerhandel bis tief ins 19. Jahrhundert hinein. In den letzten Jahrhunderten vor Christus sind dann die meisten wilden und halbwilden Völker Europas unmittelbar von den römischen Heeren besucht und niedergeworfen worden. Infolge dieser grausigen römischen Raubkriege sind viele Hunderttausende von Menschen in die Sklaverei geschleppt worden.

Neben den Wilden Nord- und Mitteleuropas hatten die Römer
und Griechen noch mit einer anderen Gruppe von Nationen zu
tun: das waren die Völker des alten Orients, die Ägypter, die Sy-
rer, die Kleinasiaten, die Perser, die Babylonier in Mesopotamien
und andere mehr. Diese Orientalen, deren Eigenart auch weitere
Kreise aus dem Alten Testament kennen, waren gebildet und hatten festgefügte Staaten. Es war daher nicht möglich, z. B. in Kleinasien und Ägypten ständige Sklavenjagden zu veranstalten. Aber
aus Gründen, die sich an dieser Stelle nicht weiter ausführen lassen, löste sich im 2. und 1. Jahrhundert v. Chr. in weiten Teilen
des Orients, besonders von Syrien und Kleinasien, die staatliche
Ordnung auf, und diesen Zustand benutzten allerhand Spekulanten, Abenteurer und Verbrecher, um auch in diesen Ländern Men-
schenjagden in großem Stil abzuhalten. Die unglücklichen Orientalen trafen sich dann in den Sklavenkerkern Italiens mit den ein-
gefangenen Wilden des Nordens. Niemals sind der antiken Kulturwelt mehr Sklaven zugeführt worden als in der Zeitspanne von
200 bis 30 v. Chr., weil gleichzeitig die römischen Heere im Norden und die Agenten der römischen Spekulanten im Orient die
Menschen einfingen. Danach versiegte aber allmählich die Skla-
venzufuhr. Die römische Republik ging nämlich unter, und an
ihre Stelle trat das Kaiserreich. Man muß es den römischen Kai-
sern nachrühmen, daß sie in dem gewaltigen Gebiet von England
bis Ägypten Ordnung und Frieden geschaffen haben. Mit der
Raubwirtschaft der späten Republik hörten auch die Sklavenjagden auf. So bekamen die Griechen und Römer nur noch wenige
Sklaven von außen her, und die vorhandenen Sklavenmengen nahmen durch massenhafte Freilassungen reißend ab. So ist die Bedeutung der Sklaverei im Ausgang des Altertums immer geringer
geworden, und man kann wahrlich nicht sagen, daß die antike
Kultur an der Sklaverei zugrunde gegangen sei; denn die Sklaverei
ist ja schon im Laufe des Altertums selbst zusammengeschrumpft.
Es sei übrigens noch betont, daß Griechen und Römer selbst nur
in seltenen Ausnahmefällen, unter ganz besonderen Umständen,
zu Sklaven geworden sind.

Wie groß war nun aber die Sklavenzahl in der Blütezeit des Altertums im Verhältnis zur Gesamtbevölkerung? Jedermann wird
einsehen, daß dies die entscheidende Frage ist. War die Sklavenzahl erheblich größer als die Anzahl der Freien, so wurde die
Hauptmasse der produktiven Arbeit eben von den Sklaven gelei-

stet, und die Freien existierten im Wesentlichen dank der Leistung der Sklaven. War es aber umgekehrt, das heißt, hatten die Freien die große Mehrheit, dann mußten sie auch selbst kräftig zufassen, um sich zu erhalten, und man kann von »Sklavenstaaten« des Altertums nur in beschränktem Sinne reden.

Die moderne Forschung hat gezeigt, daß die letztere Auffassung die richtige ist. Im Staat Athen lebten z. B. um das Jahr 350 v. Chr. gegen 170 000 Menschen. Davon waren nach der wahrscheinlichsten Berechnung: 120 000 Freie und 50 000 Sklaven. Athen war aber damals die größte Handels- und Industriestadt der Griechen, und nirgends in Griechenland gab es im Verhältnis mehr Sklaven als dort. Ja, im Gegenteil, in den meisten Landschaften Griechenlands überwogen damals noch durchaus die Landwirtschaft und das Handwerk, und in solchen Gegenden gab es nur wenige Sklaven, ein paar Hundertstel der Gesamtbevölkerung. Die Stadt Rom der Kaiserzeit hatte gegen 800 000 Einwohner, darunter trotz des Sklavenluxus der Reichen mit ihrer ungezählten Dienerschaft, höchstens $1/4$ Million Sklaven. Selbst im Italien der späten Republik, wo doch so viele Sklaven aus allen Himmelsrichtungen zusammenströmten, betrug die Anzahl der Freien gegen $3/4$ der Gesamtbevölkerung. Man sieht also, daß zu allen Zeiten, bei den Griechen wie bei den Römern im Altertum, die Hauptmasse der produktiven Arbeit nicht von den Sklaven geleistet worden ist. Eine Ausnahme machte nur die Insel Sizilien in den beiden letzten Jahrhunderten v. Chr. Dort war durch fürchterliche Kriege der alte Besitzerstand zugrunde gerichtet worden und der Grund und Boden in die Hand römischer Kapitalisten gekommen, die ihre Güter mit Hilfe importierter Sklavenherden bestellten. In dieser sozialen Hölle des Altertums übertraf die Sklavenzahl die Menge der Freien!

Neben den Sklaven darf man aber auch die Leibeigenen des Altertums nicht vergessen, also solche Bauern, die an die Scholle gebunden waren und ihrem Gutsherrn Frondienste und Abgaben leisten mußten. In Griechenland hat es um das Jahr 400 v. Chr. wahrscheinlich mehr Leibeigene als Sklaven gegeben; denn in den großen Landschaften Thessalien, Lakonien und Messenien befanden sich die Landleute in einer derartigen, vielfach jammervollen Lage. Aber die fortschreitende politische und soziale Entwicklung räumte mit der Leibeigenschaft auf. Noch im 4. Jahrhundert v. Chr. erfolgte die Bauernbefreiung in Thessalien und Messenien.

Nur in Lakonien behauptete sich zunächst noch die Herrenkaste, die berühmten oder berüchtigten Spartaner. Erst im 3. Jahrhundert kam auch hier der Zusammenbruch, aber dafür in besonders radikalen Formen. In Italien befanden sich die Bauern im 6. und 5. Jahrhundert v. Chr. gleichfalls in weiten Teilen des Landes in einem Zustand, welcher der Leibeigenschaft zumindest sehr ähnlich war. Aber auch dort brachte die politische Entwicklung im 4. Jahrhundert den Sturz des feudalen Junkertums und die Bauernbefreiung. So haben die Griechen wie die Römer in ihrer Aufwärtsbewegung die Leibeigenschaft überwunden. Aber im Ausgang des Altertums setzte, mit dem allgemeinen politischen Niedergang, auch auf diesem Gebiet wieder eine rückläufige Bewegung ein. Die römische Staatsgewalt im Bund mit den Großgrundbesitzern zwang den Bauern, seit dem 4. Jahrhundert n. Chr., die Leibeigenschaft wieder auf: eine Vergewaltigung der armen Bevölkerung, die sich am Ende an ihren Urhebern bitter rächen sollte; denn die Unterdrückung und Verbitterung der Bauern hat wesentlich zum Zusammenbruch des römischen Reichs im Abendland beigetragen.

In solchen Gebieten und Zeiten des Altertums, wo die Leibeigenschaft vorherrschte, gab es nur wenige oder gar keine freie Proletarier. Dagegen standen die freien Besitzlosen und die Sklaven stets nebeneinander. Ein Zusammengehörigkeitsgefühl war zwischen ihnen jedoch nicht vorhanden. Denn der Proletarier war ja auch ein Grieche oder Römer, der Sklave dagegen entweder ein Wilder des Nordens, ein »Barbar«, wie man damals zu sagen pflegte, oder ein Orientale: also auf jeden Fall ein Mensch, der dem Griechen und Römer in Sprache und Sitte ganz fern stand. Das Verhältnis des athenischen Proletariers zu den Sklaven war ungefähr dasselbe wie heute das Empfinden des weißen Arbeiters der Vereinigten Staaten gegenüber dem Neger. Als die Proletarier in Athen die politische Macht eroberten, haben sie zwar für menschliche Behandlung der Sklavenarbeiter Sorge getragen; aber der Gedanke einer Sklavenbefreiung lag ihnen fern. Ebenso haben an den großen Sklavenaufständen der späten römischen Republik auch einzelne arme Freie teilgenommen, ohne daß dadurch der Charakter der Bewegung sich wesentlich veränderte.

Wovon lebten die Menschen des Altertums?

Wovon lebten die alten Griechen und Römer? Die Frage sei gleich von Anfang an klipp und klar beantwortet: nicht von Kunst, Wissenschaft und Politik, sondern von Landwirtschaft, Gewerbe und Handel. Noch vor 100 Jahren war auch bei den Gelehrten und Gebildeten eine ganz merkwürdige Auffassung des Altertums verbreitet. Danach wären die Griechen und Römer eine Art von Idealmenschen gewesen, die es nicht nötig hatten, sich mit so schmutzigen Dingen wie »Arbeiten« und »Geldverdienen« abzugeben. Sondern sie hätten ständig hoch oben geschwebt, sich den Staatsgeschäften gewidmet und Kunstwerke betrachtet. Diese verkehrte Auffassung des Altertums hängt eng mit den falschen Vorstellungen von der damaligen Sklavenzahl zusammen. Wenn man von der Voraussetzung ausging, daß die Griechen und Römer enorme Sklavenmassen zur Verfügung hatten, dann verstand es sich von selbst, daß die freien Bürger nicht zu »arbeiten« brauchten, sondern sich nur mit feinen und geistigen Dingen befaßten. Aber dieses Phantasiebild des Altertums ist von der neueren Forschung gründlich zerstört worden. Freilich gibt es immer noch Leute, auch Gebildete, zu denen die neue Erkenntnis bisher nicht gedrungen ist, und die weiter in den alten Phantasievorstellungen über Griechen und Römer befangen sind.

Die große Mehrheit der Griechen und Römer hat überhaupt keine Sklaven gehabt, sondern erhielt sich durch eigene Arbeit, wobei auch die häuslichen Verrichtungen von der Frau und den Kindern besorgt werden mußten. Die Sklaven dagegen wurden teils als Dienstboten in den Häusern der Reichen beschäftigt, teils als Arbeiter in den größeren gewerblichen und ländlichen Betrieben.

Die große Mehrheit der Menschen des Altertums lebte von der Landwirtschaft; das war in Griechenland ganz ebenso wie in Italien. Die Zahl der Klassen und Schichten auf dem Lande war groß: es gab Großgrundbesitzer, mittlere und kleine Bauern, freie und unfreie Landarbeiter. Heute unterscheidet sich der ländliche Großbetrieb vom Kleinbetrieb hauptsächlich durch die Anwendung der Maschinen. Auch im Altertum hat es einzelne landwirtschaftliche Maschinen gegeben. So hören wir aus der Zeit der späteren römischen Republik von einer Maschine zum Zerquetschen der Oliven, deren Preis für die Kleinbauern unerschwinglich war.

Nebenbei ist es ganz bemerkenswert, daß die Beförderung der Maschine aus der Stadt auf ein gar nicht so weit entferntes Gut fast ebensoviel kostete, wie die Maschine selbst; denn die Beförderung mußte sich, da es damals noch keine Eisenbahnen gab, auf einem besonders großen und geeigneten Ochsenwagen unter allerhand Schwierigkeiten vollziehen. Solch eine Tatsache wirft ein Streiflicht auf die Schwerfälligkeit des antiken Wirtschaftslebens infolge der Rückständigkeit der antiken Technik.

Der ländliche Großbetrieb hatte also durch Anwendung einzelner Maschinen, daneben auch durch praktischere Ausnutzung der vorhandenen Arbeitskräfte und Geräte, einen gewissen Vorsprung vor dem Kleinbetrieb. Aber dieser Vorsprung war nicht wesentlich. So kommt es, daß auch große Güter in der Regel nicht einheitlich bewirtschaftet, sondern an kleine Pächter, seien es Freie, seien es Leibeigene, verteilt waren. Der Gutsherr begnügte sich dann damit, den Pachtvertrag einzustreichen. In der späteren römischen Republik kam es freilich auch oft vor, daß ein größeres Gut von ein paar hundert Morgen, einheitlich von einer Sklavenherde, etwa ein Dutzend Köpfe stark, bewirtschaftet wurde. Für die Erntearbeiten mußte man dann aber noch freie Wanderarbeiter dazunehmen. Dieser plantagenartige Betrieb war in den letzten beiden Jahrhunderten vor Christus in Italien und Sizilien stark verbreitet. Indessen überwog auch damals, wie schon oben betont wurde, die freie Landbevölkerung in Italien an Zahl die Sklaven bei weitem. Von all den freien Bauern und Pächtern ganz zu schweigen, die es daneben gab, hätten ja auch jene »Plantagen« ohne die freien Erntearbeiter gar nicht bestehen können. Im Laufe der römischen Kaiserzeit ist der Plantagenbetrieb in Italien wieder allmählich von dem Pachtbetrieb verdrängt worden. Bei den Griechen haben die Plantagen niemals eine nennenswerte Bedeutung gehabt.

Unter den nicht agrarischen Berufsarten war im Altertum das Handwerk am wichtigsten. Es gab Schuhmacher, Schneider, Bäcker, Tischler, Juweliere und 100 andere Handwerksarten, genauso wie jetzt. Entweder arbeiteten die kleinen Meister allein, oder sie hatten ein paar Gesellen. Fabriken im modernen Sinn hatte man nicht, weil ja die Dampfmaschinen fehlten, aber man kannte vielfach Manufakturbetriebe, in denen 10–30 Leute beschäftigt waren. Während der einfache Handwerker den Gegenstand, das Brot, den Stiefel usw. allein vom Anfang bis zum Ende fertig macht, stellt der Manufakturarbeiter immer nur einen bestimmten Teil des Gegenstandes her; beziehungsweise er macht einen bestimmten Handgriff. Durch diese Arbeitsteilung und Ausbildung von Sondergeschicklichkeiten ist es möglich, in der Manufaktur verhältnismäßig viel schneller zu produzieren als im einfachen Handwerk. Solche Manufakturen bestanden im Altertum sehr zahlreich; sie beschäftigten teils freie Arbeiter, teils Sklaven. Die besonders harte Bergarbeit verrichteten vorwiegend Sklaven. Der Handel vollzog sich im Altertum in den verschiedensten Formen: vom Hausierer und armen Straßenverkäufer ging es aufwärts bis zum Großkaufmann, der mit dem Ausland Geschäfte machte. Im Dienste des Handels stand eine lebhafte Schiffahrt, die alle Küsten des Mittelmeeres in ihren Bereich zog und sich daneben auch auf den Ozean hinauswagte. Zwar vom Standpunkt der heutigen Technik aus waren die Handelsschiffe des Altertums elende Nußschalen, kleine Segler ohne Kompaß. Die Kriegsschiffe wurden, wie wir schon oben gesehen haben, gerudert. Aber trotz der Gefahren und Mühseligkeiten, die mit ihr verbunden waren, nahm die antike Schiffahrt, im Dienste des Gelderwerbs, eine mächtige Entfaltung. Viele tausend Menschen lebten von ihr als Schiffsbesitzer, Kapitäne, Steuerleute und Matrosen. In Athen waren die Seeleute der Kern des freien, klassenbewußten Proletariats. Dem Transport zu Wasser ging der zu Land an die Seite: Hafenarbeiter, Fuhrherren, Kutscher gab es in Menge.

Für all diese Erwerbszweige brauchte man Geld: der Landwirt, der Kaufmann, der Manufakturbesitzer, der Reeder suchten Betriebskapital und fanden es beim Bankier. Der Geldverleiher spielte eine unentbehrliche Rolle im Wirtschaftsleben des Altertums. Wer Kapital übrig hatte, trug es zur Bank, wo es gegen Zinsen angelegt wurde, und ebendort erhielt man Geld, wenn man es nötig hatte. Freilich, das Wagnis des antiken Unternehmers war sehr groß. Wenn jemand sein Geld in Schiffen angelegt hatte, konnte es ihm leicht ebenso ergehen, wie dem Antonio in Shakespeares »Kaufmann von Venedig«, der über Nacht aus einem Millionär zum Bettler wurde. Dafür lockte auch den Glücklichen reichster Gewinn. In den fortgeschrittenen Gegenden des Altertums hatte jedermann sein Bankkonto, und die bargeldlose Zahlung war verbreiteter als heute. Es gab auch schon Gesellschaften für gemeinsame Geschäfte, und die Aktie war wenigstens in den ersten Anfängen vorhanden; nur Staatspapiere im heutigen Sinn gab es

noch nicht. Das nervöse Hasten und Drängen nach immer mehr
Geld wird uns z. B. aus Rom ebenso geschildert, wie man es in
der modernen Gesellschaft beobachten kann.

Nun noch ein Wort über die sogenannten freien Berufe des Altertums. Auch damals waren schon Geistliche, Ärzte, Rechtsanwälte, Professoren und Ingenieure tätig. Aber ein grundsätzlicher
Unterschied bestand doch auf diesem Gebiet zur Gegenwart. Der
Priester, der Arzt, der Baumeister waren im Altertum ein Mann,
der einen wichtigen und nützlichen Beruf ausübte. Aber er war
grundsätzlich nichts Besseres als der Kapitän oder der Tischler. Es
fehlte durchaus die Bildungsaristokratie der freien Berufe, wie sie
in der modernen Gesellschaft durch den Besuch der sogenannten
höheren Schulen künstlich geschaffen wird. Auch die Kenntnis des
Rechts galt als wertvoller Besitz, und der Gelehrte wurde von dem
geachtet, der ihn verstand. Zu all diesen Tätigkeiten gelangte man
durch Fachkenntnisse, die man sich eben erwerben mußte, die
aber an sich ihre Träger nicht über die anderen Volksgenossen
heraushoben. So scharf auch im Altertum der Klassengegensatz
durch den Besitz in Erscheinung trat, so unbedeutend war in sozialer Hinsicht der Unterschied zwischen den Angehörigen der
»freien« und der anderen Berufe. Es hat im Altertum kein Gymnasium gegeben – was man damals so nannte, waren harmlose
Sportplätze – und kein Staatsexamen, und die antiken Staaten sind
trotzdem sehr gut gefahren.

Wie der Adel in Griechenland zur Macht gelangte und sie wieder
verlor

Der Kampf der verschiedenen Klassen des Altertums gegenein-
ander hat seine merkwürdige Form in der Republik Athen gefunden. Den Höhepunkt bildete dort der Kampf des Bürgertums gegen das Proletariat im 5. Jahrhundert vor Christus. Ehe wir jedoch die bürgerliche Republik Athen und ihren Sturz durch die Besitzlosen betrachten, müssen wir uns zuvor darüber klar werden,
wie denn das Bürgertum selbst in Athen zur Macht gelangt ist.
Die bürgerliche Republik ist in Athen, wie überhaupt in den meisten Staaten des alten Griechenland und Italien, auf den Trümmern des Adelsstaats erwachsen. In der frühesten Zeit zerfielen die
Griechen wie die alten Italiener in eine Menge einzelner Stämme,
von denen jeder ein selbständiges politisches Dasein hatte. Jeder

Stamm umfaßte ein paar tausend freie Bauern, die alle untereinander gleich an Rechten waren. Die Verfassung war ungefähr
ebenso, wie die Einrichtungen aller Naturvölker sind; bei den heutigen Negern und Indianern so gut wie etwa bei den alten Deutschen. Die oberste Gewalt im Stamme hatte die Versammlung aller freien, erwachsenen Männer; daneben gab es einen Rat der Ältesten und einen Häuptling oder Fürsten, der aber keine unumschränkte Gewalt hatte, sondern sich den Vorschlägen der Stammesversammlung und des Rates der Ältesten fügen mußte.

Diese einfachen und gemütlichen Verhältnisse der Urzeit änderten sich aber mit der fortschreitenden wirtschaftlichen Entwicklung. Es kam allmählich dahin, daß einzelne Landwirte mehr
Grund und Boden hatten als die übrigen, und der entscheidende
Moment trat dann ein, als der größere Landwirt es nicht mehr nötig hatte, sein Feld selbst zu bestellen, sondern sich dazu Knechte
oder Pächter halten konnte. Er hatte also freie Zeit, während andere für ihn arbeiteten, und diese Muße nutzte er dazu aus, um
sich gründlich im Waffenhandwerk zu üben. Er verschaffte sich,
dank seinem größeren Besitz, Pferde und schwere kostbare
Waffen, und wenn der Stamm einen Krieg hatte mit irgendeinem
Nachbarn, dann zeigte sich bald, daß nur die Reicheren im
Kampfe wirklich etwas bedeuteten. Hoch zu Roß, in Eisen ge-
hüllt, zogen sie in den Streit, oder sie ließen sich auch in einem
besonderen Streitwagen in den Kampf fahren. Im Fechten und
Gebrauch der Lanze waren sie kräftig geübt. Der ärmere Bauer
dagegen, der den ganzen Tag arbeiten mußte, um sich zu ernähren, hatte keine Übung im Waffengebrauch, er besaß auch nur
wenige und schlechte Ausrüstungsgegenstände und keine Pferde.
So mußte er die Überlegenheit des Reicheren anerkennen.

Auf diese Art entstanden bei den alten Griechen und Italienern
zwei große Stände: der Kriegerstand, der sich aus den größeren
Grundbesitzern zusammensetzte, und daneben der Stand der land-
arbeitenden Bevölkerung, oder um es kürzer zu sagen: Adel und
Bauern. Denn die Angehörigen des Kriegerstandes dünkten sich
viel vornehmer und edler als die übrigen Menschen, die hinter
dem Pfluge hergehen und Schweine hüten mußten. Sie trieben eifrig Sport und ließen sich von dienstwilligen Dichtern Stammbäume verfertigen, nach denen sie von den Göttern selbst abstamm-
ten. Die Waffentaten der adligen Ahnen wurden noch von den
spätesten Enkeln gekannt und gerühmt. Der gewöhnliche Bauer

dagegen wußte nichts von Ahnen und göttlichen Stammvätern, kein Dichter pries ihn, und er trieb auch keinen Sport. Er gewöhnte sich vielmehr, in dem Adligen seinen geborenen Herrn zu erblicken. Denn die vornehmen Krieger begnügten sich nicht damit, mit Hilfe ihrer guten Waffen und ihrer Fechtgewandtheit den auswärtigen Feind abzuwehren, sondern sie beanspruchten auch, gestützt auf ihren Degen, die Herrschaft im Stamme selbst, und der mangelhaft ausgerüsteten Menge blieb nichts anderes übrig, als sich zu fügen. Der Adlige aber nutzte seine politische und militärische Macht dazu aus, um seinen Besitz immer mehr zu vergrößern und den Bauern in hilflose Abhängigkeit herabzudrücken.

Die Stammesversammlung blieb bei den Griechen auch in der Zeit der Adelsherrschaft bestehen; aber zu sagen hatte sie nichts. Die Bauern, Hirten, Landarbeiter und Handwerker fanden sich demütig in der Versammlung ein und hörten sich alles an, was die edlen Herren vortrugen und wünschten. Widerspruch wagten sie nicht; denn wer ein kritisches Wort äußerte, bekam mächtige Prügel. Homer, der größte Dichter des Altertums, hat in der griechischen Adelszeit gelebt; als wandernder Dichter und Rezitator, wie es damals üblich war. Er zog von einem Rittergut zum anderen, trug seine Verse vor und erhielt dafür Unterkunft, Speise und Trank. Es ist begreiflich, daß Homer zu den adligen Herren halten mußte, von denen er lebte. Aber in der Zeit Homers, um 700 vor Christus, begann sich schon der Widerstand der Massen gegen den Adelsdruck zu regen. Da hat dann Homer eine böse Karikatur des frechen Burschen aus dem Volke in der Gestalt des Thersites geschaffen, der die edlen Herren schmäht und dafür jämmerlich verprügelt wird. Aber die Zeit sollte kommen, wo auch der Stock des griechischen Junkers dem arbeitenden Volk nicht mehr imponierte.

So wurde die Volksversammlung in der Adelszeit zu einem bloßen Zerrbild. Der Rat der Ältesten blieb auch meistens bestehen, setzte sich aber nun durchweg aus Adligen zusammen. Endlich die Gewalt des alten Stammesfürsten war den Adligen zu unbequem; so schafften sie diese Stellung ganz ab und führten statt dessen die Republik ein. Gewöhnlich wurde alljährlich der Präsident neu gewählt. In Athen hieß dieser Präsident »Archon«. Selbstverständlich war es stets ein Adliger, und auch die anderen Staatsbeamten mußten aus den Reihen des Adels genommen werden. Was aber ganz besonders wichtig war: auch die Richter gingen durchweg

aus dem herrschenden Adelsstand hervor, und man kann sich ungefähr die Urteile vorstellen, die solche Edelleute sprachen, wenn
sie den Rechtsstreit eines Klassengenossen mit einem Bauern zu
entscheiden hatten.

Wie die wirtschaftliche Entwicklung den Adelsstand bei den
Griechen zur Macht gebracht hatte, so sorgte sie auch dafür, daß
der Adel zur gegebenen Zeit wieder gestürzt wurde. Der kriegeri-
sche Adel war das Ergebnis einer Gesellschaft, die im wesentlichen von der Landwirtschaft lebte. Aber ungefähr seit dem Jahre
700 vor Christus begannen die Griechen auch in größerer Zahl
sich anderen Berufen zuzuwenden: Städte blühten auf, Handel,
Schiffahrt, Verkehr entwickelten sich, das Handwerk nahm an
Leistungsfähigkeit zu, die ersten Manufakturen entstanden. Das ge-
münzte Geld kam auf, und damit bildeten sich die Anfänge des
Geldgeschäfts heraus. In der alten Zeit hatte es nur die beiden
Klassen des Adligen und Landmanns gegeben, neben denen die
paar Handwerker, Händler usw. ganz in den Hintergrund traten.
Nun entwickelten sich aber ein wohlhabendes städtisches Bürgertum, dann ein städtischer Mittelstand und eine städtische arme Bevölkerung. Es war klar, daß diese neuen Klassen sich nicht widerstandslos der Herrschaft der Landjunker fügen würden.

Zwar bewies der griechische Adel eine erhebliche Anpassungs-
fähigkeit. Er erkannte jeden reichen Mann als seinesgleichen an,
der sich die äußeren Formen der adligen Gesellschaft angewöhnte,
die Waffen führen lernte und mit Sport trieb. Wenn solch ein reich
gewordener Kaufmann oder Schiffsbesitzer ein vollendeter Edelmann werden wollte, lud er sich einen Dichter ins Haus, und dieser machte ihm für ein gutes Essen den prächtigsten Stammbaum:
15 Ahnen zumindest bis hinauf zu den unsterblichen Göttern im
Himmel. Und solche Stammbäume und ihre Inhaber wurden ohne
weiteres anerkannt. Der griechische Adel war in dieser Beziehung
viel weitherziger als etwa der römische: in Rom ist der Unterschied zwischen Geburts- und Geldadel stets aufrecht erhalten
worden. In Griechenland dagegen fielen die Begriffe »reich« und
»adlig« meistens zusammen: in Athen nannte man jeden »Ritter«,
der so viel Geld hatte, daß er auf eigenem Pferde in den Krieg
ziehen konnte. Ob er aber sein Geld durch die Bewirtschaftung
eines Weinberges oder durch den Handel mit Tongefäßen verdient
hatte, ob erst er selbst oder schon sein Urgroßvater reich und »adlig« gewesen war – das machte praktisch kaum einen Unterschied:

die Ritter regierten eben und die anderen hatten zu gehorchen.

Auf diese Weise sog der grundbesitzende Adel Griechenlands das reich gewordene Bürgertum in sich auf. Es war aber nun der politisch rechtlose Mittelstand, dessen Zahl und Selbstbewußtsein ständig wuchs, der sich schließlich mit den Bauern verbündete und so die Macht des Adels brach.

In Athen war freilich um das Jahr 600 vor Christus die politische Macht der Ritter noch unerschüttert, und auch der kluge, adlige Präsident der Republik Solon hielt es nicht für erforderlich, diesen Zustand zu ändern. Er meinte, es genüge, der ärmeren Bevölkerung, besonders den Bauern, in wirtschaftlicher Beziehung und in der Rechtspflege entgegenzukommen. Solon sorgte dafür, daß das in Athen geltende Privatrecht niedergeschrieben wurde. Bis dahin hatte der Richter einfach nach der Überlieferung und dem Gewohnheitsrecht sein Urteil gesprochen. Nun konnte sich der Bauer und Handwerker in seinen Prozessen wenigstens auf bestimmte Gesetzesparagraphen berufen – das heißt, wenn er sie wußte – und damit war die Klassenjustiz der adligen Richter wenigstens etwas gemildert. Ferner setzte es Solon durch, daß die Bauern, die auf ihr Grundstück Hypotheken aufgenommen hatten, durch Eingreifen des Staats entschuldet wurden. Aber das war alles. Die ärmere Bevölkerung Athens war zwar persönlich frei, und die Bauernschaft nunmehr im ungestörten Besitz ihrer Grundstücke; aber politisch blieben die nichtadligen Athener rechtlos. Nach wie vor waren der Präsident der Republik, der Oberst des athenischen Heeres, die Richter und die Mitglieder des Staatsrats stets Edelleute. Es ist klar, daß trotz der Reformen Solons dieser Zustand die Bürger und Bauern nicht befriedigen konnte.

Im Jahre 580 kam es zu einem eigentümlichen Versuch, die Gegensätze der Klassen auszugleichen: es wurde ein oberstes Regierungskollegium von 9 Männern eingesetzt, bestehend aus 4 Adligen, 3 Bauern und 2 Handwerkern. Aber dieser »Burgfriede« dauerte nicht lange: der Adel beseitigte wieder die Mitregierung der Bürger und Bauern und behielt die Zügel des Staats selbst in der Hand. Nach einigen anderen Wirren brachte erst das Jahr 545 den endgültigen Zusammenbruch der Adelsherrschaft in Athen.

Die Anfänge der Herrschaft des Bürgertums in Griechenland. Die Tyrannen und Tyrannenmörder

Der Adelsstaat wurde in Athen um die Mitte des 6. Jahrhunderts vor Christus von den Bürgern und Bauern zerschlagen. Ebenso ging es um diese Zeit in den meisten anderen Staaten Griechenlands. Aber die Frage war nun, was der siegreiche Mittelstand an die Stelle der alten Ordnung setzen sollte. Die Volksversammlung blieb nach wie vor die höchste Autorität im Staate. Diese Einrichtung der Urzeit hat sich in den Staaten des Altertums mit größter Zähigkeit behauptet. Es war dies möglich, weil die Staaten des Altertums meistens ganz klein waren. Der Staat Athen hatte in der Zeit, in der wir stehen, ungefähr 30 000 erwachsene Bürger, die in der Volksversammlung stimmberechtigt waren. Von diesen wohnte ungefähr $^1/_3$ in der Stadt Athen selbst, und $^2/_3$ in einer größeren Zahl von Kleinstädten und Dörfern, die zum Staatsgebiet Athen gehörten, aber alle nicht allzuweit von der Stadt Athen entfernt lagen. Es war also zur Not möglich, daß alle stimmberechtigten Bürger zur Volksversammlung in die Hauptstadt kamen. Praktisch kamen freilich nie alle 30 000 in die Versammlung, sondern nur die Hälfte, ein Drittel oder noch weniger. Die Volksversammlung war nunmehr von den Fesseln befreit, in die sie die Adelszeit geschlagen hatte. Der Bauer und Handwerker brauchte sich nicht mehr vor dem Stock des Ritters zu fürchten, wenn er ein freies Wort reden wollte. Aber es ist doch ganz klar, daß eine Massenversammlung von 10–20 000 Köpfen den Staat nicht regieren und all die politischen und Verwaltungsfragen nicht entscheiden konnte, wie sie jeden Tag auftauchten. Die Bürger und Bauern brauchten also Vertrauensleute, die in ihrem Namen und Auftrag die Regierung ausübten. Aber dem Mittelstand fehlte, da er bisher von der Regierung völlig ferngehalten worden war, jede praktische Kenntnis dieser Dinge. Es gab einfach keinen Bauern oder Handwerker, der imstande gewesen wäre, das Heer zu befehligen, sich den Staatshaushalt zu überlegen, mit den fremden Staaten zu verhandeln und vor allem die geheimen Anschläge des Adels zunichte zu machen, der immer noch davon träumte, seine alte Herrlichkeit zu gewinnen. Das Proletariat vollends war damals noch ganz unwissend, unorganisiert und ohne Klassenbewußtsein.

Bei dieser Sachlage blieb dem griechischen Mittelstand nur eine

Möglichkeit: er mußte sich den einen oder anderen Adligen aussu-
chen, der mit seinen Klassengenossen zerfallen und bereit war, als
Führer des Bürgertums eine Rolle zu spielen. Eine solche Persönlichkeit übernahm dann, als Vertrauensmann der nichtadligen Bevölkerung, die Regierung. Die Bürger und Bauern Athens hatten
das Glück, einen sehr geeigneten Mann dieses Charakters zu finden: dies war Peisistratos.

Die Stellung, die Männer wie Peisistratos in den griechischen
Staaten des 6. Jahrhunderts vor Christus einnahmen, nannte man
»Tyrannis«, und sie selbst »Tyrannen«. Dieses Wort hat eine sehr
seltsame Geschichte durchgemacht: es bezeichnet heute einen brutalen Gewaltherrscher. Bei den Griechen dagegen war »Tyrannos«
ursprünglich eine Bezeichnung wie »Fürst« oder »König«. Dann
verstand man besonders darunter einen Mann, der in einem äußerlich republikanischen Staat die tatsächliche oberste Gewalt
innehatte. Diese ältesten »Tyrannen« waren durchaus keine brutalen Gewaltmenschen und Unterdrücker des Volkes, sondern im
Gegenteil die Vertrauensleute der Massen und die Vorkämpfer des
Bürgertums in seiner Auseinandersetzung mit dem Adel. Erst später, als die Einrichtung der Tyrannis sich überlebt hatte und als sie
in Widerspruch mit dem Volkswillen geriet, hat das Wort den
häßlichen Beigeschmack bekommen, der ihm bis zum heutigen
Tag anhaftet.

Peisistratos übte seine Gewalt in der Form aus, daß das Volk
alljährlich entweder ihn selbst oder einen seiner Verwandten und
Strohmänner zum Präsidenten der Republik wählte, so daß er
selbst stets die wirkliche Regierung ausüben konnte. Nun verschwand die adlige Klassenjustiz, und jedermann kam zu seinem
Recht; kein Gutsbesitzer durfte mehr einen benachbarten Bauern
schädigen oder belästigen. Nach den Unruhen und der Verwirrung
der späteren Adelszeit kam nun eine Zeit des Friedens, die das
Bürgertum eifrig benutzte, um Geschäfte zu machen. Die Manufakturen Athens blühten mächtig auf, und die Waren Athens
eroberten die ausländischen Märkte vor allem in Italien. Zum
Schutz des athenischen Außenhandels gegen seine Konkurrenten
schuf Peisistratos zum erstenmal eine leistungsfähige athenische
Flotte, und er erwarb auch für Athen wertvollen Kolonialbesitz in
der Gegend der Dardanellen. Man sieht also, daß Peisistratos, ein
kluger und gewandter Mann, erfolgreich im Sinne seiner Auftraggeber, der Bürger und Bauern Athens, gehandelt hat. So erfreute

er sich bei der Bevölkerung großer Beliebtheit; dennoch hatte er sich zur Sicherung seiner Stellung eine geworbene militärische Leibwache zugelegt.

Männer vom Schlage des Peisistratos gab es im 6. Jahrhundert in vielen Republiken Griechenlands. Aber der Klügste und Erfolgreichste von ihnen war Polykrates, der »Tyrann« von der Insel Samos. Polykrates ist in Deutschland bekannt durch Schillers Gedicht von seinem »Ring«. Aber wir wollen den Mann lieber nicht als Romanhelden betrachten, sondern als den energischen und rücksichtslosen Vorkämpfer der Bourgeoisie von Samos. Er baute den Hafen von Samos aus, legte der gleichnamigen Stadt eine Wasserleitung an, deren Reste noch heute vorhanden sind, und sorgte dafür, daß der Wohlstand in Samos sich mächtig hob. In Athen starb Peisistratos im Jahre 528, und sein Ansehen war so fest gegründet, daß seine beiden Söhne die väterliche Stellung übernehmen konnten. Sie hießen Hippias und Hipparchos; beides verständige Männer, die aber an die geistige Begabung ihres Vaters nicht heranreichten. Sie suchten in Athen im Sinne des alten »Tyrannen« weiter zu wirken; aber die Zeiten hatten sich inzwischen geändert.

Ursprünglich war das griechische Bürgertum froh gewesen, Männer zu finden, die ihm die Last des Regierens abnahmen. Aber allmählich begann es das Unwürdige dieses Zustandes zu empfinden. Angeblich lebte man in einer Republik, wo das Volk sich selbst regierte; tatsächlich entschieden aber ein bis zwei Männer über alle Angelegenheiten des Staats, und wenn sich jemand widersetzte, wurde er von den Söldnern der Herrscher gefangen gesetzt. So entstand der Wunsch, die Tyrannen zu beseitigen. Das Bürgertum Athens fühlte sich erwachsen und wollte von seinen Vormunden nichts mehr wissen. Es bildeten sich Verschwörungen zur Erkämpfung der wirklichen Republik. Hippias und Hipparchos wollten die Macht nicht aus der Hand geben; sie erkannten nicht, daß die Voraussetzungen nicht mehr da waren, die seinerzeit zur Tyrannis des Peisistratos geführt hatten. So kam es zur blutigen Entscheidung: zwei leidenschaftliche Republikaner, Harmodios und Aristogeiton, versuchten, durch ein Attentat die beiden Gewaltherrscher zu beseitigen. Aber der Streich glückte nicht: zwar wurde Hipparchos getötet, aber Hippias rettete sich und behauptete sich mit Hilfe seiner Leibgarde. Die beiden Attentäter mußten den Versuch mit ihrem Leben büßen. Das war im Jahre

514 vor Christus. Jedoch hat die Tat des Harmodios und Aristogeiton den Verstand der Tyrannis in Athen aufs tiefste erschüttert.
Das gemütliche Verhältnis, das zwischen dem alten Peisistratos und
den Bürgern und Bauern Athens bestanden hatte, und das sich dann
auch auf seine Söhne vererbt hatte, war endgültig erledigt: das Blut,
das geflossen war, trennte von nun ab den Tyrannen und das Volk.
Hippias konnte sich nur noch durch die Gewalt behaupten, und eine
solche offene Gewalt-Regierung muß stets – früher oder später –
zusammenbrechen. Vier Jahre nach dem Attentat war die Tyrannis
in Athen bereits abgetan und Hippias flüchtete ins Ausland.

Das athenische Volk hat stets das Bewußtsein dafür behalten,
daß zu seiner politischen Befreiung die Tat von Harmodios und
Aristogeiton wesentlich beigetragen hat. Das Andenken der beiden
»Tyrannenmörder« blieb hochgeehrt. Ein berühmtes Denkmal
wurde ihnen in Athen gesetzt, und es entstand ein Lied zu ihren
Ehren, das gewissermaßen die Marseillaise der athenischen Republik geworden ist. Es bestand eben damals in Athen von 520–510
eine eigentümliche politische und soziale Lage, bei der solches Attentat weittragende Folgen haben mußte. Wenn zwei Klassen miteinander ringen, hat die Tötung einer einzelnen politischen Persönlichkeit keinen ernstlichen Einfluß auf die Entwicklung. Wir
werden später noch einen Fall aus Athen kennen lernen, wo der
bedeutendste Führer des Proletariats auf Veranlassung des Bürgertums umgebracht wurde, ohne daß sich die politischen Machtverhältnisse dadurch irgendwie verschoben. Aber im Ausgang des 6.
Jahrhunderts war ja die Lage ganz anders: es kämpften keine
Klassen miteinander; denn der Kampf zwischen Adel und Bürgertum war schon entschieden, und die Auseinandersetzung zwischen
Bürgertum und Proletariat hatte noch nicht begonnen, sondern
das Bürgertum wollte einfach seine Vertrauensmänner abberufen,
zu denen es kein Vertrauen mehr hatte, und als sie nicht willig
gingen, brauchte man Gewalt.

Seit dem Jahre 510 war das Bürgertum im Vollbesitz der politischen Macht in Athen. Wenn der Adel 510 einen Augenblick daran gedacht hatte, in der Verwirrung die Herrschaft wieder an sich
zu reißen, so sah er bald ein, daß solche Hoffnungen trügerisch
waren. Seitdem hat sich der Adel Athens, die Gutsbesitzer auf dem
Lande und die reichen Herren in der Stadt, politisch dem Bürgertum angeschlossen. Einzelne Adlige sind sogar später die Führer
des Proletariats geworden.

Der Ausbau der bürgerlichen Demokratie

Die Umwälzung von 510 stellte dem Bürgertum Athens die Aufgabe, sich selbst zu regieren. Und es hat die Aufgabe gelöst, in einem Umfang, der alles weit hinter sich läßt, was die Neuzeit in der Gestalt der bürgerlichen, parlamentarischen Demokratie geschaffen hat. Wenn die wirtschaftliche und soziale Entwicklung eines Volkes eine gewisse Stufe erreicht, so daß gewisse Forderungen sich mit Notwendigkeit ergeben, dann finden sich in der Regel auch die Männer, die imstande sind, im Sinne dieser Forderungen zu handeln. So war es damals auch in Athen: ein Adliger, der sich auf die Seite des Bürgertums geschlagen hatte, Kleisthenes, schuf die Form, in der die Selbstregierung, zunächst der Besitzenden, in Athen möglich wurde.

Im Staate Athen besaß schon längst jedes Dorf eine gewisse Selbstverwaltung. Das Dorf hatte seinen Vorsteher, der die Kasse des Ortes verwaltete, die Liste der Einwohner führte und die Polizei unter sich hatte. Ebenso zerfiel die Stadt Athen in eine Anzahl kleiner Bezirke, die auch jeder seinen Vorsteher mit entsprechenden Befugnissen hatten. Diese Keimzellen des politischen und kommunalen Lebens von Athen, die Dörfer wie die Stadtbezirke, hießen Demen. Von den Demen ging Kleisthenes beim Aufbau der Staatsverfassung aus. Es waren dies ja Gemeinschaften von Leuten, die zusammen wohnten und sich meistens persönlich kannten. Diese kleinen Bezirke sollten Vertreter in eine Körperschaft senden, die auf die Regierung des Staates bestimmenden Einfluß ausüben sollte, also eine Art von Parlament. Die Körperschaft, die Kleisthenes schuf, war der »Rat« (griechisch: Bule, betont wird das e, das lang ist!) der 500. In den Rat schickte jeder kleine Bezirk einen, zwei oder drei oder auch mehr Vertreter, immer im Verhältnis zu seiner Bevölkerungszahl; im ganzen waren es 500. Aber nun kommt eine Bestimmung, die für den Menschen von heute, der sich an den Parlamentarismus gewöhnt hat, überaus seltsam ist: die Mitglieder des Rats der 500 wurden nicht gewählt, sondern erlost. Kleisthenes und die anderen maßgebenden Athener jener Zeit meinten nämlich, daß gar keine hohe, besondere Weisheit dazu nötig sei, um als Mitglied des Rates die Geschäfte der Allgemeinheit zu besorgen, sondern daß jeder verständige Durchschnittsbürger dazu fähig sei: deshalb nicht die Wahl, sondern das Los. Aber ganz so einfältig war dieser Grundsatz doch

nicht, wie er auf den ersten Augenblick aussieht. Zunächst tagte
der Rat oft und lange; die Zugehörigkeit zum Rat war aber ein
Ehrenamt, das nichts einbrachte. Also konnten nur solche Leute
Mitglieder des Rats werden, die nicht völlig von der Hand in den
Mund lebten; die imstande waren, öfter einen halben Arbeitstag
für die Allgemeinheit zu opfern, ohne daß ihre Familie dadurch
gleich in Not geriet. Also war der Besitzlose, der Proletarier, tatsächlich vom Rat ausgeschlossen; obwohl nach dem Buchstaben
der Verfassung jeder Athener, ohne Unterschied des Besitzes, in
der Volksversammlung stimmen und im Rat sitzen durfte. Denn
nur derjenige wurde in den Rat gelost, der es wollte und sich dazu
meldete. Wenn sich aber einmal ein offenkundig unwürdiger und
ungeeigneter Mensch, etwa ein bekannter Säufer, in seinem Bezirk
zur Losung in den Rat meldete, und der Zufall wollte es, daß er
auch erlost wurde, so gab es doch ein Mittel, um solche Elemente
vom Rat fernzuhalten: ein richterliches Urteil konnte einem Un-
würdigen den Eintritt in den Rat verwehren.

Dieser Rat der 500 sollte zusammen mit dem Präsidenten der
Republik, den jährlich die Volksversammlung wählte, die Staatsgeschäfte erledigen. An die Volksversammlung selbst konnten naturgemäß nur die grundsätzlichen Entscheidungen gebracht werden, nachdem der Rat zuvor die Angelegenheit durchberaten hatte. Indessen, wäre Kleisthenes bei dieser Verfassung stehen geblieben, so hätte der Präsident der Republik ein natürliches Übergewicht besessen. Er war, um modern zu sprechen, Staatspräsident
und Ministerpräsident zugleich. Alle Staatsangelegenheiten gingen
durch seine Hand, und auf der anderen Seite stand eine Körperschaft von 500 wenig geschäftskundigen Männern, die bestenfalls
reden und schelten, aber doch nicht sachlich mitregieren konnte.
Diese Hauptschwierigkeit hat Kleisthenes erkannt und überaus
geistvoll gelöst.

Der Rat der 500 wird in 10 Teile geteilt und ebenso das Jahr in
10 Teile. Es ergeben sich dort: 50 Ratsmitglieder, hier: 36 Tage.
Nun bestimmte die Verfassung des Kleisthenes, daß immer $^2/_3$ des
Rats 36 Tage als vollziehender Ausschuß arbeiten sollte. Die Mitglieder dieses »Vollzugsrats« hießen: Prytanen. Ihre Aufgabe war
es, ständig mit dem Präsidenten der Republik bei der Erledigung
aller laufenden Geschäfte zusammenzuarbeiten. Durch diese geist-
volle Maßregelung war die Schwerfälligkeit und Hilflosigkeit der
Versammlung der 500 überwunden. Der Ausschuß der 50 war

wirklich imstande, jede Frage eingehend und sachlich zu bespre-
chen und dann die Durchführung des Beschlusses zu überwachen.
So war die Selbstregierung des athenischen Bürger- und Bauern-
standes zu einem erheblichen Teile verwirklicht worden.

Zugleich mit der politischen Macht wurde auch die Rechtspflege
in die Hand des Bürgertums gelegt: es wurden Schwurgerichte gebildet, die das Urteil in den meisten kriminellen wie zivilen Prozessen zu sprechen hatten. Auf einige Ausnahmen von dieser Regel
brauchen wir hier nicht einzugehen. Die Geschworenen wurden
ganz in derselben Weise aus der Gesamtheit der Bürger erlost, wie
dies bei den Ratsmitgliedern der Fall war. Da auch die Tätigkeit
der Geschworenen ehrenamtlich war, waren die Besitzlosen, trotz
ihrer scheinbaren Gleichberechtigung, von der Rechtsprechung
ebenso ausgeschlossen wie von der politischen Tätigkeit*.

Das waren die leitenden Gedanken der Verfassung von 510. Die
neuen Einrichtungen bewährten sich, und die Herrschaft des Mittelstandes blieb beständig. Versuche, wieder die Herrschaft eines
einzelnen, in der Art des Peisistratos, in Athen aufzurichten, wurden mit leichter Mühe abgewehrt. Der Adel und die Reichen fügten sich, wie bereits hervorgehoben wurde, notgedrungen der
neuen Ordnung der Dinge, und auf der anderen Seite waren die
Besitzlosen noch nicht zu klassenbewußtem Denken erwacht. Im
Jahre 490 gelang es überdies den Athenern, den Angriff der stärksten Militärmacht der damaligen Welt, des Perserreichs, siegreich
abzuschlagen, wodurch das Selbstbewußtsein des athenischen Bürgertums mächtig erhöht wurde. Aber eine Schwierigkeit stellte sich
doch im politischen Leben des Staates immer deutlicher heraus:
zum Präsidenten der Republik wählte die Volksversammlung alljährlich einen besonders angesehenen und einflußreichen Politiker.
Es waren die stärksten Persönlichkeiten Athens, die den Posten
des Präsidenten (Urchon) in dieser Zeit ausgefüllt haben. Da ist es
klar, daß es dauernd zu Reibungen zwischen dem Präsidenten und
dem Vollzugsausschuß des Rats kam. Der Präsident konnte sich
überdies darauf berufen, daß er in direkter Wahl von der gesam-

---

* In dieser kurzen Übersicht über die Verfassung Athens sind nur die Tatsachen angeführt, die zur Beurteilung der politischen Machtverhältnisse der
einzelnen Klassen von Bedeutung sind; alles andere, auch wenn es an sich
wichtig ist, wurde fortgelassen, weil es über den Rahmen dieser Darstellung
weit hinausführen würde.

ten Bürgerschaft bestimmt worden sei, daß er also das Vertrauen
des Volkes genieße, während der Ratsausschuß einem indirekten
und Zufallsverfahren sein Amt verdanke.

Das Bürgertum Athens sah allmählich ein, daß es seine Selbstregierung doch noch nicht ganz verwirklicht hatte. Der Klasse, die
sich im Rat verkörperte, stand immer noch der einzelne, in Gestalt des Präsidenten, gegenüber. Es zeugt für die rücksichtslose
Entschlossenheit, mit der das athenische Bürgertum sein Ziel verfolgte, daß man sich dazu aufraffte, den Präsidenten überhaupt zu
beseitigen. Diese Umwälzung vollzog sich im Jahre 487. Zwar gab
es auch danach noch einen Beamten des Titels »Archon« in
Athen; aber er hatte sehr unbedeutende Befugnisse und mit der
Regierung des Staats nichts mehr zu schaffen.

Der Präsident der Republik war beseitigt; der Vollzugsausschuß
des Rats blieb allein als oberste Regierungsbehörde übrig. Die 50
wählten sich täglich einen anderen Obmann, damit auch hier die
Einzelpersönlichkeit sich nicht ungebührlich vordrängen sollte. Sie
hatten die Aufsicht über die Staatskasse, ihnen unterstand die Polizei, sie beriefen den Rat und die Volksversammlung. 36 Tage
dauerte die Herrlichkeit; dann verschwanden die Prytanen wieder
im Schoße der Gesamtkörperschaft des Rats. Man muß sagen,
daß sowohl in der Zeit der bürgerlichen, wie nachher der proletarischen Demokratie, diese Selbstregierung des Volkes sich trefflich
bewährt hat und sich glatt und reibungslos durchführen ließ.

Das Landheer der Republik Athen bestand seit dem Sturz der
Adelsherrschaft aus dem Aufgebot aller Besitzenden, die sich wie
wir oben gesehen haben, ihre Ausrüstungsgegenstände selbst kaufen mußten. Die Besitzlosen dienten als Ruderer auf der Flotte.
Den Oberbefehl über die athenischen Streitkräfte zu Land wie zu
Wasser erhielt ein General, der jährlich von der Gesamtheit des
Volkes gewählt wurde. Er führte den Titel: Strategos. »Stratege«,
was heute den besonderen Meister der Kriegskunst bezeichnet,
war damals einfach ein Ausdruck für »Oberst« oder »General«.
An sich hatte der General Athens mit der Staatsregierung oder
überhaupt mit nichtmilitärischen Dingen nichts zu schaffen. Aber
es bildete sich doch die Sitte heraus, daß das Volk den Politiker,
zu dem es besonderes Vertrauen hatte, zum General wählte. Die
Kriegskunst war damals noch nicht so schwierig und verwickelt
wie heute, und die meisten Politiker Athens trauten es sich zu,
zur Not auch eine Schlacht zu leiten oder die Flotte zu führen.

Schlimmstenfalls gab es ja sachkundige Freunde, an die man sich halten konnte. So kam es, daß das Haupt der in Athen gerade regierenden politischen Richtung für die Außenwelt meistens als General hervortrat. Der General war befugt in allen militärischen Dingen unmittelbar mit dem Rat zu verhandeln, und in der Volksversammlung durfte er, wie jeder andere Athener, zur Sprache bringen, was er wollte. Überdies konnte er seine politischen Freunde im »Ausschuß der 50« und im Rat veranlassen, Anträge auf allen Gebieten des öffentlichen Lebens zu stellen. Aber trotz alledem wäre es ganz falsch, nun einfach in dem »Strategen«, dem General, den Erben des Präsidenten der Republik, des Archon, unter anderem Namen zu sehen. Denn die wirkliche Regierungsgewalt besaß der General ja nicht, und man darf doch nicht den Vorsitzenden der einflußreichsten politischen Partei einfach dem Präsidenten der Republik gleichsetzen. Ein Gegensatz zwischen Heer und Volk hat in Athen nie bestanden, weil das Heer und die Marine weiter nichts waren, als das Aufgebot des wehrfähigen Volkes, und weil es Offiziere oder Unteroffiziere von Beruf in Athen nie gegeben hat. Ein Mißbrauch seiner Stellung durch den General war auch nicht gut möglich; denn die Volksversammlung hatte das Recht, alle vier Wochen den General, wenn er ihr nicht mehr paßte, abzusetzen. Selbst ein als Politiker so einflußreicher General wie Perikles ist, als er das Vertrauen des Volkes verloren hatte, mitten in seinem Amtsjahr ohne weiteres von der Volksversammlung abgesetzt worden.

Es muß freilich gesagt werden, daß sich diese Bestellung des mächtigsten Parteiführers zum General in Athen durchaus nicht immer bewährt hat. Der eben erwähnte Perikles ist z. B. ein sehr erfolgreicher Staatsmann, aber zugleich ein sehr unfähiger Militär gewesen und hat durch seine militärischen Fehler dem Staate schweren Schaden gebracht.

Der Imperialismus des Bürgertums in Athen

Im Jahre 480 hatte Athen einen neuen Angriff der Militärmacht Persiens zu bestehen. Die Perser beherrschten damals ganz Vorderasien; sie saßen in Kleinasien wie in Ägypten, und die persische Regierung hatte gewaltige weltwirtschaftliche Pläne: das ganze Mittelmeer sollte in den Bereich der persischen Reichswirtschaft aufgenommen werden. Um dieses Ziel zu erreichen, mußte Persien

auch Griechenland erobern. Aber es gelang den Athenern, im
Bund mit anderen griechischen Staaten, auch diesmal den Angriff
der persischen Übermacht abzuwehren. Den Hauptanteil am Sieg
hatte die Flotte Athens, die gerade in dem Jahrzehnt vorher
außerordentlich vermehrt worden war. Das Bürgertum Athens
war sich nämlich mit der Zeit auch seiner Kraft nach außen hin
bewußt geworden. Es wollte möglichst weite Gebiete beherrschen,
um sie wirtschaftlich ausbeuten zu können. Es wollte dort einen
sicheren Absatz für seine Fabrikate und zugleich die Gelegenheit
zum billigen und reichlichen Einkauf von Rohstoffen und Lebensmitteln finden. Um diese Ziele zu erreichen, brauchte Athen aber
eine starke Flotte. Der erste Athener, der, um dafür einen modernen Ausdruck zu gebrauchen, imperialistisch gedacht hatte, war
der »Tyrann« Peisistratos gewesen. Seine Gedanken hat in größe-
rem Umfang wieder aufgenommen: Themistokles, der klügste
und einflußreichste Staatsmann des athenischen Bürgertums um
das Jahr 480. Themistokles setzte es durch, daß die Flotte Athens
von 50 auf 150 Kriegsschiffe vermehrt wurde. Diese starke Marine
sollte zunächst den Angriff Persiens abwehren, auf den man mit Sicherheit rechnen konnte. Dann aber sollte sie für das Bürgertum
Athens den gewünschten Profit erkämpfen.

Alles verlief zunächst im Sinne dieses Planes: die Perser wurden
besiegt, und dann gründete Athen einen griechischen Bundesstaat,
der die meisten Inseln und Küstenstädte des Ägäischen Meeres
umfaßte. Auf dem Papier waren die Bundesgenossen mit Athen
gleichberechtigt, tatsächlich wurden sie bald von dem führenden
Bundesstaat hilflos abhängig. Der athenische Staatsmann, der bei
der Ausgestaltung dieses sogenannten Bundes die erste Rolle spielte, war Aristides; ein Mann, der es verstand, die Vertretung der
Profitinteressen des athenischen Bürgertums unter dem Mäntel-
chen der Ehrbarkeit zu verstecken, und der deshalb bis auf den
heutigen Tag den Ruf mustergültiger Gerechtigkeit hat. Die Athener haben auf die verschiedenste Art und Weise ihre sogenannten
Bundesgenossen ausgebeutet. Zunächst stellten sie den Grundsatz
auf, daß die Flotte Athens zum Schutz aller Reichsangehörigen da
sei, und daß diese deshalb Geld für die athenische Marine zahlen
müßten. So leisteten fast alle Gemeinden des Bundes jährlich eine
bestimmte Abgabe an Athen. Im ganzen bekam der Staat Athen
auf diese Art jährlich ungefähr 2$^1/_2$ Millionen Goldmark; eine sehr
erhebliche Summe, wenn man die Kleinlichkeit der damaligen

Verhältnisse bedenkt. Überdies war die Kaufkraft des Geldes im alten Athen fast 10mal so groß wie in Deutschland vor dem Kriege. Mit Hilfe dieses Geldes hat Athen die Kosten seiner zahlreichen Kriege bestritten; denn die Seekriege, um die es sich hier meistens handelte, waren auch schon damals recht kostspielig. Die Flotte Athens war allmählich auf 200 Schiffe vermehrt worden, und wenn diese ganze Streitmacht mobil war, brauchte man allein 30 000 Ruderer (150 auf jedes Schiff), die der Staat zu besolden und zu erhalten hatte.

Weiter stellte Athen den Grundsatz auf, daß in fast allen Prozessen, die vor Gerichten der Bundesgenossen spielten, Berufung nach Athen eingelegt werden konnte. Ja, die athenischen Gerichte behielten sich sogar direkt die Entscheidung wichtiger krimineller wie zivilrechtlicher Streitfälle vor. Die Folge davon war, daß ständig Hunderte von Bundesgenossen nach Athen reisen mußten, um dort ihre Prozesse zu erledigen. Der politische Druck, den Athen dadurch auf die Reichsangehörigen ausüben konnte, ist ohne weiteres begreiflich. Aber die Sache hatte auch ihre wirtschaftliche Seite; denn die Bundesgenossen, die durch ihre Prozesse genötigt waren, nach Athen zu kommen, mußten dort auch eine Reihe von Tagen leben, und so ließen sie viel Geld in Athen, wodurch die athenische »Fremdenindustrie« mächtig aufblühte.

Aber die Athener haben auch ganz unumwunden wirtschaftlichen Zwang gegen ihre Bundesgenossen ausgeübt. Nur einige Beispiele seien dafür hier angeführt. Zum athenischen Reich – das ist der Ausdruck, den man am besten für den angeblichen Bundesstaat anwendet – gehörte auch eine kleine Insel Keos. Die Insel hatte das Monopol, daß auf ihr allein in Griechenland der Farbstoff Rötel gewonnen wurde. Nun bestimmte Athen, daß die Leute von Keos ihren Rötel ausschließlich nach Athen und auf einem dazu von der athenischen Regierung bestimmten Schiff liefern durften. Auf diese Weise konnten die athenischen Kaufleute den Preis, den sie an die Erzeuger in Keos zahlten, so niedrig ansetzen, wie sie wollten, und den übrigen Griechen konnten sie wieder den Rötel so teuer verkaufen, wie sie wollten, da sie ja keinen Wettbewerb zu fürchten hatten. Und nebenbei war auch noch der Transport der Ware von Keos nach Athen ausschließlich in der Hand der Athener! Ferner: Athen selbst und viele Gemeinden seines Reiches erzeugten in ihrem eigenen Gebiet nicht genug Brot, um sich zu ernähren, und sie mußten deshalb Getreide aus dem Aus-

land beziehen. Der wichtigste Kornmarkt für Griechenland war
aber damals Süd-Rußland. Wenn nun aber das südrussische Getreide zu den Griechen kommen sollte, so mußte es die Dardanel-
len-Straße passieren, und die Dardanellen waren in der Hand der
athenischen Flotte. Athen kontrollierte dadurch den gesamten
Kornhandel zwischen Südrußland und Griechenland. Es sorgte zunächst dafür, daß sein eigener Bedarf an Lebensmitteln reichlich
gedeckt wurde, und die anderen Griechen bekamen nur das, was
Athen ihnen gnädigst und mit angemessenem eigenen Nutzen er-
laubte. Hören wir nun aber, was ein Athener jener Zeit selbst sagte. In einer politischen Flugschrift aus Athen im 5. Jahrhundert
vor Christus finden sich folgende Sätze: »Die Produkte der ganzen
hellenischen und barbarischen (»Barbaren« nannte man damals
die Nicht-Griechen) Welt besitzen allein die Athener; denn wenn
irgendeine Gemeinde reich ist an Schiffsbauholz oder an Eisen,
Kupfer oder Flachs, wo soll sie es absetzen, wenn der Beherrscher
des Meeres (= Athen) nicht damit einverstanden ist? Eben daraus
aber bauen wir Athener uns die Schiffe; von dem einen beziehen
wir Holz, von dem anderen Eisen, von dem dritten Kupfer,
Flachs, Wachs. Anderswohin aber, zu unseren Konkurrenten, lassen
wir diese Dinge nicht ausführen. So erhalten wir alle Produkte des
Erdbodens ohne eigene Arbeit (gemeint ist damit die Arbeit des Er-
zeugers) durch das Meer, während keine andere Stadt gleichzeitig
Zweierlei hat, sondern wo es viel Flachs gibt, ist das Land flach und
holzarm, und ebensowenig findet sich Eisen, Kupfer usw. in demselben Stadtgebiet, sondern das eine hier, das andere da.«

Man sieht also, daß der Besitz der großen Flotte sich für das
athenische Bürgertum als sehr nützliche Kapitalanlage erwies. Die
Flotte brachte den Athenern die Seeherrschaft im östlichen Teil
des Mittelmeeres, sie hielt die Bundesgenossen nieder und sorgte
dafür, daß Athen die Rohstoffe und Lebensmittel, die es brauchte,
reichlich und zu billigem Preis erhielt. So kam es, daß Athen mit
seinen Gewerben und Manufakturen alle anderen Griechen über-
flügelte. Da überdies die Athener die meisten Handelsschiffe hatten, brachten sie auch den Verkehr in ihre Hand, und als Hauptsitz der Manufakturen und der Schiffahrt Griechenlands wurde
Athen auch der Mittelpunkt des griechischen Handels und des
griechischen Geldverkehrs. Die Stadt Athen wuchs daher in den
Jahrzehnten nach Abwehr des persischen Angriffs erheblich an.
Tausende von Fremden aus allen Teilen Griechenlands ließen sich

dort nieder. Athen zeigte sich diesen Ausländern gegenüber sehr weitherzig. Es gestattete ihnen ohne weiteres die Niederlassung, und es ließ ihnen persönlich und geschäftlich ganz die gleiche Bewegungsfreiheit wie den eigenen Bürgern. Nur das athenische Bürgerrecht selbst verlieh man solchen Fremden nicht gern. Auch aus dem eigenen athenischen Staatsgebiet zog der Überschuß der bäuerlichen und kleinbürgerlichen Bevölkerung in die Hauptstadt, um sich dort eine neue Lebensmöglichkeit zu schaffen. Massenhafte neue geschäftliche Unternehmungen entstanden und die alten dehnten sich aus. Der Wohlstand des athenischen Bürgertums wuchs schnell; aber ebenso schnell wuchs auch die Zahl derer, die durch ihrer Hände Arbeit diesen Wohlstand erst möglich machten. Die Sklavenarbeiter und die freien Ausländer, die in Athen tätig waren, mußten sich zwar mit ihrer Lage abfinden, aber die freien, besitzlosen, athenischen Bürger, die im Dienst der athenischen Bourgeoisie standen, begannen ihre Lage immer deutlicher zu begreifen, und allmählich kamen sie zu dem Entschluß, sich die Herrschaft des besitzenden Bürgertums nicht länger gefallen zu lassen.

Die Entstehung einer proletarischen Kampfpartei in Athen

Den Nutzen aus dem wirtschaftlichen Aufschwung Athens in den Jahren 479–460 zogen meistens dieselben Kreise, die auch politisch die Macht im Staat in der Hand hatten: die Schiffsbesitzer, Kaufleute, Geldleute, Manufakturbesitzer und größeren Handwerksmeister. Keinen Anteil an dem Aufschwung des gewerblichen, industriellen und kaufmännischen Lebens hatten die Bauern und größeren Landwirte; aber sie hatten wenigstens ihren Anteil an der politischen Macht. Demgegenüber stehen auf der anderen Seite die Besitzlosen und zugleich auch politisch Einflußreichen: die Seeleute, Hafen- und Transportarbeiter, die Handwerksgesellen, die freien Manufakturarbeiter, die Landarbeiter usw. Wir haben eine zuverlässige Zahlenangabe aus dem alten Athen, wonach unter den Bürgern die Zahl der Besitzlosen zu den Besitzenden sich wie 4:3 verhalten hat. Athen hatte in der Zeit, in der wir uns hier befinden, ungefähr 35 000 erwachsene, männliche Bürger. Darunter waren demnach 20 000 Besitzlose und 15 000 Besitzende. Dabei waren aber viele kleinbürgerliche Existenzen mit zu den Besitzlosen gerechnet worden sein: arme Handwerker, die sich ohne

Gehilfen ernähren mußten, oder ganz arme Kleinbauern, deren Grundstück knapp ausreichte, um ihre Familie zu erhalten. In einem Lustspiel jener Zeit tritt als Typ aus dem athenischen Volke ein Straßenhändler mit Würstchen auf, und wer die Verhältnisse des heutigen Südens kennt, weiß, daß es auch jetzt noch in den dortigen Städten solche Händler und Hausierer in Menge gibt. Man wird solche Leute des alten Athens ohne weiteres den Besitzlosen zuweisen, auch wenn sie ihre Arbeitskraft nicht gegen Lohn zu verkaufen hatten. Es ist schon oben betont worden, daß die amtliche Scheidung zwischen den Besitzenden und Besitzlosen damals nach dem Grundsatz erfolgte, ob der Betreffende in der Lage war, sich selbst die Ausrüstungsgegenstände für den Dienst im Landheer zu kaufen. Und bei dem Begriff »Proletarier« in Rom und den entsprechenden »Theten« in Athen, dachte ja der Mensch des Altertums in erster Linie nicht an den Lohnarbeiter, sondern an den Besitzlosen an sich.

Die vielfältigen Berufe des damaligen Athens führt uns ein Schriftsteller des Altertums recht anschaulich vor Augen. Es ist dies Plutarch in seinem »Leben des Perikles«. Er weist darauf hin, daß an den großen Bauten, die in der Zeit des Perikles (gemeint sind die Jahre 445–432 vor Christus) in Athen entstanden, ein großer Teil der Bevölkerung verdiente; denn »da waren Zimmerleute, Bildhauer, Steinmetzen, Erzgießer, Färber, Goldgießer, Elfenbeinarbeiter, Maler, Sticker, Graveure, ferner alle die, welche mit der Beschaffung des Baumaterials zu tun hatten, zur See Kaufleute, Schiffer und Steuerleute, zu Land Wagenbauer, Fuhrleute, Kutscher, Seiler, Leineweber, Lederarbeiter, Wegebauer. Jedes dieser Gewerbe hatte wieder, wie ein Feldherr sein Heer, die Massen der Tagelöhner und Handlanger als ausführendes Werkzeug in seinen Diensten, und so erhielt jedes Alter und jeder Beruf seinen Anteil an der Arbeit und am Wohlstand.« Da sehen wir sie einmal leibhaftig vor Augen, die »Massen der Tagelöhner und Handlanger Athens«, die allmählich unter dem Eindruck dessen, was sie um sich sahen, auch politisch erwachten. Die Bildungsstufe dieser Leute war verhältnismäßig hoch. Schon um das Jahr 500 vor Christus konnte so ziemlich jeder Athener, auch der arme, schreiben und lesen. Es gab zwar keine staatlichen Schulen, aber die privaten Volksschulen waren äußerst billig, und jedermann schickte seine Kinder für ein paar Pfennige zum Schreiblehrer. Der Besuch der Volksversammlungen, in denen die politischen Tagesfragen in aller Öffentlichkeit besprochen wurden, trug dazu bei, auch die Besitzlosen politisch aufzuklären, und wenn die Handwerksmeister, die im Rat und in den Kommissionen saßen, daheim oder in der Barbierstube von ihren Taten und Eindrücken erzählten, so hörten die Gesellen zu und dachten sich allerhand dabei.

Sehr stark zur Hebung des proletarischen Selbstbewußtseins in Athen trug auch die Entwicklung der Flotte bei. In der Adelszeit führte nur der Ritter die Waffe, und die bürgerliche Republik fand ihren Ausdruck in dem Landheer der Besitzenden. Nun wurde es aber von Jahr zu Jahr immer deutlicher, daß die Machtstellung Athens auf seiner Marine beruhte, und nicht auf seinem Landheer. Ohne die athenische Flotte wäre das Reich binnen 24 Stunden zusammengebrochen, und das Reich brachte den Wohlstand. Die zumindest 30 000 Ruderer, welche die mobile athenische Flotte brauchte, konnte das Proletariat Athens nicht alle stellen; dazu reichte seine Zahl gar nicht aus. Es mußten also jedesmal, wenn man die Flotte mobilisierte, eine Menge Ruderer auswärts angeworben werden. Aber den Kern der athenischen Flottenmannschaft bildeten doch die vielen Tausende von armen Bürgern, und besonders diejenigen, die schon im Frieden auf der See zu tun hatten, die Matrosen, Steuerleute usw. Sie mußten sich sagen, daß sie die eigentlichen Gründer und Erhalter des athenischen Reichs seien; daß sie im Frieden durch ihrer Hände Arbeit den Wohlstand der Besitzenden schufen und im Kriege schützten. So erhob sich bei ihnen die Forderung, diesen Staat, der ohne sie nicht existieren konnte, auch zu beherrschen.

In den sechziger Jahren des 5. Jahrhunderts schloß sich die gesamte arme Bevölkerung Athens zu einer einheitlichen Partei zusammen mit dem Ziel, die politische Macht zu erobern. Ihre Führung übernahm Ephialtes, ein Mann, von dessen Persönlichkeit wir leider sehr wenig wissen, der aber einer der bedeutendsten politischen Köpfe des Altertums gewesen ist. Es war im Grunde genommen nur eine einzige Maßregel nötig, um den bisherigen Staat Athen umzuwerfen und die Herrschaft des Bürgertums durch die des Proletariats zu ersetzen: man mußte den Grundsatz abschaffen, daß die Tätigkeit im Rat und als Geschworener eine ehrenamtliche war. Sobald dem Ratsmitglied und dem Volksrichter Tagegelder gezahlt wurden, von denen sie existieren konnten, war die Schranke gefallen, die bisher den Besitzlosen von der Betätigung im öffentlichen Leben abhielt, und der Grundsatz des Loses, den bereits die bürgerliche Republik aufgestellt hatte, konnte sich nun erst recht bewähren. Denn in allen Bezirken des Staates gab es erheblich mehr arme als reiche Bürger. So mußte die mechanische Anwendung des Loses mit Naturnotwendigkeit im Rat wie in den Schwurgerichten eine Mehrheit der Armen zutage befördern, und war dies erst einmal erreicht, so ergab sich alles Weitere von selbst.

Wir müssen uns aber hier an dieser Stelle gleich darüber klar werden, was die Proletarier Athens nicht anstreben konnten; die Durchführung des Sozialismus konnten sie nicht wollen. Die Forderung der Sozialisierung kann erst erwachen, wenn der industrielle Großbetrieb da ist, und der fehlte in Athen durchaus. Und die vielen Hunderte von kleinen Betrieben mit 1–20 Arbeitern konnte man gar nicht in den Besitz der Allgemeinheit überführen, weil sich kein Apparat hätte schaffen lassen, um diese Kleinbetriebe nach ihrer Übernahme durch den Staat weiter zu leiten. Was hätte man auch mit den vielen Handwerksmeistern anfangen sollen, die eine solche Maßregel erwerbslos gemacht hätte? Der Gedanke einer Sozialisierung des Gewerbes und der Industrie war also in Athen undurchführbar und ist auch nie von einem athenischen Staatsmann geäußert worden. Nur die Bergwerke waren schon seit alter Zeit im Besitz des Staats, der sie an Unternehmer verpachtete. Die Eroberung der politischen Macht konnte also nicht direkt durch die Sozialisierung, sondern nur indirekt die wirtschaftliche Lage der Arbeiter verbessern. Welche Wege das Proletariat Athens zu diesem Ziel einschlug, werden wir weiter unten betrachten. Was endlich die Landwirtschaft betraf, so gab es im Staatsgebiet von Athen sehr wenig große Güter; der mittlere und kleine Bauernbesitz überwog durchaus. Bei den besonderen Verhältnissen Athens hätte also weder eine Sozialisierung noch eine Aufteilung des Großgrundbesitzes etwas Wesentliches geändert. Unter anderen Umständen sind ja gerade im Altertum Revolutionen der ländlichen Besitzverhältnisse oft erstrebt worden.

Ebensowenig wie eine Sozialisierung wollten aber die Proletarier Athens die Abschaffung der Sklaverei. Es ist schon oben betont worden, daß die Solidarität des freien Griechen mit dem aus wilden Ländern eingeführten Sklaven gering war. Immerhin hat das Proletariat Athens, als es zur Macht gelangte, auch eine menschliche Behandlung der Sklaven durchgesetzt, und das bleibt eine Ruhmestat der armen Bürger Athens. Aber die völlige Abschaffung der Sklaverei hätte den besitzlosen Bürgern kaum einen praktischen Nutzen gebracht. Von Arbeitslosigkeit der Freien hören wir aus Athen nichts, und wie unten noch gezeigt werden wird, waren in Athen, unter der Herrschaft des Proletariats, die Löhne der gelernten freien Arbeiter recht hoch, und man kann sich kaum denken, daß sie bei Abschaffung der Sklaverei noch höher gestiegen wären. Es war in Athen stets eine erheblich größere Anzahl von Arbeitskräften nötig, als erwachsene freie Bürger vorhanden waren. Ja, man kann sogar folgendes sagen: auch die Bürger und die Sklaven der Athener zusammengenommen haben den Bedarf auf dem Arbeitsmarkt Athens im 5. und 4. Jahrhundert nicht gedeckt, sondern es waren daneben noch Tausende von freien Arbeitskräften nötig, die aus anderen griechischen Staaten nach Athen einwanderten. Es ist richtig, daß in den vorwiegend agrarischen Staaten Griechenlands schon im 5. Jahrhundert eine gewisse Übervölkerung herrschte, die sich durch Auswanderung, teils in die größeren Städte, teils in die überseeischen Länder, Luft machte. Wäre ganz Griechenland ein Einheitsstaat mit einheitlicher Wirtschaftspolitik gewesen, so wäre der Gedanke richtig gewesen, dem Bevölkerungsüberschuß in den Landgebieten durch Abbau der Sklaverei in den Städten einen Ausgleich zu schaffen. Aber vom einseitig athenischen Standpunkt aus bestand diese Notwendigkeit durchaus nicht. Athen hätte sich höchstens davor zu hüten gehabt, daß ein zu großer Zufluß von freien auswärtigen Arbeitskräften die Löhne der Bürger drückte. Über die Übervölkerung der Land-Kantone, die im 4. Jahrhundert kritisch wurde, und die Mittel, die man anwandte, um sie zu überwinden, wird unten noch ein Wort zu sagen sein.

Das Proletariat kommt zur Macht

Das mehrjährige Ringen zwischen den Besitzenden und Besitzlosen in Athen kam im Jahre 461 zur Entscheidung: das Bürgertum gab auf der ganzen Linie nach, und die Proletarier nahmen die Macht in die Hand, ohne daß es zu einem blutigen Kampf gekommen wäre. Die Besitzenden sahen eben ein, daß sie gegen die geschlossene Übermacht der Ärmeren nichts ausrichten konnten, und fügten sich. Indessen traf doch die Rache der gestürzten Klasse den Mann, der mehr als jeder andere dazu beigetragen hatte, das

Bürgertum politisch niederzuwerfen: Ephialtes wurde hinterlistig
ermordet. Es ehrt die athenischen Proletarier, daß sie sich durch
die Schandtat zu keinen Gewalttätigkeiten hinreißen ließen: die
Ruhe blieb erhalten, und an Stelle des toten Führers traten neue
Männer.

Die entscheidende Neuerung des Jahres 461 war die Einführung
von Tagegeldern für die Mitglieder des Rats und der Schwurgerichte. Aber der Staat zahlte nicht mehr als den Tagelohn des un-
gelernten Arbeiters: 2 Obolen, das sind ungefähr 30 Pfennig. Mit
diesem Betrag konnte man damals in Athen existieren. So groß ist
der Unterschied des Geldwertes zwischen jener Zeit und der Gegenwart! Die Existenz mit Hilfe der 30 Pfennig am Tag war freilich nur knapp und bescheiden; aber der Staat wollte mit seiner
Zahlung auch keine faulen Pensionäre heranzüchten.

Wie sah nun nach der Reform, oder besser gesagt Revolution
von 461, der »Rat der 500« aus? In jedem kleinen Bezirk bestimmen die dort wohnenden Proletarier einen oder mehrere aus ihrer
Mitte als Ratsmitglieder. Diese Männer sind nur ein Jahr tätig; sie
beziehen als Entgelt für ihr öffentliches Wirken einen Arbeiter-
lohn; sie haben endlich zugleich beratende und ausführende Gewalt. Denn der »Rat der 500« als Ganzes berät, und sein Ausschuß der 50 regiert, immer für 36 Tage. Die Staatsmaschine, welche schon die bürgerliche Republik geschaffen hatte, war eben so
vortrefflich und so geeignet, die Selbstregierung des Volkes zu verwirklichen, daß die Proletarier, wie sie selbst zur Macht gelangten,
einfach die vorhandene Staatsorganisation zu übernehmen hatten.
Es besteht die größte Ähnlichkeit zwischen der Verfassung Athens
in der Zeit der proletarischen Demokratie und den Einrichtungen
der Pariser Kommune von 1871: hier wie dort die kleinen Bezirke,
aus denen heraus die arme Bevölkerung ihre Vertreter schickt;
hier wie dort die Besoldung der Staatswürdenträger mit Arbeiter-
lohn; hier wie dort die zentrale Körperschaft, die sich aus den
Vertretern der kleinen Bezirke zusammensetzt, und die zugleich
die beratende und ausführende Gewalt hat. Soweit die Gedanken
der Pariser Kommune auf das heutige Rätesystem in Rußland
usw. eingewirkt haben, besteht auch eine Ähnlichkeit zwischen
diesem und der athenischen Verfassung.

Auf der anderen Seite darf man wieder die Unterschiede zwischen den drei erwähnten Verfassungen nicht übersehen. Eigentümlich athenisch ist zunächst die Existenz der Volksversamm-

lung selbst neben dem Rat. Alle wichtigen Angelegenheiten wurden zunächst im Rat besprochen; dann faßte der Rat den Beschluß und brachte ihn zur Bestätigung oder Verwerfung vor die Volksversammlung. Meistens wurde ja so entschieden, wie der Rat es vorgeschlagen hatte; aber den maßgebenden Willen behielt sich doch die Gesamtheit des Volkes in ihrer leibhaftigen Erscheinung vor. Dieses Mitwirken der Versammlung aller Bürger ist in modernen Zeiten durch die Größenverhältnisse der Staaten unmöglich geworden. Eigentümlich athenisch ist zweitens die Anwendung des Loses zur Zusammensetzung des Rats. Athen und die Kommune hatten kein Betriebswahlrecht, weil der industrielle Großbetrieb im Jahre 1871 nach Christus noch ebensowenig vorherrschte wie 461 vor Christus. Die Formen des Wirtschaftslebens haben sich eben in den letzten 50 Jahren mehr geändert als in den vorhergehenden drei Jahrtausenden. Athen hatte auch, so wenig wie die Kommune, eine Stimmrechts-Einschränkung zugunsten der ärmeren Bevölkerung. In Athen wie in Paris verließ man sich darauf, daß das Klassenbewußtsein der Arbeiter und Kleinbürger stark genug sein würde, um ihrer größeren Zahl die nötige Geltung zu verschaffen. Alle drei Verfassungen hatten aber denselben Grundgedanken: es sollte versucht werden, die Selbstregierung der ärmeren, arbeitenden Bevölkerung so vollständig wie nur möglich durchzuführen.

Die Besitzlosen hatten in Athen seit 461 die Mehrheit im Rat, schon durch das Mittel der gleichen Losung. Sie beherrschten durch den Rat auch den regierenden Ausschuß der 50, sowie die anderen Kommissionen, die der Rat für die verschiedensten Verwaltungszwecke aus sich heraus bildete. Die Besitzlosen hatten naturgemäß die Mehrheit in der Volksversammlung, die auch alle Jahre den General der athenischen Streitmacht wählte. Sie beherrschten endlich die Gerichte. So war die politische Herrschaft der Proletarier oder Theten restlos durchgeführt. Welchen wirtschaftlichen Nutzen zog nun die ärmere Bevölkerung Athens aus ihrer politischen Macht? Zunächst wurde es so eingerichtet, daß jährlich ein erheblicher Teil der Proletarier statt in der Lohnarbeit oder sonstiger Handarbeit im leichteren öffentlichen Dienst stehen konnte. Aus diesem Grunde machte man z. B. die Schwurgerichte sehr groß. Alljährlich wurden in Athen 6000 Geschworene ausgelost, die ja auch viele Prozesse aus dem Reich zu erledigen hatten. Dazu kamen die 500 Ratsmitglieder und noch ein paar Hundert andere Leute, die sonstige kleine Staatsämter erhielten. Man kann

wohl sagen, daß ständig $1/3$ aller Besitzlosen, zwar nicht jeden
Tag, aber doch viele Tage im Jahr, von öffentlicher Tätigkeit lebte. Die Kosten für diese Tagegelder mußten naturgemäß die Besitzenden aufbringen, denen überhaupt die Staatslasten, soweit es
irgend ging, auferlegt wurden. Es war üblich, daß z. B. ein einzelner
reicher Bürger ein Kriegsschiff ausrüsten mußte, oder die Unkosten
einer Theater- oder Musikaufführung für das Volk zu tragen hatte. Weiter erfahren wir, daß z. B. ein gelernter Maurer im damaligen Athen einen Tagelohn von 1 Drachme = $4/5$ Goldmark bezog. Das ist verhältnismäßig sehr viel, das Dreifache des Betrages,
von dem man schon existieren konnte, und den z. B. der Staat den
Geschworenen zahlte. Es ist sehr wahrscheinlich, daß diese hohe
Bezahlung der gelernten Arbeit wenigstens indirekt auf den Einfluß des Staats zurückgeht. Der Staat zahlte, wenn er selbst als Arbeitgeber auftrat, wie bei den öffentlichen Bauten, diese hohen
Löhne und nötigte damit auch die privaten Unternehmer, das gleiche zu zahlen. Alten und arbeitsunfähigen Bürgern wurde eine,
wenn auch nur bescheidene Unterstützung aus öffentlichen Mitteln
gezahlt. Am klarsten tritt jedoch der Charakter der Republik
Athen in ihrer Kulturpolitik hervor, wo wirklich mit der Forderung ernst gemacht worden ist, auch der armen Bevölkerung die
Annehmlichkeiten des Lebens zu erschließen. Die Theateraufführungen in Athen waren sämtlichen Bürgern unentgeltlich zugänglich. Die Vorstellungen fanden vor vielen Tausenden von Zu-
schauern statt. Es ist klar, daß die Dichter der Stücke sich auf diese Verhältnisse einrichten mußten, daß ihre Werke sich in großen,
starken Linien bewegten und auf die Massenwirkung zugeschnit-
ten waren. In neuerer Zeit hat man diese wesentliche Eigenart des
Theaters von Athen lange verkannt, und die altgriechischen
Stücke haben in unserer Zeit erst dann wieder ihre volle Wirkung
ausgeübt, als man begann, sie vor Massen zu spielen; wenn auch
nicht vor Zehntausenden wie im Altertum, so doch vor Tausenden.
Das Hauptverdienst an dieser Rückeroberung der griechischen
Theaterstücke für unsere Kultur hat Max Reinhardt. Ebenso wie
das Theater waren in Athen auch alle musikalischen Aufführun-
gen unentgeltlich und den breitesten Massen zugänglich. Die modernen Leichenkammern der Kunst, Museen genannt, kannten die
Athener noch nicht. Die zahlreichen Schöpfungen der Bildhauer-
kunst und Malerei waren alle öffentlich zugänglich; in den Tempeln, auf den Plätzen usw. Private Kunstsammlungen, wie das spä-

tere Altertum sie schon kennt, waren in Athen damals noch nicht
vorhanden. Jeder Athener, auch der ärmste, war also in der Lage,
alles in sich aufzunehmen, was Theater und Musik, Bildhauer-
kunst und Malerei zu bieten hatten. Dazu kam noch der unent-
geltliche Zutritt zu den zahlreichen und sorgfältig ausgestatteten
Sportplätzen. Sport wie Kunst waren ursprünglich Sache des Adels
gewesen, dann waren sie auch dem Bürgertum zugänglich geworden, und nun ergriff das Proletariat von ihnen Besitz.

Indessen blieb in Athen eine Reform aus, die man heutzutage
ohne weiteres erwarten würde: es geschah nichts, um etwa den
Kindern der armen Bevölkerung die höhere Schulbildung zugänglich zu machen. Nämlich das einfache Bildungsbedürfnis der Masse, Schreiben, Lesen, Rechnen usw., befriedigten die schon oben
erwähnten, sehr billigen privaten Volksschulen. Und irgendeinem
Menschen eine Fachausbildung zu verschaffen, galt erst recht
nicht als Sache der Allgemeinheit. Die mußte sich jeder in seinem
Beruf als Lehrling oder Gehilfe besorgen. Der Wunsch nach einer
höheren, allgemeinmenschlichen Jugendbildung auf wissenschaftlicher Grundlage ist zwar auch im 5. Jahrhundert in Griechenland
aufgetaucht, aber solche Bestrebungen hatten nur enge Kreise; die
breite Masse wollte davon nichts wissen. Das spätere Altertum ist
auf diesem Gebiet viel weitergekommen als die Athener des 5. Jahrhunderts.

Nun noch die Frage: Wie standen die Proletarier Athens zu
Kirche und Religion? Die Priester Griechenlands haben niemals
einen politischen Einfluß ausgeübt, und die griechische Religion
verwies den Menschen auf kein Jenseits, sondern billigte durchaus
ein kräftiges Drauflosleben in dieser Welt. Man empfand ja die
griechischen Götter vielfach als die Verkörperung all der Kräfte
und Mächte, die im menschlichen Leben und in der Natur hervor-
treten. So ist es begreiflich, daß die Besitzlosen Athens bei ihrem
Kampf um die politische Macht in keinerlei Gegensatz zur damaligen Kirche traten. Vielmehr sind die Massen Athens fromm und
gläubig geblieben. Die kleinen, wissenschaftlich aufgeklärten Kreise, die schon oben erwähnt wurden, glaubten freilich an die Götter nicht mehr und hielten mit dieser Meinung auch nicht zurück.
Im allgemeinen hat man sie deswegen nicht behelligt; denn im Altertum hatte man den verständigen Grundsatz, daß die Götter ihre
Beleidiger selbst strafen müßten. Einige wenige Ausnahmen von
dieser Regel, die in Athen vorgekommen sind, hatten stets beson-

dere politische Gründe. So hat man in Sokrates nicht, wie gewöhnlich behauptet wird, den Freigeist, sondern den geistigen Vater der Gegenrevolution treffen wollen.

Mit dem Sieg der Besitzlosen in Athen bekam das Wort »Demokratie« einen neuen Inhalt. Früher hatte man die »Herrschaft
der ärmeren Mehrheit« nur im Gegensatz zum Adel und zu der
kleinen Oberschicht der Reichen gedacht. In diesem Sinne war die
Verfassung des Kleisthenes, mit ihrer Herrschaft des Mittelstandes, wobei auch der Arme das Stimmrecht in der Volksversammlung hatte, eine Demokratie. Seit dem Jahre 461 jedoch gilt nur
der Zustand in Athen und überhaupt bei den politisch fortgeschrittenen Griechen als wahre Demokratie, wo tatsächlich die
Mehrheit der Armen im Besitz der Gewalt ist. Einen politischen
Zustand, wobei der Mittelstand regierte, bezeichnete man jetzt
einfach als »Herrschaft der Minderheit«, oder »Oligarchie«. Freilich war es jetzt nicht mehr möglich, die tatsächliche Gewalt des
Mittelstandes mit dem Schein des allgemeinen Stimmrechts zu um-
kleiden. Dazu waren die Massen der Armen schon zu klassenbe-
wußt geworden. Wenn man nunmehr den Zustand, wie er tatsächlich in Athen in der Zeit des Kleisthenes, Themistokles und Aristides bestanden hatte, erneuern wollte, so ging dies nicht ohne gewaltsame Niederhaltung der Besitzlosen und ohne offene Ein-
schränkung des Stimmrechts.

Das menschlich schönste Ergebnis, das die Durchführung der
proletarischen Demokratie in Athen hatte, war die Steigerung des
Selbstbewußtseins des einzelnen. Der athenische Handwerker,
Seemann und sonstige arme, arbeitende Mensch hatte das klare
Bewußtsein, daß er niemand auf Erden untertan war, als höchstens sich selbst. Und in diesem Sinne trat er auch auf. In der Gesellschaft Athens verschwanden die Abstufungen; der Arbeiter
verkehrte mit dem Edelmann und Bankier ganz wie gleich und
gleich. Das Bewußtsein seiner Macht gab dem armen Athener
aber auch die entsprechende Würde und Selbstbeherrschung. Solch
ein Athener war kein gebildeter Mann in unserem Sinne, aber er
wußte alles, was er im Leben nötig hatte. Er tat seine Arbeit in
der Werkstatt, verfolgte aufmerksam die politischen Tagesereignisse und hatte auch ein einfaches, gesundes Gefühl für die Kunst.
Wie er seinen Hausstand vernünftig in Ordnung hielt, ohne viel zu
grübeln, so tat er auch seine Pflicht, wenn man ihn auf einen
öffentlichen Posten stellte. Er arbeitete als Geschworener und im

Rat, schlecht und recht, wie es sich gehörte; ohne viel Fachwissen, aber im Vertrauen auf seinen gesunden Menschenverstand. Und wenn ihn das Schicksal gar in den regierenden Ausschuß der Republik versetzte, so verhandelte er mit dem fremden Gesandten genauso sicher, wie sonst mit dem Kunden, der bei ihm ein paar Schuhe bestellte. Und wenn Athen wieder einmal Krieg hatte, ging er brav auf das Schiff, in das man ihn wies, und ruderte kräftig mit, bis der Feind geschlagen war. Sonst, wenn er freie Zeit hatte, ging er auf den Sport- und Spielplatz, wo er sich mit seinen Freunden traf. Und überhaupt versäumte er keine Gelegenheit, es sich wohl sein zu lassen. Wenn er dann gestorben war, setzte seine Familie, wenn sie es sich nur irgend leisten konnte, ihm einen Grabstein, auf dem der Steinmetz ein Reliefbild des Toten anbrachte. Solche Grabbilder sind uns von den Friedhöfen Athens in Menge erhalten; nicht jedes Stück ein Kunstwerk, aber dafür tüchtiges, kräftiges Handwerk, wie alles, was damals in Athen gemacht wurde. Da stehen sie nun leibhaftig vor uns: die Athener aus der Zeit, da das Proletariat regierte, Männer aller Klassen und Altersstufen, fest und stolz, klar und sicher, wie sie durchs Leben gegangen waren.

Die auswärtige Politik des athenischen Proletariats

Die arme Bevölkerung Athens sah ihren Stolz darin, ihren Staat nach den Grundsätzen der Gerechtigkeit und Menschlichkeit einzurichten. Aber in ihrer auswärtigen Politik ist von diesen Grundsätzen nicht viel zu merken. Man hätte denken sollen, daß mit der Revolution von 461 auch die politische und wirtschaftliche Knechtung der sogenannten Bundesgenossen, besser Reichsangehörigen, Athens aufgehört hätte. Aber tatsächlich ist eine solche Wendung nicht eingetreten. Es gab zwar auch in Athen Männer, die mahnten, man sollte die Bundesgenossen nicht ausbeuten, und andere gingen noch weiter und schlugen sogar vor, Athen solle allen Gemeinden des Reichs sein Bürgerrecht geben, das heißt: volle Gleichberechtigung gewähren. Aber diese Stimmen drangen nicht durch. Die Klassensolidarität mit den Angehörigen anderer Staaten war zwar auch in Griechenland vorhanden. Wir sehen ein Zusammenwirken des besitzenden Bürgertums auch über die Grenzen des einzelnen Staates hinaus. Ebenso sympathisierten die Massen der armen Bevölkerung in den verschiedenen Teilen Griechenlands miteinander. Aber dieses Solidaritätsgefühl war doch nicht

stark genug, um die auswärtige Politik Athens entscheidend zu beeinflussen. Um kein unbilliges Urteil zu fällen, wollen wir zunächst
den berechtigten Kern in Athens Außenpolitik zeigen: die große
Flotte mußte Athen aufrechterhalten, weil es nur durch sie seine
Freiheit gegen die persische Monarchie behaupten konnte. Der
Schutz dieser Flotte kam auch den anderen Griechen zugute; also
war es recht und billig, daß auch die Reichsangehörigen Beiträge
zur Erhaltung der athenischen Marine beisteuerten. Soweit konnte
sich die Außenpolitik des athenischen Proletariats mit der des
Bürgertums decken. Aber die Reichsangehörigen hätten unbedingt
ein Mitbestimmungsrecht haben müssen über die Verwendung der
Gelder, die sie alljährlich zahlten, und über diese Forderung setzten sich die Besitzlosen Athens genauso hinweg wie die Besitzenden.

Was nun die Wirtschaftspolitik Athens betrifft, so ist es klar,
daß die Inseln und Küstenstriche des athenischen Reiches ein einheitliches Wirtschaftsgebiet bildeten, mit dem Mittelpunkt in der
Stadt Athen. Diese Einheit zu zerreißen, wäre Unsinn gewesen,
und Athen hätte es nicht zuzugeben brauchen, daß innerhalb dieses Gebiets sich Konkurrenten auftaten, die seine wirtschaftliche
Existenz zu vernichten suchten. Aber von einer solchen einheitlichen Wirtschaftspolitik bis zu der direkten Ausbeutung der
Reichsangehörigen durch Athen, wie wir sie oben geschildert haben, ist ein weiter Weg. Schließlich auf dem Gebiet des Rechts:
daß man versuchte, ein einheitliches Recht im ganzen athenischen
Reich durchzuführen; daß man Obergerichte einsetzte, an die jeder Reichsangehörige Berufung einlegen konnte, war sehr verstän-
dig. Aber nicht zu billigen war der kleinliche Gerichtszwang, der
dauernd viele Hunderte von Reichsangehörigen nötigte, in Athen
zu bleiben und dort ihr Geld auszugeben.

Alles in allem kann man sagen, daß Athen den vernünftigen
Grundsatz des Zusammenschlusses der Kleinstaaten in einer höheren Einheit so auslegte, daß aller Nutzen den Athenern, und aller
Schaden den Bundesgenossen zufiel. Und diese Außenpolitik des
athenischen Bürgertums ist vom Proletariat restlos übernommen
worden. Ja, die Beispiele für die Ausbeutung der Reichsangehörigen, die oben angeführt wurden, stammen fast alle aus der Zeit
der Proletarierherrschaft! Man hat behauptet, daß das athenische
Proletariat so handeln mußte; denn nur durch die Gelder, die man
aus dem Reich bezog, sei es für Athen möglich geworden, seine
Besitzlosen so günstig zu stellen, wie es der Fall war. Aber diese

Auffassung ist falsch: die Einnahmen, die Athen aus dem eigenen Staatsgebiet zog, deckten alle laufenden Ausgaben. Die Gelder, die man von den Bundesgenossen erhielt, wurden dagegen von der Kriegführung verschlungen; denn das war der Fluch der bösen Tat, daß Athen fast ständig Krieg zu führen hatte. In den 15 Friedensjahren des 5. Jahrhunderts freilich, in denen Perikles der maßgebende Staatsmann war, hatte man einen erheblichen Überschuß aus den Reichseinkünften. Dieser Überschuß wurde in prächtigen Luxusbauten in Athen angelegt. Diese Bauten gereichten Athen zum Schmuck; sie stehen zum Teil noch heute als Zeichen der hohen griechischen Kultur, und die Athener verdienten an den Bauarbeiten eine Menge Geld. Aber schließlich, wenn das Geld nicht dagewesen wäre, hätte man auch ohne die Bauten existieren können. Weiter war es für den athenischen Unternehmer zwar bequemer, wenn er seine Geschäfte im Reich unter dem Schutz der Staatsgewalt machen konnte. Aber Athens geschäftliche Stellung war im 5. Jahrhundert so stark geworden, daß es sich auch ohne äußere Zwangsmittel durchsetzen konnte. Den Beweis für diese Behauptungen liefert die Geschichte des 4. Jahrhunderts. In der Zeit von 400–370 und nachher von 350–320 hatte Athen kein Reich, das es ausbeuten konnte, und trotzdem hat es ganz gut bestanden, und die Herrschaft der ärmeren Bevölkerung mit allem, was dazu gehörte, ließ sich durchaus aufrechterhalten.

Also ein wirtschaftlicher Zwang hat für das Proletariat Athens nicht bestanden, die Ausbeutungspolitik des athenischen Bürgertums im Reich einfach fortzusetzen, aber es war ganz nützlich: je mehr Geld der Staat hatte, um so besser für die Klasse, die den Staat politisch leitete. Noch tiefer führt uns eine andere Betrachtung: die wirtschaftliche Entwicklungsstufe jener Zeit machte eine Ausschaltung des privaten Unternehmertums unmöglich. So mußte sich das Proletariat Athens auf die Existenz des Kapitalismus einrichten. Praktisch kam dies darauf heraus, daß der Besitzende für die Allgemeinheit so viel zahlen mußte, wie nur irgend möglich. Die Belastung der Reichen in Athen war ganz enorm: wir haben Aufstellungen über die Abgaben, die einzelne wohlhabende athenische Familien in einem bestimmten Zeitraum geleistet haben. So hat ein athenischer Bürger in den Jahren von 410–402 nicht weniger als 52 000 Goldmark (64 000 Drachmen) für den Staat ausgegeben. Es waren dies meistens schwere Kriegsjahre. So begreift man, daß von den 52 000 M der größte Teil, 30 000 M, auf Abgaben für die Flotte entfällt. Dazu kommen 5000 M direkte Vermögenssteuer, aber auch 3000 M für kirchliche Zwecke, und 14 000 M Beiträge zu Theater-, Musikaufführungen und Sportfesten. Dabei muß man bedenken, daß bei der damaligen großen Kaufkraft des Geldes 52 000 M einer heutigen halben Million Goldmark entsprechen. Man sieht, der Kapitalist war wie eine Kuh, die von der Allgemeinheit gründlichst gemolken wurde. Da lag es nah, dafür zu sorgen, daß diese Kuh auch recht kräftiges Futter erhielt. Der athenische Proletarier hatte gar nichts dagegen, wenn der athenische Fabrikant, Kaufmann und Schiffsbesitzer im Ausland möglichst viel Geld verdiente; im Gegenteil, um so mehr konnte er nachher im Inland zahlen. Also weil die damaligen wirtschaftlichen Verhältnisse das Proletariat zwangen, die Unternehmer bestehen zu lassen, entstand die Versuchung, daß sich beide zur gemeinsamen Ausbeutung des Auslandes verständigten. Die Stimmen, die vor einer solchen Raubpolitik warnten, verhallten, und so haben die Besitzlosen Athens in der Zeit ihrer politischen Macht fast stets die imperialistischen Pläne der athenischen Unternehmer unterstützt. Es ist bezeichnend, daß Athen gleich nach der Eroberung der Macht durch die Proletarier sich in zwei regelrechte Raubkriege zugleich stürzte, der eine gegen die Perser um den Besitz Ägyptens – man sieht, was für hochfahrende Pläne Athen damals hatte – und der andere in Griechenland selbst, um einige geschäftliche Konkurrenten, wie die Republiken Ägina und Korinth, zu erwürgen. Im ganzen hat Athen mit diesem Doppelkrieg nicht viel erreicht: Ägypten ließ sich nicht behaupten, und in Griechenland konnte man Ägina ruinieren, aber Korinth nicht vernichten. Athen hatte am Ende Tausende von Menschenleben und Millionen an Geld ausgegeben, ohne ein wesentliches Ergebnis. Die Athener hatten eben ihre eigenen Kräfte maßlos überschätzt und ihre Gegner unterschätzt. Perikles, der ungefähr seit dem Jahre 450 den stärksten Einfluß auf die athenischen Proletarier ausübte, hat verständigerweise diese Raubkriege eingestellt. Aber dafür setzte er die Ausbeutung der Reichsangehörigen um so eifriger fort.

Es ist bezeichnend, daß sich die Athener nicht einmal bemüht haben, in allen Gemeinden des Reichs die arme Bevölkerung politisch ans Ruder zu bringen. Sondern gerade in den größten und wichtigsten Republiken des Reichs, wie auf den Inseln Samos, Chios und Lesbos, ließ man die Herrschaft der Gutsbesitzer und Reichen ruhig bestehen; die Hauptsache war, daß die Leute zahlten. Alles andere kam für Athen erst in zweiter Linie. Es ist sehr begreiflich, daß die Athener durch diese ihre Politik sich im Reiche gründlich verhaßt gemacht haben. Daß die Besitzenden überall von Athen nichts wissen wollten, ist begreiflich, aber die ärmere Bevölkerung dachte auch nicht viel anders. Auch die kleinen Bauern und Handwerker trugen die Steuern mit, die nach Athen gingen, und auch sie mußten ihre ersparten paar Groschen aufbrauchen, um die Reise zum Gericht nach Athen zu machen. Und je mehr die Fabrikanten und Kaufleute des Reichs von den Athenern geschröpft und zurückgedrängt wurden, um so schlechter ging es auch ihren Lohnarbeitern und Gehilfen. Die verkehrte Reichspolitik Athens führte alle paar Jahre zu dem Aufruhr bald der einen, bald der anderen Gemeinde, und die athenische Flotte mußte dann auf Strafexpeditionen ausgeschickt werden, und die proletarischen Seeleute Athens lösten bereitwillig die Aufgabe, ihre armen griechischen Volksgenossen um des Profites willen wieder zu bändigen. An ihrer falschen Außenpolitik ist die Proletarierrepublik Athen auch schließlich zugrunde gegangen.

Wodurch hat sich die Herrschaft des Proletariats so lange in Athen behauptet?

Die Herrschaft der Besitzlosen hat in Athen mit ganz geringen Unterbrechungen 140 Jahre, von 460–320, bestanden und ist schließlich nur einer überlegenen äußeren Gewalt erlegen. Die Festigkeit dieses politischen Systems ist erstaunlich; zumal wenn man bedenkt, daß das Zahlenverhältnis der Besitzlosen zu den Besitzenden ja nur wie 4:3 war. Wenn also die Besitzenden auch nur einen kleinen Teil der Armen durch irgendwelche Künste auf ihre Seite gezogen hätten, so hätten sie die Mehrheit in der Volksversammlung gehabt und die politische Tätigkeit des Proletariats lähmen können. Daß dies nicht geschah, erklärt sich zunächst aus der hervorragenden politischen Reife der armen Athener, die an ihrer Klassenpartei niemals irre wurden, auch nicht in den schwersten Krisen. Sodann ist in der Praxis die Grundlage der proletarischen Demokratie in Athen erheblich breiter gewesen als nur $^4/_7$ der Gesamtheit. Denn der kleine Mittelstand war auch mit den Zuständen, wie sie sich seit 461 gestalteten, ganz zufrieden. Auch für den kleinen Handwerker und Bauern bedeutete ja die Herrschaft des Proletariats den Zugang zu allen Kulturgütern und die Möglich-

keit, gelegentlich im Staatsdienst sich von den Mühen der Alltags-
arbeit zu erholen. Wenn auch nur ¹/₃ aller Besitzenden sich von
solchen Gedankengängen leiten ließ, so war eine Mehrheit der Ärmeren geschaffen, die zu den Reicheren stand wie 5:2; also eine
unbedingt feste Mehrheit für die bestehende Regierung. Die Besitzenden schlossen sich in der Zeit nach 461 zunächst als Opposi-
tionspartei zusammen; in der Hoffnung, die neue Ordnung der
Dinge bald wieder zu beseitigen. Nach dem Scheitern der beiden
Raubkriege, in die sich das athenische Proletariat gleich nach 461
gestürzt hatte, schien es sogar kurze Zeit, als ob das Bürgertum
wieder zur Macht kommen würde. Aber der Schein war trügerisch, und in den vierziger Jahren des Jahrhunderts löste sich die
bürgerliche Partei in Athen überhaupt auf und überließ den Proletariern das Feld.

    Wie hat sich nun der einzelne wohlhabende Bürger Athens zu
dem proletarischen Staatssystem gestellt? Eine kleine Minderheit
der Besitzenden stellte sich der neuen Ordnung freudig zur Verfügung, teils überzeugt von dem Gedanken dieser wahren Demokratie, teils in der Hoffnung, in den Reihen der Partei der Besitzlosen
zu Führerstellen zu gelangen. Solche Männer waren zunächst Perikles selbst, ein reicher Edelmann, dann sein Freund und Mitarbeiter, der Fabrikant Sophokles, der nebenbei als Dichter des
»Ödipus« unsterblich geworden ist, weiter der politische Nachfolger des Perikles, der Bergwerkspächter Nikias, und der Urheber
der Spaltung des Proletariats, der wohlhabende Gerbermeister
Kleon. Aber von den meisten ihrer Klassengenossen wurden solche Männer als Renegaten verachtet. Die große Mehrzahl der
Gutsbesitzer, Fabrikanten, Kaufleute usw. war über die Herrschaft des Proletariats erbittert und sehnte sich danach, sie wieder
zu beseitigen. Immerhin gab es doch gewisse Tatsachen, die es
auch dem Besitzenden ermöglichten, die Herrschaft der Ärmeren
wenigstens einigermaßen zu ertragen. Sehr wichtig war in dieser
Beziehung die imperialistische, den Interessen der Unternehmer
durchaus dienende Außenpolitik des proletarischen Athen, die
oben geschildert worden ist. Dann hatten auch die wohlhabenden
Bürger einen starken Vaterlandssinn. Sie waren stolz auf die Größe Athens, auch wenn ihnen seine Verfassung nicht gefiel, und in
Zeiten der Not dienten sie in der Regel treu ihrer Heimat. Wenn
sie auch schwer zu zahlen hatten, so fanden sie doch bei den Massen Anerkennung, sobald sie ihre Verpflichtungen glatt und freige-

big erfüllten. Wenn ein reicher Fabrikant ein Sportfest glänzend
ausstattete, so erhöhte dies sein Ansehen, und er selbst war stolz
darauf, daß er seinen Reichtum zur Geltung bringen konnte. So
mancher wohlhabende Athener hat bei solchen Gelegenheiten viel
mehr geleistet, als das Gesetz es ihm vorschrieb, und es gern getan, mag man dies nun Eitelkeit oder Bürgersinn nennen. Wenn
solche Verhältnisse auch niemals imstande waren, den Klassenge-
gegensatz als solchen aufzuheben, so konnten sie ihn doch, wenigstens für das Alltagsleben, mildern.

Eine sehr wichtige Tatsache, die zur Festigung der Proletarierherrschaft in Athen beigetragen hat, war, daß die arme Bevölkerung sich von jeder zwecklosen Grausamkeit freigehalten hat. Wie
das athenische Proletariat nach der Ermordung des Ephialtes ruhig
blieb, so hat es auch nach Niederwerfung von zwei sehr ernsten
Versuchen einer Gegenrevolution, 411 und 403, Maß gehalten.
Nur die maßgebenden Führer der Reaktion wurden verfolgt.
Aber zu Metzeleien, willkürlichen Verhaftungen oder sonstigen
Gewalttaten gegen die Besitzenden kam es nicht. Überhaupt
herrschte stets in der proletarischen Demokratie Athens die Ordnung und die Gesetzlichkeit. Mit Stolz sagte auch gerade der
arme Athener, daß er zwar sonst keiner Macht auf Erden untertan
sei, wohl aber den »Gesetzen«. Kein Wort hatte in Athen einen
solchen erhabenen und feierlichen Klang wie die »Gesetze«. Auch
wenn die Wogen der politischen Erregung noch so hoch gingen,
blieb die äußere Ruhe gewahrt. Die Behörden, die aus dem Proletariat hervorgegangen waren, walteten ihres Amtes und fanden
Gehorsam, und die Gerichte haben zwar im einzelnen manchen
Fehlspruch getan – dafür waren auch die Geschworenen Athens
sterbliche Menschen – aber im ganzen ist doch die Rechtspflege in
Athen ehrenhaft und sauber gehandhabt worden. So brachte gerade die Herrschaft der Ärmeren in Athen eine Atmosphäre der Sicherheit und Geborgenheit, in der sich jeder wohl fühlte; selbst
der Besitzende, so sehr er auch an der Verfassung und den Politikern im einzelnen herumnörgelte. Dagegen zeichnete sich gerade
die kurze Zeit, während der die bürgerliche Reaktion 411 wie 404
am Ruder war, durch Gesetzlosigkeit und Brutalität aus. In beiden
Fällen war zumindest auch der Mittelstand sehr zufrieden, als die
Herrschaft des Proletariats wieder hergestellt war. Gerade die Un-
vernunft und Maßlosigkeit der reaktionären Führer hatte die beste
Propaganda für die proletarische Demokratie gemacht. Man sah

ein, daß eine andere Verfassung in Athen einfach nicht möglich
war.

Eine Spaltung des athenischen Proletariats

In den zwanzig Jahren von 431 bis 412 war das Proletariat
Athens in zwei sich heftig befehdende Parteien gespalten. Die Entstehung und der Verlauf dieses Gegensatzes ist so bemerkenswert,
und er beleuchtet auch gewisse Schattenseiten des athenischen
Staatswesens so gut, daß wir auf diese Dinge hier kurz eingehen
wollen. Wie schon mehrfach hervorgehoben wurde, war ungefähr
seit dem Jahre 450 Perikles der einflußreichste Staatsmann bei der
armen athenischen Bevölkerung. Perikles, von Haus aus ein
schwerreicher Mann aus einem der stolzesten Adelsgeschlechter
Athens, hatte die Gedanken der proletarischen Demokratie tief in
sich aufgenommen, und er verstand es, sie in die Wirklichkeit um-
zusetzen. Weil er das verkörperte, was die Massen an Wünschen
und Idealen in sich trugen, und weil er diese Ziele in glänzender
Beredsamkeit entwickelte, war er der gegebene Vertrauensmann
des athenischen Proletariats, aber auch der weiteren Kreise des
Kleinbürgertums und der wenigen wohlhabenden Bürger, die politisch ebenso dachten. Aber zum großen Staatsmann fehlte ihm
doch ein gewisses Etwas. Er hatte nicht die unbedingte Klarheit in
Glück und Unglück, wie sie den wahren Volksführer auszeichnet.
In normalen Zeiten machte er seine Sache recht gut; aber gerade
wenn die Verhältnisse schwierig wurden, dann wurde auch er unsicher. Und ferner ging sein ganzes Streben danach, am Ruder zu
bleiben: das bittere Brot der Opposition mochte er nicht essen. So
hat er bisweilen seine Maßregeln nicht danach eingerichtet, ob sie
der Allgemeinheit nützten, sondern ob sie parteitaktisch seine Stellung befestigten.

Das Vertrauen der Massen zu Perikles äußerte sich darin, daß
er alljährlich zum General der athenischen Streitkräfte gewählt
wurde. Die wirkliche Leitung der proletarischen Partei hatte er
und, sozusagen, ein Klub von Männern, die ihm persönlich nahe-
standen. Es waren dies durchweg Überläufer aus dem Lager des
Bürgertums. Wenn auch die tatsächliche Regierungsmacht in der
Hand der Proletarier und Kleinbürger war, die im Rat und seinen
Ausschüssen saßen, so war doch die geistige Führung bei jener
Gruppe um Perikles. Seit dem schweren Mißerfolg, mit dem die

beiden Kriege geendet hatten, in die Athen sich leichtfertig im
Jahre 461 stürzte, hatte sich Perikles verständigerweise bemüht,
den Frieden zu erhalten. Aber im Jahre 432 erlag er der Versuchung, einen neuen Raubkrieg zu beginnen. Es lockte die Athener
die Aussicht, die reiche Insel Korfu, die damals Kerkyra hieß, zu
gewinnen und damit den Handel im Adriatischen Meer in die
Hand zu bekommen. Perikles schwankte erst hin und her, aber
dann ließ er sich von den imperialistischen Neigungen mitreißen
und griff zu. Der Handel im Adriatischen Meer war aber bis dahin
vorwiegend von der Republik Korinth betrieben worden; einem
alten Konkurrenten der Athener. So brachte der Entschluß des
Perikles den Krieg zwischen Athen und Korinth. Die Korinther
gehörten aber einem starken griechischen Staatenverband an, dem
Peloponnesischen Bund, der zwar zur See gegen Athen nichts ausrichten konnte, zu Land ihm aber überlegen war. So erweiterte
sich der Krieg mit Korinth sofort zu einem Krieg mit den Peloponnesiern. Der Peloponnesische Bund bestand aus dem eigentümlichen Feudalstaat Sparta, der Handelsrepublik Korinth, in der die
Kaufleute und Fabrikanten herrschten, und einer größeren Anzahl
bäuerlicher Demokratien.

Perikles führte den Krieg mit den Peloponnesiern so verkehrt
wie nur möglich. Er gab es von vornherein auf, dem Feind zu
Land entgegenzutreten, sondern als die Peloponnesier im Gebiet
von Athen erschienen, veranlaßte Perikles die bäuerliche und
kleinstädtische Bevölkerung, Haus und Hof zu verlassen, und hinter den Mauern der Hauptstadt Schutz zu suchen. Die Belage-
rungskunst war damals noch sehr unentwickelt, und die gewaltigen
Festungswerke der Stadt Athen boten genügende Sicherheit. Aber
auf diese Weise wurde ungefähr die Hälfte aller Athener, die auf
dem Land wohnten, ruiniert; denn der Feind verwüstete alles, was
er erreichen konnte. Und in der Stadt Athen entstand durch den
Flüchtlingszustrom eine furchtbare Menschenzusammendrängung,
die noch verhängnisvolle Folgen zeitigen sollte. Das Schlimmste
aber war folgendes: Perikles wollte den Krieg in die Länge ziehen, um den Feind mürbe zu machen. Athen aber konnte alles
eher vertragen, als einen langen Krieg. Denn die athenische Flotte,
mit ihren vielen Tausenden von Matrosen, war in mobilem Zustand überaus kostspielig. Athen hatte zwar die für damalige Zeiten gewaltige Kapitalreserve von 30 Millionen Goldmark aufge-
häuft. Aber man kannte damals noch keine Staatspapiere. Wie

einfach wäre es gewesen, diese Goldreserve zurückzuhalten, und durch sie gedeckt, Papier auszugeben! Aber davon wußten die alten Griechen noch nichts. Es mußte alles bar bezahlt werden. Und wenn Athen ein paar Jahre drauf los Krieg führte, dann war die Goldreserve aufgebraucht. Man hatte nichts mehr, um die Matrosen zu besolden und im Ausland Waren zu kaufen; d. h. der Zusammenbruch war da. Überdies herrschte überall im athenischen Reiche eine stille Verbitterung gegen Athen, und wenn die Reichsangehörigen sahen, daß Athen mit seinen Feinden nicht fertig wurde, dann schwand der Respekt, und Athen konnte sich auf böse Aufstände der Untertanengemeinden gefaßt machen.

Also die Verschleppungsstrategie des Perikles mußte die Athener langsam, aber sicher zugrunde richten. Das Richtigste wäre es gewesen, wenn Athen den Krieg überhaupt vermieden hätte. Nun, wo der Krieg aber da war, mußte man versuchen, ihn möglichst schnell zu beenden. Wenn das Bürgeraufgebot Athens dem der Feinde an Zahl unterlegen war, dann mußte man eben Söldner anwerben, um dieses Übergewicht auszugleichen, und dann mußte Athens Heer und Flotte, in kräftiger Offensive, den Feind niederwerfen. Sonst war der Staat Athen dem Untergang geweiht. Als nun im Jahre 431 der Feind im Lande erschien und alles verwüstete, als die Bauern in die Stadt flüchteten und das ganze Elend der Kriegführung des Perikles offenbar wurde – da sagte sich eine kleine Gruppe entschlossener Anhänger der proletarischen Demokratie, daß etwas geschehen müsse. Diese Männer trennten sich von der großen proletarischen Partei unter Führung des Perikles und gingen in die Opposition. Die Leitung der neuen Partei übernahm der Gerbermeister Kleon. Es gibt wenige Menschen, die von der Mit- und Nachwelt so ungerecht verlästert worden sind, wie gerade Kleon. Er war ein harter, rücksichtsloser Mann, etwas linkisch in seinem Wesen, ohne die eleganten Formen, wie sie dem Edelmann Perikles eigen waren, aber durch und durch ehrenhaft und von einer Begeisterung für die Sache des armen Volkes erfüllt. Als es darauf ankam, hat er ohne Zaudern auch sein Leben für seine politische Überzeugung eingesetzt. Er war der rechte solide Mann aus der Werkstatt; persönlich wohlhabend, aber doch der geborene Vertreter des arbeitenden Athen. Wie er in seinem eigenen Betrieb alles genau nachrechnete und dafür sorgte, daß kein Pfennig unnütz ausgegeben wurde, so rechnete er auch den Haushalt der Republik nach. Und da merkte er bald, wie Perikles und

seine Freunde die Staatsfinanzen in Grund und Boden wirtschafte-
ten, und wie sie überhaupt den Krieg so verkehrt führten wie nur
möglich. Er sah, wie die große Partei des athenischen Proletariats
– die ja seit der Auflösung der bürgerlichen Partei allein vorhanden war – gedankenlos der Periklesclique nachlief, und so zog er
kurz entschlossen den Trennungsstrich. Er begann den offenen
Kampf gegen Perikles und seine Kriegspolitik. Um kein Mißverständnis aufkommen zu lassen: grundsätzlich wollte die Periklespartei und die Kleon-Partei das gleiche, nämlich die Herrschaft
der Ärmeren, in der Form, wie sie sich seit 461 ausgebildet hatte.
Aber Kleon war der Ansicht, daß die Führer der Periklespartei
ihre Sache schlecht machten, und sein Streben ging dahin, die
Masse von diesen ungeeigneten Führern abzuziehen.

Ein unerwartetes Ereignis schien für Kleon einen glatten Erfolg
zu bringen: aus dem Orient wurde in Athen die Pest eingeschleppt,
und bei der ungeheuerlichen Menschenzusammendrängung in der
Stadt Athen nahm die Epidemie einen gewaltigen Umfang an: ungefähr ein Drittel aller Athener starb; ein Verlust, den Athen später nie mehr hat ausgleichen können. Nun wandte sich die allgemeine Erbitterung gegen Perikles, dessen Kriegführung ja die
Menschenanhäufung in der Stadt herbeigeführt hatte, und die
Volksversammlung setzte Perikles von seinem Posten als General
ab. Das war im Jahre 430. Aber der Sieg Kleons war nur scheinbar: zu fest war das Vertrauen der Massen zu Perikles verankert,
angesichts der vielen Jahre seiner glücklichen Führung. Die meisten armen Athener hatten das Gefühl, bei Perikles und dessen
Freunden gut aufgehoben zu sein, und an Kleons Kritik glaubten
sie nicht. Nur einen Augenblick, unter dem Eindruck des furchtbaren Sterbens, hatten sich die Massen von Perikles abgewendet:
schon im Jahre 429 wurde er wieder zum General gewählt. Perikles selbst ist zwar in diesem Jahre gestorben, aber damit kam
Kleon noch lange nicht zur Macht. Denn die Erben des Ansehens
des Perikles wurden nun die Männer seiner Gruppe.

Die Führung der Partei übernahm nach dem Tode des großen
Volksmannes, Nikias, ein reicher Bergwerkspächter. Nikias war
persönlich ein achtbarer und korrekter Mann, aber politisch und
militärisch von einer grauenhaften Unfähigkeit. Für Kleon, der
den Nikias völlig durchschaute, war es der beste Beweis für die
Irreführung der Masse durch die Periklesclique, daß ein solcher
Mann die Politik Athens beeinflussen konnte. Aber es nutzte

nichts: Rat und Volksversammlung entschieden meistens so, wie Nikias es vorschlug, und alljährlich wurde Nikias oder einer seiner Freunde zum General gewählt.

Aber trotz aller widrigen Umstände kämpften Kleon und seine Partei weiter. Kleon ließ sich von seinem Wohnbezirk in den Rat losen; das ließ sich unter Umständen in Athen machen. Wenn z. B. ein Bezirk 3 Mitglieder des Rats zu stellen hatte und man einigte sich dahin, daß nur 3 Mann sich zur Losung meldeten, dann kamen auch alle 3 in den Rat hinein. Und als Ratsmitglied begann nun Kleon eine glänzende, auf gründlicher Sachkenntnis beruhende Kritik an der Finanzwirtschaft seiner Gegner. Kleons Grundsatz war, daß an Stelle der Schleuderwirtschaft der Regierung strengste Sparsamkeit treten müsse. Das Aufbrauchen der Kapitalreserve müsse verhindert werden. Es sei bemerkt, daß die 30 Millionen Goldmark, über die Athen im Jahre 432 verfügte, von Rechts wegen größtenteils gar nicht dem Staat gehörten, sondern der Göttin Athena. Die Kirche war bei den alten Griechen sehr reich; infolge der vielen Schenkungen und Stiftungen, die ihr zuflossen. So war die Athena, die Schutzgöttin Athens, zugleich der größte Bankier des Staats. Die Finanzpolitik des Perikles und Niklias bestand nun einfach darin, daß man bei der Göttin eine Anleihe nach der anderen aufnahm, ohne Rücksicht darauf, wann die Kassen der Göttin ganz erschöpft sein würden. Kleon dagegen forderte, daß man die Kriegführung aus den laufenden Einkünften bestreiten sollte. Zu diesem Zwecke verlangte er scharfe Vermögensabgaben der Besitzenden daheim, und erhöhte Besteuerung der Reichsangehörigen. Die ersten Schritte auf diesem Weg hat Kleon noch als Oppositionsführer – dank seinem Einfluß im Rat – getan. Die volle Durchführung des Programms war freilich erst möglich, als er die politische Macht in die Hand bekam.

In der Kriegführung machten Nikias und seine Freunde Fehler auf Fehler, bis endlich das Maß ihrer Sünden voll war: Seit dem Jahre 425 hatte Kleon die Mehrheit des Proletariats hinter sich. Wie er die Besitzenden kräftig zahlen ließ, so erleichterte er die Lage der armen Bevölkerung, indem er die Tagegelder, die der Staat den Geschworenen usw. bezahlte, um die Hälfte erhöhte. Auch in die Kriegführung kam jetzt ein neuer Geist: die Einfälle des Feindes im Landgebiet von Athen hörten auf, und statt dessen wurden die Peloponnesier arg bedrängt. Freilich: Kleon selbst hatte keine praktische Kriegserfahrung und wollte deshalb die Stelle des Generals nicht übernehmen. Aber die Offiziere, auf die er sich verlassen sollte, machten Fehler, und so ging die Niederwerfung des Feindes nicht so schnell, wie Kleon es sich gedacht hatte. Notgedrungen mußte nun Kleon selbst das Oberkommando übernehmen. Auch als General trat er mit Kraft und Einsicht auf; aber bald fiel er selbst in einem Gefecht (422). Kleons Tod war für das athenische Proletariat ein unersetzlicher Verlust. Die Verwirrung, die nach seinem Ende in Athen einriß, ist der beste Beweis dafür, wie unentbehrlich Kleon war. Wie es für einen heutigen Staatsmann sehr wenig angenehm ist, eine »schlechte Presse« zu haben, so leben geschichtliche Persönlichkeiten in dem Bilde weiter, das die zeitgenössischen Schriftsteller von ihnen entwerfen. Und wenn dieses Bild unfreundlich ist, so steht es um den Nachruhm des Betreffenden schlecht. Von Kleon kann man wahrlich sagen, daß er eine »schlechte Presse« gehabt hat. Die Geschichte jener Zeit kennen wir vor allem aus dem Werke des großen Atheners Thukydides. Als Gelehrter und Denker steht Thukydides gewaltig da; aber in seiner politischen Überzeugung gehörte er zur Periklesgruppe, und mit Kleon war er persönlich verfeindet. Sein Haß gegen Kleon ist in seinem Geschichtswerk ausgiebig zum Vorschein gekommen, und das Gift wirkt um so stärker, je geschickter es unter der Hülle einer scheinbaren Unparteilichkeit versteckt ist.

Ebensosehr wie der Geschichtsschreiber Thukydides hat der Dichter Aristophanes dem Andenken Kleons geschadet, obwohl er es gar nicht so schlimm meinte. Die politische Leidenschaft, die das damalige athenische Volk erfüllte, führte auch zur Schaffung eines politischen Lustspiels. Es wurden da alle Tagesereignisse mit derbem Witz so saftig verspottet wie nur möglich. Das athenische Volk ließ es sich ruhig gefallen, daß es selber und seine großen Führer, ein Perikles und Kleon, öffentlich von den Dichtern lächerlich gemacht wurden. Die Zuschauer lachten, und den Politikern blieb nichts anderes übrig, als das gleiche zu tun. Nun war Aristophanes der glänzendste und geistreichste dieser Lustspieldichter, und Kleon war sein interessantester politischer Zeitgenosse; überdies ein Mann mit mancher menschlichen Eigenart. Da ist es nicht verwunderlich, daß Aristophanes sich mit Wollust auf diese Beute stürzte. Die Zeitgenossen wußten Scherz und Ernst zu unterscheiden. Aber die neueren Gelehrten haben vielfach den Dichter Aristophanes als eine Art von Staatsanwalt, und seine Witze als aktenmäßiges Anklagematerial angesehen. Und wenn man den

Thukydides dazu nahm, kam man zu dem Bilde des Kleon, als des unfähigen »Hetzers« und »Volksverführers«. Perikles dagegen, der grundsätzlich in allen politischen Fragen ebenso dachte wie Kleon, wandelte als Halbgott durch die Geschichte, weil er die – bessere Presse hatte!

Ein Jahr nach dem Tode Kleons schlossen die Athener und die Peloponnesier Frieden. Der Frieden bedeutete einen Sieg Athens; denn der wichtigste Streitgegenstand, Korfu, blieb unter athenischem Einfluß. Wenn Athen, trotz aller Fehler der Perikles und Nikias, zu diesem Ergebnis gekommen ist, so hat Kleon das Hauptverdienst daran; denn von allem anderen abgesehen, hat nur sein Eingreifen es verhindert, daß Athen nicht schon um das Jahr 426 durch den Staatsbankrott hilflos zusammenbrach. Freilich die Spaltung des Proletariats war mit Kleons Tod nicht überwunden. Denn Nikias tauchte nun wieder aus der Versenkung auf und gewann erneut Anhang. Auf der anderen Seite suchten die Freunde Kleons in seinem Sinne weiter zu wirken. Und im Gegensatz zu beiden Richtungen suchte ein eitler Abenteurer, Alkibiades, hoch zu kommen, der sich äußerlich als Freund der armen Bevölkerung hinstellte, im geheimen aber eine Diktatur anstrebte. Es ist begreiflich, daß die politische Zerrissenheit des athenischen Proletariats dem Bürgertum neuen Mut machte.

Der bürgerliche Staatsstreich von 411

Ungefähr seit der Mitte der vierziger Jahre gab es in Athen keine organisierte bürgerliche Partei mehr. Nur in ihren geselligen Kreisen und Klubs trafen sich die Angehörigen der Bourgeoisie, schalten und spotteten über die herrschenden Proletarier und hofften auf bessere Zeiten. Die Gegensätze innerhalb der ärmeren Bevölkerung wurden von ihnen aufmerksam verfolgt, und an den Abenteurer Alkibiades drängten sich manche reaktionäre Elemente heran. Dennoch kam es vorläufig noch zu keiner Auferstehung der bürgerlichen Partei. Erst eine furchtbare Katastrophe, von der die proletarische Demokratie in ihrer auswärtigen Politik betroffen wurde, brachte den Stein ins Rollen.

Im Jahre 415 begannen die Athener wieder einmal einen Raubkrieg. Diesmal sollte die reiche Insel Sizilien dem athenischen Reiche zugefügt werden. Eine nähere Schilderung dieses Krieges würde hier zu weit führen. Es genügt zu betonen, daß die Athe-

ner auf militärischem Gebiet verhängnisvolle Fehler machten. Auch
Nikias hatte, dank seiner politischen Stellung, ein wichtiges Kom-
mando auf Sizilien erhalten und erwies sich dort seiner Vergangenheit würdig. Das Ende war, daß im Jahre 412 die athenische
Streitmacht auf Sizilien restlos vernichtet wurde; unter den Toten
befand sich auch Nikias. Athen verlor durch dieses Unternehmen
100 seiner besten Kriegsschiffe. Die Seeleute, die auf den Schiffen
gewesen waren, müssen meistens geworbene Fremde gewesen sein.
Sonst läßt es sich gar nicht verstehen, wie Athen einen solchen
Menschenverlust überhaupt hätte ertragen können. Aber auch die
allermäßigste Schätzung muß doch daran festhalten, daß mindestens 6000 athenische Bürger in Sizilien zugrunde gegangen sind;
das heißt, ungefähr jeder vierte erwachsene Athener war tot. Im
ganzen hatten Krieg und Pest in den letzten 20 Jahren ungefähr
die Hälfte der athenischen Männerzahl dahingerafft. Durch die
Pest von 430 fiel die Bürgerzahl etwa von 35 000 auf 24 000, durch
das sizilianische Unglück von 412 auf 18 000. Nur ein Volk mit der
unverwüstlichen geistigen Spannkraft der Athener konnte unter
diesen Umständen überhaupt noch weiterkämpfen. Dabei stand
den Athenern, und besonders den Proletariern, die schwerste Bela-
stungsprobe überhaupt noch bevor.

Seit dem Jahre 412 war die Furcht vor der athenischen Flotte
beseitigt, weil ja die besten Schiffe Athens auf dem Meeresgrunde
lagen, und nun schlossen sich alle anderen Mächte der damaligen
Kulturwelt zusammen, um den Staat Athen endgültig zu vernichten. Die Sizilianer vereinigten sich zu diesem Zweck mit den Staaten des eigentlichen Griechenland, die Peloponnesier voran; und
dazu kam noch das persische Riesenreich, das mit allen seinen
Hilfsmitteln in den Kampf eintrat. Die meisten Reichsangehörigen
der Athener fielen nun auch ab. Wie sollte sich ein Verband von
18 000 Männern allein gegen diese Welt von Feinden behaupten?
Von neuem brachen die feindlichen Heere in das Gebiet Athens
ein; die Landbevölkerung verlor Haus und Hof und flüchtete wieder in die Hauptstadt, und zugleich kamen Handel und Industrie
zum Stillstand, da ja die übrige Welt sich gegen Athen verschloß.
Es ist begreiflich, daß das Bürgertum diesen Zusammenbruch als
Folge der bestehenden Verfassung hinstellte, und daß in weiten
Kreisen der Gedanke an eine Verfassungsänderung auftrat. Es bildete sich eine bürgerliche Geheimorganisation, die auf einen gewaltsamen Staatsstreich hinzielte.

Die Umstände waren den Verschwörern günstig, denn die athenische Flotte befand sich, ungefähr 100 Schiffe stark, fern von der Heimat, drüben an der Küste Kleinasiens, und alle irgendwie entbehrlichen, kräftigen Proletarier taten auf der Flotte Dienst. Daheim waren von der besitzlosen Bevölkerung fast nur die Frauen und Kinder, die kranken und alten Männer zurückgeblieben, wozu noch die Ratsmitglieder und Staatsbeamten traten. Dagegen waren die Männer der besitzenden Klasse größtenteils in der Stadt Athen, weil sie ja als Landsoldaten deren Festungswerke zu verteidigen hatten. Die reaktionäre Partei begann ihre Tätigkeit mit politischen Morden: die beiden tüchtigsten und angesehensten Führer des Proletariats, Androkles und Hyperbolos wurden hinterlistig ermordet. Sie fielen als Opfer des Klassenkampfes, wie ein halbes Jahrhundert zuvor Ephialtes. Nach diesem Vorspiel schritt man zur entscheidenden Tat (411). Es wurde eine Volksversammlung in Athen abgehalten, die unter dem Druck der Verschwörer die gewünschten Beschlüsse faßte. Es wurden zunächst die Tagegelder für die Ratsmitglieder, Geschworenen und Staatsbeamten abgeschafft, womit schon an sich die Herrschaft der Besitzlosen beseitigt war. Aber man wollte noch sicherer gehen und beschloß, daß künftig nur die 5000 wohlhabenden Bürger Stimmrecht in der Volksversammlung und Zutritt zu den Staatsstellungen haben sollten. Mit diesen 5000 Leuten wollte man die Besitzenden überhaupt erfassen, das heißt, nach der üblichen griechischen Denkweise, die Männer, die imstande waren, sich die Ausrüstung als Infanterist anzuschaffen. Unter normalen Umständen waren die Besitzenden in Athen etwa $3/7$ der gesamten Bürgerzahl; also von 18 000 Bürgern: 7–8000. Wenn diesmal nur mit 5000 Besitzenden gerechnet wurde, so erklärt sich dies aus der Verarmung von Tausenden von Familien durch die Kriegsnot. Soweit hatte die bürgerliche Partei alles erreicht, was sie wollte. Jetzt fehlte noch, daß sie sogleich die tatsächliche Regierungsgewalt in die Hand nahm. Auch dies geschah: eine Anzahl Bewaffneter sprengte den Rat der 500 auseinander, und sofort bildete sich ein neuer Rat von 400 Besitzenden, der die nötigen Regierungsbehörden aus sich heraus bestellte.

Mit kühnem Handstreich hatte das Bürgertum die proletarische Demokratie über den Haufen gerannt und die Macht in Athen an sich gerissen. Aber man hatte die Rechnung ohne den Wirt gemacht, und das war in diesem Fall die Flotte. Als die Nachricht von dem Staatsstreich in Samos eintraf, wo die athenische Flotte

lag, weigerten sich die Matrosen durchweg, die neue bürgerliche
Regierung anzuerkennen. Sie beschlossen, den Kampf für die
Freiheit aufzunehmen, so verzweifelt die Umstände auch waren.
In der Tat ist die Haltung der athenischen Proletarier und Seeleute
im Jahre 411 der höchsten Bewunderung wert. Sie lagen im Krieg
gegen eine Welt von Feinden, und zugleich ließ sie das eigene
Vaterland im Stich, das in die Hand der reaktionären Regierung
geraten war. Von allen verlassen, stand die athenische Flotte ganz
allein, und dennoch schwankten die Seeleute nicht. Sie waren entschlossen, eher unterzugehen, als irgend etwas aufzugeben, weder
die Großmachtstellung nach außen noch die Machtstellung der
armen Bevölkerung im Innern. An die Spitze der revolutionären
Regierung, die sich auf der Flotte bildete, trat Thrasybolus, ein
kühner und geschickter Mann. Das Schicksal wollte es, daß er
auch später noch ein zweites Mal die proletarische Demokratie
Athens retten sollte.

Während auf Samos alles einmütig und entschlossen war – die
Gegensätze, die bisher innerhalb des athenischen Proletariats geherrscht hatten, verschwanden angesichts der gemeinsamen Not –
hatte sich in Athen die siegreiche bürgerliche Partei ihrerseits gespalten. Innerhalb des Bürgertums traten zwei Richtungen hervor;
die eine führte Theramenes, ein an sich ehrlicher und einsichtiger
Politiker. Er dachte sich, daß die besitzlose Klasse nicht imstande
sei, den Staat zu regieren, und daß die Macht dem Bürgertum gegeben werden müsse. Aber diese Umwälzung sollte sich ohne Gewalttätigkeit vollziehen, und die große Mehrheit der Besitzenden,
nämlich der städtische und ländliche Mittelstand, sollte auch tatsächlich zur Regierung kommen. Ganz anders dachte die zweite
Richtung; an ihrer Spitze standen Antiphon, einer der angesehensten Rechtsanwälte Athens und zugleich der scharfsinnigste und
entschlossenste Feind des Proletariats, ferner der Peisandros; ein
politischer Abenteurer, der erst der Kleon-Partei, also der äußersten Linken, angehört hatte. Als aber der Wind umschlug, ging er
zur äußersten Rechten über. Diese Partei war der Meinung, und
hatte damit auch gar nicht unrecht, daß das Proletariat seine Entrechtung nicht gutwillig hinnehmen werde. Deshalb könne man
nicht mit Milde und Gesetzlichkeit auskommen, wie Theramenes
es vorschlug, sondern nur mit einer straffen Diktatur. Ferner könne man zumindest für die Übergangszeit auch dem besitzenden
Mittelstand nicht trauen; denn auch die kleinen Handwerker und

die Bauern seien schon vielfach von dem Gift der proletarischen
Demokratie erfüllt, und es sei sehr zweifelhaft, ob sie sich zu einer
Gewaltpolitik gegen die Besitzlosen würden benutzen lassen. Darum dürfe man, so erklärten Peisandros und Antiphon, auch die
neue Volksversammlung der 5000 nicht berufen, die man bei Beginn des Staatsstreichs in Aussicht genommen hatte. Sondern die
Regierung sollte vorläufig in der Hand des Rats der 400 bleiben;
in dem die äußerste Rechte die Mehrheit hatte. Zur Richtung Antiphons bekannten sich die reichen Kaufleute, Fabrikanten, Gutsbesitzer usw., ferner Fanatiker und Reaktion und allerhand politische Abenteurer. Hinter Theramenes aber stand die breite Schicht
des Mittelstandes.

Es ist sehr bezeichnend, daß der scheinbare Sieg des Bürgertums im Jahre 411 tatsächlich die politische Entrechtung für den
größten Teil dieses selben Bürgertums bedeutete. Auf die Diktatur
von links, wie Perikles und Kleon sie geübt hatten, antwortete
jetzt die Diktatur von rechts, und die Mittelpartei wurde erbarmungslos von den beiden Extremen zerrieben. Der Gedanke einer
maßvollen Mittelstandspolitik, wie Theramenes ihn vertrat, erwies
sich auf die Dauer als unausführbar. Zunächst hatte die Richtung
Antiphons die Oberhand, weil sie den Rat der 400 beherrschte,
und die Berufung der 5000 wurde hintertrieben. Aber der Mittelstand ließ sich die Zurücksetzung nicht gefallen. Theramenes
wandte sich an die Soldaten, welche die Stadt verteidigten; denn sie
rekrutierten sich meistens aus dem kleinen Bürgertum. Die Truppen kündigten der reaktionären Regierung den Gehorsam, und damit brach die Herrschaft des Antiphon glatt zusammen, nachdem
sie erst ein paar Monate gedauert hatte (September 411). Theramenes beherrschte zunächst die Lage. Er ließ die Versammlung
der Besitzenden zusammentreten und erteilte sogar, um sein System zu sichern, 9000 Athenern, also der Hälfte aller Bürger, das
Stimmrecht. Ursprünglich hatte man ja nur 5000 Wähler in Aussicht genommen; aber inzwischen hatte Theramenes sich davon
überzeugt, daß dies zu wenig sei, und er wollte jetzt nur noch die
ganz arme Hälfte der Bevölkerung von der Ausübung der politischen Rechte ausschließen. Aber diese ganze Herrschaft des Mittelstandes war tatsächlich ein Kartenhaus. Denn von den 9000 des
Theramenes bestand ein sehr erheblicher Teil aus direkten Anhängern der proletarischen Demokratie, und der Rest war meistens
auch nicht geneigt, sich mit der Waffe in der Hand gegen die Er-

neuerung der Verfassung des Perikles und Kleon zur Wehr zu setzen.

Inzwischen hatte die Flotte das Richtige getan; sie beachtete zunächst die Vorgänge in der Heimat nicht, sondern setzte alle Kraft ein, um den äußeren Feind zu schlagen. Wenn das athenische Proletariat zeigte, daß es immer noch die alte Kraft hatte, wenn es die Seeherrschaft zurückeroberte, dann konnte man gewiß sein, daß auch zu Hause die Herrschaft der bürgerlichen Politiker mit ihrem mehr oder minder unklaren Anhang, zusammenfallen würde. Im Jahre 410 siegte tatsächlich die athenische Flotte über die Marine der Peloponnesier und Sizilianer, die von Persien finanziert worden war. Und wie der militärische Umschwung in Athen bekannt wurde, gab es kein Halten mehr: ohne Widerstand zu versuchen, trat die bürgerliche Regierung ab, und die reine proletarische Demokratie wurde wieder hergestellt.

Noch ein Reaktionsversuch in Athen

Nach der Erneuerung der Proletarierherrschaft wurde Kleophon der einflußreichste Führer des Volkes. Es war zum erstenmal ein Mann aus der armen, handarbeitenden Klasse, der die politische Leitung übernahm. Kleophon war ein Musikinstrumentenmacher, ein aufopfernder und treuer Mann, aber es fehlte ihm der rechte Blick für die Wirklichkeit. In der Lage, in der Athen sich seit dem Jahre 410 befand, hatte es nichts so nötig wie den Frieden, um endlich wieder die furchtbaren Wunden zu heilen, die Pest und Krieg der Republik geschlagen hatten. Aber Kleophon hat durch seinen Starrsinn manche Friedensmöglichkeit verdorben. Er wollte die Wiederherstellung des athenischen Reiches in seiner alten Herrlichkeit; aber zu einem solchen Sieg reichten die Kräfte des athenischen Proletariats nicht mehr. Wenn Athen gegen die ungeheure feindliche Übermacht auch nur seine Existenz behauptete, so konnte es schon zufrieden sein. Aber da Athen keinen Frieden schließen wollte, ging der Kampf weiter. Heldenmütig schlugen die athenischen Seeleute den Feind, wo sie ihn trafen. Aber am Ende hätte Athen mit seinen ewig leeren Kassen gegen die unerschöpflichen Millionen Persiens doch erliegen müssen. Denn so viele Schiffe die Feinde auch verloren, mit dem persischen Geld wurden wieder neue gebaut. Athen dagegen hatte nur die eine Flotte, und wenn sie ein Unglück traf, war alles erledigt.

Das Ende kam durch Verrat: im Jahr 405 war es einigen Angehörigen der Alkibiadesclique, vor allem einem gewissen Adeimantos gelungen, sich unter die Admirale wählen zu lassen. Und Adeimantos spielte in den Dardanellen die Flotte Athens den Peloponnesiern in die Hand. Er sorgte dafür, daß die Matrosen an dem bestimmten Tag fast alle Landurlaub erhielten. Der Feind bekam dann einen Wink, erschien plötzlich und nahm die fast unverteidigten Schiffe weg. Athen mußte jetzt Frieden schließen: es trat alle seine Besitzungen ab, legte seine Mauern nieder und fügte sich unter die Kontrolle des Peloponnesischen Bundes.

Gleichzeitig kam auch der erwartete Staatsstreich im Innern (404). Kleophon wurde hingerichtet, ein Märtyrer mehr für die Sache des Proletariats, und die äußerste bürgerliche Rechte riß die Macht an sich. Eine reaktionäre Kommission von 30 Männern übernahm die Regierung. An die Spitze trat Kritias, ein Onkel des Philosophen Platon; selbst ein bekannter Dichter und Freigeist, aber auf politischem Gebiet ein gewissenloser Abenteurer, dem jedes Mittel recht war, um zur Macht zu kommen und die Macht zu behaupten. Eine blutige Schreckens- und Polizeiwirtschaft setzte nun in Athen ein, und um auf alle Fälle sicher zu gehen, ließ die Regierung sich noch ein Bataillon Infanterie aus dem Peloponnes kommen. Gestützt auf diese fremden Söldner, sollte die Herrschaft des reichen Bürgertums und seiner politischen Schildknappen aufgebaut werden.

Da zeigte sich im athenischen Bürgertum dieselbe Spaltung wie seinerzeit im Jahre 411. Wiederum protestierte der Mittelstand gegen die Schreckensherrschaft der äußersten Rechten, und wiederum suchte er selbst die Regierung in die Hand zu bekommen. Es war auch der alte Führer, der an die Spitze der Mittelstandsbewegung trat: Theramenes. Er war seit der Wiederherstellung der Proletarierherrschaft in den Hintergrund getreten; hielt sich jetzt aber für stark genug, um seine Gedanken gegen rechts und gegen links durchzusetzen. Aber Theramenes hatte es diesmal mit einem rücksichts- und gewissenlosen Gegner zu tun, der seine Machtstellung bis aufs äußerte verteidigte. Für Kritias war Theramenes ein gefährlicher Schwärmer, dessen Treiben darauf ausging, die Herrschaft der besitzenden Klasse wieder zu unterwühlen; also mußte er beseitigt werden. Gegen Theramenes wurde Anklage wegen Verrates erhoben. Nach einer jämmerlichen Justizkomödie setzte Kritias es durch, daß sein Gegner verurteilt und hingerichtet wurde. Kritias redete sich ein, daß er die Herrschaft seiner Partei durch die Hinmordung des Theramenes gesichert habe. Tatsächlich war das Todesurteil gegen Theramenes zugleich auch das Todesurteil für das besitzende Bürgertum als politische Partei. Es war jetzt für jedermann klar, daß all die schönen Redensarten, mit denen man die Reaktion in Athen rechtfertigen wollte, weiter nichts waren als Lug und Trug. Die »Herrschaft der Besitzenden«, die »Verfassung der Väterzeit«, wie man sie gewöhnlich nannte, war tatsächlich die blutige Tyrannei einer kleinen Clique. Es hatte in Athen kein Mann gelebt, der ein entschiedenerer Gegner der Proletarierherrschaft, ein ehrlicherer Freund der »Verfassung der Väter« gewesen war als gerade Theramenes. Und diesen Theramenes hatte die bürgerliche Regierung hinmorden müssen, um ihre Existenz zu fristen, und das einzige Verbrechen des Theramenes war gewesen, daß er es mit den Idealen der »Väterzeit« wirklich ernst genommen hatte.

Eine Regierung, die in dem Grade den Ekel und die Verachtung fast der gesamten Bevölkerung Athens auslöste, wie die des Kritias, konnte sich nicht halten; trotz der fremden Söldner und der aus den Söhnen der Reichen rekrutierten weißen Garde, auf die die »Dreißig« sich stützten. Noch im Winter des Jahres 404 kam es zu einer revolutionären Erhebung. Derselbe Thrasybulos, der im Jahre 411 an der Spitze der athenischen Flotte dem Staatsstreich die Anerkennung verweigert hatte, lebte seit dem Sturz der proletarischen Demokratie als Flüchtling im Ausland. Nun überschritt er mit 70 Fremden die Grenze des athenischen Staats. Er überrumpelte die kleine Grenzfestung Phyle und pflanzte dort das Banner der proletarischen Republik auf. Der Zug des Thrasybulos erinnert an die unsterbliche Fahrt Garibaldis, als er mit seiner kleinen Schar das verruchte Königtum der Bourbonen von Neapel umwarf. Von allen Seiten erhielt Thrasybulos Zulauf, und bald waren aus seinen 70 : 1000 geworden. Nun gingen die Revolutionäre zum Angriff vor: Thrasybulos schlug den Kritias, seine Söldner und weißen Garden, und besetzte die wichtige Hafenstadt Athens, Piräus. Im März 403 fiel Kritias selbst in einem Gefecht, und damit war die Kraft der schon wankenden Reaktion endgültig gebrochen. In der Stadt Athen wurde damals noch einmal ein Versuch gemacht, eine Mittelstandsregierung aufzurichten. Aber gegenüber dem begeisterten Schwung, mit dem die Sache des Proletariats vorwärts getragen wurde, waren solche bürgerliche Rettungsversu-

che der 11. Stunde aussichtslos. Was aber vielleicht das Wichtigste
war: die Regierung des Kritias und seine Partei wurden von der
öffentlichen Meinung ganz Griechenlands so verachtet, daß auch
der Peloponnesische Bund, damals die erste Militärmacht der
Griechen, seine Hand von der athenischen Reaktion abzog. Die
Peloponnesier hatten nichts dagegen einzuwenden, daß in Athen
die proletarische Demokratie wiederhergestellt wurde. Im Herbst
403 war der bürgerliche Staatsstreichversuch erledigt, und Athen
hatte wieder dieselbe Verfassung wie in der Zeit des Perikles und
Kleon. Die wichtigste Lehre, die sich aus den beiden Putschen von
411 und 404 ergeben hatte, war die, daß das Bürgertum in Athen
überhaupt nicht mehr imstande war zu regieren. Die angebliche
Herrschaft der Besitzenden artete beidemal in ein wüstes
Schreckenssystem aus, bei dem der Mittelstand in Stadt und Land
ganz ebenso verfolgt wurde wie die Proletarier selbst. Es blieb
kein anderer Ausweg: die einzige Staatsform, die in Athen Ruhe,
Vernunft und Gerechtigkeit verbürgte, war die Herrschaft des
Proletariats. 80 Jahre ist nunmehr in Athen die proletarische De-
mokratie unangefochten geblieben. Sie, und mit ihr die Größe
Athens überhaupt, ist erst dahingeschwunden infolge einer grund-
stürzenden wirtschaftlichen und sozialen Umwälzung in ganz
Griechenland.

Die Übervölkerung Griechenlands und ihre Folgen

Griechenland ist ein kleines Land und fast durchweg von Gebir-
gen durchzogen. Da ist es begreiflich, daß dort nicht allzuviel
Menschen Platz fanden, zumal da es ja große Fabriken modernen
Stils nicht gab, die allein eine Menge Menschen auf engem Raum
nähren können. Die meisten Kantone Griechenlands lebten von
der Landwirtschaft und etwas Handwerk; in diesen Gebieten wurde die Überbevölkerung besonders drückend. Wenn ein kleiner
Bauer ein Stückchen Land hatte, von dem er sich mit Mühe und
Not ernährte, und es wuchsen ihm drei Söhne heran; was sollten
die jungen Leute dann machen? Es blieb ihnen meistens nichts anderes übrig, als in die Fremde zu gehen.

Einen Teil dieses Bevölkerungsüberschusses verbrauchten die
Handels- und Industriestädte. So stieg die Zahl der Bürger, also
der erwachsenen Männer Athens, im Laufe des 4. Jahrhunderts
wieder auf 20 000. Daneben gab es aber nicht weniger als 10 000

Fremde, die ständig in Athen lebten. Unter je 3 erwachsenen Männern, die dauernd in Athen existierten, war also immer ein Ausländer! Ein außerordentlich hoher Prozentsatz der Fremden, der uns zeigt, wieviel Menschen das blühende Geschäftsleben Athens an sich zog. Ähnlich wird es in den anderen größeren Städten Griechenlands wie Korinth und Kerkyra (Korfu) ausgesehen haben.

Aber diese Zuwanderung in die Großstadt verbrauchte doch nur einen mäßigen Teil des Bevölkerungsüberschusses, den die Landgebiete dauernd erzeugten. Es ist schon oben betont worden: hätte Griechenland eine einheitliche Wirtschaftspolitik gehabt, so hätte der Gedanke auftauchen können, durch Abschaffung der Sklaverei in den größeren Städten den erwerbslosen Freien vom Land Existenzen zu schaffen. Aber erstens gab es eine solche einheitliche griechische Wirtschaftspolitik nicht, und zweitens wäre es für die Bauernsöhne des Peloponnes alles andere als verlockend gewesen, an Stelle der abgeschobenen Sklaven der Athener sich als Bergarbeiter oder Dienstboten zu betätigen. Was diese Leute anstrebten, war vielmehr eine neue kleinbürgerliche Existenz: irgendwo in der Fremde ein Stückchen Land, oder auch die Gelegenheit, sich als Handwerksmeister niederzulassen. Solche Köpfe, die noch höher hinaus wollten, wünschten in der Fremde Kaufmann, Bankier, Arzt oder Baumeister zu werden. Wieder andere wollten sich im Ausland als Söldner vermieten und träumten von dem Marschallstab, den sie dann im Tornister trügen.

Um die Mitte des 5. Jahrhunderts beginnt diese Übervölkerung Griechenlands sich zuerst bemerkbar zu machen. Athen suchte der Erscheinung durch Gründung verschiedener neuer Städte entgegen zu wirken, so von Thurioi in Süditalien und von Amphipolis in Mazedonien. Gegen Ende des Jahrhunderts sehen wir den ungeheuren Andrang von arbeitslosen Griechen zum Söldnerdienst. Wenn die Peloponnesier oder Athener Matrosen für ihre Kriegsschiffe suchten, meldeten sich Tausende und Abertausende kräftiger Männer aus allen Teilen Griechenlands. Das eigentliche gelobte Land der griechischen Auswanderung wird aber seit dem Jahre 400 der Orient, das Perserreich.

Die riesige persische Monarchie, die sich damals von den Dardanellen bis nach Indien, von Ägypten bis Turkestan erstreckte, bot dem griechischen Unternehmungsgeist einen geradezu unbegrenzten Spielraum. Griechische Kaufleute und Handwerker, Ärzte und

Techniker, aber auch Abenteurer beiderlei Geschlechts, fand man
im Osten überall. Dazu kam dann der griechische Soldat und Offizier. Denn die einheimische persische Armee war ebenso ver-
sumpft wie die Verwaltung, und wenn irgendein Statthalter dem
König den Gehorsam aufsagte, oder ein Prinz als Kronprätendent
auftrat, dann wurden Griechen angeworben. Im Jahre 401 wollte
ein persischer Prinz, namens Kyros, die Krone erkämpfen. Da er
das nötige Bargeld hatte, gelang es ihm ohne Mühe, für sein Unternehmen 12 000 griechische Soldaten anzuwerben. Um zu ermessen, was diese Zahl damals bedeutete, sei darauf hingewiesen, daß
die Landarmee Athens im 4. Jahrhundert 6000 Mann betrug. Es
gibt also kaum ein besseres Zeugnis für die Übervölkerung des
damaligen Griechenlands, als dieser Aufstand des persischen Prinzen Kyros.

Wie die Dinge lagen, waren die griechischen Einwanderer im
Perserreich doch nur geduldet; wie mußte sich aber alles ändern,
wenn erst einmal die Griechen im Orient die politische Macht
eroberten! Dann konnte man neue Städte gründen, man konnte
sich aus den beschlagnahmten Riesendomänen des Königs so viele
Güter herausschneiden wie man wollte. Die ganze Verwaltung und
Armee war dann griechisch, was allein schon vielen Tausenden
einträgliche und angesehene Stellungen verschaffte. Wenn dann der
griechische Kaufmann und Unternehmer seine Geschäfte machte,
stand der herrschende Staat dauernd hinter ihm. Es ist unter diesen Umständen begreiflich, daß im griechischen Volke der Gedanke entstand, das Perserreich zu erobern und so aller Not ein Ende
zu bereiten. Zwar hatten alle griechischen Landschaften um das
Ägäische Meer herum zusammen nur etwa 5 Millionen Einwohner, und das Persische Riesenreich hatte zehnmal so viel. Aber die
persische Staatsmaschine war völlig verrostet, und die Einwohner
waren der Waffen entwöhnt, weil die persische Reichsbeamten-
schaft keine wehrkräftigen, sondern gehorsame Untertanen wollte.
Bei den Griechen dagegen gab es Hunderttausende von Männern,
die zum Kriegsdienst geeignet und bereit waren.

Seit dem Jahre 400 beginnt dieser Gedanke, mit vereinten Kräften das Perserreich zu erobern, den Geist des griechischen Volkes
zu erfassen. Eins war klar: dieses Unternehmen, das den überschüssigen Menschen aller griechischen Landschaften eine neue
Heimat, und dem gesamten Volke mächtigen Gewinn bringen sollte, konnte nur von einem geeinigten Griechenland durchgeführt

werden. Wer sollte nun aber diese Einigung zustande bringen? Athen war dazu nicht imstande, weil es stets sein Bürgerrecht eifersüchtig gehütet hatte, weil es die anderen Griechen nur ausbeuten, aber nicht mit ihnen zusammenarbeiten wollte. Das athenische Proletariat hätte den Raubzug in den Orient gern mitgemacht; aber auf eigene Rechnung. Die athenische Verfassung, wie sie einmal war, konnte sich einer Einigung aller Griechen, einer gemeinsamen griechischen Kolonial- und Wirtschaftspolitik, nicht anpassen. Die Griechen waren damals durch die Überbevölkerung, in einer Zwangslage, aus der nur die imperialistische Eroberungspolitik sie retten konnte. Ob wir heute das schön finden oder nicht, ist eine Sache für sich. Wir müssen nur die wirtschaftlichen Triebkräfte erkennen, die das griechische politische Leben bestimmten. Da das athenische Proletariat zur Einigung der Griechen nicht imstande war, mußte diese Einigung von bürgerlich-bäuerlicher Seite kommen. Dies entsprach auch dem Sinn der ganzen Bewegung; denn es handelte sich ja nicht darum, einer proletarischen Klasse als solcher zu helfen, sondern den Söhnen von Kleinbürgern und Bauern neue bürgerliche Existenzen zu schaffen.

Die Einigung Griechenlands ging aus, und das ist auch ganz begreiflich, von dem größten und stärksten Einzelstaat: das war Makedonien. Wir nennen heute diese Landschaft, gemäß der lateinischen Aussprache des Worts im Ausgang des Altertums: Mazedonien. Heute wird Mazedonien fast vollständig von Slawen bewohnt; damals waren die Makedonen ein griechischer Stamm, der ungefähr von Saloniki bis herauf nach Monastir saß. In diese nördlichen Gebirge drang die Kultur im Altertum erst spät ein. Im fünften Jahrhundert war Makedonien noch halb wild und spielte deshalb auch politisch keine Rolle. Im 4. Jahrhundert breitete sich auch dort die Bildung aus, und nun beanspruchten die Makedonen die Stellung, die ihrer Größe und Volkszahl zukam. Makedonien war einer der wenigen griechischen Staaten, in denen es noch Könige gab. Aber der König von Makedonien war kein absoluter Herr, sondern über ihm stand die Stammesversammlung, die auch die oberste richterliche Gewalt ausübte. Der Kern des makedonischen Volkes war ein kräftiger Bauernstand; daneben gab es Großgrundbesitzer, die aber keinerlei Herrenrechte über die Bauern ausübten – wenigstens im 4. Jahrhundert nicht mehr – und eine schwache städtische Bevölkerung. Makedonien hatte ungefähr 1/2 Millionen Einwohner, es konnte also mindestens 40 000

schwerbewaffnete Soldaten aufbringen. Kein anderer griechischer
Staat konnte sich im Landkrieg auch nur im entferntesten mit
Makedonien messen.

König von Makedonien war seit 359 Philippos, ein hervorragender Staatsmann und General. Er trat mit dem Programm hervor,
alle griechischen Kantone in einem gerechten Bund zu einigen,
und dann sollten die Griechen den gemeinsamen Krieg gegen Persien führen. In weiten Kreisen des griechischen Volkes fand Philippos begeisterten Anhang, aber ein starker Gegner trat ihm
selbstverständlich in den Weg: das war Athen. So wächst sich der
Kampf um die Zukunft der Griechen zu einem Duell aus zwischen
der Proletarierrepublik Athen auf der einen Seite und der militä-
risch-agrarischen Monarchie Makedonien auf der anderen Seite.
Aber Athen stand von vornherein auf verlorenem Posten, weil die
wirtschaftliche Entwicklung fast das gesamte griechische Bürger-
und Bauerntum, das heißt die große Mehrheit der Nation, hinter
Makedonien führte.

Der Untergang der proletarischen Demokratie in Athen

Athen hatte sich im Laufe des 4. Jahrhunderts allmählich wieder von den Schlägen erholt, die es gegen Ende des 5. erlitten hatte. Die Stadt war wieder der Mittelpunkt des griechischen Handels
und der griechischen Schiffahrt, auch ihre Kriegsflotte hatten die
Athener neu geschaffen. Die Flotte ist sogar damals an Zahl der
Schiffe größer geworden als zu der Zeit des Perikles. Athen übte
auch wieder eine Oberhoheit über viele Inseln und Küstenstrecken
des Ägäischen Meeres aus. So begreift man es, daß die athenischen Politiker meistens in der alten Art wieder regieren wollten.
Als freilich der Gedanke der griechischen Einigung und des gemeinsamen Eroberungskrieges gegen Persien auftauchte, gab es
auch in Athen einzelne Männer, die dafür eintraten, daß Athen
sich einem allgriechischen Bund unter Führung Makedoniens anschließen sollte. Innerpolitisch hatte Athen von einem solchen
Schritt nichts zu fürchten; denn wenn auch Philippos durch die
ganze Lage der Dinge auf die Seite des besitzenden Bürgertums
gedrängt wurde, so war er doch viel zu klug, als daß er durch
einen gewaltsamen Staatsstreich die Verfassung Athens hätte um-
stürzen wollen. Er wäre froh gewesen, wenn sich auch das athenische Proletariat seinen nationalen Plänen angeschlossen hätte. Vor

allem die athenischen Kriegsschiffe hätte er bei seinem Krieg mit Persien gut gebrauchen können. So empfahlen die Vertreter der nationalen Politik in Athen, man solle sich in das Unvermeidliche fügen, und versuchen, bei dem Zusammengehen mit Makedonien und den anderen Griechen für Athen politisch und wirtschaftlich so viel herauszuschlagen wie nur möglich.

Aber die Mehrheit des athenischen Volkes teilte diesen Standpunkt nicht. Sie sagte sich zunächst, daß bei einem Eintritt in den allgriechischen Bund Athen sofort alle seine Rechte über andere Griechen aufgeben mußte. Das heißt, Athen mußte darauf verzichten, die schwächeren griechischen Kantone auszubeuten. Gerade an der Küste Makedoniens und oben im Dardanellengebiet hatte Athen stets wichtige Interessen gehabt, und das aufstrebende Makedonien hatte den Athenern ihre Stützpunkte in diesen Gebieten entrissen und sie damit schwer geschädigt. Die Makedonenfreunde in Athen mochten reden, was sie wollten, es blieb Tatsache, daß die geplante Neuordnung Griechenlands von Athen zunächst nur Opfer forderte. Die Aussicht auf den Anteil an der zu erwartenden orientalischen Beute war demgegenüber recht schattenhaft. Weiter verlor Athen mit dem Eintritt in den griechischen Bund das Recht auf seine selbständige Außenpolitik; das stolze athenische Volk sollte sich direkt oder indirekt den Weisungen eines fremden Königs fügen. Athen sollte nicht mehr das Recht haben, seine Interessen selbständig zu vertreten, und schließlich bestand doch eine gewisse Gefahr, daß Philippos oder seine Nachfolger sich einmal in die inneren Angelegenheiten Athens mischen würden, und dann war die Machtstellung des athenischen Proletariats von den Launen eines ausländischen Militärmonarchen abhängig.

Diesen Standpunkt des überlieferten Athenertums, das seine Verfassung und seine Selbständigkeit bis aufs äußerste verteidigen wollte, hat mit glänzender Beredsamkeit Demosthenes vertreten. Demosthenes ist, das muß man zugeben, ein in vielen Dingen kleinlicher und eitler Mensch gewesen. Er nahm es mit der Wahrheit nicht sehr genau und war auch in Geldfragen nicht ganz sauber. Man kann auch beim besten Willen nicht sagen, daß er ein hervorragender Staatsmann oder Stratege gewesen ist. Aber was ihn trotz alledem unsterblich machte, war zunächst seine hinreißende Redegabe, und zweitens, was noch wichtiger ist, daß er eine große und würdige Sache in ihrem Untergang vertreten durfte.

Mit allen seinen Schwächen wurde Demosthenes doch für die Mit-
und Nachwelt die Verkörperung des alten Athens mit seiner proletarischen Demokratie und seiner staunenswerten Volkskultur. Für
die äußere und innere Selbständigkeit Athens kämpfte Demosthenes bis aufs äußerste, und in diesem Kampf hatte er die große
Mehrheit des athenischen Proletariats und auch weite Kreise des
Bürgertums hinter sich.

Für Demosthenes war der König von Makedonien der eine und
einzige Feind. Er tat alles, um die sogenannte nationale Einigung
unter Führung Makedoniens zu verhindern. Er scheute sich auch
nicht, zu diesem Zweck in Verbindung mit dem Perserreich zu treten, also gerade mit der orientalischen Großmacht, welche die geeinten Griechen zerschlagen wollten. Schon diese eine Tatsache
zeigt, daß Demosthenes unterliegen mußte; denn die wirtschaftliche Entwicklung Griechenlands nötigte dazu, daß das griechische
Volk für seinen Menschenüberschuß den Abfluß eben ins Perserreich suchte. Demosthenes und Athen kämpften für eine verlorene
Sache. Aber man hätte sich doch kaum denken können, daß das
athenische Proletariat nach einer solchen Vergangenheit einfach
widerstandslos seine Selbständigkeit aufgegeben hätte.

Nach mancherlei Kämpfen und Verhandlungen kam es im Jahre 338 zu der entscheidenden Auseinandersetzung. Es war Athen
gelungen, noch mehrere andere griechische Republiken zum gemeinsamen Kampf gegen den König von Makedonien zu veranlassen. Die beiden Armeen trafen sich bei Chaironeia in Boiotien.
Die überlegene Kriegskunst der Makedonen siegte: unter schweren
Verlusten mußten die Athener den Rückzug antreten. Es waren
vorwiegend die athenischen Kleinbürger und Bauern gewesen, die
in der Schlacht gekämpft hatten; denn die Besitzlosen dienten ja
auf der Flotte. Aber sie hatten alle aufopfernd ihre Pflicht getan,
weil auch der Mittelstand die Freiheit Athens über alles schätzte.
Die Stimmung der Kämpfer von Chaironeia veranschaulicht die
Grabschrift der Gefallenen, die in deutscher Übersetzung folgendermaßen lautet:

Zeit, du überschaust alles Menschenschicksal, Freud und Leid.
Das Geschick, dem wir erlagen, künde du der Ewigkeit.
Auf Boiotiens Schlachtfeld sanken wir, gefällt vom Feindesspeere.
Was wir wollten, war, zu wahren unseres heiligen Hellas Ehre.

Man sieht aus diesen Versen den Gegensatz, der durch das griechische Volk ging. Während das Bürger- und Bauerntum außer-

halb Athens meistens dem Gedanken der nationalen Einigung zu-
jubelte, glaubten die Massen Athens für des »heiligen Hellas«, das
ist Griechenlands, Ehre einzutreten, wenn sie ihre republikanische
Freiheit gegen die makedonische Monarchie verteidigten. Nach der
Schlacht wollten die Anhänger des Demosthenes, gestützt auf die
Flotte und die gewaltigen Festungsmauern der Hauptstadt, den
Kampf bis aufs äußerste fortsetzen. Aber sie drangen nicht durch:
Athen schloß Frieden, verzichtete auf seine Rechte über andere
Griechen, trat in den neuen nationalen griechischen Bund ein, be-
hielt aber seine Flotte.

Nach der Niederlage Athens hat Philippos sein erstes Ziel – die
Einigung der Griechen – ohne Mühe erreicht. Aber die zweite Aufgabe, die Eroberung des Orients anzufassen, war ihm nicht mehr
vergönnt. Im Jahre 336 fiel er einem Attentat zum Opfer; der
Mörder war ein makedonischer Adliger, der eine persönliche
Feindschaft gegen den König hatte. Die Eroberung des persischen
Reiches durch die geeinten Griechen wurde aber trotzdem durchgeführt: der makedonische Generalstab löste die militärische Auf-
gabe glatt in wenigen Jahren. Den Namen für diese Erfolge gab
der jugendliche Alexander, der Sohn und Nachfolger des Königs
Philippos her. Tatsächlich hat er von Kriegführung und Politik
nicht viel verstanden. Aber die Leistungen seiner Feldmarschälle
verschafften ihm den Beinamen des »Großen«. Nun lag der ganze
Osten von den Dardanellen bis nach Indien für den griechischen
Unternehmungsgeist offen da. Hunderttausende von Griechen aller
Kantone wanderten innerhalb weniger Jahrzehnte in den Orient
aus, um dort neue Existenzen zu suchen und zu finden. Dieser politischen und wirtschaftlichen Weltumwälzung sah Athen mit
überkreuzten Armen zu. Es war zwar, wie erwähnt, Mitglied des
griechischen Bundes, es beteiligte sich aber an dem Nationalkrieg
gegen die Perser so gut wie gar nicht. Im Jahre 323 starb plötzlich
der König Alexander, ohne einen erwachsenen Erben zu hinterlassen. Man rechnete auf ernste Wirren im makedonisch-griechischen
Reich. Diesen Augenblick wollte nun die Demosthenes-Partei
dazu benutzen, um wieder die Selbständigkeit Athens zu erkämpfen. Aber das war ein schwerer politischer Rechenfehler: man hatte
schon im Jahre 338 gegen Makedonien nichts ausrichten können.
Inzwischen hatte der griechisch-makedonische Bund den ganzen
Orient erobert, und der makedonischen Regierung standen die
Hilfsmittel fast der gesamten Kulturwelt zur Verfügung. Wie wollte

Athen gegen eine solche Übermacht aufkommen?

Das Verhängnis nahm denn auch seinen Lauf: die makedonische Reichsflotte siegte über die athenische bei Amorgos, und darauf mußte die Stadt Athen sich der makedonischen Landarmee ergeben. Die makedonischen Generale, in deren Hand nun das Schicksal Athens lag, hatten die ganz richtige Überzeugung, daß der Widerstand Athens gegen das makedonische Königtum vor allem vom Proletariat ausging. So beschlossen sie, der bürgerlichen Reaktion in Athen zum Sieg zu verhelfen. Alle Athener, die weniger besaßen, als 2000 Drachmen (= 1600 Goldmark), verloren ihre politischen Rechte. Damit war die Herrschaft des Proletariats beseitigt (322). Die Führer der proletarischen und republikanischen Partei wurden, wenn man sie aufspürte, hingerichtet. Demosthenes entging diesem Schicksal dadurch, daß er sich selbst vergiftete. So ist der Vorkämpfer des alten Athen zusammen mit seinem Staat ins Grab gesunken. Zur Sicherung der Herrschaft der Besitzenden und zur Niederhaltung des Proletariats blieben makedonische Truppen in Athen.

Hand in Hand mit dem politischen ging der wirtschaftliche Verfall Athens. Bisher war es geschäftlich der Mittelpunkt der griechischen Welt gewesen. Aber jetzt hatte das griechische Wirtschaftsgebiet eine ungeheure Erweiterung erfahren; der ganze Orient gehörte nun mit dazu. Damit verlor Athen seine günstige geographische Lage: es war jetzt nicht mehr das Zentrum des griechischen Handels, sondern es war in einen entlegenen Winkel des griechischen Wirtschaftsgebiets gerückt. Der wirtschaftliche Erbe Athens wurde die Insel Rhodos an der Südwestecke Kleinasiens. Rhodos vermittelte den Handel zwischen den Kolonialländern des Griechentums, Syrien und Ägypten, auf der einen Seite, und dem griechischen Mutterland und Kleinasien auf der anderen Seite. So wurde Rhodos in wenigen Jahrzehnten groß und reich, während Athen langsam niederging. Dem athenischen Proletariat ist es später noch mehrfach gelungen, auch auf lange Zeiten, seine politische Macht zurückzuerobern. Aber die athenische Flotte war und blieb verloren, und ebenso das Geschäftsleben der alten Zeit. Das Athen des 3. und 2. Jahrhunderts ist nicht viel mehr als ein Kleinstaat mit interessanter Vergangenheit, aber ohne wirtschaftlichen und politischen Einfluß auf das Leben des gesamten griechischen Volkes.

Der Ausgang der Klassenkämpfe bei den Griechen

Die sozialen und Klassenverhältnisse des griechischen Volkes waren seit dem Jahre 330 ganz verschieden für die Kolonialländer und das Mutterland. Im Kolonialgebiet, das heißt in Asien und Ägypten, standen einige Hunderttausend Griechen vielen Millionen von Eingeborenen als Herrenkaste gegenüber. Die Griechen hatten damals in Ägypten, Syrien und Persien ungefähr dieselbe Stellung wie heute die Engländer in Indien und im gleichen Ägypten. Griechen waren die Könige in den verschiedenen dort entstandenen Militärmonarchien – die Einheit des griechischen Weltreichs bestand nämlich nicht lange – griechisch war die Armee und Verwaltung, Griechen waren die meisten Kaufleute und Bankiers und ein Teil der Großgrundbesitzer. Es ist unter diesen Verhältnissen klar, daß es im Kolonialland ein griechisches Proletariat als Klasse überhaupt nicht gab; ja kaum einen griechischen Mittelstand, sondern nur die griechische Herrenschicht militärischen, bürokratischen, kapitalistischen, feudalen Charakters. Die Griechen, die damals in den Osten auswanderten, machten wirklich fast alle ihr »Glück«. Aber dem griechischen Volke als Ganzem gereichte die ungeheure Fülle nicht zum Segen, die ihm in den Schoß fiel. Hätten die Griechen im 4. Jahrhundert nur ein verhältnismäßig kleines Gebiet erobert, dies aber wirklich besiedelt und sich dann dort durch eigene Arbeit ernährt, so würden sie ihre Eroberungen auch dauernd behauptet haben. So aber gewannen sie, indem sie ihre vorübergehende militärische Übermacht ausnutzten, ein Riesenreich, das sie wirtschaftlich gar nicht verdauen konnten. Am Ende wurde doch überall die kleine Herrenklasse von den unterdrückten Millionen weggefegt, und heute besitzt das griechische Volk wieder ungefähr dasselbe Gebiet wie zur Zeit des Königs Philippos.

Kehren wir nun aber wieder in die Zeit von 360 bis 150 zurück, so ist es klar, daß damals im Osten der Klassengegensatz im wesentlichen mit dem nationalen Gegensatz zusammenfiel: auf der einen Seite die griechischen Herren, auf der anderen die orientalischen Bauern, Handwerker, Arbeiter. Freilich gab es daneben auch eine Oberschicht von Eingeborenen, Gutsbesitzern und Priestern, die ihre gehobene Stellung unter der Fremdherrschaft behauptet hatten. Wenn es irgendwo den Orientalen gelang, die griechischen Herren durch glücklichen Aufstand zu vertreiben, wie es z. B. noch vor

dem Jahre 100 in Persien und Palästina der Fall war, dann entstanden dort nicht etwa orientalische Bauern- und Handwerker-
staaten, sondern die einheimischen Gutsbesitzer und Priester nutz-
ten die Stellung aus, die sie schon seit vielen Jahrhunderten im
Lande innehatten, und rissen die Macht wieder an sich.

Es ist klar, daß Klassenkämpfe innerhalb des griechischen Volkes nur in solchen Gebieten waren, die eine geschlossen griechische Bevölkerung hatten. Das war das Mutterland: das eigentliche
Griechenland, die Inseln und Küsten des Ägäischen Meeres und
das westliche Kleinasien. Dort haben sich die Klassenkämpfe auch
nach dem Jahre 330 fortgesetzt und sehr interessante neue Formen
angenommen. Es fehlt hier nur der Raum, um auf diese Dinge so
einzugehen, wie sie es verdienten. Wir müssen uns auf eine kurze
Übersicht beschränken. Zunächst sei hervorgehoben, daß die politische Einigung aller Griechen, wie schon oben betont wurde,
nicht lange vorhielt. Wie im Kolonialland verschiedene Militärmonarchien entstanden, so finden wir auch im Mutterland im 3.
Jahrhundert wieder eine starke politische Zersplitterung.

Zunächst wurde Rhodos auf politischem wie wirtschaftlichem
Gebiet der Erbe Athens. Der Aufschwung der Stadt in Handel,
Schiffahrt und Gewerbe erzeugte ein starkes Proletariat, das die
politische Macht an sich riß. Auch in Rhodos haben wir, wie in
Athen, einen regierenden Rat, in dem die Besitzlosen überwogen
und Tagegelder empfingen, und Volksgerichte, deren Geschworene
gleichfalls Diäten erhielten. Bezeichnend ist, daß das Mißtrauen
des Proletariats gegen seine Beauftragten in Rhodos noch größer
war als in Athen. In Rhodos wurde man nur auf 6 Monate in den
Rat geschickt, und die Kommission von fünf »Präsidenten« (Prytanen), welche die laufenden Staatsgeschäfte zu erledigen hatte,
blieb auch nur ein halbes Jahr im Amt. In Athen war die entsprechende Amtsfrist ein ganzes Jahr gewesen. Sonst war die kulturelle
und wirtschaftliche Lage der Besitzlosen in Rhodos ungefähr dieselbe wie in Athen. Neben Rhodos gab es damals im Bereich des
Ägäischen Meeres noch so manche Städterepublik, in der die ärmere Bevölkerung die Macht in der Hand hatte.

In dieser Zeit, um 200, gingen mindestens in einem Punkt die
wirtschaftlichen Forderungen des Proletariats weiter als seinerzeit
in Athen. Die armen Bürger waren damit nicht zufrieden, daß die
Lasten den Besitzenden aufgebürdet wurden, und daß sie selbst
die Tagegelder als Geschworene, Ratsmitglieder usw. empfingen,

sondern sie verlangten, daß der Staat ihnen dauernd billiges Brot zusichere. In der Republik Samos hat z. B. das Proletariat damals ein derartiges Gesetz durchgesetzt; jeder Besitzende mußte für diesen Zweck eine gewisse, erhebliche Abgabe zahlen, und aus dem Geld, das so zusammenkam, wurden Staatszuschüsse geleistet, die den Brotpreis dauernd ganz niedrig hielten. Eine ähnliche Einrichtung bestand auch in Rhodos.

Während so in den Städten Griechenlands die Besitzlosen ihre Ansprüche an die Allgemeinheit steigerten, griff der Gedanke der sozialen Revolution auch auf das Land über. Zunächst geriet das ländliche Proletariat – im weitesten Sinne des Wortes – in Bewegung: Leibeigene, wo es solche gab; dann freie Landarbeiter, kleine Pächter und solche Kleinbauern, die ihr Grundstück nur kümmerlich nährte. Sie forderten die Beseitigung des Großgrundbesitzes und eine gerechte Landaufteilung für alle. Auf der anderen Seite standen aber auch die besser gestellten Bauern vielfach im Kampf gegen den Kapitalismus. In schlechten Jahren, oder wenn sie sonst Betriebskapital brauchten, hatten sie Geld aufnehmen müssen. Und nun waren sie in der Hand ihrer Hypothekengläubiger, die sie – wenn nicht gezahlt wurde – von Haus und Hof jagen und sogar in Schuldhaft sperren konnten. So wird die Schuldentilgung, das heißt Tilgung der Hypotheken, der Kampfruf der Landwirte. Im 3. Jahrhundert brach die ländliche Revolution in dem Staate Griechenlands aus, wo die Verhältnisse der armen Bevölkerung am schlechtesten waren, in Sparta. Dort hielt mit grausamer Härte eine kleine Clique von Feudalherren viele Tausende von Leibeigenen und Proletariern nieder. Die Massen erhoben sich, jagten die Herren fort und führten die neue Landaufteilung durch. Aber das revolutionäre Sparta geriet bald in einen schweren Krieg gegen die Bürger und Gutsbesitzer der benachbarten griechischen Landschaften, die sich zu dem »Achäischen Bund» zusammenschlossen. Diese »Achäer« boten alles auf, um den revolutionären Herd Sparta auszulöschen, damit nicht das spartanische Beispiel auch bei ihnen ansteckend wirkte. Denn fast überall in Griechenland sehnte ja die ärmere ländliche Bevölkerung die Landaufteilung und Schuldentilgung herbei. In einem Ringen, das sich durch viele Jahrzehnte hinzog, und in das auch das Königreich Makedonien und Rom zugunsten der kapitalistischen und feudalen Ordnung eingriffen, wurde die Kraft der spartanischen Revolution gebrochen und so die Gefahr eines allgemeinen ländlichen Umsturzes in Griechenland abgewendet.

Im 2. Jahrhundert sind die griechischen Staaten allmählich unter die Oberhoheit des römischen Militärstaats geraten. Wie das Eingreifen Roms schon in Sparta entscheidend wirkte, so zerbrach es auch eine ländliche Revolution, die im Jahre 133 im westlichen Kleinasien ausbrach. Dort erhoben sich die leibeigenen Bauern und sonstigen ländlichen Proletarier und gingen daran, direkt durch die neue Landaufteilung den »Zukunftsstaat« zu schaffen. Sie nannten ihn den »Sonnenstaat«, nach dem Titel eines berühmten griechischen kommunistischen Zukunftsromans, dessen Gedanken also unter den Massen Wurzeln geschlagen hatten. Das römische Militär beendete nach schweren Kämpfen diesen Bauernkrieg und stellte die alte »Ordnung« wieder her. Wie die römische Herrschaft den Griechen die Möglichkeit einer selbständigen Politik und eines unabhängigen Wirtschaftslebens nahm, so verloren die Griechen auch das Recht, ihre Klassenkämpfe allein auszufechten.

Klassengegensätze und Demokratie in der römischen Republik

Die Römer haben im 3. und 2. Jahrhundert vor Christus die ganze damalige Kulturwelt sich untertänig gemacht. Sie konnten das, weil das ganze einige Italien mit Hunderttausenden von tüchtigen Soldaten hinter ihnen stand. Die Griechen im Osten wären den Römern gewachsen gewesen, wenn sie einig gewesen wären. Aber daran mangelte es, und so gelang es Rom, einen von den griechischen Staaten nach dem anderen unschädlich zu machen. Im Westen Europas wiederum hatten die Römer es mit mehr oder minder unkultivierten Stämmen zu tun, die der geschlossenen Großmacht Italien erst recht nicht gewachsen waren.

Um die hochinteressante, aber sehr verwickelte Verfassung der römischen Republik und die Klassengegensätze in Rom auch nur in den Grundzügen zu schildern, wäre ein eigenes Buch nötig. Hier müssen wir uns – wie im vorigen Kapitel – auf einige Andeutungen beschränken. Das Staatsgebiet des eigentlichen Rom erstreckte sich im 3. und 2. Jahrhundert über den größten Teil Mittelitaliens, vom Adriatischen bis zum Mittelmeer, und hatte ungefähr 1½ Millionen Einwohner. Das übrige Italien bestand aus Hunderten von Kleinstaaten, die alle mit Rom verbündet waren. Der Staat Rom hatte vorwiegend ländlichen Charakter: der größte

Teil seiner Einwohner lebte in Dörfern oder Kleinstädten. Und auch die Kleinstädter waren meistens Landwirte, die ihr Grundstück in der Nähe des Wohnorts hatten. Der Staat Rom hatte zwar die sehr wichtige gleichnamige Hauptstadt. Aber nehmen wir einmal an, die Hauptstadt hätte damals 150 000 Einwohner gezählt – genau läßt sich die Ziffer nicht feststellen – so war dies doch nur der 10. Teil der gesamten Staatsbevölkerung. Von den 35 Kreisen, in die der Staat Rom zerfiel, waren denn auch nur 4 großstädtische gegenüber 31 ländlichen und kleinstädtischen. Da ergibt sich der große Unterschied zwischen den Republiken Athen und Rom. In Athen führte wirtschaftlich und politisch die Stadt, in Rom aber das Land. Infolgedessen waren die Träger der Demokratie in Athen die besitzlosen Städter, in Rom aber die kleinen Bauern.

In Rom bestanden im 3. und 2. Jahrhundert zwei große Parteien: die Volkspartei (populares) und die konservative Partei (optimates). Im ersten Jahrhundert existierten die beiden Parteien auch noch, hatten da aber ihr Wesen völlig verändert. In der älteren Zeit entsprachen die Parteien den großen sozialen Gegensätzen. Die Volkspartei war die Partei der kleinen Bauern; die arme städtische Bevölkerung hatte denselben Standpunkt, trat aber vor den Bauern ganz zurück. Bei den freien Landarbeitern finden wir kein besonderes Klassenbewußtsein; sie werden im allgemeinen so gestimmt haben wie ihre Arbeitgeber. Auf der anderen Seite die Konservativen umfaßten die Gutsbesitzer, die Kaufleute, Bankiers usw. Im ältesten Rom (6. und 5. Jahrhundert) herrschte der ritterliche Erbadel. Im 4. Jahrhundert trat an Stelle der Adelsherrschaft die Gewalt der besitzenden Klasse im ganzen. Im Jahre 287 eroberte dann durch eine große Revolution die Klasse der kleinen Bauern die politische Macht und schuf so die römische Demokratie. Aber in Rom hat die arme Bevölkerung lange nicht so durchgegriffen wie in Athen. Auch nach dem Jahre 287 gingen in Rom die hohen Staatsbeamten: die Präsidenten der Republik (Konsuln) die Finanzminister (Zensoren) und Oberrichter (Prätoren) aus der besitzenden Klasse hervor. Auch der Staatsrat (Senat) bestand aus Besitzenden, und zu den Schwurgerichten hatten die Armen keinen Zutritt. Aber dafür wählte die Gesamtheit der Bürger, in der die kleinen Bauern überwogen, alljährlich 10 »Volksvertreter« (Volkstribune), welche die Aufsicht über die Staatsverwaltung hatten. Jeder »Volksvertreter« hatte das Recht, gegen jede Amts-

handlung eines Beamten, die ihm nicht gefiel, Einspruch zu erheben, und damit wurde die betreffende Handlung ungültig.
Wenn z. B. der Präsident der Republik einen Mann verhaften
ließ, und ein Volksvertreter erhob dagegen Widerspruch, so
mußte der Betreffende wieder freigelassen werden. Ferner konnte
der Volksvertreter jeden Staatsbeamten nach Ablauf seines Amts-
jahrs (die hohen, politischen Würdenträger, die vom Volk gewählt
wurden, waren in der Regel nicht länger im Amt) wegen Amts-
mißbrauchs vor sein Gericht laden und verurteilen. Ferner hatte
die allgemeine Bürgerversammlung unbeschränkte gesetzgebende
Gewalt und das Recht, jedes Todesurteil zu bestätigen oder aufzuheben. Obwohl also in Rom die Macht der armen Bevölkerung
äußerlich nicht so in Erscheinung trat wie in Athen, konnte doch
auch in Rom nichts gegen den Willen der kleinen Bauernschaft geschehen.

In sehr geschickter Weise war dafür gesorgt, daß der Wille der
Bauern auch wirklich in der allgemeinen Bürgerversammlung zur
Geltung kam, wie sie von Zeit zu Zeit in oder bei der Stadt Rom
abgehalten wurde. Rom hatte um das Jahr 150 gegen 300 000
stimmberechtigte Bürger, die über einen großen Teil Italiens ver-
streut wohnten. Es lag in der Natur der Sache, daß zu den Volksversammlungen in der Hauptstadt zwar verhältnismäßig viele
Städter, aber wenige Landleute, besonders aus den entfernteren
Gegenden, erschienen. Da half man sich folgendermaßen: in der
Volksversammlung wurde nicht nach Köpfen abgestimmt, sondern
nach den oben erwähnten Kreisen. Die Anwesenden teilten sich in
35 Gruppen, entsprechend den Kreisen, aus denen sie stammten,
und jeder Kreis hatte eine Stimme. Angenommen war also ein An-
trag, wenn er zumindest 18 Stimmen auf sich vereinigte. Waren
aus einem großstädtischen Kreis 5000 Leute erschienen, und aus
einem entfernten ländlichen nur 200 – so hatten doch die 200 dasselbe Recht wie die 5000; das heißt eine Stimme. Und das war
durchaus keine Ungerechtigkeit, weil ja die 200 gewissermaßen die
Vertreter von 10 000 anderen Bürgern ihres Kreises waren, die nur
aus Zeit- und Geldmangel die weite Reise in die Hauptstadt nicht
hatten machen können. Auf diese Weise war in der allgemeinen
Volksversammlung, die ja die oberste Gewalt in Rom hatte, stets
der Einfluß der Mehrheit der Bevölkerung, der ländlichen Masse,
gesichert.

Die Volks- oder Bauernpartei hatte zwei große Ziele: das eine

war, die unbedingte persönliche Freiheit und Unantastbarkeit
auch des ärmsten Bürgers zu sichern. Eine Reihe von Gesetzen
und die Tätigkeit des »Volksvertreters« wirkte in diesem Sinne.
Das zweite Ziel war: Land. Die landlosen Söhne kleiner Bauern,
arme Pächter usw. sollten ihr eigenes kleines Gut erhalten und
sich so eine behagliche Existenz verschaffen. Die großen Eroberungen Roms inner- und außerhalb Italiens machten es möglich,
diese Forderung der Bauernpartei in weitestem Umfang zu erfüllen. Hand in Hand mit Roms politischen Erfolgen ging eine gewaltige Kolonisation. Hunderte von neuen Gemeinden sind vom
römischen Staat gegründet, Hunderttausende armer Leute zu selbständigen kleinen Besitzern gemacht worden. Es ist klar, daß diese
Forderungen der Bauernschaft auch der ärmeren städtischen Bevölkerung zugute kamen: sowohl der Schutz der persönlichen
Freiheit als auch die Ansiedlung; denn neben den ländlichen sind
doch auch sehr viele städtische Proletarier bei der Kolonisation
berücksichtigt worden.

Diese vorwiegend bäuerliche Demokratie, wie sie in Rom seit
dem Jahre 287 bestand, ist dann aber gerade durch die gewaltigen
außenpolitischen Erfolge des Staates gefährdet und schließlich
zerbrochen worden. Zwei böse Früchte hat das römische Volk dadurch geerntet, daß es alle Länder von Gibraltar bis Jerusalem
seiner Herrschaft unterwarf: den Großkapitalismus und die Militärdiktatur. Der römische Staat zog ungezählte Millionen aus den
abhängigen Ländern: direkte Steuern, Zölle, Lieferungen von Lebensmitteln, Ertrag von Bergwerken, Grundbesitz, Wäldern usw.,
die der römische Staat mit Beschlag belegt hatte. Alle diese Einkünfte trieb der Staat aber nicht direkt durch seine Beamten ein,
sondern er verpachtete sie an große Unternehmer, die daraus Riesengewinne zogen. Die reichen Einkünfte der römischen Staatskasse aus den eroberten Ländern dienten zunächst dazu, die römischen Bürger von Steuern zu entlasten. Und dann nahm Rom gewaltige öffentliche Arbeiten vor: Bau von Straßen, Häfen, Wasser-
leitungen, Tempeln und vieles andere. Auch die Ausführung dieser
Staatsaufträge kam in die Hand des großen Unternehmertums. So
ging die Entwicklung dahin, daß der Reichtum des Staats zu
einem erheblichen Teil in die Hand eines kleinen Kreises von Kapitalisten überging. Wie Rom die erste Militärmacht der Welt geworden war, so wurde es jetzt auch die erste Kapitalmacht. Die
römischen Bankiers gingen nun mit ihrem Geld in alle Länder der

Mittelmeerwelt, machten überall ihre Wuchergeschäfte und sogen, gedeckt von den römischen Statthaltern, die Einwohner bis aufs äußerste aus. Alle anderen Länder verarmten, und die Bankiers Italiens wurden reich.

Diese Anhäufung riesiger Kapitalien in den Händen des römischen Bankierstandes verschob auch das politische Gleichgewicht in Rom vollkommen. Die Kapitalisten, von denen ein großer Teil der Bevölkerung direkt oder indirekt abhängig war, suchten nun auch die entscheidende politische Macht. Durch mehrere Gesetze, die der Volkstribun Gaius Gracchus im Jahre 123 durchbrachte, wurde die oberste politische Gewalt des Kapitalistenstandes, des »Ritterstandes«, wie man in Rom zu sagen pflegte (»Ritter« bedeutete damals »Reiche«), befestigt. Vor allem, weil der römische Staatsgerichtshof in die Hand der Kapitalisten geriet, waren die höheren Staatsbeamten völlig von ihnen abhängig. Vierzig Jahre lang hat die tatsächliche Herrschaft der Großbanken in Rom gedauert; sie hat den Staat moralisch völlig zerrüttet und die unterworfenen Länder ins Elend gestürzt. Erst nach einem blutigen Bürgerkrieg gelang es den verfassungstreuen Bürgern und Bauern, unter Führung des L. Sulla, die Macht der Kapitalistenpartei zu brechen (im Jahre 80).

In derselben Zeit vervielfältigten sich die militärischen Aufgaben, die Rom zu lösen hatte, um in allen drei Weltteilen seine Eroberungen zu behaupten und abzurunden. Die Sicherung des römischen Reiches erforderte die Schaffung einer großen Berufsarmee mit einheitlichem Oberkommando. Es ist klar, daß diese Armee und ihre Führung auch politisch eine Macht darstellte; ja, eine Macht, die größer war als die der Parteipolitiker. Der erste Oberbefehlshaber der neuen Berufsarmee war Gnaeus Pompeius, ein hervorragender General und treuer Republikaner. Sein Gedanke war, daß die alte republikanische Verfassung bestehen bleiben, daß ihr aber der Posten des Oberbefehlshabers eingefügt werden sollte. Der oberste General sollte als »erster Bürger« (lateinisch: princeps) unter den anderen Bürgern stehen.

Aber nicht alle römischen Generale waren so maßvoll wie Pompeius. Als der berühmte Cäsar, der Gallien (Frankreich) für Rom erobert hatte, in einen Streit mit den Zivilgewalten geriet, begann er den Bürgerkrieg, schlug die Republik in Trümmer und richtete die Militärdiktatur auf (48). Aber obwohl Cäsar sich bemühte, den Interessen der ärmeren Bevölkerung gerecht zu werden, konnte er sich doch nicht behaupten. Im Jahre 44 fiel er einer republikanischen Verschwörung zum Opfer. Jahrelange Kämpfe folgten; im wesentlichen zwischen den republikanisch gesinnten Bürgern und Bauern auf der einen Seite und der Armee und den Vertretern der Militärmonarchie auf der anderen Seite. Am Ende kam es zu einem Kompromiß, durchgeführt von Augustus, dem Adoptivsohn und politischen Erben Cäsars. Augustus sah ein, daß es nicht möglich war, in Rom den republikanischen Freiheitssinn ganz zu ersticken. So verließ er die Bahnen Cäsars und schlug wieder den Weg des Pompeius ein: er begnügte sich damit, Führer der Armee und der »erste Bürger« Roms zu sein. Augustus, ein überaus kluger und besonnener Mann, war damit zufrieden, im Rahmen der Republik zu bleiben. Aber seine tatsächliche Stellung im Reich war doch so mächtig, daß die Nachwelt ihn als den ersten der römischen »Kaiser« bezeichnete.

Es ist bemerkenswert, daß die ruhmreiche alte Volkspartei im letzten Jahrhundert der Republik völlig verkommen ist: sie vertrat jetzt nicht mehr die Interessen der armen Bevölkerung, sondern die des Großkapitals und des Militärs. Die politischen Agenten der Banken, wie Gaius Gracchus und Cinna, und ebenso die rücksichtslosesten Vertreter der Militärherrschaft wie Cäsar und Antonius, haben sich als Angehörige der Volkspartei bezeichnet. Im entgegengesetzten Sinne entwickelten sich die Konservativen: sie wollten vor allem den bestehenden Staat erhalten, das heißt die Republik, wie die Väter sie geschaffen hatten. Daher standen sie im Kampf gegen das Großkapital und gegen die Militärmonarchie in erster Reihe. Der Konservative Sulla hat die politische Macht der Banken gebrochen, und Brutus und Cassius, die den Diktator Cäsar niederstachen, gehörten derselben Partei an. Es ist klar, daß die Konservativen bei ihrem Kampf für die Republik auch in steigendem Maße die Unterstützung der ärmeren Bevölkerung, besonders auf dem Lande, fanden.

Im allgemeinen muß man jedoch sagen, daß alle politischen Gruppen sich in jener Zeit bemühten, durch soziale Reformgesetze die breiten Massen sich günstig zu stimmen: der hauptstädtischen armen Bevölkerung wurde das Brot immer mehr verbilligt, bis sie es schließlich vom Staate ganz umsonst erhielt, und die Kolonisation, die Ansiedlung armer Bürger, wurde eifrig fortgesetzt. Dagegen scheiterte eine revolutionäre Erhebung im Jahre 63, deren Führer Catilina war. Ihr nächstes Ziel war die Befreiung der

kleinen Bauern von den Hypothekenschulden. Wäre der Aufstand
geglückt, so hätte er eine völlige Umgestaltung des römischen
Staats und die uneingeschränkte Herrschaft der armen Bevölkerung gebracht. Catilina unterlag den vereinten kapitalistischen und
konservativen Interessen; sein Andenken ist von seinen politischen
und Klassengegnern schmählich beschmutzt worden. Aber er
bleibt doch der ernsthafteste Vertreter der sozialen Revolution in
der römischen Geschichte. Ebenso erfolglos wie die Erhebung der
armen Bauern unter Führung Catilinas blieb der Aufstand der un-
freien Landarbeiter unter Spartacus im Jahre 73. Die letztere Bewegung war schon deshalb aussichtslos, weil die Sklaven, teils
nordische Barbaren, teils Orientalen, der großen Masse der Bevölkerung Italiens fremd gegenüberstanden. Ein Zusammengehen in
großem Stil zwischen den armen Freien und den Sklaven war
schon durch den Sprach- und Kulturunterschied unmöglich.

Die demokratischen Gemeinden und die kapitalistische Reichsregierung in der römischen Kaiserzeit

Die sogenannten römischen Kaiser sind in den ersten beiden
Jahrhunderten nach Christus von Rechts wegen gar keine Monarchen gewesen, sondern Präsidenten der Republik auf Lebenszeit.
Das Römische Reich umfaßte damals den größten Teil von Europa, Nordafrika und das westliche Asien. Die Ausbreitung und Unterdrückung der Reichsbewohner, wie sie unter der späteren römischen Republik an der Tagesordnung gewesen war, hörte auf. Die
Steuern, welche die Bevölkerung zu tragen hatte, waren sehr mäßig. In der ganzen Kulturwelt herrschte Frieden, so daß Bildung
und Wohlstand überall zunahmen. Die römische Kaiserzeit hatte
Verwaltungsgrundsätze, die so großzügig waren, wie wir es später
in der Geschichte kaum wieder finden. Das ganze Reich war aufgebaut auf der vollen Selbstverwaltung der Gemeinden: das Rie-
sengebiet von Schottland bis Palästina zerfiel in einige Tausend
Selbstverwaltungsbezirke. Das war in der Regel eine Stadt mit
einer Anzahl umliegender Dörfer. Diese Städte hatten ihre eigenen
Finanzen, ihre eigene Polizei, ihre eigenen Gerichte, und die
Reichsregierung ließ sie, soweit es nur irgend ging, in Ruhe. Das
Militär lag an den Grenzen, um die wilden Stämme, die draußen
wohnten, abzuwehren. Nur die Garde stand in der Hauptstadt
Rom. Sonst bekam man in den zivilisierten Provinzen des Reichs

überhaupt keinen Soldaten zu sehen: es gab dort auch keinen kaiserlich römischen Schutzmann, keinen kaiserlichen Gendarmen, keinen Landrat und Landgerichtsrat. In normalen Zeiten merkte man von der Reichsregierung überhaupt nichts, sondern die Gemeinden machten alles selbst. Nur Todesurteile durften die örtlichen Gerichte nicht aussprechen. In Frankreich war z. B. die Reichsregierung nur durch drei Statthalter vertreten. Einer von ihnen saß in Lyon und regierte das halbe Frankreich. Er hatte in Lyon sein Schloß und seine Büros. Aber er hatte unter sich nicht etwa ein Netz von Unterbeamten, das sich über das ganze Land erstreckte, sondern unter ihm kamen gleich die Gemeinden. Auch wenn ein Statthalter den besten Willen gehabt hätte, die Gemeinden dauernd zu stören, wäre es ihm nicht gelungen, weil er gar nicht die Organe dazu hatte, und weil das Gebiet viel zu groß war, das unter ihm stand. Überdies hatte fast jede römische Provinz ihren Landtag, der sich aus Vertretern der einzelnen Gemeinden zusammensetzte. Der Landtag stand dem Statthalter zur Seite und konnte sich über ihn bei der Reichsregierung beschweren, wenn er dazu Anlaß gab.

Die ganze politische Leidenschaft der Massen, vor allem in Italien, aber auch in den anderen zivilisierten Ländern des Reichs, verlegte sich in der Kaiserzeit in die Kommunen. Die Bürgerversammlung wählte alljährlich nach gleichem Stimmrecht zwei Bürgermeister, die zugleich auch Recht sprachen, und zwei Polizeidirektoren. Wenn dann ihr Amtsjahr abgelaufen war, traten die vier in den Stadtrat ein. Die Wahlkämpfe in den Gemeinden waren alle Jahre überaus lebhaft. Die laufenden Stadtgeschäfte erledigten die Bürgermeister zusammen mit dem Stadtrat; die wichtigsten Dinge kamen vor die Bürgerversammlung.

Man sieht, daß diese Städteverfassung der ärmeren Bevölkerung einen starken Einfluß einräumte. Zwar waren die städtischen Ämter alle unbesoldet und dadurch in der Hand der Besitzenden; aber die Ärmeren, Handwerker, Bauern, Arbeiter überwogen in der Bürgerversammlung und stellten alljährlich durch ihre Wahl die Männer an die Spitze der Gemeinde, zu denen sie Vertrauen hatten. So sehen wir denn auch in der Gemeindepolitik eine lebhafte Sorge um die Interessen der Ärmeren. Die Stadt baute Theater, Zirkusse, Badeanstalten, Sport- und Spielplätze zur unentgeltlichen Benutzung für jedermann, und sorgte auch für billige Lebensmittel. Vor allem fühlten sich aber die reichen Bürger verpflichtet, ihr

Vermögen in den Dienst der Allgemeinheit zu stellen, um so Ansehen bei den Ärmeren zu gewinnen. Sie veranstalteten Speisungen für ihre Mitbürger, richteten gute Schulen ein, deckten die Unkosten für Volksfeste und bezahlten sogar öffentliche Bauten. Hätten aber die Armen nicht die Ämter und Ehren in der Stadt zu vergeben gehabt, so würden sich die Reichen nicht so eifrig um ihr Wohlwollen bemüht haben.

Während also die Verwaltung der Gemeinden auf demokratischer Grundlage ruhte, war die Reichsverwaltung ganz anders geartet. Die ärmere Bevölkerung verlor schon zu Anfang der Kaiserzeit jeden wirklichen Einfluß auf die Regierung des Reichs. Der Kaiser regierte vielmehr zusammen mit dem Senat, der jetzt eine Art von Oberhaus wurde, in dem von Rechts wegen nur Millionäre Aufnahme fanden. Auch sonst wurden zu den höheren Reichsämtern nur die Angehörigen wohlhabender Familien zugelassen. Die reichen Römer, die Großgrundbesitzer, Rentiers, Bankiers usw., wurden zu einer Sonderklasse, den sogenannten »Rittern« zusammengeschlossen. Und nur die »Ritter« waren fähig, an der Reichsregierung teilzunehmen. Über den »Rittern« stand dann eine noch höhere Klasse: die adligen Millionäre, die dem Oberhaus angehörten, der sogenannte »Senatorenstand«. Das Römische Reich als Ganzes war also seit Augustus ein kapitalistischer Klassenstaat krassester Form. Aber in der Praxis war der Druck auf die ärmere Bevölkerung nur gering, weil der Klassenstaat ja bloß den Rahmen für Tausende freier Stadtgemeinden darstellte. Nur einer einzigen Stadt des Reiches fehlte die Selbstverwaltung; das war gerade die Hauptstadt Rom, weil der Kaiser und die herrschenden Klassen vor den 800 000 Großstädtern – auf diese Zahl war allmählich die Bevölkerung der Hauptstadt angewachsen – Angst hatten. Eine demokratische Stadtverwaltung in Rom, gestützt auf die Urversammlungen der Bürger, hätte für die kapitalistische Reichsregierung eine Gefahr bedeutet. Deshalb wurde die Stadt Rom von einem kaiserlichen Polizeipräsidenten regiert und stark mit Militär und Polizei belegt. Zum Ausgleich dafür hat aber die kluge Reichsregierung alles aufgeboten, um wenigstens die materielle Lage der Hauptstädter so günstig zu gestalten wie nur möglich. Das Reich lieferte der breiten Masse ihr Brot ganz umsonst, und großartige Volksfeste und Theateraufführungen wurden oft und unentgeltlich veranstaltet.

Eine große Leistung der Reichsregierung war es, daß sie alles vermied, was an eine Militärdiktatur erinnern konnte. Dadurch daß man die Armee an die fernen Grenzen des Reichs verlegte – abgesehen von den 10 000 Gardisten der Hauptstadt – sie unter straffer Disziplin hielt und sie nicht stärker machte, als es unbedingt nötig war, wurde die Militärherrschaft vermieden. Die General- und Statthalterposten wurden mit Mitgliedern des Oberhauses und nicht mit Berufsoffizieren besetzt, so daß die zivile Reichsregierung stets die oberste Gewalt behielt.

Im Laufe der Entwicklung hatte aber doch die Klassenscheidung, wie sie in der Reichsregierung zutage trat, ihre bedenklichen Folgen. So ging die Gleichheit aller Bürger vor dem Gesetz verloren: es wurde üblich, daß für dasselbe Verbrechen ein Angehöriger der reichen, herrschenden Klasse nur in eine andere Provinz verschickt wurde, der Arme aber ins Zuchthaus wanderte. Gegen Ende des 2. Jahrhunderts war man so weit, daß Angehörige der armen Klasse unter besonderen Umständen gefoltert werden durften, die Reichen aber nicht! So schwand die persönliche Unantastbarkeit des Staatsbürgers und die Gleichheit aller vor dem Gesetz allmählich unter dem Einfluß der Klassenherrschaft im Reich dahin. In derselben Zeit glich sich der Gegensatz zwischen den herrschenden Römern und den beherrschten anderen Völkern des Reichs aus: es gab jetzt überall nur noch Reiche und Arme.

Die Erneuerung der Leibeigenschaft und der Zusammenbruch des Römischen Reichs

In den Ländern des Römischen Reichs lebte die überwiegende Mehrheit der Bevölkerung von der Landwirtschaft. Die Verhältnisse auf dem Lande mußten also für die Beziehungen der Klassen zueinander entscheidend sein. Es ist schon oben betont worden daß im Laufe der Kaiserzeit der ländliche Großbetrieb mit Sklavenarbeit verschwindet; aus dem einfachen Grunde, weil die vorhandene Sklavenbevölkerung ausstarb – die direkte Volksvermehrung ist bei Sklaven immer nur gering – und die Zufuhren neuer Sklaven aufhörten. Die großen Güter in Italien und Sizilien, die früher von Sklaven bearbeitet worden waren, wurden nun von den Besitzern an freie Pächter verteilt. Schon abgesehen davon hatte es in Italien stets eine erhebliche Anzahl von Pächtern gegeben, und überdies können wir beobachten, wie in der letzten Zeit der Republik und in der Kaiserzeit immer mehr selbständige Bauern zu Pächtern werden. Die Bürgerkriege der späten Republik trafen den italienischen Bauernstand schwer: der Landwirt konnte vielfach sein Feld nicht bestellen oder seine Waren nicht auf den Markt bringen; infolgedessen auch seine Hypothekenzinsen nicht bezahlen. Der Versuch Catilinas, die Bauern von ihren Schulden zu befreien, scheiterte ja, und so blieb Tausenden und aber Tausenden von Bauern, die sich selbständig nicht halten konnten, nichts anderes übrig, als sich wirtschaftlich unter den Schutz eines Stärkeren zu stellen, also Pächter zu werden. Im ersten Jahrhundert der Kaiserzeit herrschte zwar Friede, aber der Bauer konnte sich doch nicht erholen, weil er zu wenig verdiente, um seine Schulden abzahlen zu können, und so der Gefahr zu entgehen, daß in einem schlechten Jahr der Gläubiger ihn von Haus und Hof jagte. So kam es, daß die Zahl der Pächter immer mehr zunahm. Erst um das Jahr 100 raffte sich die Reichsregierung zu einem Rettungsversuch für die Bauern Italiens auf, indem nun das Reich den kleinen Landwirten Hypothekengeld zu den günstigsten Bedingungen zur Verfügung stellte. Aber damals war es schon zu spät: der Sieg des Großgrundbesitzes und des Pachtbetriebes über den selbständigen kleinen Besitzer war schon entschieden.

An sich war ja der Pächter genauso ein freier Staatsbürger wie der selbständige Bauer, und in der Gemeinde, der er angehörte, hatte der Pächter ebensoviel zu sagen, wie der Grundherr. Aber allmählich änderte sich dies. Denn die Großgrundbesitzer gehörten ja den herrschenden Klassen an, die das Reich regierten, und die Pächter zählten zur Klasse der Armen, die man in der späteren Kaiserzeit als eine minderwertige Menschensorte ansah. So ist es begreiflich, daß die Grundherren das Ziel hatten, ihre politische Macht auch auf wirtschaftlichem Gebiet auszunutzen und ihre Pächter herabzudrücken und auszubeuten, so arg wie nur möglich. In den Ländern des Reichs außerhalb von Italien sah es nicht viel anders aus. Im Orient und in Frankreich hatte der Großgrundbesitz schon vorher geherrscht, ehe die Römer dorthin gekommen waren und nach Nordafrika und Spanien kam diese Wirtschaftsform zusammen mit der römischen Eroberung und Kolonisation.

Um das Jahr 300 ging im Römischen Reich eine große Wandlung vor sich: der Kaiser gewann, gestützt auf das Heer, unumschränkte Gewalt. Nun wurde die alte Selbstverwaltung der Gemeinden beseitigt und durch ein bürokratisches System ersetzt; die Armee wurde riesig vermehrt und der Bevölkerung eine gewaltige

Steuerlast auferlegt. Der Reichsadel, die Großgrundbesitzer und Millionäre, verloren bei dieser Umwälzung scheinbar ihre politische Macht; denn bisher hatte ja der Kaiser seine Gewalt mit dem Senat teilen müssen, in dem jene Herren saßen. Der Einfluß des Senats fiel weg; aber die von jetzt ab regierenden kaiserlichen Beamten verstanden sich doch in der Praxis mit den Großgrundbesitzern sehr gut, und alle maßgebenden Gewalten: Kaiser und Offiziere, Beamte und Gutsbesitzer, vereinigten sich, um die ärmere Bevölkerung niederzuhalten und auszubeuten. Auch das Christentum, das in seinen Anfängen einen revolutionären Charakter getragen hatte, trat diesem Treiben nicht mehr entgegen. Denn es war inzwischen Staatsreligion geworden; die Kaiser selbst nannten sich Christen, und wenn auch einzelne Geistliche tapfer für die arme Bevölkerung eintraten, hielt die große Mehrheit der Priesterschaft zu den Unterdrückern. Im vierten Jahrhundert setzten die Gutsbesitzer es durch, daß die Pächter ihr Grundstück nicht verlassen durften, und wenn man gegen sie Fluchtverdacht hegte, durfte man sie in Fesseln legen! Aus dem freien, römischen Bürger war also ein hilf- und rechtloser Leibeigener geworden. Die städtischen Handwerker und Arbeiter standen unter einem ebenso harten Polizeidruck.

Es ist seltsam, daß die Massen sich gegen dieses schändliche System nicht mit Gewalt auflehnten. Aber es kam eigentlich nur in Frankreich zu Bauernaufständen, die ohne viel Mühe unterdrückt wurden. Es rächte sich jetzt, daß die Massen – auch in Italien – es sich seit Beginn der Kaiserzeit abgewöhnt hatten, die Reichspolitik zu beachten. Die Interessen des einzelnen beschränkten sich auf seine Gemeinde. Den Massen fehlte jeder Zusammenhalt, jeder einheitliche Gedanke des Klassenkampfes. So waren sie nicht imstande, in offenem Kampf sich zu befreien. Aber der passive Widerstand der breiten Masse und die unbedingt staatsfeindliche Gesinnung, die sie erfüllte, hat am Ende doch das römische Riesenreich untergraben. Die Kaiser wagten es bald nicht mehr, ihren lieben Landeskindern die Waffen in die Hand zu geben, deshalb wurde die römische Armee meistens aus halbwilden ausländischen Söldnern, besonders aus Germanen (Deutschen) zusammengesetzt. Allmählich sahen aber die Obersten und Generale der Söldnertruppen ein, daß die erhabenen Kaiser, Minister und Geheimräte nur dank ihrer Säbel regierten. Als sie diese Erkenntnis gewonnen hatten, zogen sie auch die Schlußfolgerungen daraus. Im Jah-

re 486 hat in Italien ein General deutscher Abkunft, Odovacar, gestützt auf seine Soldaten, den Kaiser Romulus einfach pensioniert
und selbst die Regierung des Landes übernommen. Ähnlich ver-
fuhren andere Generale in Frankreich, Spanien und Nordafrika.
Als aber so das Römische Reich und die Kaiserherrlichkeit in
Trümmer gingen, da rührten die Untertanen nicht einen Finger
für das alte System: im Gegenteil, sie hatten zu den fremden Soldaten viel mehr Vertrauen, als zu der alten Bürokratie und Klassenjustiz. Die Militärherrschaft der ausländischen Söldner bildet
dann in den Ländern Westeuropas den Übergang zu neuen Formen des politischen und wirtschaftlichen Lebens, deren Betrachtung aber außerhalb des Rahmens dieser Darstellung liegt. Wie im
Westen des Römischen Reiches, so ging es auch im Osten. Als
dort die mohammedanischen Araber in das Reich einbrachen,
nahmen die Einwohner die fremden Eroberer gern auf, um die römische Mißwirtschaft loszuwerden. Die Großgrundbesitzer und
Millionäre, die Bürokraten und Bischöfe sind also im späteren Römischen Reich imstande gewesen, ihre Klassenherrschaft rücksichtslos der armen Bevölkerung aufzuzwingen. Nebenbei bemerkt,
fällt diese brutalste Unterdrückung der ärmeren Klasse, von der
die Geschichte des Altertums zu berichten hat, in eine Zeit, in der
die Sklaverei fast gar nichts mehr zu bedeuten hatte. Man sieht
daraus wieder einmal, wie wenig der Gegensatz Freier–Sklave die
Klassenkämpfe des Altertums beherrscht. Aber dieses Unter-
drückungssystem im späten Römischen Reich hat die Kraft des
Riesenstaats gebrochen: die herrschende Klasse ist zwar nicht von
innen heraus, aber doch unter Mithilfe der Beherrschten von
außen her gestürzt worden.

2. Aristoteles über Diktatur und Demokratie

Das III. Buch der aristotelischen Politik enthält einige der tiefsten und scharfsinnigsten Betrachtungen, die in der ganzen antiken und modernen Staatslehre zu finden sind. Aber gerade dieses III. Buch hatte bei der modernen Aristoteles-Forschung nicht viel Glück. Es ist in unmögliche Zusammenhänge hineingezogen worden, und so wurde ein einwandfreies Verständnis des III. Buches verhindert.

Nach seinem Ausscheiden aus der platonischen Akademie hat Aristoteles in den Jahren 347–43 zuerst eine selbständige Lehrtätigkeit in Assos und in Mytilene ausgeübt. Zu den Vorlesungen, die er da plante, gehörte auch ein ganz breit angelegtes Kolleg über den Idealstaat. Das Ziel, das Aristoteles sich in diesen Jahren steckte, war eine Reform des Platonismus, aber durchaus noch nach den platonischen Prinzipien. Gegen die Einzelheiten des platonischen Staates hatte Aristoteles die schwersten Bedenken. Aber mit der Akademie hielt er daran fest, daß alle bestehenden Staaten verderbt und unbrauchbar wären, und daß der weise Mann den unzulänglichen Staaten der Gegenwart den Idealstaat der Zukunft entgegenstellen müsse.

Dieser Idealstaat soll der Ausdruck des göttlichen Geistes und der höchsten Sittlichkeit sein. Der sittlich vollendete Mann und der ideale Staatsbürger sind ein und dasselbe, d. h. die vollkommene Arete des Mannes und die Arete des Bürgers im Idealstaat ist identisch. Diese sittliche Höhe des einzelnen, die der Idealstaat zu seiner Existenz braucht, ist aber nur durch eine richtige Erziehung zu erreichen. Deshalb muß der Philosoph, der den Idealstaat aufbauen will, sich zunächst mit der ideellen Erziehung beschäftigen.

In diesem Sinn begann Aristoteles die Ausarbeitung seines Kollegs. Er schrieb zunächst eine kurze Einleitung über den Begriff und die äußeren Voraussetzungen des Idealstaats, und dann wandte er sich sehr eingehend der Erziehung zu, wie sie im Idealstaat sein müsse. Dieses Kolleg der Urpolitik war von Aristoteles ganz breit angelegt. Wäre es fertiggestellt worden, dann hätte es mindestens den Umfang der ganzen uns erhaltenen aristotelischen Politik mit ihren acht Büchern gehabt. Aber Aristoteles brach die Ausarbeitung des Kollegs schon mitten im ersten Teil, in der Darstellung der ideellen Erziehung, ab. Offenbar kamen ihm bei seiner Arbeit immer stärkere Bedenken, ob sein Ziel, die Konstruktion

des religiös-sittlichen Idealstaates, überhaupt eine Aufgabe der
Wissenschaft sei. Schließlich wurden seine inneren Hemmungen so
schwer, daß Aristoteles mit der Niederschrift dieses Kolleghefts
aufhörte.

Er nahm dieses Fragment später nach Athen mit, als er dort im
Jahre 335 seine freie Universität gründete, und es ist unter den anderen Papieren des Aristoteles auf uns gekommen. Es handelt sich
um die Bücher VII und VIII der Politik in der überlieferten Buch-
zählung. Ferner gehörte zu der Urpolitik noch ein kritisches Vorwort. Darin setzte sich Aristoteles mit den älteren Entwürfen des
Idealstaats, vor allem mit dem platonischen Staat, auseinander.
Sodann kritisierte er solche existierenden Staaten, die von anderen
Theoretikern als Musterstaaten bezeichnet worden waren, wie
z. B. Sparta. Dieses Vorwort der Urpolitik bildete die Grundlage
für das uns erhaltene Buch II.

In seiner Meisterzeit in Athen (335–323) hat dann Aristoteles
ein ganz neues Kolleg über die Staatslehre begonnen und diesmal
vollendet. Es sind dies die Bücher I, III–VI unserer erhaltenen Politik. Das Vorwort der Urpolitik, das ja auch für sein neues Kolleg
paßte, hat Aristoteles überarbeitet und in den neuen Rahmen eingefügt. Jetzt enthält Buch I die Grundbegriffe der Volkswirtschaft
als Basis einer jeden wissenschaftlichen Staatslehre, Buch II die
Kritik an den verschiedenen Musterstaaten, Buch III–VI die
Staatslehre im engeren Sinn. Das Fragment über den Idealstaat –
unser Buch VII und VIII – hat mit dem neuen Kolleg nichts zu
tun. Erst die viel späteren Redaktoren, von denen die aristotelischen Kolleghefte als Bücher herausgegeben wurden, haben die
beiden Niederschriften über Politik zu einer mechanischen Einheit
zusammengefügt.

Werner Jaeger hat in seiner Analyse der Entwicklung des Aristoteles die beiden Schichten der Politik treffend erkannt[1]. Aber er
rechnet zur Urpolitik die Bücher II, III, VII und VIII und zu dem
jüngeren Kolleg nur I und IV–VI. Hans von Arnim hat in seiner
Polemik gegen Jaeger mit Recht betont, daß Buch III mit VII und
VIII nichts zu tun hat. Aber er kam dann zu einer ganz wunderli-

---

[1] W. Jaeger, Aristoteles. Grundlegung einer Geschichte seiner Entwicklung,
Berlin 1923. Über die Urpolitik: S. 271 ff. – H. v. Arnim, Zur Entstehungsge-
schichte der aristotelischen Politik, in: Sitzungsberichte der Akademie der
Wissenschaften in Wien. Phil.-hist. Klasse, Bd. 200. 1924.

chen Auffassung von der Gesamtentwicklung der aristotelischen Staatslehre. Danach soll Buch III, und überhaupt der mittlere Teil der aristotelischen Politik, einer früheren platonisierenden Periode angehören, in der dem Aristoteles eine reine Aristokratie als Idealstaat vorschwebte. Erst im Alter habe Aristoteles eine andere Form des Idealstaats erdacht, die nicht mehr eine reine Aristokratie, sondern eine Mischung von Aristokratie und Demokratie sein sollte. Dieser letzte staatsphilosophische Versuch des Aristoteles liege in dem Fragment Buch VII und VIII vor. Jaeger hat die große Entwicklung des Aristoteles richtig erfaßt, aber Buch III falsch eingeordnet. Arnim hat in wichtigen Einzelfragen gegen Jaeger recht, aber er stellt die politische Entwicklung des Aristoteles auf den Kopf.

In Wirklichkeit unterscheidet sich der Aristoteles in Athen von dem früheren Aristoteles in Assos und Mytilene dadurch, daß er jetzt die Konstruktion des Idealstaates gar nicht mehr als Aufgabe der Staatswissenschaft ansieht. Sondern er beschränkt sich auf die kritische Erklärung des real existierenden Staats. Die Bewertung der einzelnen, von den Menschen geschaffenen, Staatsformen richtet sich nicht mehr nach der göttlichen Idealität, sondern nach der menschlichen Zweckmäßigkeit. Es liegt ein tiefer Sinn darin, daß die Staatslehre des jüngeren platonisierenden Aristoteles mit der Theorie von der Erziehung beginnt, und die Staatslehre des alten Aristoteles mit der Theorie vom Geld.

Aristoteles beschäftigt sich am Anfang des III. Buches mit dem Begriff des Staatsbürgers, der in den einzelnen Staatsformen ein ganz verschiedener sei. Anschließend daran, im Kapitel 4, wirft er die Frage auf, ob die Arete des vollkommenen Mannes und die Arete des vollkommenen Bürgers dieselbe sei oder nicht. Dieses 4. Kapitel des III. Buches ist von entscheidender Bedeutung. Denn Aristoteles verneint hier, in einer ebenso mühsamen wie glänzenden Gedankenfolge, die Identität der beiden Tugenden, und damit wirft er in bewußter Polemik die theoretische Basis seiner eigenen Urpolitik, also der erhaltenen Bücher VII und VIII, um.

Um die Frage zu beantworten, untersucht Aristoteles zunächst, was die Arete des Bürgers ist[2]. Er vergleicht die Bürger eines Staats mit der Besatzung eines Schiffs, das zu einem bestimmten Ziel fährt. Jedermann auf dem Schiff hat seine besondere Aufgabe,

---

[2] 1276 b, 16 ff.

als Ruderer, Steuermann oder dergleichen. Er muß also zunächst die spezielle Arete haben, die sich auf seine Einzelarbeit bezieht, d. h. die Fähigkeit des guten Steuermanns, des guten Ruderers usw. Aber neben seiner Einzelaufgabe hat jeder Mann auf dem Schiff noch Anteil an der gemeinsamen allgemeinen Aufgabe, nämlich dafür zu sorgen, daß das Schiff richtig und im guten Zustand das Ziel erreicht.

Das ist die gemeinsame höhere Arete, die für die Schiffahrt notwendig ist. Ein Steuermann könnte ein ausgezeichneter Fachmann sein, also seine spezielle Berufs-Arete vollkommen besitzen. Aber zugleich könnte er durch Eigensinn und Quertreiberei die Schiffahrt gefährden. Dann würde ihm die zweite, die höhere Arete fehlen, die alle Seeleute an Bord haben müssen, damit das Schiff richtig ankommt.

Ebenso hat der einzelne Staatsbürger zunächst seine spezielle Arete, also im Privatberuf die Fähigkeit als Landwirt oder Kaufmann, oder in öffentlicher Tätigkeit als Soldat oder Finanzbeamter. Dann braucht aber der Staatsbürger noch die zweite höhere, allen gemeinsame Arete, das ist die Bürgertugend. Ihr Zweck ist, daß der betreffende Staat seinen Kurs behält und nicht untergeht.

Der Kurs eines jeden Staates ist aber verschieden, gemäß seiner Verfassung. Der oligarchische Kurs ist ebenso verschieden von dem demokratischen Kurs, wie der Kurs eines Schiffes von Athen nach Samos ein anderer ist als der Kurs von Athen nach Rhodos. Es gibt demnach ebenso viele verschiedene Kurse des Staats, wie es Verfassungen gibt, und zu jeder Verfassung gehört eine andere Bürgertugend.

Da es mehrere Verfassungstypen gibt, kann offenkundig eine einzelne vollkommene Arete des tüchtigen Bürgers nicht existieren. Dagegen ist man sich darüber einig, daß der »gute Mann« nur nach einer einzigen vollkommenen Arete bewertet wird[3]. Es gibt also viele Sorten von Bürgertugend, aber nur eine einzige Sor-

---

[3] 1276 b, 31: εἴπερ οὖν ἔστι πλείω πολιτείας εἴδη, δῆλου ὡς οὐκ ἐνδέχεται τοῦ σπονδαίου πολίτου μίαν ἀρετὴν εἶναι τὴν τελείαν· τὸν δ᾽ ἀγαθὸν ἄνδρα φαμὲν κατὰ μίαν ἀρετὴν εἶναι τὴν τελείαν.
Gibt es nämlich verschiedene Arten von Verfassung, so ist klar, daß die Tugend des tüchtigen Bürgers unmöglich eine und dieselbe schlechthin vollkommene sein kann, während wir doch den guten Mann eben danach bestimmen, wieweit er diese eine vollkommene Tugend besitzt.

te der allgemein menschlichen Tugend. Also sind die Arete des
Bürgers und die des Menschen schlechtweg nicht identisch. Daraus
folgt dann weiter, was Aristoteles hier nicht sagt, was aber seine
Hörer sich sagen mußten, sofern sie den Entwicklungsgang des
Meisters kannten: Selbst gesetzt den Fall, es gäbe die richtige Erziehung zum vollkommenen Menschen, so nützt sie für den Staat
und den Staatsbürger gar nichts. Also waren die ganzen Bemühun-
gen zwecklos, die Aristoteles seinerzeit anstellte, als er das Kolleg
seiner Urpolitik auf der Erziehungstheorie aufbaute.

Der Aristoteles, der das 4. Kapitel des III. Buches niederschrieb,
kennt keinen Idealstaat mehr, sondern er beobachtet empirisch die
einzelnen Verfassungstypen, von denen jeder in seiner Art seine
Berechtigung hat. Die staatsbürgerliche Erziehung hat jetzt, für
den alten Aristoteles, einen ganz anderen Sinn. Er sagt, daß keine
Verfassungsform bestehen kann, wenn nicht die Jugend in ihrem
Geiste erzogen wird: Die Demokratie muß untergehen, wenn sie
zuläßt, daß die Jugend nicht im demokratischen Geist erzogen
wird, und ebenso entsprechend die Oligarchie[4]. Hier ist also die
eine absolut richtige Erziehung zur sittlichen und damit staatsbür-
gerlichen Vollkommenheit, aufgelöst in die verschiedenen staats-
bürgerlichen Erziehungsformen, wie sie den einzelnen real existierenden Staatsformen entsprechen.

Sachlich ist die Feststellung des Aristoteles unbedingt richtig,
daß zu einer anderen Staatsform auch eine andere Bürgertugend
gehört. Es war in Sparta ein Teil der Bürgertugend, die handarbeitende Bevölkerung durch militärische Gewalttätigkeit einzu-
schüchtern. Wer das in Athen versucht hätte, der hätte den Gift-
becher bekommen. Oder ein Beispiel aus unserer Zeit: ein demokratischer Individualist wäre ein guter Schweizer Bürger, aber ein
sehr schlechter Sowjetbürger.

Nachdem Aristoteles im 4. Kapitel des III. Buches bewiesen
hatte, daß die Arete des vollkommenen Mannes und des vollkommenen Bürgers nicht identisch sein kann, folgt ein neuer Gedanke[5]: vielleicht findet sich die Arete des »guten Mannes« doch im
Staatsleben wieder, zwar nicht bei der Masse der Staatsbürger,
aber doch bei den regierenden Männern. Die vollendete menschliche Arete ist hier für Aristoteles ungefähr das, was wir einen gro-

---

[4] V 9, 1310 a, 13 ff.
[5] 1277 a, 13 ff.

ßen Charakter nennen. Dieser große Charakter ist eine notwendige Voraussetzung, zwar nicht für den durchschnittlichen republikanischen Magistrat oder für den durchschnittlichen erblichen König, aber doch für den großen Diktator, der durch die Kraft seines Geistes den Staat lenkt.

Was für Männer Aristoteles hier im Auge hat, zeigt er durch ein Beispiel. Er nennt Iason, den berühmten Diktator Thessaliens in der nächst älteren Generation, der die Herrschaft über ganz Griechenland anstrebte. Aristoteles unterstellt es zunächst als richtig, daß der große Regent auch ein »guter Mann«, d. h. ein großer Charakter sein müsse. Dann habe man einen neuen Beweis dafür, daß die vollkommene Arete des Menschen und des Staatsbürgers nicht identisch sei. Denn zum vollendeten Staatsbürger gehört vor allem die Fähigkeit, sich einfügen und einordnen zu können. Er muß den Gesetzen gehorchen und ehrenhaft seinen Privatberuf ausüben. Aber die großen Diktatoren sind gerade solche Männer, die sich nicht einordnen wollen, die sich die gleichmäßige Gesetzlichkeit nicht gefallen lassen, und die für einen ehrlichen Privatberuf nicht zu brauchen sind. Aristoteles zitiert ein Wort des Iason, er müßte betteln gehen, wenn er nicht Diktator wäre, denn er könnte nicht Privatmann sein[6]. Wenn man den »guten Mann« und seine Arete so auffaßt, wie Aristoteles es tut, dann ist freilich die Kluft zwischen dem »guten Mann« und dem »guten Bürger« nicht zu überbrücken.

Da macht sich Aristoteles eine neue Einwendung: Man sage doch allgemein, daß der »gute Mann« – der Mann mit der sittlichen Arete – es ebenso gut verstehen muß zu befehlen wie zu gehorchen. Nur der könne ein richtiger Vorgesetzter sein, der auch vorher als Untergebener seine Pflicht getan habe. Diese Fähigkeit, zugleich richtig gehorchen und befehlen zu können, sei aber auch das Wesen des »guten Bürgers«. Also wären doch der »gute Mann« und der »gute Bürger« identisch, und die ganze Basis, von der Aristoteles im 4. Kapitel des 3. Buches ausging, wäre wieder zusammengebrochen.

---

[6] 1277 a, 25: Ἰάσων ἔφη πεινῆν ὅτε μὴ τυραυνοῖ, ὡς οὐκ ἐπιστάμευος ἰδιώτης εἶναι.
... was Jason zu der Äußerung bewog, er müßte hungern, wenn er nicht Tyrann wäre, indem er damit meinte, er verstehe es nicht, als Privatmann zu leben.

Aber Aristoteles weiß die Einwendung sehr bequem zu erledigen: Es werden hier zwei Arten von Arete durcheinandergeworfen, die man scharf unterscheiden muß. Der »gute Mann« des täglichen Sprachgebrauchs ist ungefähr der Gentleman. Er fällt vielfach zusammen mit dem »guten Bürger«, außer in der radikalen Demokratie. Denn da ist auch der handarbeitende Mensch gleichberechtigt, und der richtige Gentleman soll keine Handarbeit leisten. Was aber Aristoteles hier mit der vollkommenen Arete meint, ist nicht die Charaktereigenschaft des Gentleman, sondern es ist etwas viel Höheres, nämlich der Charakter des großen regierenden Staatsmannes. Der gewöhnliche Gentleman braucht nur die ordentliche, durchschnittliche Intelligenz, aber der große Staatsmann braucht die praktische Genialität[7].

Es ist bemerkenswert, gegen wen sich die Polemik des Aristoteles in der zweiten Hälfte des 4. Kapitels im III. Buch richtet. Er kämpft gegen sich selbst, gegen sein eigenes Kolleg der Urpolitik, gegen sein Buch VII nach der jetzigen Zählung. Im 14. Kapitel des VII. Buches, bevor Aristoteles die Erziehung im Idealstaat schildern will, stellt er die Frage, ob alle Bürger im Idealstaat gleichmäßig zu den Staatsämtern zugelassen werden sollen, oder ob man die regierenden Stellen einem bestimmten Kreis von Bürgern reservieren soll. Müßte dieser Unterschied gemacht werden, so müßte es auch eine doppelte Erziehung geben, eine Erziehung für den künftigen Staatsbeamten, und eine andere für den gewöhnlichen Bürger. Aber eine solche Zweiteilung lehnt Aristoteles unbedingt ab. Die Bürger im Idealstaat sollen schon an sich so gestellt sein, daß sie den gewöhnlichen Broterwerb nicht nötig haben. So ist hier von vornherein eine aristokratische Basis gegeben. Aber darüber hinaus noch die Vollbürger in zwei Gruppen zu zerlegen, in den Beamtenstand und in den gewöhnlichen Stand, wäre ganz verfehlt.

Ja, meint Aristoteles, wenn es von Natur aus Menschen geben würde, die ihre Mitmenschen so überragen, wie man sich die Göt-

---

[7] 1277 b, 26 ff: ἡ δὲ φρόνησις ἄρχουτος ἴδιος ἀρετὴ ... ἀρχομένου δέ γε οὐκ ἔστιν ἀρετὴ φρόνησις, ἀλλὰ δόξα ἀληθής. Zur Geschichte des Begriffs φρόνησις vgl. Jaeger, S. 83.
Die Einsicht ist die einzige Tugend, die dem Regierenden ausschließlich eigentümlich ist ..., dagegen kann sich im Regiertwerden keine besondere Einsicht zeigen, sondern nur eine richtige Meinung.

ter im Verhältnis zu den Sterblichen denkt, dann müßte man die Zweiklassenscheidung einführen. Dann wären die einen von Natur aus die Regenten und die andern die gewöhnlichen Bürger. Über einen solchen Unterschied zwischen den Königen und dem einfachen Volk berichtet zwar ein phantasiebegabter Schriftsteller aus Indien. In der übrigen Welt kann man nichts davon merken[8]. Also sollen auch im Idealstaat alle Vollbürger gleichberechtigt sein und gleichmäßig den Zutritt zu den Staatsstellungen haben. Höchstens kann man dem höheren Lebensalter bei der Besetzung der Staatsämter den Vorzug geben. Jeder soll gleichmäßig befehlen und gehorchen können. Darin zeigt sich die Arete des vollkommenen Mannes, die identisch ist mit der Arete des vollkommenen Bürgers. Also ist auch nur eine einzige Art von Erziehung für alle künftigen Bürger des Idealstaats möglich, nämlich die Erziehung zur sittlichen Vollkommenheit, und diese Erziehung will Aristoteles jetzt schildern.

Die Bücher III und VII der Politik unterscheiden sich durch die ganz verschiedene Wertung des politischen Genies und der vollkommenen Arete. Beides hängt miteinander zusammen. Eine religiöse Sittenlehre ist nur unter der Voraussetzung denkbar, daß, – wenn nicht alle Menschen, – so doch wenigstens ein erheblicher Teil von ihnen dem sittlichen Ideal nahekommen kann. Man kann nicht von den Menschen den sittlichen Lebenswandel verlangen und ihnen zugleich sagen, daß nur alle hundert Jahre einmal ein sittlicher Mensch auftreten wird. Solange Aristoteles den »Gottesstaat« konstruieren wollte, mußte er eine erheblich breite Schicht von Menschen voraussetzen, die wenigstens durch ihr Bestreben würdig sind, Bürger des »Gottesstaates« zu sein.

Die Wirksamkeit der großen praktischen Politiker hat an sich mit religiöser Sittlichkeit nichts zu tun, und nichts hätte den jüngeren religiösen Aristoteles veranlassen können, gerade ihnen im Idealstaat eine Sonderstellung zu gewähren. Aber in der Zeit, die zwischen den Entwürfen von Buch III und Buch VII liegt, hat Aristoteles seine Auffassung von der sogenannten Ethik völlig verändert. Aus der Moraltheologie wurde eine, auf empirischer Beobachtung beruhende, psychologische Charakterlehre. Die vollendete Arete ist jetzt nicht mehr die sittliche Vollkommenheit, sondern der große Charakter. Zu einem solchen gehört aber nach Aristote-

---

[8] VII 14, 1332 b, 17 ff.

les unbedingt auch die große praktische Intelligenz.

Die sogenannte nikomachische Ethik des Aristoteles gehört ungefähr in dieselbe Entwicklungsperiode des Philosophen, wie die empirischen Bücher der Politik. In der nikomachischen Ethik unterscheidet Aristoteles zwei Stufen der menschlichen Intelligenz: Zunächst die angeborene Klugheit und dann die praktische Genialität, wie sie sich in der Politik und im Gelderwerb zeigt. Als ihren Repräsentanten nennt Aristoteles den Perikles. Ebenso gibt es zwei Stufen des wertvollen Charakters; die angeborene Ehrenhaftigkeit, also ungefähr die Eigenschaft des Gentleman, und dann der vollendete große Charakter. Zum großen Charakter gehört unbedingt auch die praktische Genialität[9].

Diese Wertungen der nikomachischen Ethik kehren im wesentlichen im 4. Kapitel des III. Buches der Politik wieder. Aristoteles interessiert sich jetzt nicht mehr für den Idealstaat, und der »gute Mann« ist für ihn nicht mehr der sittlich vollkommene Mensch im religiösen Sinn, sondern es ist die große praktisch schaffende Persönlichkeit. Es besteht jetzt für Aristoteles kein Hindernis mehr, das politische Genie in der Staatslehre anzuerkennen. Freilich entsteht jetzt das neue Problem über das Verhältnis der Masse zu der großen Persönlichkeit. Darüber spricht Aristoteles im 13. Kapitel des III. Buches.

Nach der allgemeinen Untersuchung über den Bürgerbegriff, die in den Kapiteln 1–5 des III. Buches angestellt wird, geht Aristoteles von Kapitel 6 an zu der Kritik der einzelnen Verfassungstypen über. Um überhaupt ein Prinzip der Einteilung zu haben, legt Aristoteles die sechs traditionellen, aus der platonischen Akademie stammenden Verfassungsformen zugrunde, die drei sogenannten richtigen Verfassungen: Monarchie, Aristokratie und Politie, und die drei fehlerhaften: Tyrannis, Oligarchie und Demokratie. Aber diese sechs Typen sind für Aristoteles kein starres Schema, auf das er besonderen Wert legt, sondern sie sollen nur die Diskussionsgrundlagen liefern.

Aristoteles hat sich besonders in seinen späteren Jahren in jeden Begriff geradezu hineingebohrt. Er hat alle Widersprüche aufgedeckt, die in einem Begriff verborgen sind. So kam er zu einer dialektischen Kritik der Begriffe, die manchmal an Hegel erinnert. Aristoteles, ein durchaus undogmatischer und unscholastischer

---

[9] Jaeger, S. 237 ff. – Nikomach. Ethik VI 5, 1140 b, 8. VI 8, VI 13.

Mensch, hat sich nie gescheut, sich selbst zu widersprechen, wenn
er genötigt war, die verschiedenen Seiten eines Begriffs verschieden anzupacken. Wenn sich die Begriffe dann unter seinen Händen auflösten, war er durchaus bereit, vorläufig bei einem skepti-
schen Zweifel stehenzubleiben.

Mit solcher Methode behandelt Aristoteles im III. Buch und in
den folgenden Büchern die politischen Begriffe, zunächst die Verfassungsformen. Aristoteles unterscheidet die Staaten, in denen
das einseitige Klasseninteresse regiert, von den andern, in denen
das allgemeine Interesse maßgebend ist. Der Klassenstaat der Reichen ist die Oligarchie, und der Klassenstaat der Armen ist die
Demokratie. Der Staat, in dem das allgemeine Interesse vorherrscht, ist die Politie. Aber Aristoteles weiß sehr gut, daß eine
Politie nur dort denkbar ist, wo ein starker Mittelstand besteht
und der Gegensatz zwischen arm und reich noch unentwickelt ist.

Der Tyrann ist ein Alleinherrscher, der unter Ausnutzung der
Klassengegensätze und im eigenen Interesse regiert. Der Monarch
ist eine große Persönlichkeit, die im Interesse der Allgemeinheit
den Staat lenkt, und die Aristokratie besteht dann, wenn mehrere
solche Persönlichkeiten gemeinsam den Staat regieren. Es ist klar,
daß diese echte Aristokratie nur eine Fiktion ist. Denn schon ein
einzelner großer politischer Charakter ist selten genug, und daß
eine ganze Gruppe solcher politischer Genies sich zusammenfände,
um gemeinsam einträchtig zu regieren, ist ohne Beispiel in der
Geschichte.

In der empirischen Politik des Aristoteles hat daher die Aristokratie nur dem traditionellen Schema zuliebe einen Platz, aber
nicht weil sie eine Realität besitzt. So erklärt es sich, daß Aristoteles in den Büchern III–IV nur ganz kurz und beiläufig die Aristokratie erwähnt[10]. Damit hat Aristoteles die Leser seiner Politik,
die mit einer vorgefaßten Meinung herankamen, in eine böse
Schwierigkeit versetzt. Man redete sich ein, daß auch der alte Aristoteles die Aristokratie vor allen anderen Verfassungen geliebt
habe. Man erkannte nicht, daß Aristoteles in den Büchern III–IV
unter dem vollendeten »guten Mann« einen Typus wie Iason von
Thessalien oder Napoleon I. versteht. So zog man seit zweitausend
Jahren aus, um die, in der aristotelischen Verfassungslehre fehlen-
de, Aristokratie zu suchen. Man fand sie entweder in den Büchern

---

[10] z. B. III 7, 1279 a, 34, III 13, 1284 a, 4.

VII und VIII, oder man konstruierte eine große Lücke im Text. In Wirklichkeit kommt in den Büchern III–VI die Staatsform, die Aristoteles hier wirklich unter Aristokratie meint, genauso häufig oder selten vor, wie es sachlich nötig ist. Von einer Lücke ist keine Spur vorhanden.

Die bestehenden Staaten, die als reine Aristokratien ausgegeben wurden, hat Aristoteles sämtlich als verkappte Oligarchien, also als Klassenstaaten der Reichen, entlarvt. Gewisse aristokratische Züge sind freilich nach Aristoteles überall dort in den Staaten vorhanden, wo sich ein Bürger nicht nur durch Klassen- und Geldinteressen, sondern auch durch seine Fähigkeiten und seinen Gemeinsinn durchsetzen kann.

In den Kapiteln 6–12 des III. Buchs behandelt Aristoteles die allgemeinen Prinzipien der Oligarchie und der Demokratie gemeinsam. Kapitel 13 bis zum Schluß des Buches sind der Monarchie gewidmet, wobei in kurzen Bemerkungen auch das Notwendige über die Aristokratie gesagt wird. In Buch IV beschäftigt sich Aristoteles mit den einzelnen Unterabteilungen der Oligarchie und Demokratie, und dann wendet er sich den beiden Typen von den sechs zu, die noch übrig sind, nämlich der Politie und der Tyrannis. Schon dieser einfache Blick auf die Disposition zeigt, daß die Bücher III und IV untrennbar zusammengehören, und daß man es nie hätte versuchen sollen, sie auseinanderzureißen.

Die Behandlung der Monarchie durch Aristoteles ist sehr merkwürdig. Er verfährt durchaus empirisch. Er stellt zunächst vier landläufige Typen einer Monarchie fest[11]. Wir würden heute sagen: die absolute Monarchie (Typus Perserreich), die verfassungsmäßige Monarchie (Typus Sparta), das Fürstentum der primitiven Völker und der Urzeit (sogenanntes heroisches Königtum) und schließlich eine Präsidentschaft der Republik auf lange Zeit und mit besonders starken Funktionen (Aisymnetie).

Aber Aristoteles meint, daß alle diese vier Typen des sogenannten Königtums eigentlich keine richtigen Monarchien sind. Denn ein echter Monarch, der wahre »Alleinherrscher«, ist nur der Regent, der ganz unbeschränkt nach seinem freien Willen das Volk führt. Ein solcher echter Monarch ist weder der konstitutionelle König, noch der Stammesfürst der primitiven Menschen, noch gar irgendein Präsident der Republik. Aber nach einer überaus scharf-

---

[11] III 14, 1285 a, 1 ff.

sichtigen Beobachtung des Aristoteles gehört auch der gewöhnliche absolute Herrscher nicht hierher. Ein solcher König des orientalischen Typs hat zwar eine gewaltige äußerliche Stellung: alles wirft sich zu Boden, wenn er auftritt. Aber er ist dennoch völlig an die Tradition und Sitte seines Volks gebunden, und es kostet ihn den Thron, wenn er mit der Überlieferung brutal brechen wollte. Weder der Perserkönig, noch der Kaiser von China, noch der russische Zar, ist ein wirklicher »Selbstherrscher« gewesen.

Aristoteles beantwortet die Frage nicht, wohin denn eigentlich diese unechten Monarchien gehören. Man könnte sagen, daß es sich hier vielfach um verkappte Oligarchien handelt, wie beim Perserreich und Sparta oder beim Rußland des Zaren oder bei der englischen Monarchie des Mittelalters. Die Gemeinwesen der primitiven Völker könnte man trotz ihrer Fürsten zur Politie rechnen.

Es bleibt also bei Aristoteles als echte Monarchie nur die Staatsform übrig, die man heute Diktatur nennt: die Alleinherrschaft einer großen Persönlichkeit über den Staat. Mit dieser Staatsform beschäftigt sich Aristoteles im 13. Kapitel des III. Buches. Wieder polemisiert er ganz bewußt gegen sein VII. Buch. Dort hatte er die Idee als abenteuerlich abgewiesen, daß es Menschen gäbe, die unter ihren Mitmenschen so hervorragen wie Götter und Heroen, und denen deshalb von selbst die Macht im Staate zukomme.

Aber jetzt redet Aristoteles selbst von den Männern, die wie ein »Gott unter den Menschen« stehen. Eine solche Persönlichkeit müsse den Rahmen der Gesetze und der Verfassungen sprengen, denn »es ist klar, daß die Gesetzgebung nur für Menschen gelten kann, die an Art und Kraft ungefähr gleich sind. Aber für solche Männer (die großen diktatorischen Charaktere) gibt es kein Gesetz. Sie selbst sind Gesetz«[12].

Als Aristoteles diese Sätze niederschrieb, hatte er von Gesetz und Recht eine durchaus relative Auffassung. Das Recht ist nicht

---

[12] III 13, 1284 a, 12: ὅθεν δῆλον ὅτι καὶ τὴν νομοθεσίαν ἀναγκαῖον εἶναι περὶ τοὺς ἴσους καὶ τῷ γένει καὶ τῇ δυνάμει, κατὰ δὲ τῶν τοιούτων οὐκ ἔστι νόμος. αὐτοὶ γάρ εἰσι νόμος.
Und hieraus ist denn klar, daß die Gesetzgebung sich nur auf Leute beziehen kann, die gleich sind nach Herkunft und Vermögen, und daß es für jene Leute kein Gesetz gibt, denn sie sind selber Gesetz.

der Ausdruck einer absoluten unveränderlichen Sittlichkeit, sondern das Resultat eines Gleichgewichtszustandes. Die Gesetze gelten, solange dieses Gleichgewicht besteht. Sie zerbrechen, sobald das Gleichgewicht gestört ist. Das ist ein Gedanke des Aristoteles, der an sophistische Lehren erinnert. Aristoteles zitiert eine Fabel des Antisthenes von der Volksversammlung der Tiere, in der die Hasen das gleiche Recht für alle beantragen, und dann von dem Löwen die Antwort bekommen, die man sich denken kann.

Was soll nun ein Staat anfangen, in dessen Mitte sich ein solches gewaltiges politisches Genie erhebt? Aristoteles holt ein Beispiel aus der Kunst: Wenn in einem Gesangschor ein Mann mit einer so mächtigen Stimme ist, daß er den ganzen Chor übertönt, dann wird man ihn aus dem Chor entfernen[13]. Ebenso, wenn ein Maler ein Porträt malt, und er gibt seiner Figur einen wundervollen Fuß, der aber zu groß ist und alle Proportionen sprengt, dann taugt das Bild nichts. Oder vielmehr, ein verständiger Maler wird ein solches Experiment nicht machen. Aristoteles will damit sagen, daß ein jedes lebensfähiges Gebilde, das der Mensch schafft, und wohl auch in der Natur, ein gewisses Gleichgewicht in sich tragen muß. Was das Gleichgewicht stört, muß man vernichten, auch wenn das störende Element an sich seine Werte haben mag.

Daraus folgt für Aristoteles, daß die Staatsbürger eigentlich richtig handeln, wenn sie ein großes Genie gar nicht aufkommen lassen, und wenn es sich doch durchsetzen will, es rücksichtslos entfernen. So findet Aristoteles, daß eine Demokratie von ihrem Standpunkt aus ganz recht hat, wenn sie durch den Ostrakismos die überragenden politischen Persönlichkeiten unschädlich macht, und so die Gefahr der Diktatur abwehrt. Ebenso berechtigt sind entsprechende Abwehrmaßregeln einer Oligarchie und eines regierenden Tyrannen gegen unbequeme große Konkurrenten.

Aber dann schreckt Aristoteles doch davor zurück, als Rezept der Staatswissenschaft einfach anzugeben, daß man zum Schutz der Verfassung das große politische Genie totschlagen oder verbannen müsse. Er schreibt: »Es ist klar, daß diese Methode (mit den großen Männern zu verfahren) für die fehlerhaften Verfassungen (Demokratie, Oligarchie, Tyrannis) zweckmäßig und berechtigt ist. Aber daß die Methode nicht unter allen Umständen berechtigt ist, das ist ebenso klar. Auch unter der besten Verfas-

---

[13] 1284 b, 7 ff.

sung ist es freilich ein schweres Problem, wie man mit solchen Genies verfahren soll[14].«

Hier ist ganz deutlich, was Aristoteles im III. Buch unter der »besten Verfassung« versteht. Es ist kein Idealstaat, sondern einfach der Gegensatz zu den drei sogenannten fehlerhaften Verfassungen, also ein Sammelbegriff für die drei richtigen Verfassungen: Aristokratie, Monarchie, Politie. Da aber, wie wir oben gesehen haben, die Aristokratie im realen politischen Leben überhaupt nicht existiert, und die Berechtigung einer Monarchie erst bewiesen werden soll, versteht Aristoteles an dieser Stelle unter der »besten Verfassung« einfach die Politie, die Herrschaft des soliden Mittelstandes, wo die Staatsbürger die öffentlichen Angelegenheiten nicht im Klasseninteresse, sondern im Interesse des Ganzen verwalten.

In einem solchen Staat könne man eine Persönlichkeit, die an Arete, also an Charakterstärke und politischer Genialität hervorragt, nicht einfach austreiben oder umbringen, sondern man müsse ihr die volle Regierungsgewalt überlassen.

Man kann nicht sagen, daß diese Lösung des Problems durch Aristoteles sehr befriedigend wirkt. In einer zivilisierten, wirtschaftlich fortgeschrittenen Zeit, wie es die antike Welt im 4. Jahrhundert v. Chr. war oder unsere Gegenwart ist, werden die meisten bestehenden Staaten von Geld- und Klasseninteressen bestimmt. Diese Staaten mit einem oligarchischen oder demokratischen Grundcharakter sollen berechtigt sein, mit allen Mitteln die Diktatur abzuwehren, und gerade die verhältnismäßig wenigen Staaten mit einem sozialen Gleichgewicht sollen sich die Diktatur gefallen lassen. In der Zeit des Aristoteles waren Politien z. B. die Bauernkantone in Achaia und Arkadien. Heute könnte man manche Züge der Politie in der Schweiz und in Norwegen wiederfinden. Also grade die Gemeinwesen, die den großen Diktator am wenigsten brauchen, sollen scheinbar nach Aristoteles der beste Nährboden für die Diktatur sein. Erst wenn man die Frage weiter denkt, über den vorliegenden Aristoteles-Text hinaus, kommt man zu einer besseren Würdigung des aristotelischen Gedankens.

Die Schweiz hatte ohne Zweifel in den letzten hundert Jahren eine ganze Reihe von hervorragenden, charakterstarken und patriotischen Staatsmännern, und dasselbe mag von den griechischen

---

[14] 1284 b, 23 ff.

Politien in der Zeit des Aristoteles gelten. Wenn solche Männer in einem geordneten stabilen Staat auftreten, kommen sie ohne Mühe legal an die Spitze der Regierung, und die Bürgerschaft vertraut sich gern ihrer Führung an. Hier ist deshalb ein realer Konflikt zwischen der Bürgerschaft und dem »guten Mann« gar nicht vorhanden, und der Ostrakismos wäre überflüssig.

Dagegen in den Staaten, die vom Klassenkampf erfüllt sind, vollzieht sich die Auseinandersetzung zwischen Genie und Masse in dramatischen Konflikten. Gegenüber diesen Konflikten ist Aristoteles eigentlich neutral. Die Demokraten und die Oligarchen haben recht, wenn sie die drohende Diktatur unschädlich machen, und der große Mann hat recht, wenn er sich von den bestehenden Gesetzesparagraphen nicht imponieren läßt. Oder recht hat, wer sich durchsetzt, und wer imstande ist, das alte gestörte Gleichgewicht durch ein neues zu ersetzen.

Schon die Betrachtungen, die bisher gemacht wurden, zeigen, daß dem alten Aristoteles jedes Vorurteil gegen die Demokratie fehlt. Sie ist keineswegs sein politisches Ideal, und von ihren parteimäßigen Schlagworten läßt er sich nicht beeinflussen. Aber die griechische Demokratie als reale Staatsform wird von Aristoteles objektiv gewürdigt. In der nikomachischen Ethik nennt er als Beispiel des genialen Politikers gerade den Demokraten Perikles, und in dem eben besprochenen Abschnitt der Politik erkennt Aristoteles das demokratische Notwehrrecht des Ostrakismos durchaus an.

Die Begriffsbestimmung der Demokratie durch Aristoteles im 8. Kapitel des III. Buches ist wieder sehr merkwürdig. Aristoteles geht davon aus, daß in der Demokratie die Armen regieren und in der Oligarchie die Reichen. Aber der gewöhnliche Sprachgebrauch denkt bei Demokratie an die Herrschaft einer Mehrheit und bei Oligarchie an die Herrschaft einer Minderheit. Denn die Reichen wie die Armen neigen dazu, den Klassencharakter ihrer Regierung zu verschleiern. Die Reichen behaupten, daß sie in der Oligarchie nicht ihres Geldes wegen, sondern auf Grund ihrer moralischen Qualitäten regieren. Die Armen behaupten, daß in der Demokratie alle Menschen gleichberechtigt sind, und daß die Mehrheit entscheidet.

Aristoteles betont, daß das eigentliche Problem gewöhnlich dadurch verschleiert wird, daß es mehr Arme als Reiche gibt. Also ist die Demokratie anscheinend zugleich die Regierung der Mehrheit und der Ärmeren, und die Oligarchie ist die Regierung der

Minderheit und der Reicheren. Aber es wäre theoretisch noch eine
ganz andere Kombination möglich: Wie soll man einen Staat be-
nennen, in dem eine Minderheit von Armen herrscht, oder ein Gemeinwesen, in dem eine Mehrheit der Reichen die Macht hat?

Aristoteles kommt zu dem genialen Resultat, daß bei der Definition der Demokratie und ebenso der Oligarchie, das statistische Moment nichts bedeutet. Jeder Staat ist eine Demokratie,
in dem die Armen regieren, und jeder Staat ist eine Oligarchie, in
dem die Reichen regieren. Wenn man das Wesen solcher Staaten
richtig erfassen will, ist das Zahlenverhältnis gleichgültig. Die beiden ungewöhnlichen Fälle, die Aristoteles konstruiert, eine Minderheit der Armen und eine Mehrheit der Reichen im Staat, sind
durchaus denkbar. Man braucht nur den besitzenden Mittelstand
politisch zu den Reichen zu rechnen und hat sofort solche Resultate.

In einem Agrarstaat könnten die besitzenden Landwirte zahlenmäßig den Landarbeitern und armen Handwerkern überlegen sein.
Die Landwirte, die in der Mehrheit sind, regieren und schalten
den Einfluß der Besitzlosen aus. Ein solcher Staat wäre nach Aristoteles eine Oligarchie, obwohl eine Mehrheit der Bürger alles in
ihrem Sinne entscheidet. Andererseits könnte in einem solchen
Staat die Minderheit der armen Städter durch einen Handstreich
die Macht an sich reißen. Dann regiert die Minderheit über die
Mehrheit. Dennoch wäre eine solche Ordnung des Staates für Aristoteles eine Demokratie.

Aristoteles lehnt die formalen statistischen Definitionen der Demokratie ab. Er glaubt nicht, daß in einem Staate, wo arm und
reich sich gegenüberstehen, eine vom Klassengegensatz abstrahie-
rende Mehrheitsbildung möglich ist. Entscheidend ist, wer die
›Herren‹ im Staat sind, die Reichen oder die Armen. Nur danach
bestimmt sich die Demokratie und die Oligarchie[15].

Die Anwendung der aristotelischen Definitionen auf die Gegen-

---

[15] Vgl. z. B. 1279 b, 17: (ἔστι) ὀλιγαρχία δ' ὅταν ὦσι κύριοι τῆς
πολιτείας οἱ τὰς οὐσίας ἔχοντες. ... eine Oligarchie findet statt, wenn
die Vermögenden im Besitz der obersten Staatsgewalt sind. Die κύριοι τῆς
πολιτείας [Herren des Staates oder Gemeinwesen] sind bei Aristoteles derselbe Begriff, den die moderne Soziologie die »im Staat herrschende Klasse«
nennt.

wart würde sehr eigenartige, aber zugleich sehr realistische, Resultate bringen: Sowjetrußland wäre 1917 und 1918 eine Demokratie gewesen. Die Französische Republik von heute wäre eine Oligarchie. Beides wäre weder Lob noch Tadel, sondern die Konstatierung eines Zustandes. Aber die Türkische Republik wäre wegen der Wirksamkeit von Mustapha Kemal eine echte »Monarchie«.

Aristoteles vergleicht im III. Buch die einzelnen Verfassungen miteinander, und er kommt dabei der Demokratie ziemlich weit entgegen. Er gibt der Demokratie nicht nur ihre Berechtigung gegenüber den anderen »fehlerhaften« Verfassungen wie Oligarchie und Tyrannis. Er stellt sogar eine Betrachtung an, bei der sich die Demokratie gegenüber den »richtigen« Verfassungen behaupten kann: Es sei zwar richtig, daß in der Demokratie die Masse der Armen, der Leute mit geringer Arete, alles zu bestimmen hat. Der einzelne Mann aus dem Volke ist, verglichen mit einer großen charaktervollen Persönlichkeit, nicht viel wert. Aber das ändert sich, sobald man die einzelnen kleinen Leute summiert und als Kollektiv auffaßt. Die Arete, die Intelligenz, Urteilskraft usw. des einzelnen aus dem Volke ist gering. Aber wenn die vielen kleinen Fähigkeiten zusammenkommen, entsteht etwas Neues, und diese kollektive Arete der Masse kann der Arete einer genialen Einzelpersönlichkeit bei weitem überlegen sein[16].

Mit deutlicher Anspielung auf Athen meint Aristoteles, daß die Masse ja auch am besten befähigt sei, über die Werke der Musiker und Dichter zu urteilen. Wenn man dasselbe Prinzip auf die Politik überträgt, ist freilich ein gewisses Kulturniveau der Masse nötig. Wo das fehlt, ist ein brauchbares kollektives Urteil nicht vorhanden.

Indessen respektiert Aristoteles nur die Leistung der Masse im ganzen. Er hält es aber für falsch, und darin unterscheidet er sich durchaus von der athenischen Demokratie, wenn einfache ungeschulte Leute aus dem Volke die Staatsstellungen übernehmen. Die Masse soll indessen die Wahl der regierenden Männer haben und über sie die richterliche Kontrolle ausüben. Eine solche gemäßigte Demokratie wäre in den Augen des Aristoteles mit der Politie verwandt.

Mit dieser Betrachtung im 11. Kapitel des III. Buches hat Aristoteles die moralisierende Staatstheorie vollkommen verlassen.

---

[16] 1281 b, 1 ff.

Denn wenn es möglich ist, daß der wertvolle Einzelmensch weniger leistet als das Kollektiv an sich geringwertiger Massenmenschen, dann ist die sittliche Höhe des Individuums für den Staat gar nicht mehr wichtig. Dann kann weder die Monarchie noch die Aristokratie, noch irgendeine künstlich emporgezüchtete Minderheit für sich einen Vorsprung beanspruchen. Entscheidend wird dann eigentlich das allgemeine Kulturniveau der Masse; die Fähigkeit eines Volkes, sich aus einer tierisch barbarischen Niederung ungefähr zu der Höhe der Athener zu erheben.

In diesem Kapitel hat Aristoteles mit sämtlichen sokratischen und platonischen Traditionen der Staatsphilosophie gebrochen. So ist es begreiflich, daß er nun auch zum Frontalangriff gegen das leitende Dogma der sokratischen Staatslehre vorgeht. Er tut es in seiner gewohnten ruhigen Art ohne polemischen Lärm. Die Sokratik pflegte so zu argumentieren: wenn man krank ist, geht man zum Arzt. Wenn man über See fahren will, vertraut man sich dem Kapitän an. Nur in Staatsangelegenheiten läuft man zu Gevatter Schneider und Handschuhmacher. So wurde dann die Unentbehrlichkeit des Fachmanns und die Fehlerhaftigkeit der Demokratie bewiesen. Der regierende Fachmann könne ferner auch nur vom Fachmann richtig beurteilt werden. Also wäre es falsch, wie Aristoteles es im Kapitel 11 vorschlägt, der unkundigen Masse die Wahl und die richterliche Kontrolle der leitenden Staatsbeamten zu übergeben.

In dem Argument der Sokratik steckt irgendein Trugschluß. Aber welcher ist es? Aristoteles geht auf das Beispiel aus dem Alltag ein: wie ein Haus zu bauen ist, versteht nur ein Architekt. Dennoch kann nicht der Architekt entscheiden, ob ein bestimmtes Haus brauchbar gebaut ist, sondern nur der Auftraggeber, der darin wohnen soll. Oder der Laie versteht nichts vom Kochen. Dennoch hat nicht der Koch die Entscheidung, ob eine Speise schmeckt, sondern der Mensch, der sie essen soll[17].

Der Trugschluß der Sokratik liegt also darin, daß sie unter der Hand das Fachprinzip mit dem Machtprinzip vertauscht. Es ist richtig: nur der Arzt versteht die Krankenbehandlung und nur der Architekt das Bauen. Daraus folgt, daß auch nur der geschulte Offizier die Strategie versteht und nur der Finanzfachmann die Technik der Steuererhebung. Aber daraus folgt nicht, daß der

---

[17] 1282 a, 20 ff.

Arzt dem Kranken befehlen kann, sich aufzuhängen, oder daß ein Architekt eine griechische Stadt zwingen kann, sich einen ägyptischen Tempel bauen zu lassen. Ebenso hat der Stratege nicht darüber zu bestimmen, ob ein Volk Krieg führen soll, und der Finanzspezialist hat nicht zu entscheiden, ob man die Armen oder die Reichen besteuert.

Der sokratische Schluß vom Arzt usw. beweist nur, daß ein zivilisierter Staat für seine verschiedenen Funktionen Fachleute nicht entbehren kann. Aber es folgt nie daraus, daß der Fachmann auch die politische Macht haben muß, oder daß die Demokratie deshalb verfehlt sei, weil die Masse der Bürger nicht aus Verwaltungsfachleuten besteht. Aristoteles hat gerade das Problem der Macht im Staats- und Gesellschaftsleben ganz genau durchdacht. Er hat darauf hingewiesen, daß die Gewalt des Herren über den Sklaven oder des Arbeitgebers über den Arbeitnehmer eine ganz andere ist als z. B. die Autorität, die der Arzt gegenüber den Kranken oder der Sportlehrer gegenüber seinen Schülern besitzt[18]. So konnte Aristoteles ohne viele Mühe den politischen Trugschluß der Sokratik durchschauen.

Die Partei des Demosthenes hat den alten Aristoteles als makedonischen Agenten gehaßt. In Wirklichkeit ist in den Vorlesungen des alten Staatsphilosophen von makedonischer Agentengesinnung nichts zu merken, und bei aller sachlichen Distanz hat Aristoteles in dieser Periode seines Lebens keine Feindschaft gegen das demokratische Prinzip, und am wenigsten gegen die zivilisierte athenische Demokratie, gekannt.

Zusammenfassend läßt sich über Buch III feststellen, daß es mit dem Idealstaats-Fragment der Bücher VII und VIII nichts zu tun hat. Sondern Buch III, das mehrfach offenkundig gegen VII polemisiert, gehört einer späteren Entwicklungsstufe des Aristoteles an. Buch III ist ein Werk des alten empirisch-kritischen Aristoteles. Es ist also weder die Theorie Jaegers aufrecht zu erhalten, der meinte, daß III zusammen mit VII und VIII gehört, noch die Theorie Arnims, der zwar III richtig von VII und VIII trennt, aber erklärt, daß III einer früheren, platonisierenden Entwicklungsstufe des Aristoteles zuzuweisen wäre.

Nun glaubt freilich Jaeger, daß der Zusammenhang zwischen

---

[18] 1279 a, 1.

III und VII durch starke äußere Argumente gesichert sei[19]. Am
Schluß von III findet sich in den Handschriften der Anfangssatz
von VII in wenig verändertem Wortlaut wieder. Die aristotelischen Schriftzeichen kennen mehrere Beispiele solcher technischer
Merkzeichen, die den äußeren Zusammenhang zwischen den
Buchrollen herstellen. Es sei also ausdrücklich überliefert, daß VII
ursprünglich an III anschloß. Nach Jaeger bestand die Urpolitik
aus der zusammenhängenden Reihe II, III, VII, VIII. Dann habe
Aristoteles im Alter die empirischen Bücher IV–VI geschrieben
und sie in die Urpolitik zwischen III und VII eingeschoben. Daß
Aristoteles eine derartige Kombination des alten Idealstaats mit
der neuen Lehre vom realen Staat vorgenommen habe, sage er
selbst am Ende der nikomachischen Ethik.

Betrachten wir zunächst den Schluß des III. Buches. Die Schilderung der Monarchie schließt mit dem 17. Kapitel ab. Dann
kommen in dem kurzen 18. Kapitel die folgenden seltsamen Betrachtungen: Es ist oben bewiesen worden, daß notwendigerweise
die Arete des Mannes und die des Bürgers im besten Staat dieselbe
ist. Folglich ist auch die Erziehung dieselbe, die den tüchtigen
Mann und den tüchtigen Staatsbürger hervorbringt. Nachdem dies
festgestellt ist, soll nun die beste Verfassung geschildert werden.
Wer über die beste Verfassung eine richtige Untersuchung anstel-
len will, der muß . . .

Dieser letzte, am Schluß von III unvollkommene Satz ist mit
geringer Veränderung der Anfang von VII. Es ist also klar, daß
III 18 und VII 1 tatsächlich aneinander anschlossen. Aber ist das
18. Kapitel des III. Buches überhaupt von Aristoteles?

Aristoteles hat im III. Buch in einer überaus mühsamen Untersuchung gezeigt, daß die Arete des »guten Mannes« und des »guten Bürgers« nicht identisch ist. Das ist der leitende Gedanke des
ganzen Buches. Aber im 18. Kapitel steht das Gegenteil, und es
wird kühn behauptet, daß Aristoteles selbst vorher das Entgegengesetzte bewiesen habe. Der Verfasser des kurzen Kapitels 18 hat
also das III. Buch entweder gar nicht gelesen, oder nur so ober-
flächlich durchgesehen, daß er den wesentlichen Sinn des Buches
völlig umdrehte. Folglich ist das Kapitel nicht von Aristoteles, sondern von einem späteren Redaktor.

Es ist leicht zu erkennen, warum der Redaktor das 18. Kapitel

---

[19] Jaeger, S. 280 f.

eingefügt hat. Es sollte ein Übergang geschaffen werden, um die Bücher VII und VIII unterzubringen. Der Redaktor bereitete eine Buchausgabe der aristotelischen Papiere über die Politik vor. Er merkte, daß das Fragment des Idealstaats – unsere Bücher VII und VIII – ohne jeden Zusammenhang neben den übrigen Texten stand. Er redete sich ein, daß das Kernstück der aristotelischen Staatslehre die Schilderung einer idealen Aristokratie sein müsse. Die richtige Stelle für die Beschreibung der Aristokratie sei hinter III 17, im Anschluß an die Schilderung der Monarchie. Also seien die Papiere, die vor ihm lagen, offenbar in Unordnung, und VII und VIII gehörten in Wirklichkeit hinter III 17. Um das Ganze einzurenken, schrieb er das kurze Bindeglied III 18, und danach sollte VII kommen.

Aber nicht dieser brave Mann, sondern erst ein zweiter Redaktor hat die Buchausgabe veröffentlicht, von der die erhaltenen Handschriften der Politik abhängen. Er verwarf die Neugruppierung der Bücher, die sein Vorgänger versucht hatte, und ließ VII und VIII am Ende stehen. Er vergaß dann aber das Schlußstück von Buch III herauszustreichen, das sein Vorgänger verfaßt hatte.

So ist uns beides erhalten, die richtige Bucheinteilung und zugleich der Fremdkörper III 18. Es ist bemerkenswert, daß hier zwei Redaktoren hintereinander gearbeitet haben, die sich beide weder durch besondere Intelligenz, noch durch wesentliches Verständnis für die Gedanken des Aristoteles auszeichneten.

Der scheinbare Übergang von Buch III zu Buch VII ist dem Aristoteles fremd. Was bedeutet nun der Schluß der nikomachischen Ethik? Die Sätze lauten, nach der eigenen Übersetzung Werner Jaegers[20] (Aristoteles kündigt an, in welcher Art er die Politik behandeln will): »Zunächst wollen wir festzustellen suchen, was im einzelnen unsere Vorgänger Richtiges gesagt haben, dann auf der Grundlage unserer Politiensammlung untersuchen, was zur Erhaltung der Staaten führt, und was sie ruiniert, sowohl im allgemeinen wie für die einzelnen Staatsformen im besonderen, sowie die Ursachen dafür, daß die einen gut, die anderen schlecht regiert sind. Denn wenn wir dies behandelt haben, werden wir vielleicht auch eher erkennen können, wie der beste Staat beschaffen sein muß, welcher Ordnung jeder Staat bedarf, und welche Gesetze und Einrichtungen er gebraucht.«

---

[20] Ebd., S. 277.

Aristoteles kündet hier an, daß er im Anschluß an die Vorlesung über Ethik ein empirisches Kolleg über Politik halten will. Er will erst schildern, was seine Vorgänger zum Thema gesagt haben. Da ist offenbar Buch II unsrer Politik gemeint. Unter Leitung des Aristoteles hatten seine Schüler ein ungeheures Material über die Verfassungen der einzelnen Staaten zusammengetragen. So entstand die Sammlung der 158 Staatsverfassungen. Auf Grund dieses Materials will Aristoteles die verschiedenen Verfassungstypen untersuchen. Das entspricht ungefähr den Büchern III–VI. Mit Hilfe dieser empirischen Untersuchungen werde man eher erkennen können, wie der »beste Staat« beschaffen sein muß.

Das Programm einer Politik, das Aristoteles am Ende der Ethik entwirft, verlangt einen organischen Zusammenhang zwischen den einzelnen realen Staatsformen und dem sogenannten »besten Staat«. Das eine soll sich aus dem andern ergeben. Ein solcher Zusammenhang besteht tatsächlich in den Büchern III–VI, zwischen den empirischen politischen Einzelbeobachtungen und dem realistisch gedachten »besten Staat«, nämlich der Politie.

Dagegen besteht gar kein Zusammenhang zwischen den empirischen Büchern III–VI und dem Fragment des Idealstaats VII und VIII. Das muß Jaeger selbst zugeben. Er schreibt von den empirischen Büchern[21]: »Wenn am Schluß der nikomachischen Ethik gesagt wird, sie sollten die Grundlage des Idealstaats bilden, so ist dieser Aufbau über die bloße Absicht nicht hinausgelangt, denn die Bücher IV–VI tragen zur Vorbereitung und Fundierung des Idealstaats in Wirklichkeit nichts oder nur indirekt bei.«

Damit ist bewiesen: Das empirische Kolleg über Politik, das Aristoteles am Ende der Ethik ankündigt, entspricht unsern Büchern II–VI. Mit großer Wahrscheinlichkeit nimmt Jaeger an, daß Buch I, das System der Volkswirtschaft, das späteste Buch der Politik ist. Das war vielleicht noch nicht fertig, als Aristoteles die Ankündigung am Schluß der Ethik machte. Aber an VII und VIII, oder gar an eine Reihenfolge der Bücher: III, VII, VIII, IV usw. hat Aristoteles bei seiner Ankündigung nicht im entferntesten gedacht.

Aristoteles hatte nicht die Absicht, seine Kolleghefte dem Publikum zu übergeben. Wenn er an seinen Heften redigierte, konnte er nur den Zweck verfolgen, seine Vorlesung zu fördern. Was hätte

---

[21] Ebd., S. 281.

Aristoteles damit beabsichtigen können, wenn er das, in sich ganz unfertige, Idealstaats-Fragment mitten in das empirische Kolleg hineingesetzt und so dort alle Zusammenhänge zerrissen hätte? Die Bücher I–VI oder auch II–VI geben ein vernünftiges Kolleg. Ebenso sind VII und VIII wenigstens der Anfang eines richtigen Kollegs. Aber VII und VIII, zwischen III und IV eingeschoben, geben ein wüstes Chaos. Die Hypothese Jaegers über eine Schlußredaktion der Politik durch Aristoteles selbst, kann daher nicht richtig sein.

II. MARX UND DIE NACHFOLGER

3. Karl Marx

Die Lehre von Karl Marx ist heute [1933] heiß umstritten. Aber niemand wird leugnen können, daß er auf die Menschheit einen Einfluß ausgeübt hat, der sich nur mit dem der großen Religionsstifter vergleichen läßt. Dabei besteht ein eigenartiges Mißverhältnis zwischen dem bescheidenen, an großen Ereignissen armen, äußeren Leben von Marx und seiner ungeheuren geistigen Wirksamkeit.

Die Hauptdaten seines äußeren Lebens sind bald erzählt: Karl Marx wurde im Jahre 1818 in Trier geboren. Er stammt aus einer jüdischen Familie. Sein Großvater war Rabbiner gewesen. Sein Vater, ein Rechtsanwalt, war zum Christentum übergetreten. Marx studierte in Berlin Philosophie und erwarb 1841 in Jena die Doktorwürde auf Grund einer sehr gelehrten Dissertation über griechische Philosophen. Er war dann als radikaler Schriftsteller tätig. Während der Revolution von 1848 gab er in Köln die »Neue Rheinische Zeitung« heraus. Nach dem Zusammenbruch der Revolution ging Marx nach England, wo er mit seiner Familie als Schriftsteller bis zu seinem Tode im Jahre 1883 lebte.

Marx hat nie im Leben das besessen, was man eine »geordnete bürgerliche Existenz« nennt. Er hat sich niemals um das Geldverdienen gekümmert. Er sah seine Lebensaufgabe in seiner wissenschaftlichen Arbeit, von der er materiellen Nutzen nicht erwarten konnte. Denn eine deutsche Professur war ihm, bei seinen radikalen Ansichten, unerreichbar. Seine Bücher waren so schwer lesbar, daß sie keinen größeren Absatz haben konnten, und eine Arbeiterorganisation, in deren Dienst er eine Existenz gefunden hätte, gab es zu seiner Zeit noch nicht. Mit hartnäckigem Stolz hatte Marx alle Versuche vereitelt, ihn in einen bürgerlichen Broterwerb einzuspannen. Wichtiger als Geldverdienen war ihm die Sorge um sein Werk. Er hat es erreicht, daß er sein Leben planmäßig vollendete, aber er mußte dies mit vielen Jahren voll kleinlicher Demütigung bezahlen. Marx ließ sich von den Nahrungs- und Geldsorgen nicht zermürben. Meistens war er auf die Unterstützungen seines ihm geistig ebenbürtigen Freundes und Mitarbeiters Friedrich Engels angewiesen.

Marx zeigt eine rührende Menschlichkeit im Verhältnis zu seiner Familie und zu seinen Freunden und in dem Mitleid mit den Unterdrückten und Enterbten aller Länder. Aber zugleich war ihm ein ungeheures Selbstbewußtsein eigen, das manchmal bis zu tyrannischer Herrschsucht ging. Die Briefe, die er aus London an die Gesinnungsfreunde nach allen Himmelsrichtungen sandte, sind die Schreiben eines geborenen Königs, auch wenn er manchmal nicht das Geld hatte, um die Briefe zu frankieren.

Es ist schwierig, exakt festzustellen, worin eigentlich das Neue im Lebenswerk von Marx liegt, wenigstens solange man nur die einzelnen Stücke seines Systems betrachtet. Vorschläge, wie man das Privateigentum durch eine sozialistische Produktionsform ersetzen könne, sind schon vor Marx oft gemacht worden. Es waren auch schon Versuche da, dieses Ziel durch eine Arbeiterrevolution zu erreichen. Die Werttheorie von Marx ist in wesentlichen Stücken schon bei Aristoteles zu finden, und dann vor allem bei dem englischen bürgerlichen Nationalökonomen Ricardo. Seine dialektische Methode hat Marx von Hegel entlehnt, und in Hegels Rechtsphilosophie kann der aufmerksame Leser auch schon die entscheidenden Voraussetzungen der materialistischen Geschichtsauffassung entdecken. Dies alles hat Marx selbst nie geleugnet, und er nennt stets in seinen Schriften: Hegel, Ricardo und Aristoteles und so manchen anderen Autor, soweit er ihm etwas Wesentliches verdankt.

In den fünfzig Jahren, die der Geburt von Marx vorausgingen, war in Europa die moderne bürgerliche Gesellschaft, die auf dem Industriekapital beruht, entstanden. In derselben Zeit war sich die bürgerliche Gesellschaft mit Hilfe der englischen Nationalökonomen und der deutschen Philosophen über ihr eigenes Wesen klar geworden. Ebenso hatte sie bereits ihre Gegenkraft, das Industrieproletariat, erzeugt, das zumindest in England und Frankreich in eine revolutionäre Situation hineinwuchs.

Diese allgemeinen europäischen Voraussetzungen fand der junge Marx vor. Er stellte sich auf den Boden der Arbeiterklasse und hat von dort aus, schon in den vierziger Jahren des Jahrhunderts, alle grundlegenden Errungenschaften der bürgerlichen Wissenschaft nachgeprüft. Sein eigenes ungeheures Wissen und seine alles durchdringende Logik haben ihm dabei geholfen. Sein Ergebnis war nicht etwa, daß die bürgerliche Wissenschaft, verkörpert in einem Hegel oder Ricardo, etwas Wertloses sei – von einem solchen Urteil war Marx weit entfernt –, sondern daß sie gewisse

Schranken nicht überschreiten könne. So hatte z. B. Hegel erkannt, daß der immer wachsende Reichtum in der bürgerlichen
Gesellschaft mit Naturnotwendigkeit seinen Gegenpol, das immer
wachsende Elend der armen Masse, erzeuge. Aber er fand für diesen »dialektischen« Gegensatz keine Auflösung. Hegel gibt dem
Staat die Aufgabe, die Gegensätze innerhalb der Gesellschaft aufzuheben.

Marx dagegen, der sich bewußt außerhalb der bürgerlichen Gesellschaft stellt, leugnet einen derartigen, über den Klassengegen-
sätzen erhabenen Staat. Nach seiner Auffassung ist der bestehende
Staat nur das Herrschaftsinstrument jener Schicht in der bürgerlichen Gesellschaft, die immer reicher wird. Um einen andern Staat
zu schaffen, müsse erst das Proletariat durch Revolution die
Macht gewinnen. Ebenso sind auch die ökonomischen Gesetze der
bürgerlichen Gesellschaft über Lohn, Wert, Arbeit usw., wie ein
Ricardo sie formulierte, nicht ewig und allgemeingültig, sondern
die Arbeiterrevolution kann sie umwerfen.

So entsteht die materialistische Geschichtsauffassung von Marx.
Sie ist weiter nichts als die radikale Kritik aller bestehenden Ideologien in Staat, Wirtschaft, Recht und Religion, deren Anspruch
auf Ewigkeitsgeltung verneint wird. Diese Ideologien sind nach
Marx alle unter bestimmten Voraussetzungen entstanden, und sie
werden unter anderen Voraussetzungen untergehen. Die Voraussetzungen, mit denen sie zusammenhängen, sind aber die Produktionsverhältnisse der jeweiligen Gesellschaft. So ist das System von
Marx eine ungeheure Kritik an der ganzen Gedankenwelt der bürgerlichen Gesellschaft, aber eine Kritik, die nicht durch Bücher-
schreiben, sondern nur durch die Arbeiterrevolution sich durchsetzen kann. Die bürgerliche Idee des Eigentums z. B. ist nach Marx
kein Hirngespinst, sondern eine mächtige Realität, die nur durch
eine noch stärkere Realität, nämlich den Arbeiteraufstand, zu
widerlegen ist.

So konnte sich der Marxismus gar nicht darauf beschränken,
die bürgerlichen Systeme wissenschaftlich anzugreifen, sondern er
mußte seinem Wesen nach sofort auch die Organisierung der Arbeiterrevolution beginnen. Im Jahre 1847 gründete Marx den internationalen »Bund der Kommunisten«. Er wußte, daß in Europa
eine neue große bürgerliche Revolution bevorstand. An diesem
Kampf des Bürgertums gegen den Feudaladel sollte sich die revolutionäre Arbeiterschaft beteiligen. Sie sollte das Bürgertum im-

mer weitertreiben, um dann am Ende über das Bürgertum hinaus-
zugehen und selbst die Macht an sich zu reißen. So hat Marx als
erster dem Klassenkampf der Arbeiter eine wissenschaftliche
Grundlage gegeben, und ihren bis dahin vereinzelten und naiven
Auflehnungen gegen das Kapital den Charakter einer Notwendigkeit verliehen.

Als 1848 die Revolution ausbrach, hat Marx sich bemüht, von
Köln aus in diesem Sinne zu wirken. Die vollständige Niederlage
der europäischen Revolution im Jahre 1849 machte zunächst der
aktiven politischen Tätigkeit von Marx ein Ende. Damit kam auch
für den Marxismus eine neue Etappe. Bis zum Tode von Marx
war in Europa die Aussicht auf eine große Umwälzung nicht
mehr gegeben. Daran änderte auch die Pariser Commune von
1871 nichts, so wichtige Folgerungen für den Staatsaufbau der
proletarischen Diktatur auch Marx aus diesem Arbeiteraufstand
gezogen hat.

Die Arbeiterorganisationen, die sich nach 1849 bildeten, konnten ihre aktuelle Aufgabe nur darin sehen, die Lage des Proletariats im Rahmen der bürgerlichen Gesellschaft zu bessern, die politischen Rechte der Arbeiter zu mehren, ihre Löhne und Arbeitsbedingungen günstiger zu gestalten. So zeigt sich nach 1849 ein gewisser Widerspruch zwischen der Theorie und der Praxis des Marxismus. Die Theorie hat immer noch die Zertrümmerung der bürgerlichen Gesellschaft durch die Arbeiterrevolution im Auge. Die
Praxis dagegen setzt die Existenz der bürgerlichen Gesellschaft
voraus und will innerhalb ihrer Grenzen wirken. Die radikale
Theorie wird gewissermaßen der Kitt, der die Arbeiterorganisationen innerhalb der kapitalistischen Gesellschaft zusammenhält.

Dieser Zwiespalt zeigt sich in der Geschichte der ersten sozialistischen Internationale, die Marx 1864 in London gründete. Es
war eine internationale Arbeiterverbindung, deren Kern die englischen Gewerkschaften bilden sollten. An sie sollten sich die verschiedenen Arbeiterorganisationen in Frankreich, Deutschland
und den andern Ländern anschließen. Die Geschichte der Internationale ist von inneren Krisen erfüllt. Die Herrennatur von Marx
und seine radikale Theorie waren doch nicht imstande, die ganz
verschiedenartigen Elemente zusammenzuhalten, die sich in der
Internationale gefunden hatten. Denn die Internationale reichte
von den, im allgemeinen bürgerlich denkenden, englischen Ge-
werkschaftsführern bis zu den romanischen Anarchisten. Im Jahre

1872 löste die Internationale sich auf. Trotzdem war sie für die Weiterentwicklung der sozialistischen Arbeiterbewegung von größter Wichtigkeit. Denn die einzelnen nationalen »Sektionen« der Internationale wurden die Grundlage für die späteren sozialistischen Parteien der Länder Europas, und die späteren internationalen Arbeitervereinigungen knüpfen sämtlich an die Internationale von Marx an.

In London arbeitete Marx an seinem wissenschaftlichen Hauptwerk, dem »Kapital«, das die klassische Formulierung seiner ökonomischen Theorie geworden ist. Das Urteil über Marx und den eigentlichen Sinn seiner Lehre ist hart umstritten; nicht nur im sogenannten bürgerlichen Lager, sondern auch bei den Marxisten selbst. Bald wird die radikale und bald die reformistische, bald die aktiv-revolutionäre, bald die friedlich-theoretische Seite seines Werkes mehr hervorgehoben. In diesem Labyrinth der Meinungen orientiert man sich am besten, wenn man folgendes beherzigt: Erstens, der Marxismus ist kein System, sondern nur die radikale Kritik der älteren Systeme, zweitens, auch die vom Marxismus kritisch widerlegten Systeme bleiben reale Größen, mit denen man so lange rechnen muß, bis die Umwälzung der Gesellschaft sie beseitigt. Diese beiden Sätze geben ungefähr den radikalen so gut wie den reformistischen Gehalt des Marxismus wieder. Trotz aller Meinungsverschiedenheiten über den Sinn des Marxismus verehren heute alle sozialistischen wie kommunistischen Arbeiter und Theoretiker in allen fünf Weltteilen Karl Marx als den Urheber und das Vorbild ihrer Weltanschauung.

4. Was bleibt von Karl Marx?

Die Kritiker von Karl Marx in unserer Zeit [1940] werfen ihm zweierlei vor: 1. Sein wissenschaftliches System ist unzulänglich, und 2. seine politische Methode hat Schiffbruch gelitten. Die wissenschaftliche Unzulänglichkeit des Marxismus besteht angeblich darin, daß die Marxisten »alles aus der Wirtschaft« erklären wollen. Das sei jedoch offenkundig verkehrt. Der politische Bankrott des Marxismus lasse sich ebenso leicht nachweisen: man brauche nur auf die Parteien zu sehen, die auf Marx schwören, das heißt auf die Gruppen der Zweiten und Dritten Internationale. Jedermann müsse zugeben, daß sie in den Krisen der letzten zwanzig Jahre völlig versagt haben. Folglich sei der Marxismus wissenschaftlich und politisch völlig überholt und unzeitgemäß.

Die Kritiker des Marxismus machen sich indessen ihr Leben viel zu bequem, sie bauen nicht auf einem gesicherten Fundament, sondern in die blaue Luft hinein, weil sie in der Regel die Lehre von Marx gar nicht verstehen. Sie vertauschen den wahren Marxismus mit einem Zerrbild, das sie sich zurechtgemacht haben und das sie dann mit ihren kritischen Kugeln durchbohren. Die Klarstellung dessen, was der Marxismus wirklich ist und was er für unsere Zeit bedeutet, muß auf zwei verschiedenen Wegen versucht werden: zunächst ist es erforderlich, dem mißverstandenen Marxismus den echten Marxismus entgegenzusetzen. Ferner muß gezeigt werden, warum denn gerade der Marxismus so vielfältig und so gründlich mißverstanden werden konnte. Denn die Fehler, die gewöhnlich bei der Kritik des Marxismus gemacht werden, sind so weit verbreitet und so gleichmäßig, daß man sie nicht einfach auf die persönliche Dummheit der Kritiker zurückführen kann. Es muß einen objektiven Grund dafür geben, daß so viele unbegründete und haltlose Kritiken des Marxismus gerade in unserer Zeit geschrieben werden konnten. Es genügt nicht, nachzuweisen, daß bestimmte Auffassungen über Marx und den Marxismus verkehrt sind, sondern es muß zugleich gezeigt werden, wie die Menschen zu diesen Auffassungen gekommen sind.

Die Grundlage der marxistischen Gesellschaftswissenschaft ist die materialistische Geschichtsauffassung. Sie ist die Zielscheibe unaufhörlicher Angriffe. Immer wieder wird versichert, daß die Geschichte, vor allem der letzten zwanzig Jahre, sich unmöglich aus der Wirtschaft allein erklären lasse. Eine rein wirtschaftliche

Analyse, zum Beispiel des Faschismus, sei unmöglich. Es spielten dabei auch tiefere psychologische Motive der Menschheitsentwicklung mit. Also sei der Marxismus zur geschichtlichen Erklärung unserer Zeit unbrauchbar. Die Kritiker hätten recht, wenn Marx wirklich alles aus der »Wirtschaft« erklären würde. Wollte jemand zum Beispiel versuchen, Goethes Faust aus der Thüringer Hausindustrie abzuleiten, so wäre das nicht marxistisch, sondern einfach albern. Marx und Engels haben in ihren Schriften zu Tausenden von historischen Problemen und Personen Stellung genommen, aber niemals haben sie für irgendeine Erscheinung eine solche alberne »wirtschaftliche« Erklärung gesucht.

Unter »Wirtschaft« versteht die vulgäre Sprechweise die Methoden, wie man Geld verdient. Der Marxismus leitet seine Geschichtsauffassung gar nicht von der »Wirtschaft« ab, sondern die Grundlagen der geschichtlichen Interpretation durch Marx sind die Produktionsmittel, die Produktionsverhältnisse und die Produktivkräfte. Die Produktionsmittel sind vor allem die technischen Grundlagen für die Produktion eines Volkes oder einer Zeit. Man wird zugeben müssen, daß die Technik des Produzierens von entscheidender Bedeutung für das gesamte Leben einer Gesellschaft ist. Man vergleiche die Technologie der Australneger mit der Technik in den Vereinigten Staaten, und man wird ohne weiteres den ungeheuren Unterschied der Lebensart begreifen. Die Produktionsverhältnisse sind die Gesamtheit der gesellschaftlichen Beziehungen, unter denen ein bestimmtes Gebiet oder eine bestimmte Periode ihre materielle Existenz erarbeiten. Zum Beispiel im europäischen Mittelalter war das entscheidende Produktionsverhältnis die Beziehung zwischen den Grundherren und den Leibeigenen. Aber ebenso waren die Feudalordnung, die Organisation der Kirche und die städtischen Zünfte unentbehrliche Teile der mittelalterlichen Produktionsverhältnisse. Daher umfassen die Produktionsverhältnisse alle Beziehungen des materiellen gesellschaftlichen Lebens einer gegebenen Periode. Die Produktivkräfte endlich sind die großen bewegenden Energien, die im materiellen Leben einer Periode vorhanden sind und von Zeit zu Zeit mit ihren Erschütterungen das Gefüge der Gesellschaft verändern.

Das ist in ganz primitiven Umrissen der marxistischen Analyse für die materiellen Grundlagen der menschlichen Gesellschaft. Wie ist nun das Verhältnis der materiellen Grundlage zur Ideologie? Über den sogenannten »Überbau«, den der Marxismus auf der materiellen Grundlage des gesellschaftlichen Lebens errichte, ist sehr viel Unsinn geschrieben worden. Marx selbst war, wenn er dieses schwierige Problem behandelte, in seinen Ausdrücken immer ganz vorsichtig. Er gebraucht den Ausdruck »Überbau« nur für Recht und Verfassung. Es ist eine unerschütterliche Tatsache, daß die Gesetze und die Verfassung eines Volkes sich stets direkt aus den materiellen Lebensbedingungen der Gesellschaft herleiten lassen. Dagegen hat Marx das Verhältnis zwischen der materiellen Seite des Lebens auf der einen Seite und der Kunst und Wissenschaft, Religion und Philosophie auf der anderen Seite niemals mit derselben Eindeutigkeit festgelegt. Nach Marx ist zwar das Bewußtsein des Menschen ein Resultat seines Seins, aber eine mechanische Ableitung einzelner Formen des Bewußtseins aus einzelnen Erscheinungen des materiellen Lebens hat Marx niemals vorgenommen. Die entscheidende These des Marxismus ist es nur, daß das Bewußtsein einer bestimmten Periode mit ihrem materiellen Sein untrennbar verbunden ist, und daß jede wesentliche Veränderung des Seins auch eine entsprechende Veränderung des Bewußtseins nach sich zieht.

Mit anderen Worten ausgedrückt: das gesamte Leben einer jeden historischen Periode ist eine Einheit. Die Philosophie und die Religion einer Zeit gehören untrennbar mit ihrer Politik und Wirtschaft zusammen. Im wesentlichen ist diese Entdeckung – vielleicht die größte Entdeckung, die bisher in der Gesellschaftswissenschaft gemacht wurde – die Leistung Hegels. Als Hegel die Einheitlichkeit einer jeden Periode der Geschichte feststellte, vollbrachte er eine große kritische und revolutionäre Tat. Denn seit Hegel ist es nicht mehr möglich, zum Beispiel eine abstrakte Geschichte des Rechts oder der Philosophie im luftleeren Raum zu schreiben, wobei sich die Gedanken fortzeugend aus sich selbst heraus weiterentwickeln, ohne jede Rücksicht auf ihre gesellschaftlichen Grundlagen. Auch die stolzesten Gedankensysteme sind zeitgeboren, unter bestimmten Verhältnissen entwickelt, und unter anderen Verhältnissen zum Tode verurteilt. Das ist das großartige historische Resultat der Hegelschen Analyse.

Freilich hat Hegel seine weltbewegende Entdeckung hinter mystischen Formeln versteckt. Hegel verstand sehr genau die materiellen Grundlagen einer jeden Epoche. Aber er stellte doch die Geschichte als die ewige Wandlung des Weltgeistes dar und machte es seinen Schülern nicht leicht, auch die materiellen Grundlagen

seines Systems jederzeit zu erkennen. Indem Marx den materiellen
Kern des Hegelschen Systems herausschälte, machte er die umwäl-
zenden Hegelschen Gedanken erst praktisch verwertbar für die
Wissenschaft und für die Politik. Es ist kein Forscher aufgetreten,
der auch nur im entferntesten imstande gewesen wäre, die Funda-
mente der Hegel-Marxschen Geschichtsauffassung zu erschüttern.
Ein Geschichtsforscher, der mehr bieten will als eine bloße Sammlung von Notizen, und der ernsthaft um das Verständnis der Vergangenheit oder seiner eigenen Zeit ringt, kann gar nicht anders,
als nach den Hegel-Marxschen Ideen verfahren. Diese Geschichts-
methode ist heute so verbreitet, daß manche erfolgreiche Forscher
sie anwenden, ohne überhaupt zu wissen, woher sie ihre Methode
entlehnt haben. Aber wenn ihre Forschung Erfolg hat, wird man
ihnen verzeihen, daß sie sich über die theoretische Basis ihrer Methode nicht immer im klaren sind.

Die Rolle des Klassenkampfes in der Geschichte ist ein Teil der
gesamten Hegel-Marxschen Geschichtsauffassung. Auf diesem Gebiet muß sich Marx vielfach Einwendungen von kindischer Ober-
flächlichkeit und Unwissenheit gefallen lassen. In einer höher entwickelten Periode ist die menschliche Gesellschaft niemals eine
Einheit, sondern sie zerfällt in verschiedene Gruppen, die im Produktionsprozeß eine verschiedene Stellung haben, und deren Konflikte den Inhalt der Gesellschaftsgeschichte ausmachen. Diese sogenannten Klassenkämpfe und ihre Bedeutung hat Marx wahrlich
nicht als Erster gefunden, und er hat auch nie behauptet, daß er
der Entdecker des Klassenkampfes sei. Schon Aristoteles wußte
vor 2300 Jahren, daß der Kampf der Oligarchen und der Demokraten in den griechischen Republiken weiter nichts war, als der
Kampf zwischen den Reichen und Armen um die Macht. Neun-
zehnhundert Jahre später hat Machiavelli die Geschichte der Republik Florenz aus den Konflikten zwischen dem Adel, dem reichen Bürgertum, den Handwerkern und der armen Masse sorgfältig abgeleitet. Speziell seit der großen Französischen Revolution
kennt jeder ernsthafte Historiker und Gesellschaftsforscher die
Klassen und Klassenkämpfe. Die oben erwähnten kindischen Kritiker suchen jedoch, entweder diese uralte Wahrheit wegzudeuten,
oder, wenn sie zufällig in einem Buch aus dem Jahre 1820 die
Klassen erwähnt finden, klagen sie Marx des Plagiates an!

Die materialistische Geschichtsauffassung hat eine eminente politische Bedeutung, denn sie ermöglicht die rücksichtslose Kritik

der Ideologien einer jeden Periode. Die Gedanken der herrschenden Klasse, die mit dem Anspruch auf Ewigkeitsgeltung auftreten, erweisen sich als zeitgebunden und vergänglich. Unter bestimmten gesellschaftlichen Bedingungen sind sie erdacht worden und unter veränderten Bedingungen werden sie verschwinden. Mit besonderem Eifer hat Marx die Ideologie der bürgerlichen Nationalökonomen in ihre Bestandteile aufgelöst und hat bewiesen, daß die Gesetze des Marktes und der Ware sowie des Arbeitsverhältnisses historischen Kategorien unterworfen sind. Marx, als Historiker, war imstande, die Entstehung des modernen Kapitalismus darzulegen, und als Geschichtsphilosoph war er berechtigt, nach den gleichen Prinzipien den Untergang des Kapitalismus zu prophezeien. Die herrschende Wirtschaftsform während der Lebenszeit von Marx war der liberale Kapitalismus der freien Konkurrenz. Marx betrachtete seine Widersprüche und kam zu dem Resultat, daß der Kapitalismus des freien Wettbewerbs vom kapitalistischen Monopol abgelöst werden wird, wobei die Macht über die Produktionsmittel der Menschheit in der Hand weniger Trusts und Personen liegen wird. Die ungeheure Masse der werktätigen Menschen werde von dem Besitz der Produktionsmittel ausgeschlossen und gezwungen sein, sich gegen die Herrschaft des Monopolkapitals zur Wehr zu setzen. Das Ende werde der Zusammenbruch des Monopolkapitals und die Übernahme der Produktionsmittel durch die gesellschaftliche Gemeinschaft sein.

Wer kann im Ernst behaupten, daß die Geschichte der letzten sechzig Jahre in irgendeinem Punkt die Unrichtigkeit der marxistischen Perspektive erwiesen hat? Der Kapitalismus der freien Konkurrenz ist längst durch das Monopolkapital abgelöst worden, und die Herrschaft des Monopolkapitals hat vor allem seit 1914 die Menschheit in eine grauenhafte Dauerkrise gestürzt. In großen Teilen der Erde, wie in Rußland, Deutschland und Italien, ist bereits der Privatkapitalismus durch staatskapitalistische oder staatssozialistische Formen abgelöst worden. Um das Weltbild vollständig zu machen, muß man den New Deal in den Vereinigten Staaten sowie die Entwicklung in Japan, China und Australien hinzufügen. Jedermann, der heute unbefangen die Welt betrachtet, ganz gleich, welchem Lager seine persönlichen Sympathien gehören, wird zugeben, daß wir uns in einer qualvollen Übergangsperiode befinden, die von dem alten Privatkapitalismus zu neuen staatswirtschaftlichen Gebilden hinführt. Daß der Weltkapitalismus, wie er um 1880 bestand, wiederhergestellt werden könne, glaubt, abgesehen von ein paar wunderlichen Rechtssozialisten, heute kein Mensch mehr. Wo ist also der politische Bankrott des Marxismus?

Die Kritiker stellen demgegenüber fest, daß die auf Marx schwörenden Parteien der Zweiten Internationale seit 1918 völlig zusammengebrochen wären und daß die Dritte Internationale hoffnungslos entartet sei. Nach Marx hätten jedoch in der Krise des modernen Kapitalismus die sozialistischen Arbeiterparteien zur Macht kommen müssen. Das sei nicht geschehen, sondern statt dessen habe in den wichtigsten Ländern des Kontinents von Europa der Faschismus gesiegt. Auf solche Argumente ist zu erwidern, daß Marx sich zwar für berechtigt hielt, in der ganz großen welthistorischen Linie den Kurs der Gesellschaftsentwicklung vorherzusagen. Aber Einzelprophezeiungen hat er peinlich vermieden. In der Politik so gut wie in der Wissenschaft ist der Marxismus eine undogmatische und streng kritische Methode. Marx hat den Generationen, die nach ihm kommen, niemals fertige Rezepte hinterlassen. Es wäre bequem, wenn ein Politiker, der heute eine Entscheidung zu fällen hat, einfach in einem Marx-Index nachschlagen und daraus die fertige Lösung seines Problems hervorziehen könnte. Über solche Art von Marx-Gläubigkeit hätte Marx selbst die Schale seines bittersten Hohnes ausgegossen.

Als praktischer Staatsmann hat Marx selbst aufs genaueste die tatsächlichen Verhältnisse studiert und dann immer solche praktischen Vorschläge gemacht, die der Lage des werktätigen Volkes am besten entsprachen. Marx war niemals ein »radikaler« Prinzipienreiter. In großen revolutionären Krisen forderte er ein rücksichtslos entschlossenes Auftreten des Proletariats, aber in andern Perioden war Marx auch mit friedlichen Reformen innerhalb des Kapitalismus einverstanden, wenn sie die Lage der Arbeiterschaft real verbesserten. Marx hat stets die parlamentarische und gewerkschaftliche Arbeit im Interesse des werktätigen Volkes anerkannt. Bei aller Anerkennung für die historische Aufgabe des Proletariats im Zeitalter der Großindustrie, hat Marx doch nie aus der Industriearbeiterschaft einen Fetisch gemacht. Marx hat einen großen Teil seines Lebenswerkes dem Studium der Agrarfrage und der Bewegungen der Bauernschaft gewidmet. Marx hat stets die Bedeutung der nationalen Frage hervorgehoben, die Armee, die Außenpolitik, die Kulturpolitik richtig gewürdigt. Sein Ziel war, daß das Proletariat sich als »Nation« konstituiere, das heißt eine umfassende, keine Einzelheit vernachlässigende, breite Politik im Namen des Volkes treibe. Es ist überaus belehrend für jeden Demokraten und Sozialisten unserer eigenen Zeit, der die Politik verstehen oder beeinflussen will, wie sachlich und realistisch Marx jede Frage beantwortete, die ihm im Laufe seines langen politischen Lebens entgegentrat. Die heutige Generation kann aus den Schriften von Marx keine Wunderrezepte und wunderbaren Prophezeiungen entnehmen, sondern nur das Vorbild, wie man die stets sich wandelnden Tatsachen kritisch erfassen und daraus die notwendigen Schlüsse zu ziehen hat.

Der politische Bankrott der Parteien der Zweiten und Dritten Internationale wird gewöhnlich als Beweis für die Wertlosigkeit des Marxismus hingestellt. Aber die Voraussetzung dieser Kritik ist falsch. Marx hat seine politischen und wissenschaftlichen Grundgedanken in der revolutionären Periode vor 1848 entworfen. Nach der Niederlage der Revolution, 1850 bis zum Weltkrieg, entwickelten sich jedoch die Arbeiterparteien Europas auf einer ganz veränderten Linie. Ihr Ziel war, nicht mehr die Macht zu erobern und das Proletariat als Nation zu konstituieren, sondern im Rahmen der bestehenden kapitalistischen Gesellschaft wirtschaftliche Vorteile für den Berufsstand der Industriearbeiter zu erzielen. Als Europa jedoch seit dem Weltkrieg wieder in eine revolutionäre Periode hineinkam, waren die Arbeiterparteien nach zwei Generationen reformistischer Praxis nicht imstande, den Absprung in die neue revolutionäre Periode zu finden. Daher wurden sie besiegt, und der Faschismus füllte mit seinen staatskapitalistischen oder staatssozialistischen Konstruktionen die Lücke aus, die durch das Versagen der Sozialdemokratie entstanden war. Wenn Parteien, die mit dem Marxismus nichts mehr gemein hatten als ein paar Äußerlichkeiten, besiegt werden, so kann eine objektive Kritik darin wahrlich kein Versagen des Marxismus erblicken. Die russischen Bolschewiki unter Führung Lenins, waren ursprünglich wirklich die Erben marxistischer revolutionärer Tradition. Aber seit 1921 ist die russische Revolution völlig erstarrt und sie folgt seitdem immer mehr den Traditionen Peters des Großen und immer weniger den Traditionen von Karl Marx. Der beschränkte Dogmatismus der Stalinistischen Theorie zeigt schon allein, daß in Sowjetrußland der kritische Marxismus keine Heimstätte gefunden hat.

Marx hat zwar den Satz aufgestellt, daß das menschliche Sein

den Inhalt des Bewußtseins bestimmt, aber es gibt keine starre
Formel, mit deren Hilfe man ausrechnen könnte, in welchem
Tempo die Veränderungen des Seins auch die entsprechenden Veränderungen des Bewußtseins nach sich ziehen. Bestimmte
Wunschbilder, daß gerade 1919 oder 1933 oder 1940 in Europa
der absterbende Kapitalismus durch einen demokratischen Sozialismus ersetzt werden müsse, haben sich nicht erfüllt. Die nicht-
marxistischen Arbeiterparteien der Vorkriegszeit, die sich sozialdemokratisch nannten, haben versagt, und es sind jetzt gerade
manche ihrer Führer und Theoretiker, die im Bewußtsein der
eigenen Schwäche und Unzulänglichkeit die Schuld für ihre
Niederlage auf den Marxismus schieben: Ein Reisender kommt in
die Alpen, blickt verzweifelt auf einen Berggipfel, den er gern er-
steigen möchte, er läßt sich einen erfahrenen Führer kommen,
kann aber mit ihm nicht einig werden und verschmäht seine Rat-
schläge. Unser Reisender bleibt allein im Dorfwirtshaus sitzen,
blickt melancholisch zum Berggipfel hinauf, wagt den Aufstieg
ohne Führer auch nicht, und beginnt am Ende, als er gar nichts
leisten kann, den Führer zu beschimpfen.

Die Tatsache, daß der Marxismus in unserer Zeit so gründlich
mißverstanden werden konnte, hängt ebenfalls mit der großen
Wandlung der europäischen Gesellschaft seit 1850 zusammen. Die
revolutionäre und philosophische Periode des Vormärz wurde
nach 1850 von einer neuen, nichtrevolutionären und nichtphiloso-
phischen Epoche abgelöst. Die Arbeiterparteien der neuen Zeit gestalteten den Marxismus nach ihrem eigenen Bilde um. Sie erblickten in ihm eine Theorie, die den Forderungen der Berufsar-
beiterschaft innerhalb der kapitalistischen Gesellschaft ihren Segen verleiht. Der Enge ihres eigenen Gesichtskreises entsprechend,
konnten sie auch nur einen verkümmerten Marxismus brauchen,
der »alles aus der Wirtschaft« erklärt. Der Bankrott der rechtsso-
zialistischen Theorie steht fest, aber mit dem Marxismus hatte sie
nie etwas gemeinsam.

5. Sozialistische Parteien

Der Ursprung sozialistischer Parteien kann bis zum Aufstieg des Industrieproletariats zurückverfolgt werden, ebenso wie die entferntere Herkunft der europäischen liberalen und konservativen Parteien auf die mittelalterlichen Stände zurückgeht. Der besonderen Ideologie, die jede der älteren Parteien sich zulegte, entspricht die Stellung, die der Marxismus seit dem 19. Jahrhundert in der Klassenpolitik der Industriearbeiter einnahm. Wird der Marxismus in diesem Kontext so interpretiert, als ziele er darauf ab, das kapitalistische System durch die Sozialisierung der Produktionsmittel zu ersetzten, so dürfen sozialistische Parteien als diejenigen politischen Parteien der Industriearbeiter definiert werden, die danach streben, die Umwandlung des herrschenden politischen und wirtschaftlichen Systems in Übereinstimmung mit den Lehren von Karl Marx zu verwirklichen. Die Parteien, die nach 1914 durch Abspaltungen von den älteren sozialistischen Parteien gebildet wurden und jetzt [1934] in der Kommunistischen Internationale vereint sind, werden wie auch die Arbeiterparteien der angelsächsischen Länder an anderer Stelle behandelt. Obwohl diese den marxistischen Grundsätzen nie formell beigepflichtet haben, hatten sie von Anfang an bedeutsame Beziehungen zu den erklärtermaßen marxistischen sozialistischen Parteien, und seit dem Weltkrieg hat sich die britische Labour Party zur führenden sozialistischen Partei der Welt entwickelt.

Infolge des langsameren Tempos ihrer industriellen Entwicklung ist es den kontinentalen Ländern, in denen sozialistische Parteien entstanden und ihren größten Erfolg erreichten, bis 1848 nicht gelungen, eine Arbeiterbewegung hervorzubringen, die mit der Englands entfernt vergleichbar wäre. In Gestalt des Chartismus trat in England die erste echte Arbeiterpartei auf, bevor die grundlegenden Lehren des wissenschaftlichen Sozialismus publiziert wurden. Bei ihrer Ankunft in England versuchten Marx und Engels, die die Bedeutsamkeit der Chartistenbewegung begriffen, Beziehungen zu ihren Führern herzustellen, und hatten die Absicht, sie in eine marxistische Partei umzuwandeln, bis der Rückgang in den 50er Jahren ihre Hoffnungen enttäuschte.

Übersetzt von Donald Watts Tuckwiller.

Während der Zeit, in der der Chartismus auf seinem Höhepunkt war, stellten die einzigen kontinentalen Parteien, die links von den Liberalen standen, Mischgruppen dar, die im allgemeinen die ärmeren und radikaleren Elemente der Bevölkerung vertraten – Kleinbürger, Bauern und Intellektuelle wie auch Arbeiter; es waren solche demokratischen Bewegungen, die als Kraft hinter den Revolutionen von 1848–49 in Deutschland, Frankreich und andernorts standen. 1847 jedoch wurde unter der Leitung von Marx und Engels der Bund der Kommunisten gegründet. Marx und Engels beabsichtigten, daß der Bund sich als linker Flügel der demokratischen Bewegungen den revolutionären Kämpfen anschließen und nach der siegreichen Kulmination dieses ersten Stadiums die Revolution über ihre bürgerlichen Grenzen hinaustragen sollte. Aber selbst in Deutschland, aus dem sich ihre Anhänger hauptsächlich rekrutierten, wurde der Bund nie zu einer wirklichen politischen Partei. Da er zahlenmäßig schwach war und ihm Methoden und Parteiorgane fehlten, die für wirksame Agitation erforderlich sind, vermochte er keinen selbständigen Einfluß auf die Massen auszuüben und ging schließlich 1852 ein.

Der erste Marxist, der einige Tausend Arbeiter dem bürgerlichen Liberalismus abgewann und sie zu einer wohlgefügten und dauerhaften Organisation zusammenschweißte, die auf nationaler Ebene eine Kampagne durchführte, war Ferdinand Lassalle. 1863 gründete er in Deutschland die erste eigentliche sozialistische Arbeiterpartei, den »*Allgemeinen Deutschen Arbeiterverein*«. Lassalles Organisation, die seinen Tod 1864 überdauerte, sollte zur Basis der Sozialdemokratischen Partei Deutschlands und zum Modell für alle anderen sozialistischen Parteien werden. Parallel zum »*Allgemeinen Deutschen Arbeiterverein*« entstand eine zweite kleine deutsche sozialistische Partei, die von August Bebel und Wilhelm Liebknecht 1869 in Eisenach als »*Sozialistische Arbeiterpartei*« gegründet wurde. Die Bezeichnung »sozialdemokratisch« benutzte auch Lassalles Partei, fortab beanspruchten marxistische Gruppen allgemein diesen Begriff, der vorher allen sich für soziale Probleme interessierenden Demokraten galt, oder die Bezeichnung »sozialistisch« für sich, die damals ein Gemeinnenner für soziale Reformer war, während »kommunistisch«, ein 1848 gebrauchter Begriff, wegfiel. Es gab zwischen den beiden deutschen sozialistischen Arbeiterparteien einen wichtigen Unterschied. Die von Liebknecht und Bebel gegründete Gruppe war entschieden antipreußisch und *großdeutsch,* während Lassalles Anhänger die Vereinigung Deutschlands unter preußischer Führung als unvermeidlich akzeptierten. Marx und Engels, die die Lassalleaner übertriebener Unterwürfigkeit in ihrer Haltung der preußischen Regierung gegenüber bezichtigten, entfremdeten sich ihnen zunehmend, bis schließlich ein offener Bruch eintrat. Es liegt schon eine merkwürdige Ironie darin, daß die erste sozialistische Arbeiterpartei im strengeren Sinn von Marx verschmäht wurde.

Die Erste Internationale, die 1864 unter der Führung von Marx gegründet wurde und die internationale Arbeiterbewegung während des nächsten Jahrzehnts beherrschte, kann kaum als ein Kartell sozialistischer Parteien betrachtet werden. Ihre Kerngruppe bildeten die englischen Gewerkschaften, die nach dem Rückgang des Chartismus ein wachsendes Interesse für politische Fragen entwickelten. Zusätzlich umschlossen sie gewisse Arbeitergruppen aus den romanischen Ländern, Amerika, der Schweiz und anderen Staaten; sie waren mehr oder weniger locker organisiert und unterschieden sich stark nach Ideologie und Tendenz voneinander. Die einzigen echten Arbeiterparteien in der Internationalen waren die zwei deutschen Parteien, und von ihnen zog sich Lassalles Gruppe bald zurück. In Frankreich existierte selbst zur Zeit des großen Aufstands der Pariser Arbeiter, der in der Kommune von 1871 kulminierte, keine sozialistische Partei oder Arbeiterpartei, während die vernichtende Niederlage der Kommune die Entstehung einer sozialistischen oder revolutionären Organisation französischer Arbeiter auf viele Jahre hinaus verhinderte. Nachdem die englischen Gewerkschaften die aktive Politik aufgegeben hatten, ging die Internationale infolge der inneren Brüchigkeit ihres Gefüges auseinander.

1875 verschmolzen in Gotha die beiden deutschen Parteien zur »*Sozialistischen Arbeiterpartei Deutschlands*«, deren Name bald in »*Sozialdemokratische Partei Deutschlands*« geändert wurde. Mit der neuen Einheit trat die deutsche Sozialdemokratie in eine Phase ständiger numerischen Verzögerung ein. Sogar die 1878 von Bismarck verkündeten Gesetze gegen die Arbeiterbewegung [Sozialistengesetze] stellten ein nur vorübergehendes Hindernis dar. Während der 80er Jahre entstanden marxistische Parteien und Gruppen auch in Frankreich, Italien, Österreich, Ungarn, Skandinavien, Holland und Belgien. Diese sozialistischen Parteien vereinigten sich 1889 zur Zweiten Internationalen, die bis 1914 bestand.

Während dieser Zeit gelang es den sozialistischen Parteien in Deutschland, Frankreich, Italien, Österreich, Ungarn, der Schweiz, den Niederlanden, Belgien, den skandinavischen Ländern, Balkanländern und – trotz ungeheurer Schwierigkeiten – in Rußland, die Mehrheit der Industriearbeiter für sich zu gewinnen. In England jedoch entstand trotz zahlreicher Versuche, sozialistische Parteien nach dem Muster der kontinentalen zu gründen, vor 1914 keine sozialistische Massenpartei. Die englischen Gewerkschaften gewannen zwar zunehmend an Bedeutung, aber sie beschränkten sich fast ausschließlich auf ihre wirtschaftlichen Aufgaben. Die Mehrheit der englischen Arbeiter stimmte weiterhin für die Liberalen oder sogar für die Konservativen und erkannte die Notwendigkeit einer selbständigen sozialistischen Arbeiterpartei nicht an. Sogar die Labour Party, die 1906 im Unterhaus erschien, war nicht mehr als ein Anhängsel der großen liberalen Partei und besaß während der Jahre vor dem Ausbruch des Weltkriegs im englischen Parlament aus einer Abgeordnetenzahl von 670 nur etwa 30 bis 40 Abgeordnete. Auch in den Vereinigten Staaten gab die überwältigende Mehrheit der Arbeiter ihre Stimme den zwei großen bürgerlichen Parteien, obwohl die gegenwärtige Sozialistische Partei 1901 gegründet wurde. Auch gewann die Zweite Internationale keinen bedeutenden Einfluß in Asien, Afrika oder Südamerika. Australiens starke Labour Party, die schon vor dem Weltkrieg zu politischer Macht gelangte, verfolgte ihren eigenen Kurs. Die sozialistischen Parteien der Zweiten Internationale waren also in jeder Hinsicht auf das kontinentale Europa beschränkt.

Die weitaus größte und bestorganisierte Partei der Zweiten Internationale war die SPD, insbesondere nachdem die Gesetze, die in Deutschland sozialistische Tätigkeit einschränkten, 1890 aufgehoben worden waren. Beim Ausbruch des Weltkriegs umfaßte der deutsche Reichstag bei einer Gesamtzahl von 397 Abgeordneten 110 sozialdemokratische Vertreter. Aufgrund ihrer revolutionären und theoretischen Tätigkeit nahmen die Russen eine überaus bedeutende Stellung in der Internationalen ein, während die Angelsachsen und die Romanen eine untergeordnete Rolle spielten. Die hervorragendsten Theoretiker der sozialistischen Parteien waren der Deutsche Karl Kautsky und der Russe Plechanow. Der unbestrittene politische Führer der Internationale war nach dem Tod von Friedrich Engels August Bebel, der Führer der deutschen Sozialisten.

Alle Parteien der Zweiten Internationalen standen vor einem fundamentalen Dilemma. Obwohl sie ihr Dasein dem Wachstum des Industriekapitalismus und dem schnell ansteigenden Heer industrieller Proletarier verdankten, waren die Parteien anderseits die politischen Repräsentanten der Interessen der Arbeiterklasse. Da sie aber als ihre ideologische Basis den revolutionären Marxismus von 1848 akzeptiert hatten, war es also ihr erklärtes Ziel, die politische Macht durch revolutionäre Mittel zu ergreifen und den Privatbesitz an Produktionsmitteln abzuschaffen.

Während der Zeit zwischen 1889 und 1914 schien sowohl in den Vereinigten Staaten als auch in allen europäischen Staaten außer Rußland die Position der etablierten Regierungen und der bestehenden Gesellschaftsordnung zu unbezwinglich, als daß sich für eine ernsthafte Revolution eine Gelegenheit geboten hätte. Die sozialistischen Parteien waren überall in der Minderheit, und außerhalb von Rußland existierten keine revolutionären bürgerlichen Gruppen, mit denen sie sich zusammentun konnten, um die Regierung zu stürzen. Daher arbeitete keine von ihnen außer der russischen auf die Revolution hin, noch hatte irgendeine von ihnen eine auch nur annähernd klare Vorstellung von einer sozialistischen Revolution. Wären sie nur Ständeparteien der Arbeiterklassen gewesen, so wäre ihre Aufgabe, eine praktische Politik und ein Routineprogramm zu formulieren, verhältnismäßig einfach gewesen. Sie hätten natürlich dem Staat, der Nation, der Armee und der Außenpolitik gegenüber dieselbe Haltung eingenommen wie z. B. eine Bauernpartei; sie hätten allein die Interessen der Arbeiter innerhalb des Rahmens der bestehenden politischen Ordnung und mit legalen Mitteln vertreten. Eine solche Politik hätten sie vielleicht mit Entschlossenheit und Klarheit verfolgt, hätte es nicht die Komplikationen gegeben, die sich aus ihrem Bekenntnis zum Marxismus ergaben. Doch klammerten sie sich trotz der Unmöglichkeit, sie in der Praxis zu realisieren, hartnäckig an die marxistische Theorie, weil diese ihnen die ideologische Kraft lieferte, die sie von den bürgerlichen Parteien unterschied und den sozialistischen Organisationen *Elan* gab.

Es war nur natürlich, daß der Marxismus selber im Verlauf dieser Entwicklungen gewisse Modifikationen erfuhr. Was die sozialistischen Parteien der Zweiten Internationalen übernahmen, waren nicht die realistischen und empirischen revolutionären Lehren von 1848, sondern ein System von Dogmen, die auf jede Frage eine definitive Antwort zu liefern versuchten. Die Summe dieser Antworten stellte die Parteiideologie dar. Friedrich Engels erkannte deutlich die ideologischen Beschränkungen der Zweiten Internationalen, obwohl er nicht die Macht hatte, ihren Kurs zu ändern. Wenn auch die russischen Sozialisten sogar während der Zeit der Zweiten Internationale einen revolutionären Standpunkt vertraten, so waren doch fast alle Theoretiker unter ihnen der Überzeugung, die bevorstehende Revolution in ihrem Lande werde eher bürgerlich als sozialistisch sein. In Rußland wurde also die marxistische Doktrin dazu benützt, um die Notwendigkeit einer Entwicklung des bürgerlichen Kapitalismus nachzuweisen und die Organisation und Technik auszuarbeiten, die der bürgerlichen Revolution entsprachen. Der Widerspruch zwischen der praktischen Tätigkeit der sozialistischen Parteien und dem höchsten marxistischen Ziel ist die grundlegende Erklärung für alle Schwankungen, Auseinandersetzungen und Schwierigkeiten in der Geschichte der Parteien bis 1914.

Alle Sozialisten der Zweiten Internationalen waren sich einig, was die praktische soziale Gesetzgebung betraf, wie den 8-Stunden-Tag, erhöhte Löhne und Verbesserung der Arbeitsbedingungen. Gleichfalls befürworteten sie alle die Demokratie, das allgemeine Wahlrecht und die Anerkennung der höchsten Autorität jener Entscheidungen und Versammlungen, die auf allgemeinem Wahlrecht beruhten. Die russischen Sozialisten waren in dieser Hinsicht keine Ausnahmen, denn sie planten, nach der siegreichen Revolution eine russische Nationalversammlung einzuberufen, die eine demokratische und republikanische Verfassung erlassen sollte. Im Prinzip befürworteten alle sozialistischen Parteien die republikanische Regierungsweise, aber in der Praxis führten sie einen aktiven Kampf gegen die Monarchie nur in Ländern wie Deutschland und Rußland, wo die Monarchie eine feudale und halbabsolutistische Prägung hatte.

Die sozialistischen Parteien gerieten in besonders große Schwierigkeiten, wenn sie ihr Verhältnis zum Staat und zur Nation definierten. Angesichts der Unmöglichkeit, eine Revolution durchzuführen, war die einzige Politik, die sie, ohne den Marxismus zu verleugnen, dem bestehenden System gegenüber verfolgen konnten, die einer passiven Unnachgiebigkeit. Symbolischer Ausdruck dieser Haltung war die Opposition sozialistischer Parlamentsabgeordneter gegen den Regierungsetat. Sie kritisierten alle Maßnahmen, die die Regierung vorschlug, und stimmten gegen sie. Besonders die nationalistische, imperialistische und militaristische Politik, die die Großmächte in der Epoche vor dem Weltkrieg charakterisierte, geriet in ein ständiges Kreuzfeuer der radikalen Sozialisten, die die Unterstützung des internationalen Pazifismus auf die Tagesordnung setzen. Das resultierte in einer höchst bedeutsamen Modifizierung des Marxismus, denn Marx und Engels hatten immer Krieg und Macht als entscheidende Waffen anerkannt und im übrigen die Existenz wenigstens der großen Nationen gebilligt. Ihre einzige Forderung war, daß das Proletariat selber »die Nation« konstituieren müsse. Der Pazifismus der Parteien der Zweiten Internationalen war ein spezifisches Resultat ihrer Unfähigkeit, die bestehende Ordnung entweder zu billigen oder sie durch Revolution zu ändern.

Diese Politik des unentwegten Obstruktionismus ohne wirkliche Vorbereitung für die Revolution war charakteristisch für den offiziellen Sozialismus und bildete bis 1914 die allgemeine Linie des deutschen Parteivorstandes, der Mehrheit der italienischen Partei und der internationalen Sozialistenkongresse. Aber Uneinigkeit über die großen politischen Probleme führte zur Entwicklung innerer Verschiebungen nach rechts sowie nach links hin.

Rechts von den offiziellen Radikalen standen die Revisionisten. Sie weigerten sich, ihre alltägliche Politik durch das bestimmen zu lassen, was sie für ein chimärisches Endziel hielten, und strebten danach, praktische Fortschritte für die Arbeiterklasse innerhalb der bestehenden Ordnung zu erreichen. Sie sahen keinen Grund, vor Kompromissen zurückzuschrecken, und hätten alle bürgerlichen Verbündeten begrüßt, die sich bewegen ließen, ihre politische Linie zu unterstützen. Minderheiten in den deutschen und italienischen Parteien gehörten dem revisionistischen Flügel an. In Frankreich bot sich den Revisionisten eine ungewöhnliche Gelegenheit dank der erbitterten Auseinandersetzung zwischen streitenden Fraktionen der Bourgeoisie, den monarchischen und autoritären Rechten und den liberalen und demokratischen Linken, die in der Dreyfus-Affäre und der antiklerikalen Bewegung ihren dramatischen Höhepunkt erreichte. Der revisionistische Flügel unter der Führung von Jaurès machte sich die Situation zunutze und schloß sich mit bürgerlichen Liberalen zu einem linken Block zur Verteidigung der Republik zusammen. Auf diese Weise wurden die französischen Sozialisten auf lange Zeit zu einer Regierungspartei.

Trotz des vehementen Protests der radikalen Mitglieder der Sozialistischen Internationalen stellten sie sogar in den Koalitionskabinetten der Linken einzelne Minister wie Mitterand und Briand, die beide schließlich ins bürgerliche Lager übergingen.

Der linke Flügel der sozialistischen Parteien bestand aus jenen Mitgliedern, die den morschen Marxismus der Mitte offen mißbilligten, da sie vom Herannahen einer Zeit großer Kriege und Revolutionen überzeugt waren. Sie glaubten also, daß die Arbeiter sich auf die wirkliche revolutionäre Aktion vorbereiten, die Lehren der russischen Revolution von 1905–06 beherzigen, und sich für einen Generalstreik rüsten sollten. Der zahlenmäßig schwache linke Flügel der Sozialistischen Internationalen beschränkte sich hauptsächlich auf die Gruppe um Rosa Luxemburg in Deutschland und eine kleine marxistische Splittergruppe in Holland.

In der russischen Sozialdemokratie wurde der offizielle Radikalismus im allgemeinen von den Menschewiki und die Linke von den Anhängern Trotzkis vertreten. Es gab auch gewisse Vertreter des Revisionismus. Die Bolschewisten um Lenin vertraten einen eigenen Standpunkt, sie leugneten die Ratsamkeit der Bildung einer nach demokratischen Prinzipien organisierten Massenpartei der Arbeiter und sahen ihr Hauptziel darin, einen äußerst disziplinierten Kern professioneller Revolutionäre zu entwickeln, die fähig wären, die Führung der Arbeiter und Bauern im Aufstand gegen den Zarismus anzutreten.

Die Fraktionsantagonismen innerhalb der sozialistischen Parteien führten zu mehreren offenen Brüchen. Die russischen Bolschewisten spalteten sich 1903 ab. Im französischen Sozialismus existierten von Anfang an verschiedene widerstreitende Parteien und Gruppen, die erst 1905 eine nur formelle Einheit erreichten. Spaltungen ereigneten sich auch in Holland und Bulgarien in der Zeit vor 1914.

Die internationalen Verbindungen zwischen den einzelnen sozialistischen Parteien waren sehr locker. Internationale Kongresse, wie in Amsterdam 1904, in Stuttgart 1907, in Kopenhagen 1910 und in Basel 1912, wurden in Abständen von einigen Jahren einberufen, aber ihre Entscheidungen übten keinen großen Einfluß auf die Politik der einzelnen Nationalparteien aus. Die Koordination der Parteien oblag dem Internationalen Sozialistischen Büro, das 1900 in Brüssel gegründet wurde, aber dieser Organisation fehlte es an jeder Exekutivgewalt. Da eine starke und aktive internationale Organisation eine Voraussetzung für jeden ernsthaften Kampf der sozialistischen Parteien gegen den Nationalismus gewesen wäre, ist ihr Fehlen ein weiteres Indiz dafür, daß ihr Internationalismus bloß formeller Natur war.

Parallel zum Ausbau ihrer eigenen Organisationen bemühten sich die sozialistischen Parteien in allen Ländern um die Bildung von Gewerkschaften. Diese sollten die rein wirtschaftlichen und industriellen Streitigkeiten zwischen Arbeitern und Arbeitgebern lenken und so viele Arbeiter wie möglich rekrutieren, selbst diejenigen, die dem politischen Radikalismus gegenüber noch indifferent waren. Obwohl nominell unabhängig, arbeiteten in der Praxis jene Gewerkschaften, die unter sozialistischer Führung standen, mit der Partei zusammen. In Belgien war die Sozialistische Arbeiterpartei nichts weiter als ein Kartell der politischen Organisationen, der Gewerkschaften und Konsumvereine.

Um die arbeitenden Klassen anziehen zu können, waren die sozialistischen Parteien dazu gezwungen, einen Zweifrontenkrieg zu führen. Einerseits standen sie vor dem Problem, Arbeiter für sich zu gewinnen, die sich bislang mit den bürgerlichen Parteien zufriedengegeben hatten. Zu dieser Gruppe zählten die meisten Arbeiter in England und in den Vereinigten Staaten sowie diejenigen in Deutschland, die der katholischen Zentrumspartei angehörten. An der entgegengesetzten Front standen die zahlreichen Arbeiter, die den syndikalistischen Standpunkt vertraten. Diese verwarfen zwar die bürgerlichen Parteien, glaubten jedoch, daß überhaupt keine politische Partei ihnen helfen könne. Sie waren der Ansicht, daß eine sozialistische Partei im kapitalistischen Parlament korrumpiert würde, und verlangten, daß die Arbeiterklasse die parlamentarischen Konflikte aufgeben und ihre Aufmerksamkeit auf ihre Berufsorganisationen, die Gewerkschaften, konzentrieren sollten, die den Kampf um Macht durch direkte Aktionen und besonders durch den Generalstreik zu führen hätten. Die Syndikalisten, unversöhnliche Gegner der sozialistischen Parteien, wiesen die Gewerkschaften zurück, die von sozialistischen Führern und Ideen beherrscht würden, und errichteten ihre eigenen Konkurrenzgewerkschaften. Während sie in den angelsächsischen Ländern verhältnismäßig schwach waren, kontrollierten die Syndikalisten die Mehrheit der Arbeiter in Spanien und hatten einen erheblichen Einfluß in Frankreich und Italien. In Frankreich z. B. konnte die sozialistische Partei wegen des Widerstands der Syndikalisten kaum mit den Gewerkschaften vorwärtskommen.

Die große historische Errungenschaft der Sozialistischen Internationalen in der Zeit zwischen 1889 und 1914 besteht darin, Selbstbewußtsein, Lebensstandard und kulturelles Niveau des Proletariats in all jenen Ländern erhöht zu haben, in denen sie die Führung der Arbeiterschaft innehatte. Zugleich jedoch verbreitete die Zweite Internationale einen abstrakten und unrealistischen Dogmatismus, der weder deutlich revolutionär noch offen reformistisch war. In Friedenszeiten war ein so formaler Radikalismus recht harmlos, denn die starke bürgerliche politische Macht schützte ihn vor seinen eigenen Konsequenzen. Aber derart orientierte sozialistische Parteien konnten keine ernsthafte Krise überstehen. Dies wurde mit dem Ausbruch des Weltkriegs deutlich.

Der Zusammenbruch der Zweiten Internationalen 1914 kann nicht der Unfähigkeit der Sozialisten, den Krieg zu verhindern, zugeschrieben werden, da sie in allen Kriegsnationen in der Minderheit waren und keines der Kriegskabinette unter sozialistischem Einfluß stand. Auch können die sozialistischen Arbeiter nicht für die Teilnahme an der Verteidigung ihres eigenen Landes verurteilt werden: Marx und Engels hatten nie das Recht auf nationale Verteidigung bestritten. Als jedoch die sozialistischen Parteien in Deutschland und Frankreich, in Österreich und Belgien die Kriegskredite billigten und mit ihren Regierungen und den bürgerlichen Parteien Frieden schlossen, löste sich der Tagtraum radikaler Unnachgiebigkeit in Luft auf. Die Parteimitglieder verloren ihren traditionellen Halt, und die Parteiorganisationen selber wurden in dieser ungewohnten Situation unwirksam und folgten demütig dem Diktat ihrer Regierungen. Auf der anderen Seite widersetzte sich in Rußland, wo die Sozialisten immer ein wahrhaft revolutionäres Ziel verfolgt hatten, die Mehrheit der Partei der Kriegspolitik der Regierung. Auch die sozialistische Partei Italiens blieb in der Opposition; hier jedoch erleichterte die Uneinigkeit der bürgerlichen Parteien über den Kriegseintritt den Sozialisten das Problem. Auf alle Fälle war jedoch, da die deutschen und österreichischen Sozialisten sich hinter die Mittelmächte stellten und die französischen, englischen und belgischen Sozialisten die Entente unterstützten, die Internationale zertrümmert.

Als aber der Krieg andauerte, fingen gewisse Gruppen unter den Sozialisten an, sich gegen den Waffenstillstand mit der Regierung zu wenden, und der Wunsch, den Klassenkampf wiederaufzunehmen, erwachte von neuem. Das war besonders in Deutschland der Fall, wo sich die Gegner des »Burgfriedens« 1915 von den Mehrheitssozialisten zurückzogen und 1917 die Unabhängige Sozialdemokratische Partei Deutschlands bildeten. In Tagungen, die in Zimmerwald und Kienthal in der Schweiz stattfanden, suchten die Sozialisten der neutralen Länder zusammen mit den Russen, Italienern und den unabhängigen Elementen aus Deutschland, Frankreich und anderen Staaten, die Internationale wiederzubeleben. Aber der Zimmerwald-Bewegung selber mangelte es an Einigkeit. Während die Mehrheit die alte Internationale auf der Grundlage der Ablehnung der »Burgfriedens-Politik« wiederherzustellen wünschte, bestand Lenin, der schon 1914 die Zweite Internationale für tot erklärt hatte, auf der Gründung einer Dritten Internationale aktiver Revolutionäre, die geeignet wäre, die Weltrevolution durchzuführen, die – wie er fest glaubte – auf den Weltkrieg folgen würde. Die linken Zimmerwäldler unter Lenins Führung zogen außerhalb der Bolschewisten nur eine verstreute Anhängerschaft an sich, und die Zimmerwald-Bewegung führte zu keiner dauerhaften Organisation.

Für die deutschen und österreich-ungarischen bürgerlichen Revolutionen, die 1918 infolge der völligen Erschöpfung der Massen, der weitverbreiteten Sehnsucht nach Frieden und der Diskreditierung der herrschenden Regierungen stattfanden, hatten die Sozialisten nichts getan, um ihnen den Weg zu bahnen. Daher waren sie kaum in der Lage, sie in sozialistische Revolutionen umzuwandeln. Es war ein bloßes Ergebnis der historischen Umstände, daß nach dem Zusammenbruch der Monarchie die Führung der deutschen Republik sowie der neuen Staaten in Österreich, der Tschechoslowakei und Ungarn in ihre Hände fiel. In Rußland schlossen sich die Menschewiki oder demokratischen Sozialisten westeuropäischer Prägung nach der bürgerlichen Revolution vom Februar 1917 der Regierung der kurzlebigen bürgerlichen Republik an. Mit der bolschewistischen Revolution vom Oktober wurde jedoch die Menschewiki-Partei vernichtet.

Der Sieg der Bolschewisten mit der darauf folgenden Parteidiktatur und der Einführung des Staatssozialismus machte einen tiefen Eindruck auf Arbeiter in der ganzen Welt. Lenins Aufruf an die Arbeiter aller Nationen, die zerfallene Zweite Internationale zu verlassen und der revolutionären Dritten Internationalen beizutreten, wurde mit Begeisterung aufgenommen. 1919 und 1920 erlebten alle

sozialistischen Parteien mit Ausnahme der britischen Labour Party
ernsthafte innere Erschütterungen und Belastungen. Die Mehrheit
der Arbeiter in Deutschland, Frankreich, Italien und vielen kleineren Ländern war bereit, zur Dritten Internationalen zu halten, die
den kompromittierten Namen »sozialistisch« abgelegt hatte und
sich im Geist von 1848 »kommunistisch« nannte. Daß die anscheinend unmögliche Aufgabe, die sozialistischen Parteien wiederzubeleben und die Zweite Internationale nur zu erreichen, unter diesen Umständen erfolgreich durchgeführt wurde, muß der Politik
zugeschrieben werden, die die Bolschewisten selber befolgten. Die
russischen Führer waren nicht bereit, eine freie Gemeinschaft, die
alle Arbeiter umschlossen, zu schaffen. Sie strebten dagegen die totale Kontrolle über die Parteien in anderen Ländern an und wollten sie zwingen, den Interessen des russischen Staates zu dienen.
Aus diesem Grunde fühlte sich die Mehrheit der sozialistischen
Arbeiter, die ursprünglich von den Bolschewisten angezogen wurde, von ihnen abgestoßen, und jene konnten nur eine Minderheit
des internationalen Proletariats in der Kommunistischen Internationalen organisieren. Viele sozialistische Parteien und Gruppen,
die zuerst mit der Dritten Internationalen sympathisiert hatten,
vereinten sich, um die Wiener Internationale zu bilden, und auf
dem Hamburger Kongreß von 1923 schlossen sie sich den anderen
sozialistischen Parteien der Sozialdemokratischen Internationalen
an, deren Hauptsitz sich jetzt in Zürich befindet. Der Internationale Gewerkschaftsbund, der vor dem Krieg unter sozialistischer
Führung gegründet wurde, wurde 1919 in Amsterdam, wo sich seine Zentrale bis 1931 befand, reorganisiert. Später wurde sie nach
Berlin verlegt, und ihr Sitz ist jetzt in Paris.

In der Geschichte der sozialistischen Parteien war das Jahrzehnt
von 1923 bis 1933 durch den Kampf gegen die Kommunisten einerseits und gegen die bürgerlichen konterrevolutionären Bewegungen wie den Faschismus und Nationalsozialismus andererseits ge-
kennzeichnet. Die Vorkriegstradition des abstrakten Radikalismus
mußte von den Sozialisten aufgegeben werden, seine Fortsetzung
wurde zum Los der kommunistischen Parteien. Es waren die englischen Sozialisten, die die Tradition der Fabier und der Gewerk-
schaftssozialisten fortführten, und die Österreicher, die sog. Austro-
Marxisten, die die wichtigsten Beiträge zu dieser theoretischen Entwicklung leisteten.

Die sozialistischen Parteien verkündeten jetzt emphatisch ihre

Intention, nur durch demokratische Mittel, nicht aber durch die gewaltsame Diktatur einer Minderheit an die Macht zu gelangen. Die Anwendung von Gewalt wurde nur dann für zulässig erklärt, wenn eine reaktionäre Minderheit, durch Gewalt der demokratisch-sozialistischen Mehrheit der Nation die Macht entreißen würde. Die Sozialisten aller Länder verkündeten auch offen, daß sie für Reformen innerhalb der kapitalistischen Gesellschaft arbeiteten. Die Anerkennung der konstitutionellen Monarchie, Koalition mit bürgerlichen Parteien, Teilnahme sozialistischer Minister an bürgerlichen Regierungen und Zustimmung zu den Haushaltsplänen kapitalistischer Staaten, all das wurde schließlich als vereinbar mit sozialistischer Theorie betrachtet: Die Entscheidung sollte in jedem Fall von einem praktischen Standpunkt aus gefällt werden. Trotz dieser Kompromisse verzichteten die Parteien dennoch nicht auf das Ziel, einen entscheidenden Kampf gegen das kapitalistische Wirtschaftssystem zu führen und eine sozialistische Gesellschaft zu errichten.

Die Schwierigkeit, die sozialistische Parteien beim Versuch erlebten, eine realistische und aktivistische Politik aus einer auf abstrakten Schlagwörtern beruhenden Politik zu entwickeln, läßt sich besonders gut am Beispiel der deutschen Sozialdemokratie illustrieren. Ihre abstrakte Verwerfung des alten Reichs wurde in eine ebenso abstrakte Unterstützung der neuen Republik umgewandelt, deren Führung sie am 9. November 1918 übernahmen. Sie identifizierten sich schließlich mit dieser Republik und wurden in deren katastrophalen Umsturz 1933 verwickelt. Das war um so ironischer, als die Sozialdemokraten die Führung der Republik früh verloren hatten. Die Spaltung zwischen den Mehrheitssozialisten und den Unabhängigen bis zu ihrer Vereinigung im Jahre 1922 und daraufhin die Rivalität zwischen Kommunisten und Sozialisten zehrte die Kräfte der sozialistischen Arbeiterklasse auf. Das Bürgertum gewann in der Republik seine Macht bald zurück, und seit 1923 war die deutsche Regierung, abgesehen von kurzen Intermezzi, gänzlich bürgerlich, obwohl die Sozialisten sich weiterhin bis 1933 an den Regierungen der Länder und der Verwaltung der Gemeinden beteiligten. Die Sozialdemokraten betrachteten jedoch die Errichtung der demokratischen Republik als eine ungeheuere Leistung, eine Ansicht, die an sich völlig berechtigt war. Zu jeder Zeit waren sie bereit, Koalitionen mit den bürgerlichen Parteien zum Schutz der Republik einzugehen. Als die bürgerliche demokratische Republik sich als unfähig erwies, die wirtschaftliche Misere zu lindern oder gar Gleichberechtigung für Deutschland in der Außenpolitik zu erreichen, und zunehmend ihr Ansehen bei der großen Masse der Bevölkerung, besonders im Mittelstand, verlor, richtete sich die Massenfeindschaft schließlich auch gegen die Sozialdemokraten als die typisch republikanische Partei.

Als das nationalsozialistische Kabinett die Militärregierung von General Schleicher im Januar 1933 ablöste, entriß es nicht den Sozialisten und Republikanern die Macht: Eine bürgerliche Regierung löste vielmehr nur eine andere ab. Hitlers Regierung machte sich daran, zunächst die KPD und kurz danach die SPD völlig zu verbieten. Es ist zur Zeit schwierig, ein definitives Urteil über die Zukunft des deutschen Sozialismus zu fällen.

Während der Nachkriegszeit entwickelte sich die britische Labour Party aus einer fast bedeutungslosen parlamentarischen Gruppe zu einer mächtigen Organisation, die von Millionen Anhängern unterstützt wurde. Die Labour Party hatte den großen Vorteil, nicht durch die Schule der Zweiten Internationalen gegangen zu sein. Sie ist also von all den eigentümlichen Widersprüchen frei geblieben, die den offiziellen marxistischen Dogmen der Zweiten Internationalen entsprangen. Sie geriet in keine Verlegenheit beim Formulieren ihrer Einstellung zu Nation und Staat, zum Kampf um die Macht und zur Monarchie. Gleichzeitig war sie eher als die meisten kontinentalen Parteien in der Lage, den Massen ein klares und präzises Sozialisierungsprogramm mit einem Ausblick auf die Bildung einer sozialistischen Gesellschaft zu bieten. Folglich ist die Kommunistische Partei in England fast bedeutungslos geblieben, während die Labour Party beim Zusammenbrechen der Liberalen Partei nach dem Krieg zur zweitstärksten Partei des Landes wurde und es geblieben ist. Die außerordentliche Stärke, die sie zeigte, als sie ihre zwei großen Krisen überstand – den bedauerlichen Generalstreik von 1926 und die Wahlniederlage und den Auszug MacDonalds 1931 – bildet einen zusätzlichen Beweis ihrer Vitalität.

In Frankreich ist die Lage der Sozialisten beinahe dieselbe wie vor dem Krieg. Im Kampf zwischen dem nationalen Block der bürgerlichen Rechten und den Radikalen oder den bürgerlichen Linken halten sie oft das Gleichgewicht. Die französischen Sozialisten haben seit dem Krieg bei zahlreichen Gelegenheiten strategische Bündnisse mit der bürgerlichen Linken geschlossen und da-

durch einen Einfluß auf die Richtung der nationalen Politik ausgeübt. Obwohl 1919 und 1920 die meisten französischen Arbeiter
dem kommunistischen Lager angehörten, ist es den Sozialisten
seitdem gelungen, die große Mehrheit zurückzugewinnen. Im Verlauf des Konflikts zwischen Sozialisten und Kommunisten waren
die französischen Gewerkschaften in zwei Gruppen gespalten, die
sozialistischen und die kommunistisch-syndikalistischen.

In Italien trat die ganze sozialistische Partei nach dem Krieg der
Dritten Internationalen bei, aber infolge einer Auseinandersetzung
mit Moskau zog die Mehrheit der Partei später aus. Den italienischen Sozialisten widerfuhr ein tragisches Schicksal. Obwohl sie
revolutionär genug schienen, um das Bedenken der Bourgeoisie zu
erregen, waren sie nicht genügend revolutionär, um die tatsächliche Machtübernahme durchführen zu können. Das war nur eine
Wiederkehr des alten Dilemmas der Zweiten Internationale. Daher
sind Sozialismus und Kommunismus seit 1920 in Italien von den
Faschisten gleichzeitig vernichtet worden. Nur kleine Gruppen emi-
grierter italienischen Sozialisten und Kommunisten blieben übrig.

In den Vereinigten Staaten ist der zahlenmäßige Einfluß der Sozialisten nicht größer als vor dem Weltkrieg. Sozialistische Ideen
sind zweifellos in gewissem Maße unter den Intellektuellen des
Landes verbreitet, aber bei der Präsidentschaftswahl von 1932, auf
der Höhe der Weltwirtschaftskrise, hat nur ein kleiner Prozentsatz
der Wähler den sozialistischen Kandidaten unterstützt. Die Kommunistische Partei ist sogar noch schwächer, während die Far-
mer-Labour-Party außer in Minnesota ebenfalls zusammenbrach.
Dennoch könnten die Ideen und Leistungen der Roosevelt-Regie-
rung den Weg für einen stärkeren sozialistischen Einfluß eröffnen.

In Spanien beteiligten sich nach der Gründung der Republik die
Sozialisten bis Ende 1933 an der Koalitionsregierung. Ihre Position ist jedoch schwierig, da die Mehrheit des spanischen Proletariats noch mit den Syndikalisten sympathisiert. Die sozialistischen
Parteien haben einen größeren Einfluß in den skandinavischen Ländern, in Belgien und den Niederlanden, in der Schweiz und in der
Tschechoslowakei. In Österreich beherrschten die Sozialisten mit
Erfolg die Wiener Stadtverwaltung von 1918 bis 1934. Sie kämpften hart, um die demokratische Nationalverfassung gegen die
mächtigen bürgerlichen Gruppen der Christlichen Sozialisten, Nationalsozialisten und der Heimwehr zu schützen. Aber im Februar
1934 wurde die SPÖ, nach einem bewaffneten Arbeiteraufstand

verboten.

In den industrialisierten Ländern, wo der Sozialismus die Mehrheit der Industriearbeiter für sich gewonnen hat, betrug der Stimmenanteil von Sozialisten und Kommunisten zusammen gewöhnlich durchschnittlich 30–40%. Dies war der Fall in England, Österreich, der Tschechoslowakei, Belgien, Dänemark, Schweden und in Deutschland, solange es freie Wahlen gab. Die auffällige Gleichmäßigkeit dieses Prozentsatzes beweist, daß es den Sozialisten nicht gelungen ist, irgendwelche Bevölkerungsteile außerhalb der Arbeiterklasse anzuziehen. In den modernen Industrienationen besteht die Mehrheit der Bevölkerung aus Arbeitnehmern, aber nicht allein aus Fabrikarbeitern. Bei anderen Arten von Arbeitnehmergruppen – kaufmännischen Angestellten, Beamten, Handwerkern und Landarbeitern – hat der Sozialismus kaum Erfolg gehabt. Vergangenen Erfahrungen nach ist es den Sozialisten beinahe unmöglich, die Macht im Staat zu ergreifen, wenn sie sich ausschließlich auf das Industrieproletariat verlassen müssen. Die bolschewistische Revolution in Rußland konnte nur durch ein Bündnis der Arbeiter mit den Bauern gelingen.

In Asien fiel die Führung der Arbeiterbewegung in die Hände der Kommunisten, aber in den letzten Jahren hat sich der Einfluß der Kommunistischen Internationale in Asien ebenso wie andernorts vermindert. Obwohl es noch unmöglich ist, die Zukunft der Arbeiterbewegung in den führenden asiatischen Ländern vorauszusehen, finden sich bedeutsame sozialistische Tendenzen in Japan, besonders unter den Intellektuellen. In Australien stellt die mächtige Labour Party, die keiner Internationale angehört, die Opposition zur Bourgeoisie dar. Ähnliche kleinere, aber auch einflußreiche Labour Parteien finden sich in Neuseeland, Südafrika und Irland.

Argentinien hat seit langem eine sozialistische Partei, und militärische und revolutionäre Führer in anderen südamerikanischen Ländern haben nicht selten ein Bekenntnis zum Sozialismus abgelegt. Es ist jedoch schwierig, festzustellen, inwiefern solche Erklärungen tatsächlich aus einer Arbeiterbewegung stammen. Mexiko wird von einer mächtigen Arbeiter- und Bauernbewegung beherrscht, die einen revolutionären Wiederaufbau der Gesellschaft durchführt, aber keiner Internationalen angehört.

Der Kommunismus Moskauer Art ist heute nur in Rußland politisch mächtig. Das einzige andere Land, in dem die Kommunistische Partei noch einigen Einfluß hat, ist die Tschechoslowakei. Der Sozialismus wird zur Zeit in Rußland, Italien, Deutschland und Österreich unterdrückt, aber die Parteien in Frankreich, England und den kleineren europäischen Ländern und die Aussichten in Asien und Amerika machen ihn noch zu einer bedeutenden internationalen Macht. Der gegenwärtige Sozialismus stellt nur in einem formellen Sinn eine Fortsetzung der Zweiten Internationalen dar. Eigentlich unterscheidet sich die Internationale unter englischer und französischer Leitung sehr von der alten Internationale, die von den Russen und Deutschen beherrscht wurde. Eine sozialistische Internationale von englischer und französischer Prägung wird sich voraussichtlich immer mehr von den stereotypen marxistischen Dogmen abwenden, die in England nie Fuß gefaßt haben und in Frankreich einen sehr geringen Einfluß ausübten. Das besagt nicht, daß sie dem wahren Marxismus, der durchaus undogmatisch und realistisch ist, absagen wird. Die sozialistischen Parteien werden in der Tat erst wahrhaft marxistisch werden, wenn sie die traditionellen Dogmen der offiziellen Marxisten aufgeben. In Rußland ist der dynamische Marxismus der Revolutionszeit schon längst zu einem unbeugsamen Dogma autoritärer Politik herabgewürdigt worden. Die Zukunft des Sozialismus liegt also bei den demokratischen und geistig unabhängigen Parteien des Westens.

6. Das Geschichtsbild des Bolschewismus

Marxismus und Rußland

Das Geschichtsbild des Bolschewismus ist [1939] das Resultat einer komplizierten Entwicklung. Seit der zweiten Revolution des Jahres 1917 besitzt die bolschewistische Partei in Rußland die Staatsmacht. Ihr Geschichtsbild ist daher eine bestimmte Auffassung der Weltgeschichte, wie sie unter russischen Bedingungen und als Resultat der russischen historischen Entwicklung erscheint. Aber zur selben Zeit ist der Bolschewismus kein nationalrussisches Produkt. Die bolschewistische Partei enstand als ein Teil der russischen Sozialdemokratie, die der 2. Internationale angehörte. Die Internationale entwickelte sich im Gefolge der ersten. Beide Internationalen entlehnten ihre allgemeinen Prinzipien und damit auch die Prinzipien ihrer Geschichtsauffassung dem Marxismus.

Die Geschichtsphilosophie von Marx und Engels, die sogenannte materialistische Geschichtsauffassung[1] ist weit entfernt von Rußland entstanden. Als Marx in den vierziger Jahren des 19. Jahrhunderts die Grundzüge seiner Geschichtsauffassung fand, hatte er auch nicht im Traum mit der Möglichkeit gerechnet, daß die erste Partei, die einmal in seinem Namen die Macht ausüben würde, eine russische Partei sein würde. Der von Lenin begründete Bolschewismus betrachtete sich selbst stets als die orthodox marxistische Richtung innerhalb der russischen Sozialdemokratie. Lenin hatte mindestens den Willen, auch das Geschichtsbild von Marx restlos und ohne jede Entstellung zu entlehnen. Alle Schüler und Mitarbeiter Lenins, soweit sie sich mit geschichtlichen Problemen beschäftigten, hatten den gleichen Willen, Marxisten und nichts anderes zu sein. Sobald jedoch der Marxismus die in Rußland herrschende Staatstheorie wurde, mußte er durch seine Verbindung mit dem russischen Boden und mit der russischen gesellschaftlichen Entwicklung, bestimmte Veränderungen durchmachen. Daher ist es notwendig, bei einer Analyse des bolschewistischen Geschichtsbildes genau zu unterscheiden, was an ihm allgemein marxistisch und was speziell russisch ist.

---

[1] Über die materialistische Geschichtsauffassung im allgemeinen s. K. Korsch, Die materialistische Geschichtsauffassung, Leipzig 1929. G. D. H. Cole, What Marx really meant, London 1934.

Man mag politisch und philosophisch über den Marxismus urteilen, wie man will – fest steht, daß der Einfluß des Marxismus auf die Nationen des 19. und 20. Jahrhunderts im gewissen Sinne mit dem Einfluß des Christentums auf die Völker Europas verglichen werden muß. Wenn jemand z. B. das mittelalterliche Geschichtsbild Deutschlands und Italiens zu untersuchen hat, so wird er genau die bodenständigen, aus der speziellen Entwicklung des Landes herausgewachsenen Vorstellungen mit den allgemeinen christlichen Ideen zu vergleichen haben. Die Rezeption des Christentums durch die Deutschen und Italiener war ein schwieriger und wechselvoller Prozeß, und das richtige Urteil ist jederzeit nur möglich, wenn man beide Ausgangspunkte betrachtet. Nach denselben Prinzipien muß auch das Geschichtsbild des Bolschewismus untersucht werden.

Eine weitere Schwierigkeit ergibt sich bei der Frage, wer denn eigentlich berechtigt war, und berechtigt ist, im Namen des Bolschewismus zu sprechen. Um unnötige Verwirrungen zu vermeiden, ist es zweckmäßig, wenn man als Bolschewismus immer jene Weltanschauung – und also auch das zu ihr gehörende Geschichtsbild – ansieht, die von der offiziell anerkannten Leitung der bolschewistischen Partei vertreten wurde. Von 1903 bis zum Tode Lenins ist daher die bolschewistische Gedankenwelt vor allem der Gedankeninhalt Lenins selbst. Das bolschewistische Geschichtsbild ist daher das Geschichtsbild Lenins. Von den Mitarbeitern Lenins während dieser Periode können solche Männer berücksichtigt werden, die in den Grundfragen mit Lenin übereinstimmten, wie Sinowjew und Bucharin. Dagegen kann das Geschichtsbild Trotzkys nur für jene Jahre verwertet werden, in denen er unter der Führung Lenins und im wesentlichen in Übereinstimmung mit Lenin gearbeitet hat, das heißt: von 1917 bis zu Lenins Tod.

Nach dem Tode Lenins ging die Führung der bolschewistischen Partei und des bolschewistischen Staats auf die Dreimännergruppe Sinowjew, Kamenjew und Stalin über. Trotzky wurde aus der Führergruppe verdrängt. Es wäre daher nicht zulässig, die Betrachtungen Trotzkys, die er als Führer der Opposition anstellte, für die Konstruktion des bolschewistischen Geschichtsbildes zu gebrauchen. Es kommt hier nicht darauf an, ob Trotzky in seinem Streit mit Stalin »recht« oder »unrecht« hat, sondern es soll nur eine klare und gültige Definition der Aufgabe gesucht werden. In der Periode, als die obengenannten drei Männer die Macht in Rußland ausübten, können daher nur die Ansichten von Sinowjew, Kamenjew und Stalin sowie ihrer Gesinnungsgenossen für die Konstruktion des bolschewistischen Geschichtsbildes gebraucht werden. Als es später Stalin gelang, seine beiden Kollegen vom Staatsruder zu verdrängen, und sich selbst zum autokratischen Oberhaupt der Partei aufzuschwingen, wurde er zugleich die maßgebende Autorität für die gesamte Theorie des Bolschewismus. Deshalb wird als das Geschichtsbild des Bolschewismus in der Zeit der Stalinschen Herrschaft nur die entsprechende Ideenrichtung Stalins selbst zu betrachten sein.

Lenin und die Weltrevolution

Mit einer großartigen Einseitigkeit hat Lenin seine gesamte Tätigkeit auf das eine Ziel, auf den Sieg der russischen Revolution gelenkt[2]. Sein Studium der verschiedenen Wissenschaften wurde von ihm immer nur soweit gefördert, wie es den direkten Interessen des revolutionären Kampfes dienlich war. So hat Lenin in Anlehnung an Marx und Engels auch seine Geschichtsstudien stets dem revolutionären Zweck untergeordnet. Er interessierte sich am meisten für die moderne Geschichte, für die Geschichte der Revolutionen und der Arbeiterbewegung und für die verschiedenen Entwicklungsstufen des Kapitalismus. Die bedeutendsten historischen Arbeiten Lenins galten der Analyse des Imperialismus. Daneben war Lenin genötigt, seine Kritik des modernen Staats vielfach auf historischem Material aufzubauen. Sein berühmtes Buch über den »Imperialismus als jüngste Etappe des Kapitalismus«, hat Lenin im Frühjahr 1915 in Zürich niedergeschrieben[3]. Der Zweck, den Lenin mit dieser Arbeit verfolgte, war ein durchaus politischer. Er wollte seinen Lesern helfen, die Natur des Weltkrieges zu begreifen, er wollte den Nachweis führen, daß aus dem Weltkrieg die Revolution herauswachsen müsse, und daß der Opportunismus und Reformismus innerhalb der Arbeiterbewegung in der modernen Zeit ebenfalls ein Produkt des Imperialismus sei.

Lenin schreibt u. a.: »Monopole, Oligarchie, Tendenz zur Herr-

---

[2] Vgl. im allgemeinen, A. Rosenberg, Geschichte des Bolschewismus, Berlin 1933 (Frankfurt 1969²).
[3] Lenin, Der Imperialismus als jüngste Etappe des Kapitalismus, Hamburg 1921, vgl. bes. 128.

schaft anstatt zur Freiheit, Ausbeutung einer immer größeren Anzahl kleiner oder schwacher Nationen durch ein Häuflein reichster oder mächtiger Nationen – all das schuf die Wesenszüge des Imperialismus, die ihn charakterisieren als den parasitären oder stagnierenden Kapitalismus. Immer krasser tritt als Tendenz des Imperialismus die Bildung des Rentnerstaats hervor, des Wucherstaats, dessen Bourgeoisie von Kapitalexport und Kuponschneiden lebt.« Der Imperialismus löste die Periode der kapitalistischen freien Konkurrenz ab. Der Periode der freien Konkurrenz entsprach eine gewisse Neigung des Bürgertums zum Frieden und zur Freiheit. Der Imperialismus dagegen mit seiner brutalen Konzentration der ökonomischen und politischen Macht ist eine Epoche der höchsten Gewalttätigkeit nach innen und außen. Er erzeugt die Weltkriege und in ihrem Gefolge die Weltrevolution.

Es kann nicht bestritten werden, daß Lenins Lehre vom Imperialismus eine folgerichtige Weiterentwicklung der Ideen von Marx darstellt. Obwohl während der Lebenszeit von Marx größtenteils noch der Kapitalismus der freien Konkurrenz vorherrschte, war dennoch die immer weitergehende Konzentration des Großkapitals, mit all ihren verheerenden Folgen, auch für Marx die eigentliche Basis der künftigen Revolution. Besondere russische Züge sind in Lenins Lehre vom Imperialismus überhaupt nicht zu finden. Es ist eine allgemeine Theorie der kapitalistischen Entwicklung, die sich besonders auf den Veränderungen in den fortgeschrittensten kapitalistischen Ländern, in England, Amerika und Deutschland, aufbaut. Rußland war gewiß rückständiger als diese Staaten, aber Lenin war fest davon überzeugt, daß auch Rußland der allgemeinen kapitalistischen Weltentwicklung zu folgen habe. Vom Anfang seiner politischen Wirksamkeit an, hat Lenin erbarmungslos das Geschichtsbild der Narodniki bekämpft, jener romantischen russischen »volkstümlichen« Gruppe, die da glaubte, daß Rußland die Periode eines modernen Kapitalismus überspringen und direkt aus der zaristischen Unterdrückung in einen bodenständigen Bauernsozialismus herüberspringen könnte.

Lenins Geschichtsbild deckt sich mit den Grundzügen der historischen Entwicklung, wie Marx und Engels sie zu skizzieren pflegten: Feudalismus des Mittelalters, Aufstieg des modernen Bürgertums seit dem Zeitalter der Entdeckungen, bürgerliche Revolutionen, Entstehung der modernen Maschinenindustrie und des Proletariats, Verschärfung der Klassenkämpfe, Aufschwung des Kapi-

talismus der freien Konkurrenz im 19. Jahrhundert. Daran
schließt Lenin die Epoche des Imperialismus als Schlußabschnitt
des Kapitalismus etwa seit der Wende vom 19. zum 20. Jahrhundert.

Am 19. Juli 1920 hielt Lenin auf dem 2. Weltkongreß der
Kommunistischen Internationale eine denkwürdige Rede über die
Weltlage[4]. Die Rede zeigt, welche Konsequenzen Lenin aus dem
Begriff des Imperialismus gezogen hat. Lenin erklärte: »Die Herr-
schaft eines kleinen Häufleins von Kapitalisten ist zur vollen Entwicklung gelangt, als die ganze Erdkugel, und zwar nicht nur die
Rohstoffquellen und Produktionsmittel, sondern auch die Kolonien, unter den Großkapitalisten aufgeteilt war. Vor 40 Jahren betrug die Zahl der Kolonialbevölkerung, die 6 kapitalistischen
Mächten untertan war, etwas über eine Viertel Milliarde. Vor dem
Krieg 1914 war sie bereits auf 600 Millionen gestiegen, und wenn
man solche Länder wie Persien, die Türkei und China, die sich
schon damals in der Lage von Halbkolonien befanden, mitrechnet,
so erhält man die runde Zahl von einer Milliarde Bevölkerung, die
von den reichsten, zivilisiertesten und freiesten Ländern mit Hilfe
der kolonialen Abhängigkeit unterdrückt wurden.«

Das Resultat des Weltkrieges bestand nach Lenin darin, daß
eine weitere Viertelmilliarde Menschen ebenfalls in eine koloniale
Lage gebracht wurde. Hierher rechnet Lenin die Menschen Rußlands, Deutschlands und des früheren Österreich-Ungarn. Der Imperialismus habe also zu einer Situation geführt, in der eine kleine
Gruppe von Siegerstaaten mit einer Viertel Milliarde Menschen,
eine ungeheure Masse von 1 1/4 Milliarden ausbeutet. Unter die
wirklichen kapitalistischen Siegernationen rechnet Lenin hier
eigentlich nur die Vereinigten Staaten, das englische Mutterland
und Japan. Aber selbst innerhalb dieser Gebiete besteht nur ein
kleiner Kreis von Kapitalisten aus den wirklichen Nutznießern des
Sieges. Die Weltrevolution kommt nach Lenin dadurch, daß die
Industriearbeiter des Westens sich mit den unterdrückten Massen
der Kolonialländer vereinen und gemeinsam den parasitenhaften
Imperialismus vernichten. Lenin erklärte in seiner Rede: »Auf diesem Kongreß findet die Vereinigung der revolutionären Proletarier
der kapitalistischen fortgeschrittenen Länder mit den revolutionä-

---

[4] Lenin, Die Weltlage u. die Aufgaben der Kommunistischen Internationale,
1920, 3–5, 27.

ren Massen derjenigen Länder statt, wo es kein Proletariat gibt oder fast nicht gibt, mit den unterdrückten Massen der Kolonialländer des Orients, und es hängt von uns ab, diesen Zusammenschluß zu einem dauernden zu gestalten. Der Weltimperialismus muß fallen, wenn der revolutionäre Ansturm der ausgebeuteten und unterdrückten Arbeiter innerhalb eines jeden Landes – dem Widerstand der bürgerlichen Elemente und dem Einfluß der Arbeiteraristokratie Trotz bietend – sich vereinigt mit dem revolutionären Ansturm der vielen Millionen von Menschen, die bisher außerhalb der Geschichte standen und nur als ihr Objekt betrachtet wurden.«

Lenin verweilt mit besonderer Liebe bei dem Gedanken, daß der imperialistische Krieg die rückständigen und unwissenden Massen Asiens und Afrikas gewissermaßen in die Geschichte hineingezogen habe. »Die englische Bourgeoisie hat den Soldaten aus Indien eingeredet, daß es Sache der indischen Bauern sei, Großbritannien vor Deutschland zu schützen. Die französische Bourgeoisie hat die Soldaten der französischen Kolonien zu überzeugen versucht, daß es Sache der Schwarzen sei, Frankreich zu verteidigen. Sie haben sie gelehrt, die Waffen zu führen. Das ist eine sehr nutzbringende Lehre und wir können der Bourgeoisie unsern Dank dafür aussprechen.«

Es ist bemerkenswert an Lenins Rede, wie vollkommen international sie entworfen war. Ein besonderer nationalrussischer Standpunkt ist in keinem Satz zu finden. Die Rede hätte ebensogut in London oder in Schanghai gehalten sein können wie in Petersburg. Dennoch hat auch Lenin dem russischen Volke eine bestimmte Stellung innerhalb der Weltrevolution zugewiesen. Im Januar 1917 hielt Lenin in Zürich einen Vortrag über die russische Revolution von 1905[5]. Es ist eine überaus bemerkenswerte historische Skizze. Lenin erklärt hier: »Rußland gehört sowohl geographisch als auch ökonomisch und geschichtlich nicht nur Europa, sondern auch Asien an. Deshalb sehen wir, daß die russische Revolution nicht nur das erreicht hat, daß sie das größte und das zurückgebliebenste Land Europas vollständig aus seinem Schlummer erweckte und das revolutionäre Volk, geführt durch das revolutionäre Proletariat, geschaffen hat. Nicht nur das, die russische

---

[5] Lenin, Rede über die Revolution von 1905, Wien 1925, 30 f, 41 f.

Revolution hat das ganze Asien in Bewegung gebracht. Die Revolutionen in der Türkei, in Persien, in China beweisen, daß die gewaltige Erhebung im Jahre 1905 tiefe Spuren hinterlassen hat, und daß ihre Nachwirkungen in dem Fortschritt von Hunderten und Aberhunderten von Millionen Menschen unausrottbar sind.«

Aber die russische Revolution habe auch auf die westeuropäischen Länder einen tiefgehenden Einfluß gehabt. Lenin zitiert z. B. die Tatsache, daß das Beispiel Rußlands 1905 die Bewegung der österreichischen Arbeiter zur Erkämpfung des allgemeinen Wahlrechts außerordentlich gefördert hat. Lenin sagt weiter: »Man trifft so oft Westeuropäer, die über die russische Revolution so urteilen, als ob die Ereignisse, die Vorgänge, die Kampfesmittel in diesem zurückgebliebensten Lande zu wenig mit westeuropäischen Verhältnissen vergleichbar seien, und darum kaum irgendeine praktische Bedeutung haben können. Nichts ist irriger als diese Meinung. Sicher werden die Formen, sowie auch die Veranlassungen der kommenden Kämpfe, in der kommenden europäischen Revolution von denen der russischen Revolution in mancher Hinsicht verschieden sein. Aber trotz alledem bleibt die russische Revolution eben wegen ihres proletarischen Charakters in dem besonderen Sinne des Wortes, von dem ich schon gesprochen habe, ein Vorspiel der kommenden europäischen Revolution.«

Die Sonderstellung Rußlands beruhte also nach Lenin darauf, daß es zugleich Europa und Asien angehörte. Die besondere Rückständigkeit des Landes revolutioniert die unterdrückten Massen schneller, als es im Westen möglich ist. Daher sind die russischen Arbeiter in der Lage, den europäischen Arbeitern das Beispiel des revolutionären Kampfes zuerst zu geben. Zugleich erzeugen die besonderen russischen Verhältnisse die Koalition der russischen Arbeiter und Bauern zum Sturze des Zarismus, und schließlich ist die russische Volksmasse das Bindeglied, das die Bewegungen des westlichen Proletariats mit den ungeheuren Massen der ausgebeuteten Kolonialländer des Ostens in Zusammenhang bringt.

Lenin und die russische Vergangenheit

Lenins Urteil über die Geschichte Rußlands unter dem Zarismus ist eine einzige rückhaltlose Verdammung. Während des
Weltkrieges im Dezember 1914 schrieb Lenin in der Schweiz[6]
einen grundsätzlichen Artikel über den »Nationalstolz der Groß-
russen«. Hier legt Lenin das Verhältnis seiner Partei zur russischen Geschichte dar. Lenin schreibt: »Wieviel wird doch über Nationalität und Vaterland gesprochen, geredet und geschrieben! Die
liberalen und radikalen Minister Englands, eine Unmenge fort-
schrittlicher Publizisten Frankreichs, die mit den Publizisten der
Reaktion sich als völlig solidarisch erweisen, eine Unmasse amtlicher kadettischer und progressiver Tintenkleckser Rußlands – alle
beweihrauchen auf tausenderlei Art die Freiheit und Unabhängigkeit ihres Vaterlandes, das hehre Prinzip der nationalen Selbständigkeit. Es ist nicht zu unterscheiden, wo hier der käufliche Lob-
sänger des Henkers Nikolai Romanow oder der Neger- und Inder-
schinder endet, und wo der Wald- und Wiesen-Kleinbürger anfängt, der aus Stumpfsinn oder Charakterlosigkeit mit dem Strom
schwimmt.«
Auch die großrussischen Sozialdemokraten müßten nun versuchen, ihre Stellungnahme zur nationalen Strömung darzulegen:
»Ist denn uns, den großrussischen klassenbewußten Proletariern,
das Gefühl nationalen Stolzes fremd? Gewiß nicht! Wir lieben unsere Sprache und unsere Heimat, wir arbeiten am meisten daran,
ihre werktätigen Massen, d. h. $9/10$ ihrer Bevölkerung, zum klassenbewußten Dasein klassenbewußter Sozialisten zu heben. Es
schmerzt uns am meisten, zu sehen und zu fühlen, welchen Gewalttaten und welchen Unterdrückungen die zaristischen Henker,
Gutsbesitzer und Kapitalisten unsere Heimat unterwerfen.« Zugleich bekennt Lenin seinen Stolz, daß innerhalb des großrussischen Volkes der Widerstand gegen den brutalen Zarismus sich
geregt hat. Er verweist auf die Dekabristen von 1825, auf die bürgerlichen Revolutionäre des 19. Jahrhunderts. Er ist stolz darauf,
daß der großrussische Bauer angefangen hat, »Demokrat zu werden und den Popen und Gutsbesitzer davonzujagen«. Die größte
Leistung des großrussischen Volkes ist aber die Herausbildung des

---

[6] Lenin und Sinowjew, Gegen den Strom. Aufsätze aus den Jahren 1914–1916,
Hamburg 1921, 30 f., 57, 174 f.

russischen Proletariats: »Wir sind erfüllt vom Gefühl nationalen
Stolzes, denn die großrussische Nation hat ebenfalls eine revolutionäre Klasse geschaffen, hat ebenfalls bewiesen, daß sie imstande ist, der Menschheit große Vorbilder im Kampfe für Freiheit
und Sozialismus zu liefern, und nicht nur große Pogrome, Galgen-
reihen, Folterkammern, Hungerepidemien und Kriecherei vor den
Popen, den Zaren, den Gutsbesitzern und Kapitalisten zu produzieren.« Lenin verwirft ohne jeden Vorbehalt alle Eroberungskrie-
ge der zaristischen Geschichte. Kein Sozialist könne die Erdrosse-
lung Polens, der Ukraine und der vielen andern Länder durch
den großrussischen Zarismus rechtfertigen. Lenin tritt unbedingt
für das Selbstbestimmungsrecht all der Völker ein, die vom Zarismus im Laufe der letzten 3 Jahrhunderte unterjocht wurden. Nur
die Niederlage des Zarismus im jetzigen Kriege könne den großrussischen Volksmassen die Freiheit bringen, und das sei die einzige
wirklich nationale Aufgabe.

Sodann wendet sich Lenin gegen einen Einwand, daß doch unter den Fittichen des Zarismus noch eine andere historische Macht
entstanden sei, nämlich der großrussische Kapitalismus, der doch
fortschrittliche Arbeit leistet, indem er gewaltige Gebiete wirtschaftlich zusammenschließt. Das mag richtig sein, aber daraus
folgt noch lange nicht, daß irgendein Sozialist den Zarismus oder
den großrussischen Kapitalismus rechtfertigen könne. Auch Bismarck habe mit der Einigung Deutschlands auf seine Art eine
fortschrittliche Tat getan und dem deutschen Kapitalismus einen
neuen Aufschwung ermöglicht. Aber das wäre ein schöner Marxist, der deswegen eine sozialistische Unterstützung Bismarcks ge-
fordert hätte! Die Argumente, daß der Zarismus oder der Kapitalismus irgend einmal in der Vergangenheit den wirtschaftlichen und
technischen Fortschritt gefördert haben, werden von Lenin nicht
eigentlich zurückgewiesen. Aber sie bedeuten für ihn politisch
nichts. Er hält daran fest, daß die ganze Geschichte des Zarismus
eine einzige Folge von Gewalttätigkeit und Unterdrückung gewesen ist. Ebensowenig wie Lenin jemals ein politisches Kompromiß
mit dem Zaren zuließ, hat er irgendeinen Kompromiß mit der Geschichte des Zarismus zugelassen. Das ist ein sehr wichtiger Punkt,
denn in dem Geschichtsbild des gegenwärtigen stalinistischen
Rußland sieht die Vergangenheit des Zarismus wesentlich anders
aus.

Die Artikel, die Sinowjew zwischen 1914 und 1916 in der

Schweiz niederschrieb, sind sämtlich unter genauer Kontrolle Lenins entstanden. Daher sind die Urteile, die Sinowjew über die Geschichte Rußlands in diesen Artikeln abgibt, zugleich auch als leninistische Ansichten zu verwerten. So schrieb Sinowjew in einem Artikel im Februar 1915:

»Wenn man sagt, daß es jetzt nicht an der Zeit wäre, gegen den Zarismus zu kämpfen, denn der äußere Feind stehe vor der Tür, so müssen wir an jenen Bojaren aus der Zeit Iwans des Grausamen zurückdenken, der ebensolche Einwände mit den einfachen und schönen Worten beantwortete:

›Was heißt Tatare, Pol' und Deutscher
Im Vergleich mit ihm?
Was heißet Seuch und Hunger,
Wenn der Zar selbst ein reißend Tier? . . .‹

Die reißenden Tiere der Romanow'schen Dynastie zerfleischen schon seit mehr als 3 Jahrhunderten das russische Volk. Wir haben es ihnen zu verdanken, wenn Männer unseres Landes erklären mußten, sie schämten sich, Russen zu sein. Und in dem Moment, da das reißende Tier zum Sprung ausholt, um seine Zähne nicht nur in das eigene Volk, sondern auch in das lebende Fleisch einer ganzen Reihe anderer Völker einzugraben, da sollen wir russischen Revolutionäre, wir, die uralten Feinde dieses Tieres, die Generationen lang im Kampfe gegen dieses Tier zugrunde gingen, da sollen wir uns sagen: wir wollen die reißende Bestie nicht anrühren, denn sie ist unser, ist russisch!«

In einem andern Artikel, ebenfalls im Jahre 1915, drückt Sinowjew dieselben Gedanken in einer mehr wissenschaftlichen Ausdrucksweise aus. Der russische Imperialismus sei in jeder Beziehung vom westeuropäischen Imperialismus verschieden, er sei kein Imperialismus der neuesten Periode der kapitalistischen Entwicklung. Denn Rußland selbst ist noch ein Land des Kapital-Imports. So ist der russische Imperialismus vorwiegend ein feudaler und militärischer Imperialismus. Für ihn sind keine andern Gesetze geschrieben als die Gesetze der nackten Gewalt, der Versklavung mit den Methoden des Kosakentums. Die russische Außenpolitik hat sich nicht so sehr den Interessen der russischen Kapitalistenklasse angepaßt, wie umgekehrt. Die russische Bourgeoisie paßt sich der Außenpolitik des russischen Zarismus an. Es gibt keinen roheren, barbarischeren, blutigeren Imperialismus als den russischen. Sinowjew bemerkt weiter: »Schon in der Außenpolitik Katharinas sind, wie Engels richtig zeigt, die Grundlagen der gegenwärtigen Außenpolitik des Zarismus enthalten. 1. das Streben, ganz Polen zu annektieren, 2. Finnland zu erobern, 3. von Konstantinopel Besitz zu ergreifen, 4. die Aufhetzung der Balkanvölker gegen die Türkei, um sie unter dem Anschein der Befreiung sich zu unterjochen, 5. Anschläge zur Aufteilung Deutschlands, 6. das Streben, die britische Seeherrschaft zu erschüttern, 7. die glückliche Verbindung der liberalen und legitimistischen Phrase.«

Lenin und der Staat

In seinen Studien über das Wesen des Staats hat Lenin in Anlehnung an Marx und Engels ebenfalls wichtige Betrachtungen historischer Art angestellt. Die Resultate seines Nachdenkens hat Lenin in dem berühmten kleinen Buch über »Staat und Revolution« im Sommer 1917 niedergeschrieben[7]. Lenin begründet seine Kritik des bestehenden Staats mit der Analyse der Revolution von 1848 und ganz besonders der Pariser Kommune von 1871. Der allgemeine marxistische Satz, daß der Staat weiter nichts ist, als ein Instrument im Dienste der herrschenden Klasse, ist nach Lenin besonders wichtig, wenn man die Verhältnisse auf dem europäischen Kontinent betrachtet. Die herrschende Oberschicht, mag sie kapitalistisch sein oder militärisch-feudalistisch oder eine Kombination beider Tendenzen, hat sich in allen größeren Ländern des europäischen Kontinents einen bestimmten Zwangsapparat geschaffen. Die Hauptelemente des Apparats sind das stehende Heer, die zentralisierte Bureaukratie, die Polizei, die Justiz usw. Mit Hilfe dieses Apparats hält die Oberklasse die breiten Massen des Volkes nieder. Diese, den breiten Volksmassen feindliche Maschine ist der Staat. Eine siegreiche Revolution der Volksmassen ist nur möglich, wenn sie diesen Zwangsapparat zertrümmert. Eine friedliche Übernahme des Zwangsapparats, genannt Staat, ist unmöglich. Mit schärfstem Hohn wendet sich Lenin gegen solche Liberale oder Reformsozialisten, die von einem friedlichen Hineinwachsen in den bestehenden Staat träumen.

Nach Lenin bedeutet die Pariser Kommune von 1871 einen

---

[7] Lenin, Staat u. Revolution, Berlin 1919 (und viele andere Ausgaben).

großartigen Versuch, zum ersten Mal an einer wichtigen Stelle des
europäischen Kontinents den historischen Zwangsstaat zu zertrümmern, und an seine Stelle ein wirklich freies Gemeinwesen
des werktätigen Volkes zu setzen. Im Laufe des Jahres 1917 machte Lenin die bedeutsame Entdeckung, daß die russischen Sowjets
weiter nichts seien, als ein Gemeinwesen in der Art der Pariser
Kommune. Nun war Lenin imstande, all die Folgerungen, die
Marx 1871 aus den Experimenten der Kommune gezogen hatte,
auch auf Rußland zu übertragen. Nach Marx hätten die Pariser
Arbeiter 1871 verstanden, daß sie, um eine wirkliche demokratische Revolution zu vollenden, erst den gesamten historisch gewordenen Staatsapparat Frankreichs zertrümmern müßten, um an seine Stelle die Selbstregierung des werktätigen Volkes, ausgeübt
durch seine örtlichen Vertrauensleute, zu setzen. Lenin stellte 1917
fest, daß in Rußland eine doppelte politische Organisation nebeneinander existiere: Der alte Zwangsstaat mit seiner Armee, Polizei
und Bureaukratie, wie er trotz der Februarrevolution immer noch
bestehe, und daneben die Elemente eines neuen volkstümlichen
Gemeinwesens, repräsentiert durch die Sowjets der Arbeiter, Bauern und Soldaten. So konnte Lenin die marxistische historische
Beobachtung, daß eine wirkliche Revolution erst einmal den Staat
zertrümmern müsse, umwandeln in die aktuelle, russische politische Losung: alle Macht den Sowjets!

In Frankreich standen sich 1871 die Selbstverwaltungsorgane
der Pariser Kommune und der Zwangsapparat der Versailler Regierung gegenüber. Der Sieg der Revolution wäre 1871 nur möglich gewesen, wenn überall in Frankreich proletarische und bäuerliche Gemeinwesen in der Art der Kommune den zentralistischen
Zwangsstaat verdrängt hätten. Wenn aber in Rußland 1917 die
Sowjets das richtige revolutionäre Gemeinwesen in der Art der
Pariser Kommune waren, dann mußten sie auch die Macht erhalten, und all die Reste des zaristischen Staatsapparats mußten den
Sowjets weichen. So ist die Losung, unter der die Bolschewiki die
Oktoberrevolution 1917 siegreich durchkämpften, im Wesentlichen
ein Produkt des Lenin'schen Geschichtsbildes gewesen.

»Alle Macht den Sowjets«, bedeutete in Rußland 1917 die
schrankenlose Demokratie des werktätigen Volkes, ausgeübt in
den lokalen Verbänden, die nur ein loses föderatives Band zusam-
menhalten sollte. Als die Bolschewiki zur Macht kamen, richteten
sie jedoch so schnell wie möglich selbst wieder einen neuen Zen-

tralismus auf: eine große zentrale Armee, einen zentralen Polizei-
und Verwaltungsapparat, zentrale Wirtschaftskörperschaften und
vor allem die zentralisierte Partei selbst, die allmächtig in jede
Einzelheit des russsischen öffentlichen und privaten Lebens ein-
dringt. Hier entfaltete sich der erste Widerspruch zwischen dem
marxistischen Revolutionsprogramm Lenins und der russischen
Wirklichkeit. Mit Naturnotwendigkeit mußte das Geschichtsbild
des siegreichen Bolschewismus sich auch dem wiederhergestellten
staatlichen und besonders militärischen Zentralismus irgendwie
anpassen.

Bucharins historischer Materialismus

Die neue Wendung kündigt sich bereits in dem hervorragendsten Buch über die Theorie der Geschichte an, das überhaupt in
Sowjetrußland geschrieben worden ist. Es ist Bucharins »Theorie
des historischen Materialismus«, entstanden 1921[8]. Bucharin hat
hier ein glänzendes Buch geschrieben, das die Tatkraft und den
weiten Blick des aktiven Revolutionärs mit der Sachkenntnis und
Erfahrung des Forschers vereinigt. Der Historiker von Fach wird
gewiß viele Einzelheiten anders auffassen, als Bucharin es tut. Dennoch gehört Bucharins Buch zu den wichtigsten Arbeiten über geschichtliche Theorie, die existieren.

In seiner Vorrede versichert Bucharin, daß er in seinem Buche
stets die Tradition der am meisten »orthodoxen, materialistischen
und revolutionären Auffassungen« von Marx fortsetze. Er bemüht
sich zunächst, den Platz der Geschichte innerhalb der Gesell-
schaftswissenschaften festzustellen. Dabei hebt er den Klassencharakter der Gesellschaftswissenschaft hervor, und er unterscheidet
die proletarische Wissenschaft von der bürgerlichen. Die Bourgeoisie ist an der Beibehaltung des Kapitalismus interessiert und
glaubt daher an seine Dauer und Ewigkeit. Deshalb ist sie nicht
imstande, solche Erscheinungen und solche Züge in der Entwicklung der kapitalistischen Gesellschaft wahrzunehmen und zu beobachten, die auf ihre Vergänglichkeit und ihren unvermeidlichen
Untergang hinweisen. Aus diesem Grunde steht nach Bucharin die
proletarische Gesellschaftswissenschaft höher als die bürgerliche.

---

[8] Bucharin, Theorie des historischen Materialismus, Hamburg 1922, S. 3, 5, 7,
81 ff., 267, 298, ff., 305, 358 ff., vgl. auch 91.

Sie ist ihr deshalb überlegen, weil sie die Erscheinungen des öffentlichen Lebens tiefer und breiter erforscht, weil sie imstande ist, weiter zu blicken, und das wahrzunehmen, was dem Blick der Gesellschaftswissenschaft der Bourgeoisie entgeht: »Daher ist es auch begreiflich, daß wir Marxisten das volle Recht haben, grade die proletarische Wissenschaft als die richtige zu betrachten und für sie die allgemeine Anerkennung zu fordern.«

Das Verhältnis der Geschichte zur Soziologie ist nach Bucharin das folgende: Da die Soziologie die allgemeinen Gesetze der menschlichen Entwicklung auffindet, so dient sie als Methode für die Geschichte. Wenn z. B. die Soziologie den allgemeinen Satz aufstellt, daß die Staatsformen von den Wirtschaftsformen abhängen, so muß der Historiker in jeder Epoche diesen Zusammenhang aufsuchen, und er hat zu zeigen, wie dieser Zusammenhang konkret seinen Ausdruck findet. Die Geschichte liefert daher das Material für die soziologischen Schlußfolgerungen und Verallgemeinerungen.

Es ist überflüssig, hier auf die Einzelheiten der Geschichtsauffassung Bucharins einzugehen, soweit sie den großen Linien der bekannten marxistischen Geschichtsphilosophie entspricht. In der allgemeinen Theorie der Revolution lehnt sich Bucharin an die berühmten Sätze Hegels in der »Logik« über den qualitativen Sprung an. In der Gesellschaft wie in der Natur gibt es Sprünge. In der Gesellschaft wie in der Natur werden diese Sprünge vorbereitet durch den vorhergehenden Gang der Dinge, oder mit andern Worten: in der Gesellschaft wie in der Natur führt die Evolution, die stetige Entwicklung, zur Revolution, zum Sprung.

Aus Bucharins Betrachtungen über das Verhältnis von Produktion zur Ideologie sei nur ein charakteristischer Satz hervorgehoben: »Wenn wir auf allen Gebieten des gesellschaftlichen Lebens eine Bestimmtheit der Formen wahrnehmen, können wir da behaupten, daß alle Gebiete des Lebens ihren Stil haben? Natürlich können wir es tun! Man kann mit demselben Recht vom Stil der Wissenschaft reden, wie man vom Stil der Kunst redet ... Neben der Produktionsweise existiert auch eine Vorstellungsweise, wie Marx sie nennt. Das ist der Stil der Ideologie der gegebenen Epoche überhaupt, d. h. jede besondere Art der Kombination von Ideen, Gedanken, Gefühlen und Gestalten, die für die betreffende Epoche charakteristisch ist.« Die Grundlage für den gesellschaftlichen »Stil« einer jeden Epoche liefern die Produktionsverhältnisse.

In der historischen Analyse der Revolution unterscheidet Bucharin vier verschiedene Phasen. Die erste Phase ist die geistige Revolution, sie besteht im Zusammenbruch der alten Psychologie und Ideologie und in der Schaffung einer neuen wirklich revolutionären Psychologie und Ideologie. Die zweite Phase der Revolution bildet die politische Revolution, d. h. die Machtergreifung durch die neue Klasse. Hier geht die revolutionäre Psychologie der neuen Klasse in Handlung über. Die unterdrückte Klasse stößt unmittelbar auf die konzentrierte Gewalt der herrschenden Klasse, auf ihren Staatsapparat. Um diesen Widerstand zu brechen, desorganisiert die neue Klasse im Prozeß des Kampfes die Staatsorganisation des Gegners, zerstört sie mehr oder weniger und baut zum Teil aus den Elementen des Alten, teilweise aber aus neuen Elementen, ihre eigene staatliche Organisation. Die dritte Stufe der Revolution bildet die ökonomische Revolution. Sie besteht darin, daß die neue Klasse, die an die Macht gelangt ist, diese Macht als Hebel der ökonomischen Umwälzung ausnutzt, indem sie die Produktionsverhältnisse des alten Schlages ganz zerbricht und neue Verhältnisse aufzubauen hilft, die im Schoße der alten Ordnung im Widerspruch zu ihr reiften. Endlich die vierte und letzte Phase der Revolution ist die technische Revolution. Nachdem das neue gesellschaftliche Gleichgewicht erreicht worden ist, d. h. nachdem eine neue haltbare Hülle der Produktionsverhältnisse geschaffen worden ist, die imstande ist, als Entwicklungsform der Produktivkräfte zu dienen, beginnt an einem bestimmten Punkt deren beschleunigte Entwicklung: Die Schranken sind niedergerissen, die von der sozialen Krise geschlagenen Wunden sind geheilt. Es beginnt ein ungeahnter Aufschwung. Neue Werkzeuge werden eingeführt, es wird ein neues technisches Fundament errichtet. So findet eine Revolution in der Technik statt, und weiter beginnt eine normale organische Periode in der Entwicklung der neuen Gesellschaftsform, die sich eine entsprechende Psychologie und Ideologie schafft.

Parteidiktatur

Das Buch Bucharins trägt, wenn man von einem einzigen kurzen Abschnitt absieht, einen einheitlichen marxistischen und internationalen Charakter. Es ist begreiflich, daß Bucharin in einem russischen Buch in höherem Grade russische Autoren zitiert und russische Vergleiche heranzieht, als es ein deutscher oder englischer Autor tun würde. Aber das sind Selbstverständlichkeiten, die den gesamten Charakter des Werkes nicht ändern. Um so seltsamer ist der eine kurze Abschnitt über »Klasse, Partei, Führer«. Hier stellt Bucharin fest, daß innerhalb der modernen Arbeiterklasse eine gewisse Ungleichheit bestehe. Der Arbeiter eines Großbetriebes sei z. B. etwas ganz anderes als der Arbeiter einer kleinen Werkstätte. So kommt es, daß die Arbeiterklasse ihrem Klassenbewußtsein nach in eine Reihe von Gruppen und Untergruppen zerfällt, gleichsam wie eine einzige Kette aus einer Reihe von Ringen von ungleicher Dauerhaftigkeit besteht. Wäre die Arbeiterklasse völlig gleichartig, dann könnte die Klasse jedesmal in ihrer ganzen Masse erfolgreich auftreten. In Wirklichkeit liegen die Dinge aber ganz anders. Damit der Kampf der Arbeiterklasse erfolgreich sein kann, muß er von dem fortgeschrittensten und geschultesten Teil der Klasse geleitet werden. Dieser Teil ist die Partei. Die Partei ist nicht die Klasse, sondern ein bisweilen geringer Teil der Klasse, aber die Partei ist der Kopf der Klasse. Aus diesem Grunde ist es unsinnig, die Partei der Klasse gegenüberstellen zu wollen. Man kann Klasse und Partei auseinanderhalten, wie man den Kopf und den ganzen Menschen auseinanderhält. Man kann sie aber nicht gegenüberstellen, so wie man einem Menschen nicht den Kopf abtrennen kann, wenn man ihm ein langes Leben wünscht. Leider ist aber nach Bucharin auch die Partei selbst nicht gleichartig, und darum braucht sie Führer. Gute Führer sind deshalb solche Führer, die am besten die richtigen Tendenzen der Partei zum Ausdruck bringen. Genauso wie die Gegenüberstellung von Partei und Klasse unsinnig ist, so ist es unsinnig, die ganze Partei den Führern dieser Partei gegenüberzustellen.

»Wir haben es dennoch getan, als wir die Arbeiterklasse den sozialdemokratischen Führern gegenüberstellten, oder die Massen der organisierten Arbeiter ihren Führern. Aber wir taten und tun dies, um die Sozialdemokratie zu zerstören, um den Einfluß der Bourgeoisie zu zerstören, der sich durch die sozialverräterischen Führer geltend macht. Es wäre jedoch höchst sonderbar, wollte man die Methoden der Zerstörung einer feindlichen Organisation auf uns selbst übertragen und dies als Ausdruck unseres besonderen Revolutionarismus darstellen.«

Es ist in Wirklichkeit »höchst sonderbar«, daß Bucharin einen solchen Abschnitt in ein wissenschaftliches Werk über Geschichts-

theorie hineinsetzen konnte. Was er im allgemeinen über das Verhältnis der Klasse zu ihrer Partei und der Partei zu ihren Führern
bemerkt, ist technisch gewiß richtig, und es gilt genauso für die
Geschichte der bürgerlichen Revolution wie für die Geschichte der
proletarischen. Aber wie will Bucharin wissenschaftlich nach der
Methode von Marx und Hegel beweisen, daß in jedem gegebenen
Moment die zufällig vorhandene politische Partei auch wirklich
die Interessen ihrer Klasse am besten repräsentiert, und daß innerhalb der Partei die ebenfalls durch hundert Zufälle zur Macht gelangte Führergruppe das unbedingte Monopol politischer Einsicht
und Tatkraft besitzt? Es ist klar, daß Bucharin hier gezwungen
war, sein Geschichtsbild der russischen Wirklichkeit anzugleichen.
Weil in Rußland 1921 keine Selbstregierung des werktätigen Volkes mehr bestand, sondern an Stelle dessen eine Parteidiktatur
über die Massen, und innerhalb der Partei eine Führerdiktatur
über die gewöhnlichen Mitglieder, war Bucharin genötigt, die
Autorität der bolschewistischen Parteiführung von 1921 aus den
ewigen Gesetzen der materialistischen Geschichtsauffassung her-
zuleiten.

Als Bucharin den Satz über die Partei als den Kopf der Klasse
niederschrieb, hatte er eine Stelle am Anfang seines Buches vergessen, wo er dasselbe Bild, aber in einem ganz anderen Zusammenhang gebrauchte. Bucharin schrieb da, mit schärfstem Hohn
gegen die bürgerlich-konservative Schule einer organischen Gesell-
schaftstheorie: »Wir definieren die Gesellschaft als reale Gesamtheit oder als System von Wechselwirkungen und lehnen alle Versuche der sogenannten organischen Schule ab, die Gesellschaft
über denselben Kamm zu scheren, wie den Organismus. Das amtliche Ziel der organischen Theorie offenbart sich vollkommen in
der Fabel von Menenius Agrippa, dem römischen Patrizier, der
die rebellischen Plebejer beschwichtigte. Seine Argumente waren
durchaus organischer Natur: die Hände dürften nicht gegen den
Kopf arbeiten, sonst würde der ganze Körper zugrunde gehen.
Der soziale Sinn der organischen Theorie ist der: die herrschende
Klasse sei der Kopf, die Arbeiter oder Sklaven: die Arme und Beine, und da es in der Natur nicht vorkommt, daß die Arme und die
Beine den Kopf ersetzen . . . also stillgehalten ihr Unterdrückten!«

Es ist sonderbar, wie bereitwillig und schnell Bucharin selbst zu
der organischen Gesellschafts- und Geschichtstheorie zurückkehrte, sobald das Interesse der bolschewistischen Parteidiktatur in

Rußland es verlangte. Vom Standpunkt der materialistischen Dialektik aus ist eine solche Geschichtsauffassung unmöglich. Daß Bucharin jetzt plötzlich selbst zum Anhänger der organischen Gesellschaftsauffassung wird, beweist weiter nichts, als daß die herrschende Gruppe, in deren Namen er spricht, jetzt eine konservative Autorität verkörpert. Dennoch ist Bucharin im Grunde seines Herzens ein kritischer Marxist und Hegelianer geblieben, und als er vor kurzem in Moskau zur Hinrichtungsstätte geführt wurde, hat er sich vielleicht darüber Gedanken gemacht, ob wirklich jedesmal die Führergruppe der herrschenden Partei auch als ihr unfehlbarer »Kopf« im organischen Sinne angesehen werden muß.

Die große Wendung seit 1921

Als Bucharin im Jahre 1921 sein Buch über den historischen Materialismus niederschrieb, hatte in Rußland neben der Parteidiktatur noch eine andere Abweichung von der internationalen marxistischen Geschichtsphilosophie begonnen. Im selben Jahr 1921 rang sich Lenin zu der Auffassung durch, daß die russische Revolution für absehbare Zeit eine Hilfe von auswärts nicht zu erwarten habe. Deshalb müsse Rußland versuchen, mit seinen eigenen Mitteln weiterzukommen. Auf dem Gebiet des russischen Wirtschaftslebens trat Lenin jenen Rückzug an, der in der Geschichte als die Neue Wirtschaftspolitik Sowjetrußlands weiterlebt. An Stelle des absoluten Kriegskommunismus trat eine neue Wirtschaftsform, die einen gemischten Charakter zeigte. Die Elemente der Staatswirtschaft wurden mit Zugeständnissen an die selbständigen Bauern und an den freien Handel kombiniert.

Diese Wendung in der sowjetrussischen Politik mußte auch auf das offizielle Geschichtsbild ihre Rückwirkung ausüben. Im Mai 1923 veröffentlichte Lenin in der »Prawda« einen Artikel[9], in dem er die Geschichte des sogenannten Genossenschaftssozialismus verfolgt. Lenin schreibt: »Worin besteht das Phantastische in den Plänen der alten Genossenschaftler, angefangen von Robert Owen? Darin daß sie von der friedlichen Umwandlung der heutigen Gesellschaft in eine sozialistische träumten; ohne solche Grundfragen, wie die Frage des Klassenkampfes, der Eroberung der politischen Macht durch die Arbeiterklasse, des Sturzes der

---

[9] Lenin, Über das Genossenschaftswesen, Berlin 1925, 102.

Herrschaft der Ausbeuterklasse in Betracht zu ziehen.« Deshalb
wäre die frühere Kritik, welche die Bolschewiki an dem Genossenschaftssozialismus übten, berechtigt gewesen. Es war eine romantische Phantasie, zu glauben, daß man durch einfache Einführung
von Genossenschaften die Klassenfeinde in friedliche Mitarbeiter,
und den Klassenkampf in den Klassenfrieden, verwandeln könnte.

»Aber betrachten wir nun, wie die Sache sich jetzt geändert hat,
da die Staatsmacht sich bereits in den Händen der Arbeiterklasse
befindet, da die politische Macht der Ausbeuter gestürzt ist, und
alle Produktionsmittel außer jenen, die der Arbeiterstaat auf eine
Zeit den Ausbeutern freiwillig und bedingt als Konzessionen über-
läßt, der Arbeiterklasse gehören. Jetzt haben wir das Recht, zu sagen, daß das Wachsen des Genossenschaftswesens für uns, unter
dem oben erwähnten »kleinen« Vorbehalt, gleichbedeutend ist mit
dem Wachsen des Sozialismus. Gleichzeitig müssen wir eine
grundlegende Änderung unserer ganzen Einstellung zum Sozialismus zulassen. Diese grundlegende Änderung besteht darin, daß
wir früher das Hauptgewicht auf den politischen Kampf, auf die
Revolution, auf die Eroberung der Macht legten und legen mußten. Jetzt aber muß das Hauptgewicht auf die friedliche organisatorische kulturelle Arbeit verlegt werden. Ich möchte sagen, der
Schwerpunkt geht bei uns auf die Kulturarbeit über, abgesehen
von den internationalen Beziehungen, wo ein Hauptgewicht auf
der Pflicht beruht, unsere Position im internationalen Maßstabe
zu verteidigen.«

Lenins schlichte Sätze enthalten tatsächlich eine vollständige
Umwälzung in dem Geschichtsbilde des Bolschewismus, wie es
seit zwanzig Jahren gültig war. Bisher hatten die Bolschewiki stets
den Imperialismus als die Krönung der gesamten kapitalistischen
Geschichtsepoche angesehen. Der Imperialismus erzeugt mit Na-
turwendigkeit den Weltkrieg und die Weltrevolution. In Rußland
hat die Erhebung der unterdrückten Massen begonnen, und von
Land zu Land muß die Bewegung siegreich fortgehen, bis die internationale Gesellschaft des Sozialismus überall den Kapitalismus
abgelöst hat. Im Rahmen einer solchen Geschichtsauffassung war
die russische Revolution weiter nichts als eine Episode, wenn auch
eine wichtige. Es soll hier nicht untersucht werden, wieweit im
Bolschewismus schon von Anfang an, neben der internationalen
marxistischen Linie der Geschichtsphilosophie, auch andere Nebentendenzen vorhanden waren. In den maßgebenden Äußerun-

gen Lenins und seiner Mitarbeiter von 1903 bis 1921 treten diese Nebentendenzen nicht hervor.

Nach der Wandlung, die sich in der russischen Politik und Wirtschaftsordnung seit 1921 vollzog, sieht indessen das Geschichtsbild wesentlich anders aus. Nach wie vor erscheint der Imperialismus als die Krönung der kapitalistischen Entwicklung. Das Resultat des Imperialismus ist der Weltkrieg. Aber auf den Weltkrieg folgt nicht die allgemeine Revolution, sondern nur eine einzige örtliche Revolution in Rußland. Wann entsprechende Revolutionen auch in den übrigen kapitalistischen Ländern ausbrechen würden, darüber wagen die Bolschewiki nach 1921 kein Urteil mehr. Für ihre praktische Politik sehen sie nunmehr auf die russische Revolution als eine isolierte Erscheinung. Die russische Revolution muß sich gegen das Ausland verteidigen. Das neue Rußland muß innerhalb der kapitalistischen Welt zu leben suchen. Die einzige internationale Aufgabe, die Lenin in dem oben zitierten Artikel seiner Partei und der Sowjetunion zuweist, ist nur noch »unsere Position im internationalen Maßstab zu verteidigen«.

Innerhalb von Rußland selbst, muß jetzt das Schwergewicht der bolschewistischen Arbeit auf den kulturellen Aufbau gelegt werden. Die Minderheit der Bevölkerung Rußlands wohnt in den Städten, die Mehrheit auf dem Lande. So gewinnt innerhalb des isolierten russischen Staates die Bauernfrage eine immer höhere Bedeutung. Es ist Lenins Plan, allmählich die Bauern in Genossenschaften zu organisieren. Wenn einmal das Ziel erreicht ist, wenn die russische staatliche große Industrie mit einer genossenschaftlichen Gliederung der Volksmassen kombiniert werden kann, dann ist nach der Überzeugung des alten Lenin in Rußland der Sozialismus durchgeführt. Es ist nicht unsere Aufgabe, in diesem Zusammenhang nachzuprüfen, wieweit die Weltanschauung Lenins in der letzten Zeit seines Lebens, hervorgegangen aus schmerzlichen Enttäuschungen und aus der Notwendigkeit des Rückzuges, mit der marxistischen Lehre von der Revolution und vom Sozialismus übereinstimmt. Deutlich ist, wie Lenin jetzt an den vormarxistischen Genossenschaftssozialismus anknüpft, wenn er auch stets den Unterschied hervorhebt, daß die neuen genossenschaftlichen Experimente in Sowjetrußland *nach* Eroberung der politischen Macht versucht würden. Zugleich bedeutet Lenins Wendung, was er nicht zugibt, auch eine Rückkehr zu den geschichtsphilosophischen Gedanken seiner alten Feinde, der Narodniki, die stets ver-

sichert hatten, daß Rußland seine eigentümlich nationale Form
des »Sozialismus« mit Hilfe der bäuerlichen Genossenschaft verwirklichen werde.

Wenn die Weltanschauung Lenins in den letzten Jahren seines
Lebens die Sowjetunion als ein isoliertes Gemeinwesen innerhalb
der kapitalistischen Umkreisung ansieht, und wenn gleichzeitig
Rußland, aus seinen eigenen Kräften und anknüpfend an die vorhandenen russischen Tatsachen, seine neue Gesellschaft aufzubau-
en hat, dann ist zugleich der Ausgangspunkt der offiziellen bolschewistischen Geschichtsphilosophie völlig verschoben. Die Basis
liefert jetzt nicht mehr die internationale Arbeiterbewegung, sondern die historische russische Gesellschaft. Der Aufbau des Sozialismus in Rußland ist jetzt nicht mehr ein Glied in der Kette der
internationalen Revolution, sondern es ist ein neuer Abschnitt in
der Entwicklung des russischen Volkes allein.

Man kann gar nicht genug ermessen, wie radikal das bolschewistische Geschichtsbild durch den Rückzug seit 1921 verändert
worden ist. Es sei noch einmal hier ein Beispiel der älteren Auffassung wiedergegeben, weil wir hier vielleicht die klassische Formulierung der bolschewistischen Geschichtsidee vor 1921 finden.
Bucharin verfaßte 1917 eine kleine Skizze der russischen Revolutionsgeschichte[10]. In der Einleitung versichert er, daß der endgül-
tige Sieg der russischen Revolution ohne Sieg der internationalen
Revolution undenkbar ist: »Der Sieg des Sozialismus ist der einzige Ausweg für die zerfleischte und verblutende Welt. Ein dauer-
hafter Sieg des russischen sozialistischen Proletariats ist aber ohne
die proletarische Revolution in Europa unmöglich.« Marx schrieb
einst vom Frankreich der Jahre 1848–50: »Die Aufgabe der sozialistischen Umwälzung wird nicht in Frankreich gelöst, sie wird in
Frankreich proklamiert. Sie wird nirgendswo innerhalb der nationalen Wände gelöst. Die Lösung beginnt erst in dem Augenblick,
wo durch den Weltkrieg das Proletariat an die Spitze des Volkes
getrieben wird, das den Weltmarkt beherrscht, an die Spitze Englands.« Mutatis mutandis ist das auch für den heutigen Tag gültig.
Das russische Proletariat könne seine Aufgabe innerhalb Rußlands auch nur »proklamieren«, aber niemals »innerhalb der nationalen Wände« lösen. Hier stößt die Arbeiterklasse auf eine un-

---

[10] Bucharin, Der Klassenkampf u. die Revolution in Rußland, Berlin 1920 3 f.

überwindliche Mauer, welche nur durch den Ansturm der internationalen Arbeiterrevolution durchbrochen werden kann.

Stalins Geschichtsauffassung

Erst allmählich haben die vereinzelten Bemerkungen, die Lenin
in der letzten Zeit seines Lebens machte, auch wirklich die bolschewistische Staats- und Geschichtslehre umgewandelt. Die große
theoretische Veränderung kam dadurch in Rußland zum Siege,
daß Stalin sie zur leitenden Idee seines persönlichen Systems erhob. Es wurde das leitende Dogma des Stalinismus, daß der Aufbau des Sozialismus in einem einzigen Lande, also in Rußland allein, möglich ist. Wenn man die Äußerungen Stalins auf dem Gebiete der Gesellschafts- und Geschichtstheorie von 1924 bis zur
Gegenwart verfolgt, so muß man feststellen, daß er in allen wesentlichen Punkten sich selbst treu geblieben ist. In allen entscheidenden Fragen denkt Stalin heute genauso wie vor 15 Jahren.
Nur hat er im Laufe der Entwicklung immer hellere Lichter auf
das Gemälde gesetzt, und die enormen Konsequenzen der bolschewistischen Wendung sind von Jahr zu Jahr klarer geworden.

Stalin bemüht sich, soweit als möglich, den neuen Inhalt der
bolschewistischen Geschichtsauffassung mit den alten Formeln
auszudrücken, und auch in den früheren Lebensabschnitten Lenins
Äußerungen festzustellen, die als Rechtfertigung des Stalinismus
gebraucht werden können. Seine eigene Revolutionstheorie legt
Stalin folgendermaßen dar[11]: Wo wird die Revolution beginnen?
In welchem Lande kann am ehesten die Front des Kapitals durchbrochen werden? Dort, wo die Industrie am entwickeltsten ist, wo
das Proletariat die Mehrheit bildet, wo mehr Kultur, mehr Demokratie ist, so wurde früher gewöhnlich geantwortet. Aber Stalin
bestreitet das. Die Front des Kapitalismus wird dort zuerst durchbrochen, wo die Kette des Imperialismus am schwächsten ist. Es
kann sich dabei ergeben, daß jenes Land, das die Revolution begonnen und die Front des Kapitals zuerst durchbrochen hat, kapitalistisch weniger entwickelt ist, als andere Länder, in denen noch
die kapitalistische Ordnung besteht. Warum siegte 1917 die Revolution in Rußland? Weil sich in Rußland die gewaltigste Volksre-
volution entfaltete, an deren Spitze ein revolutionäres Proletariat

---

[11] Stalin, Probleme des Leninismus, Wien 1926, 89 f., 109 f., 196, 253.

marschierte, das einen so ernstzunehmenden Bundesgenossen hatte, wie die nach vielen Millionen zählende, vom Gutsbesitzer ausgebeutete und unterdrückte Bauernschaft, weil dort der proletarischen Revolution ein so ekelerregender Vertreter des Imperialismus gegenüberstand, wie der Zarismus es war, dem jedes moralische Gewicht fehlte, und der sich den allgemeinen Haß der Bevölkerung zuzog. In Rußland erwies sich die Kette am schwächsten, obgleich es kapitalistisch weniger entwickelt war, als etwa Frankreich oder Deutschland, England oder Amerika.

Gewiß sind die Tatsachen, die Stalin hier anführt, vom Standpunkt der historischen Analyse aus gesehen, durchaus richtig. Aber was bedeutet der besondere Akzent, den Stalin hier grade diesen historischen Faktoren verleiht? Es bestreitet zwar nicht die internationalen Ursachen der russischen Revolution, wie sie sich aus der Weltentwicklung des Imperialismus ergaben. Aber die entscheidenden Gründe der russischen Revolution lagen nach Stalin in der speziellen russischen Geschichte, und es ist durchaus möglich, daß in Rußland die siegreiche Revolution allein bleibt, während in den fortgeschrittenen kapitalistischen Ländern die alte Ordnung sich erhält.

Als Stalin im Jahre 1924 die eben zitierten Sätze niederschrieb, beschäftigte er sich auch mit der Frage, wo die Kette demnächst reißen werde. Die Antwort Stalins ist überaus wunderlich: »Wieder an der Stelle, wo die Kette am schwächsten ist. Es ist nicht ausgeschlossen, daß sie vielleicht in Indien reißt. Warum? Weil wir dort ein junges, vorwärts drängendes revolutionäres Proletariat haben, das einen solchen Bundesgenossen hat, wie die nationale Befreiungsbewegung, ein unzweifelhaft großer und ernstzunehmender Bundesgenosse. Weil der Revolution dort der fremdländische Imperialismus als Gegner gegenübersteht, der jeden moralischen Kredit verlor und sich den allgemeinen Haß der unterdrückten und ausgebeuteten Massen Indiens zugezogen hat.«

Es wäre ein billiges Argument, Stalin entgegenzuhalten, daß die Revolution in Indien bisher noch nicht stattgefunden hat, denn er sprach auch nur von der Möglichkeit einer solchen Entwicklung, und die Elemente der sozialen Situation Indiens sind von Stalin zutreffend dargelegt worden. Man könnte vielleicht auch erklären, daß die Revolution in Indien in den letzten 15 Jahren nur dadurch vermieden wurde, weil die englische herrschende Schicht sich in einem fortgesetzten Rückzug befindet und immer wieder dem Angriff der indischen Nationalbewegung ausweicht. Es ist ferner richtig, daß auch Lenin für den Fortgang der Weltrevolution die Erhebung der unterdrückten Massen Asiens als unentbehrlich angesehen hat. Dennoch wirkt es sonderbar, daß Stalin 1924 die Linie der Weltrevolution über Rußland und Indien zeichnete. Sein geschichtlich-politisches Denken wendet sich von der hergebrachten marxistischen Auffassung der proletarischen Weltrevolution ab. Die Revolutionen in unserer Zeit erscheinen als eine Gruppe von nationalen Erhebungen, zunächst und vorwiegend in rückständigen Ländern. Stalin erörtert hier auch nicht die Frage, wieweit der Sieg einer indischen Revolution etwas anderes bringen könnte, als den Triumph eines nationalindischen Kapitalismus.

Im Anschluß an die Betrachtungen über Indien gesteht Stalin auch die Möglichkeit einer Revolution in Deutschland ein. Er bemerkt dazu: »Es ist auch durchaus möglich, daß die Kette in Deutschland reißen kann. Warum? Weil die, sagen wir, in Indien wirkenden Faktoren auch in Deutschland zu wirken beginnen, wobei selbstverständlich der gewaltige Unterschied im Niveau der Entwicklung dieser Länder dem Gang und dem Ausgang der Revolution in Deutschland seinen besonderen Stempel aufdrücken muß.« Mit den »indischen« Faktoren, die in Deutschland zu wirken beginnen, meinte Stalin 1924 die Unterwerfung Deutschlands durch die Entente. Grade im Jahre 1924 war in Deutschland der Dawesplan ins Leben getreten, der außerordentlich hohe Jahreszahlungen Deutschlands an die Entente festlegte, zusammen mit einem verwickelten System ausländischer Kontrollen über die deutsche Wirtschaft. Man konnte die Lage Deutschlands so auffassen, daß es zu einer Art von Kolonie des westlichen Kapitalismus geworden sei. Man konnte damit rechnen, daß in Deutschland einmal ein nationaler Widerstand gegen das Ententekapital sich erheben werde. Dann könnte in einer deutschen Revolution das Proletariat mit einer nationalen Freiheitsbewegung zusammengehen, ganz ebenso wie in Indien.

Auch diesmal läßt sich gegen die von Stalin angeführten Tatsachen kaum etwas einwenden, und auch Lenin hat stets seit 1919 die »koloniale« Situation, in die Deutschland durch den Vertrag von Versailles herabgedrückt wurde, betont und als revolutionären Faktor eingeschätzt. Dennoch ist in Stalins Analyse der deutschen Situation ein fremdes Element, ganz ebenso wie in seiner Analyse der indischen und der russischen Situation. Der Unterschied zwi-

schen Stalins Auffassung und der Auffassung der Bolschewiki vor
1921 ist der folgende: Wenn die Bolschewiki vor 1921 revolutionäre Möglichkeiten erwogen und sich allgemein über den Gang der
Weltrevolution Klarheit verschaffen wollten, dann stand immer die
internationale Arbeiterrevolution im Vordergrund. Daneben existierten auch andere helfende Faktoren, wie die russische Bauernbewegung, die indische, chinesische oder türkische Nationalbewegung, oder auch seit 1919 der nationale Widerstand in Deutschland. In Stalins Betrachtungen jedoch verflüchtigt sich die internationale Arbeiterrevolution. Dafür treten die Nebenfaktoren jetzt
selbst in den Vordergrund. In Rußland wird die nationale Bauernfrage das wichtigste Problem, in Indien die nationale Bewegung und
in Deutschland der nationale Kampf gegen die Entente. Da das
Band der Weltrevolution und der internationalen proletarischen Bewegung die einzelnen Elemente nicht mehr zusammenhält, gewinnen
diese an Selbständigkeit. Die moderne Revolutionsgeschichte löst
sich dann in eine Reihe von Episoden auf, in denen der lokale,
agrarische oder nationalistische Charakter vorherrscht. Es wäre
eine böse Konsequenz, wenn man erklären wollte, daß die von
Stalin 1924 prophezeite volkstümliche Erhebung in Deutschland
gegen die Entente sich neun Jahre später verwirklicht habe, aber
leider nicht durch einen Sieg der deutschen Arbeiterklasse, sondern durch den Amtsantritt Adolf Hitlers.

Stalin untersucht öfter in seinen Schriften das Verhältnis zwischen Proletariat, Bourgeoisie und Bauernschaft in den historischen Revolutionen Europas. Stalin erklärt, daß in den bürgerlichen Revolutionen des Westens, in England und Frankreich, in
Deutschland und Österreich die liberale Bourgeoisie die Hegemo-
nie hatte. Das Proletariat war noch so schwach, daß es keine selbständige politische Kraft darstellte. So erhielt die Bauernschaft
ihre Befreiung von der Hörigkeit nicht aus den Händen des Proletariats, sondern von der Bourgeoisie. Deshalb führte in Westeuro-
pa die Revolution zu einer gewaltigen Verstärkung des politischen
Gewichts der Bourgeoisie. In Rußland dagegen brachte die Revolution eine Schwächung der Bourgeoisie und dafür eine Stärkung
des Proletariats, und unter der Führung der Arbeiterschaft konnten die Bauern die Gutsbesitzer vertreiben und sich das Land erkämpfen.

Nach Stalin ist es notwendig, den Unterschied zwischen der
Bauernschaft der Sowjetunion und der Bauernschaft Westeuropas

zu sehen. »Die Bauernschaft, die durch die Schule dreier Revolutionen gegangen ist, die gegen Zarimus und die Bourgeoisie zusammen mit dem Proletariat in den vordersten Reihen kämpfte, die Land und Frieden aus der Hand der proletarischen Revolution erhalten hatte, und deshalb zur Reserve des Proletariats wurde – diese Bauernschaft unterscheidet sich von jener, die während der bürgerlichen Revolution zusammen mit der liberalen Bourgeoisie kämpfte, die das Land aus der Hand dieser Bourgeoisie erhielt und deshalb zur Reserve der Bourgeoisie wurde.« Stalin meint, daß unter solchen Umständen die russische Bauernschaft ein besonders dankbares Material für die ökonomische Zusammenarbeit mit dem Proletariat darstelle.

Stalin denkt dabei an die ländlichen Genossenschaften, mit deren Hilfe schon der alte Lenin die Bauern auf den Weg des Sozialismus bringen wollte. Es läßt sich jedoch nicht leugnen, daß Stalin sich hier immer mehr der Romantik der Narodniki annähert, die da meinten, daß die russischen Bauern keine gewöhnlichen Bauern seien, wie die Agrarier der andern Länder, sondern daß sie den Keim des Sozialismus in sich trügen. Marx hat selbst jederzeit ein Bündnis der Arbeiter mit den Bauern dringend empfohlen. Aber das Resultat eines solchen Bündnisses kann nur eine demokratische Republik sein, denn der Bauer, auch wenn er ein taktisches Bündnis mit den sozialistischen Arbeitern schließt, bleibt ein kleiner Besitzer, ist also kein Sozialist. Erst seit ihrem großen Rückzug versuchen die Bolschewiki sich an den Gedanken zu gewöhnen, daß eine bäuerliche Genossenschaft nicht eine Genossenschaft von Kleinbesitzern, sondern ein Schritt zum Sozialismus sei. Wenn Stalin die internationale Arbeiterrevolution aus dem Bereich praktischer Politik ausstreicht, aber dafür den russischen Arbeitern empfiehlt, zusammen mit den russischen Bauern den Sozialismus aufzubauen, so kann dies nicht mehr der allgemeine und internationale proletarische Sozialismus sein, sondern nur noch ein spezieller nationalrussischer Sozialismus, der infolgedessen seine Basis in der nationalen russischen Geschichte zu suchen hat.

Stalin hat zwar niemals den Begriff der Weltrevolution ganz abgelehnt, aber er erklärt, die Epoche der Weltrevolution sei eine ganze strategische Periode, die eine ganze Reihe von Jahren, vielleicht sogar Jahrzehnten umfaßt. Die Revolution entwickele sich gewöhnlich nicht in einer geraden, aufsteigenden Linie, sondern in einer Zickzacklinie, durch Anriffe und Rückzüge, durch Auf- und

Abstieg. 1925 meinte Stalin, daß in der Welt eine doppelte Stabilisierung sich vollziehe, eine vorübergehende Stabilisierung des Kapitalismus und die Stabilisierung der Sowjetordnung in Rußland.
Ein gewisses Gleichgewicht zwischen diesen zwei Stabilisierungen,
das ist der Charakterzug der gegenwärtigen internationalen Lage:
Also das stabile Sowjetrußland innerhalb des, wenigstens vorübergehend, stabilen internationalen Kapitalismus.

Soweit hat sich Stalin von der älteren Theorie der bolschewistischen Weltrevolution entfernt.

Peter der Große und Alexander Newski

Die Sowjetregierung bemüht sich, die nationale Kultur der verschiedenen zum russischen Bundesstaat gehörigen Völker zu fördern. Über diese Aufgabe spricht sich Stalin in überaus bemer-
kenswerter Weise aus: »Was heißt nationale Kultur? Wie läßt sie
sich mit der proletarischen Kultur vereinbaren? Hat denn nicht
Lenin bereits vor dem Kriege gesagt, daß wir zwei Kulturen haben, eine bürgerliche und eine sozialistische, daß die Losung der
nationalen Kultur eine reaktionäre Losung der Bourgeoisie ist, die
danach strebt, das Klassenbewußtsein der Werktätigen durch Nationalismus zu vergiften. Wie läßt sich der Aufbau der nationalen
Kultur ... mit dem Aufbau des Sozialismus, dem Aufbau der proletarischen Kultur vereinbaren, besteht da nicht ein unüberbrück-
barer Widerspruch?«

Stalin verneint diesen Widerspruch. Er erklärt, in Rußland werde die proletarische Kultur gebaut, aber die proletarische Kultur
nehme bei den verschiedenen Völkern auch verschiedene Methoden und Ausdrucksformen an, je nach dem Unterschied der Sprache und der Lebensweise. »Proletarisch ihrem Inhalt nach, national ihrer Form nach, das ist die allgemein menschliche Kultur, der
der Sozialismus entgegengeht. Die proletarische Kultur hebt die
nationale Kultur nicht auf, sie gibt ihr vielmehr den Inhalt. Und
umgekehrt die nationale Kultur hebt die proletarische Kultur nicht
auf, sondern gibt ihr die Form. Die Losung der nationalen Kultur
war eine bürgerliche Losung, solange die Bourgeoisie an der
Macht war und die Konsolidierung der Nationen unter der Ägide
des bürgerlichen Regimes verlief. Die Losung der nationalen
Kultur wurde zu einer proletarischen Losung, als das Proletariat
die Macht übernahm und die Konsolidierung der Nationen sich zu

vollziehen beginnt unter der Ägide der Sowjetmacht.«

Es ist zweifelhaft, ob sich eine solche starre Scheidung zwischen Inhalt und Form auf dem Boden des dialektischen Materialismus überhaupt aufrechterhalten läßt. Hegel in seiner »Logik« hat diesen Unterschied unbedingt verworfen. Ein bestimmter Inhalt schafft sich auch die notwendige Form, und eine bestimmte Form gehört zu dem ihr eigentümlichen Inhalt. Wenn in einer Gesellschaftsordnung Inhalt und Form nicht übereinstimmen, so ist dahinter irgendein organischer Fehler verborgen. So sagte man z. B., daß die Deutsche Republik nach 1918 in ihrem Inhalt wertvoll und fortschrittlich gewesen sei, daß aber leider die Führer der Republik nicht fähig gewesen seien, nach außenhin in der nötigen kräftigen Weise zu repräsentieren d. h. die rechte Form zu finden. In Wirklichkeit war die mangelhafte Form der Deutschen Republik nur der Ausdruck ihrer inneren Schwäche. Wenn also Stalin erklärt, daß in der Sowjetunion, bei den Russen so gut wie bei den andern Völkern, die proletarische Kultur in der gegebenen »nationalen Form« auftreten müsse, so vertritt er damit eine bestimmte, ihm eigentümliche, der älteren Geschichte des Bolschewismus entgegengesetzte Auffassung.

Die »Form« einer nationalen Kultur ist das Produkt einer langen historischen Entwicklung, und wenn Stalin den proletarischen Inhalt in diese historische nationale Form hineingießen will, so ist das Resultat weiter nichts als eine neue Etappe der historischen nationalen Kultur. Die Führung der nationalen Kultur, die früher dem Adel oder dem Bürgertum zufiel, geht jetzt auf die regierende Bürokratie des Bolschewismus, und auf die von der Sowjetregierung herangebildete neue Intelligenz über. Auf jeden Fall ist damit die Brücke vom Bolschewismus zur historischen russischen Nationalkultur gebaut.

Unter solchen Umständen mußte der Stalinismus eine andere Haltung gegenüber der historischen russischen Vergangenheit einnehmen, als es dem älteren Bolschewismus möglich war. Gewiß rühmt auch der Stalinismus die Errungenschaften der Oktoberrevolution. Er fühlt sich solidarisch mit den Helden der Revolution von 1905 und mit all den Kämpfern, die im Laufe des 19. Jahrhunderts sich im Namen des Volkes in Rußland gegen den Zaren erhoben. Wenn daher der Stalinismus genauso wie der ältere Bolschewismus die zaristische Reaktion des 19. Jahrhunderts scharf verurteilt, so ist er doch weit davon entfernt, in der ganzen Reihe

der Zaren aus dem Hause Romanow eine Serie von »reißenden
Tieren« zu erblicken. Schon in einer Rede am 19. November 1928
bekannte Stalin seine Solidarität mit Peter dem Großen[12]: »Die
technisch-wirtschaftliche Rückständigkeit unseres Landes wurde
nicht von uns erfunden. Diese Rückständigkeit ist eine jahrhundertealte Rückständigkeit, die wir von der ganzen Geschichte unseres Landes als Erbe mitbekommen haben. Sie, diese Rückständigkeit, war auch früher in der vorrevolutionären Periode als Übel
fühlbar, und blieb es auch später in der Periode nach der Revolution. Als Peter der Große, der mit den entwickelteren Ländern des
Westens zu tun hatte, fieberhaft Fabriken und Werke baute, um
die Armee zu versorgen, und die Verteidigungsfähigkeit des Landes zu steigern, war dies ein eigenartiger Versuch, aus dem Rahmen dieser Rückständigkeit hinauszuspringen. Es ist jedoch ganz
natürlich, daß keine der alten Klassen weder die feudale Aristokratie noch die Bourgeoisie imstande war, die Aufgabe der Liqui-
dierung dieser Rückständigkeit unseres Landes zu lösen. Noch
mehr, diese Klassen konnten nicht nur diese Aufgabe nicht lösen,
sie waren nicht einmal fähig, sie in befriedigender Form zu stellen.
Die jahrhundertealte Rückständigkeit unseres Landes kann nur
auf der Grundlage eines erfolgreichen sozialistischen Aufbaus liqui-
diert werden. Nur das Proletariat, das seine Diktatur errichtet hat,
und das die Führung des Landes in seinen Händen hält, kann sie
liquidieren.«

Stalin sieht in der Geschichte des Hauses Romanow nicht nur
die Unterdrückung der russischen Volksmassen, sondern auch eine
bestimmte kulturelle Aufgabe, die russische Gesellschaft und Produktion zum Niveau Westeuropas emporzuheben. Peter der Große hat diese Aufgabe mit außerordentlicher Energie angefaßt,
aber die volle Lösung ist weder ihm noch seinen Nachfolgern gelungen, sie blieb den Bolschewiki vorbehalten. Es ist vielleicht die
beste Definition des Bolschewismus, nachdem er sich von der proletarischen Weltrevolution loslöste, wenn man in ihm eine Methode erblickt, um die historische Rückständigkeit Rußlands zu überwinden. Freilich konnte diese Aufgabe im 20. Jahrhundert nicht
mehr durch den gewöhnlichen bürgerlichen Kapitalismus, sondern
nur durch eine besondere nationalrussische Form des Staatskapita-
lismus gelöst werden.

---

[12] Stalin, Probleme des Leninismus, Zweite Folge, Wien 1929, 248.

In den letzten Jahren hat die bolschewistische Regierung unter Führung Stalins mit allen Mitteln den russischen Patriotismus gepflegt. Die Armee wurde in den Mittelpunkt der staatlichen Arbeit gestellt. Die Pflicht der Landesverteidigung wurde allen Schichten des Volkes klargemacht. Da ergibt sich die Anknüpfung an die russische Geschichte von selbst. Heute erkennt der Bolschewismus alle Persönlichkeiten und Erscheinungen der russischen Vergangenheit an, zunächst wenn sie dem technischen und ökonomischen Fortschritt des Landes dienten, und ferner wenn sie die Unabhängigkeit des russischen Volkes gegen das Ausland verteidigten. Der Bolschewismus erkennt jetzt z. B. in der Machtübernahme durch die Romanows, vor 300 Jahren, die erfolgreiche Abwehr der polnischen Fremdherrschaft über Moskau.

Das Geschichtsbild, das der Stalinismus heute vertritt, kann man am besten aus den großen historischen Filmen erkennen, die von der Sowjetregierung hergestellt und daheim wie im Ausland gezeigt werden. Im vorigen Jahr ging ein technisch und künstlerisch hervorragender Sowjetfilm über »Zar Peter« durch die Welt. Es ist bemerkenswert, daß in diesem offiziellen Film, der vom Anfang bis zum Ende nach den Weisungen der Regierung hergestellt wurde, alle Handlungen Peters des Großen unbedingt gebilligt werden. Zar Peter verteidigt Rußland gegen die Schweden, er modernisiert Heer und Flotte, er unterrichtet das Volk, er führt die europäische Technik ein. Peters Kampf gegen die Kirche wird im Geiste der bürgerlichen Aufklärung geschildert, mit einer charakteristischen Szene, wenn der Zar den Mönchen befiehlt, Schützengräben anzulegen, das Beten würde er, Peter, allein besorgen! Auf der Suche nach patriotischen Helden gehen indessen die Sowjetfilme noch viel weiter in die Vergangenheit zurück. Der neueste Held des Sowjetkinos ist der Großfürst Alexander Newski, der im 13. Jahrhundert siegreich gegen den deutschen Ritterorden kämpfte.

Die historischen Vorbilder, an denen die russische Jugend sich schulen soll, sind jetzt neben Stalin und Lenin auch Peter der Große und Alexander Newski. Welch eine Entwicklung des Bolschewismus, seit Sinowjew mit Billigung Lenins, seinen Satz von den »reißenden Tieren aus dem Hause Romanow« niederschrieb! Es ist kein Zufall, daß Sinowjew erst aus dem Leben gehen mußte, ehe Stalins neues nationalrussisches Geschichtsbild innerhalb des Bolschewismus den Sieg errang.

III. HISTORISCH-POLITISCHE PUBLIZISTIK

7. Treitschke und die Juden

Zur Soziologie der deutschen akademischen Reaktion

Die Frage der deutschen Universitätsreform steht seit 1918 auf der Tagesordnung. Das allermeiste ist auf diesem Gebiet auch heute [1930] noch zu tun. Es handelt sich dabei nicht allein um die organisatorische Umgestaltung der Hochschulen, so ungeheuer wichtig sie ist, sondern ebenfalls um die geistige Auseinandersetzung der Sozialisten und Republikaner mit den Gegnern von »rechts«, die sie auf akademischem Boden immer noch so zahlreich finden. Diese Gegner, so verschieden sie im Einzelfalle auftreten mögen, werden im Grunde alle von einer und derselben Ideologie beherrscht. Es ist die Geistesrichtung, deren klassischer Vertreter schon vor 50 Jahren Heinrich von Treitschke gewesen ist.

Treitschke als Historiker und seine Schule der Geschichtsauffassung ist in letzter Zeit oft und erfolgreich kritisiert worden. Aber die Quellen seiner Ideologie sind noch nicht genügend erforscht. Auf den folgenden Seiten soll versucht werden, die soziologische Erklärung Treitschkes und seiner Richtung zu fördern.

Die rechtsradikale Haltung vieler deutscher Akademiker wird heute meistens aus dem Niedergang der Mittelklassen durch Krieg und Inflation erklärt, ferner durch die Furcht der Studenten, alte Privilegien an die neuen Schichten abtreten zu müssen, die seit der Revolution hochkommen. Beides ist im gewissen Sinne richtig. Aber es hat nur zur Verschärfung einer Tendenz im deutschen Akademikertum beigetragen, die als solche viel älter ist. So hat der deutsche Universitätsantisemitismus, der für die gegenwärtigen Verhältnisse so typisch scheint, seine klassische Prägung bereits 1879 und 1880 empfangen, in den berühmten Aufsätzen, die Treitschke in den »Preußischen Jahrbüchern« zur Judenfrage schrieb. In keiner anderen Schrift der Vor- und Nachkriegszeit hat die geistige Haltung der deutschen Hochschulreaktion einen so glänzenden Ausdruck gefunden wie in jenen 30 Druckseiten Treitschkes (»Ein Wort über unser Judentum«, 4. Aufl., Berlin 1881). Aber nirgends liegen auch die Karten des Spiels für den soziologischen Kritiker so offen da. Ein interessantes Gegenstück ist

Theodor Mommsens Erwiderung auf Treitschkes Judenbroschüre. Das ist die Antwort des Teils der deutschen Akademiker, die beim Liberalismus bleiben wollten, an die Abmarschierenden.

Treitschke verlangt in seiner Polemik von den deutschen Juden eigentlich sehr wenig. Sie sollen sich entschließen, rückhaltlos »Deutsche zu werden«, und sie sollen das christliche und germanische Wesen achten und nicht herabsetzen. Das ist ein scheinbar sehr harmloses Programm. Aber im Grunde will Treitschke etwas ganz anderes: Er will im Gegensatz zu der Geistesart, die er jüdisch-deutsche »Mischkultur« nennt, den Boden für seine eigene politische und gesellschaftliche Weltanschauung bereiten. Immer wieder bekennt sich Treitschke zu dem positiven Christentum und betont, daß die deutsche Gesellschaft eine »christliche« sei und sein müsse.

Hören wir Treitschke selbst: »Mit jedem Schritte, den ich in der Erkenntnis der vaterländischen Geschichte vorwärts tue, wird mir klarer, wie fest das Christentum mit allen Fasern des deutschen Wesens verwachsen ist ... Christliche Gedanken befruchten unsere Kunst und Wissenschaft, christlicher Geist lebt in allen gesunden Institutionen unseres Staates und unserer Gesellschaft ... Man stelle sich nur vor, daß die Hälfte unseres Volkes sich vom Christentum lossagte; kein Zweifel, die deutsche Nation müßte zerfallen, alles was wir Deutsch nennen, ginge in Trümmer ... Wir haben uns durch die großen Worte von Toleranz und Aufklärung verleiten lassen zu manchen Mißgriffen im Schulwesen, welche die christliche Bildung unserer Jugend zu schädigen drohen, und beginnen jetzt endlich einzusehen, daß die Simultanschulen auf der niedrigsten Stufe des Unterrichts nur ein leidiger Notbehelf sein können ... Es ist die Pflicht des Staates, scharf darüber zu wachen, daß unseren Schulkindern nicht unter dem Aushängeschild der Duldsamkeit die Gleichgültigkeit gegen die Religion anerzogen werde ... Vor allem andern aber hat die unglückliche Zerfahrenheit unseres kirchlichen Lebens, die Spottsucht und der Materialismus so vieler Christen den jüdischen Übermut großgezogen ... Die Zeit wird kommen, und sie ist vielleicht nahe, da die Not uns wieder beten lehrt, da die bescheidene Frömmigkeit neben dem Bildungsstolze wieder zu ihrem Rechte gelangt.«

In der Polemik gegen Mommsen schreibt Treitschke: »Mommsen geht mit einigen gleichgültigen Worten über den religiösen Gegensatz hinweg. Ich stehe anders als er zu dem positiven Christen-

tum. Ich glaube, daß unser tief religiöses Volk durch die reifende
Kultur zu einem reineren und kräftigeren kirchlichen Leben zu-
rückgeführt werden wird, und kann daher die Schmähungen der
jüdischen Presse gegen das Christentum nicht mit Stillschweigen
übergehen.« Die Frage ist nun, was Treitschke unter dem Christentum versteht, für das er kämpft. Das Christentum als gesell-
schaftlicher Begriff ist durchaus nicht eindeutig. So war die englische bürgerliche Gesellschaft der Zeit Treitschkes völlig vom Christentum erfüllt, und sie ist es noch heute. Aber das englische evangelische Christentum ist nicht das evangelische Christentum
Treitschkes. Dabei ist der dogmatische Unterschied zwischen dem
Luthertum und der englischen Staatskirche in diesem Zusammenhang unwesentlich.

Lord Bryce, der berühmte englische Zeitgenosse Treitschkes,
hat in seinem Buch über die moderne Demokratie den Sieg der
parlamentarisch-demokratischen Staatsform als die Vollendung
des Evangeliums Christi auf Erden aufgefaßt. Es bedarf nicht vieler Worte, um festzustellen, daß Treitschke und seine Schule in
Deutschland ihr Christentum anders deuten. Treitschke sagt: »Am
letzten Ende führt jede schwere soziale Frage den ernsten Betrach-
ter auf die Religion zurück ... Unbestreitbar hat das Semitentum
an dem Lug und Trug, an der frechen Gier des Gründerunwesens
einen großen Anteil, eine schwere Mitschuld an jenem schnöden
Materialismus unserer Tage, der jede Arbeit nur noch als Geschäft
betrachtet und die alte gemütliche Arbeitsfreudigkeit unseres Volkes zu ersticken droht.«

Also Treitschke ist für »bescheidene Frömmigkeit« und gegen
Bildungsstolz, gegen Spottsucht und gegen »Materialismus«, er ist
für die »alte gemütliche Arbeitsfreudigkeit« der vorkapitalistischen
Zeit und gegen das Geschäftemachen als Selbstzweck. Mit anderen Worten: Treitschke versteht unter »deutschem Christentum«
die Ablehnung des bürgerlichen Geistes, und er haßt den Juden
als die auffälligste Verkörperung des deutschen bürgerlichen Menschen.

Es ist ja eine bekannte geschichtliche Tatsache, daß die Reichs-
gründung durch Bismarck und Wilhelm I. eine schwere seelische
Krise des deutschen liberalen Bürgertums mit sich brachte. Die
ungeheuren Erfolge des preußischen Staatsapparates und vor allem des preußischen Offizierskorps auf dem nationalen Gebiet
nahmen dem Bürgertum den Glauben an sich selbst. So ist es be-

greiflich, daß zunächst die Hilfstruppen des Bürgertums aus akademischen und intellektuellen Kreisen zu einem großen Teil abschwenkten. Den äußeren Anlaß bietet gerade in den Jahren 1879 bis 1881 der taktische Konflikt Bismarcks mit den Liberalen in der Frage der Schutzzölle und der Parlamentarisierung Deutschlands. Gerade in denselben Jahren, in denen Bismarck den Kampf gegen seine alten liberalen Freunde entfesselte, hat Treitschke seine Aufsätze gegen die Juden veröffentlicht.

Treitschke und die Akademiker, die so denken wie er, verachten jetzt die Gier nach Geldverdienen, den »Materialismus« und den »Wucher« des modernen Bürgertums. Sie wollen auch von der kritischen Stellungnahme des Bürgertums, und erst recht des sozialistischen Proletariats zu den überlieferten Werten in Staat, Religion und Moral nichts mehr wissen. Damit sagt sich die Treitschke-Schule von all den großen Errungenschaften des deutschen Geistes seit Lessing los. Der Versuch, Lessing und Goethe, Kant und Hegel auf die Linie Treitschkes zu bringen, muß zu krampfhaften Entstellungen führen, von denen z. B. die Geschichte der deutschen »Goethegesellschaft« manches Beispiel bietet. Der Akademiker der Richtung Treitschke schüttelt das bürgerliche Gesellschaftsideal ab und strebt ein neues adliges Lebensideal an, als dessen Vorbild ihm das preußische Offizierskorps vorschwebt. Der adlige Mensch schachert und wuchert nicht, sondern er tut gehorsam seinen Dienst für Kaiser und Vaterland. Er spottet nicht, sondern glaubt. Er wahrt Zucht und Sitte in Haus und Familie wie in Gemeinde und Staat.

Treitschke wirft immer wieder den Juden vor, daß sie das Deutschtum und Christentum verspotten, und er nennt dabei besonders die angeblich von Juden beherrschten liberalen Zeitungen, die »Frankfurter Zeitung« und den »Börsen-Courier«. Es ist eine phantastische Anschuldigung, daß die große liberale Presse – mögen ihre Redakteure Juden oder Christen sein – jemals das deutsche Volk oder die christliche Lehre verspottet hätte. Aber Treitschke versteht unter »Deutschtum« und »Christentum« weiter nichts als eine eigene aristokratisch-kirchliche Weltanschauung, wie er sie seit 1879 vertritt, und er betrachtet jede kritische oder liberale Äußerung über Staat und Religion als Beleidigung.

Dieses neue aristokratische Lebensideal des deutschen Akademikers war im Grunde ganz unnatürlich. Es fordert ein ungeheures Opfer des Intellekts, nämlich den Verzicht auf kritisches Denken

über die Grundfragen der Erkenntnis, ebenso den Verzicht auf
Kritik an dem überlieferten preußisch-deutschen Staat. Die neue
akademische Aristokratie fühlte sich innerlich unsicher, darum
war sie von Anfang an so reizbar und so polemisch. Treitschke
und seine Gesinnungsfreunde schlagen deshalb so wild auf den Juden los, weil sie sich so von dem »Juden« befreien wollen, der in
ihnen selbst steckt. Treitschke war doch selbst lange Jahre ein liberaler Journalist und Abgeordneter gewesen. Er war nicht besser
gewesen als der »Jude« Lasker. Jetzt hatte er sich von Laskers
Fraktion und Weltanschauung getrennt, und nun war es ihm ge-
fühlsmäßig wichtig, die Kluft, die ihn von Lasker schied, so tief
zu machen wie nur möglich. Der deutsche Jude war seinem ganzen Wesen nach der Antipode des militärisch-aristokratischen und
des kleinbürgerlich-christlichen Lebensideals. Er war der Bürger
an sich. Je mehr man sich in Leidenschaft und Zorn vom Juden
trennte, je mehr man sich bemühte, in Wort und Schrift möglichst
unjüdisch aufzutreten, um so sicherer war man selbst vor Rückfäl-
len in den bürgerlich-liberalen Sündenfall.

Der Antisemitismus der deutschen Akademiker vor dem Weltkrieg ist durchaus von dem wirtschaftlichen Antisemitismus zu
scheiden, der in derselben Zeit in Deutschland bei den Mittelklassen auftaucht. Die Gründerjahre mit ihrem Überhandnehmen der
Großbetriebe in Industrie und Handel und ihrem Spekulationsfie-
ber reizten die kleinbürgerlichen Schichten zur Abwehr. Sie fühlten sich durch das Kapital in ihrer Existenz gefährdet, aber vom
Sozialismus trennten sie alle möglichen Hemmungen. So griffen sie
die Juden als besonders auffällige Vertreter des modernen großstädtischen Kapitalismus an.

Dagegen waren in der Zeit Treitschkes und danach bis zum
Weltkrieg in Deutschland die akademischen Kreise vom Judentum
wirtschaftlich kaum bedroht. Denn in den staatlichen höheren
Beamtenstellen, bei den Richtern und Professoren, war unter dem
Kaiserreich die Zahl der Juden oder auch nur der Männer jüdi-
scher Abstammung ganz gering. Auch das Abschwenken der Aka-
demiker zur konservativen Weltanschauung bedingte an sich keine
Judenfeindschaft. Denn Bismarck ist niemals ein Antisemit im
Sinne Treitschkes oder Stoeckers gewesen, und der altpreußische
Adel verteidigte zwar seine Privilegien gegen den jüdischen so gut
wie gegen den christlichen Bürger: Aber die antisemitische Ideologie war kein Grundelement seiner Lebensanschauung.

Das Handeln einer sozialen Gruppe oder Klasse wird eben nicht allein von ihren direkten wirtschaftlichen Interessen bestimmt, sondern auch von der Ideologie, die sie zur Verteidigung ihrer gesellschaftlichen Stellung nötig hat. Die Judenfeindschaft, die ein großer Teil der deutschen Akademiker schon in der Vorkriegszeit bewies, gehörte zu dem aristokratischen Lebensideal, das diese Männer suchten. Der Geburtsadel selbst war innerlich viel sicherer. Er hatte eine solche ideologische Korsettstange nicht nötig.

Überaus seltsam ist, daß die Weltanschauung, die Treitschke seit 1879 predigt, nicht das geringste mit den Anschauungen jenes Mannes zu tun hat, dem zu Ehren die deutschen Akademiker vor allem den Liberalismus verließen, nämlich Bismarcks. Bismarck hat einmal in seiner »Junkerzeit« im Vereinigten Landtag am 15. Juni 1847 eine zynisch-realistische Rede zur Judenfrage gehalten. Es handelte sich damals darum, ob die Juden in Preußen Staatsbeamte werden sollten oder nicht. Bismarck war dagegen, weil man einen Staat mit jüdischen Beamten nicht mehr als »christlich« bezeichnen könne. Der Staat müsse aber sein Christentum bewahren, weil man sonst keine Argumente gegen die »Kommunisten« habe, wenn sie das Privateigentum abschaffen wollen!

Als Minister und Reichskanzler hat Bismarck dem Christentum nicht einmal diese bescheidene Rolle mehr eingeräumt. Er glaubte nicht, daß die Propaganda ausgesprochen christlicher Ideen die Monarchie irgendwie stützen könne. Seine Meinung darüber hat Bismarck in dem berühmten Brief ausgedrückt, den er am 6. Januar 1888 an den Prinzen Wilhelm, den späteren Wilhelm II., richtete. Bismarck warnt den Prinzen dringend vor den christlich-sozialen Ideen Stoeckers. Der Reichskanzler bleibt bei der alten Parole: »Gegen Demokraten helfen nur Soldaten!« Und er fährt fort: »Priester können dabei viel verderben und wenig helfen, die priesterfrommsten Länder sind die revolutionärsten, und 1848 standen in dem gläubigen Pommerlande alle Geistlichen zur Regierung, und doch wählte ganz Hinterpommern sozialistisch.« Bismarck findet die schärfsten Worte gegen politisierende evangelische Geistliche und gegen die »Innere Mission«. Er sagt von Stoecker: »Er steht an der Spitze von Elementen, die mit den Traditionen Friedrichs des Großen in schroffem Widerspruch stehen, und auf die eine Regierung des Deutschen Reiches sich nicht würde stützen können.«

Bismarck durchschaute, daß das politische Christentum, wie ein

Stoecker es verstand, eine antibürgerliche Tendenz war. Davon
wollte Bismarck nichts wissen. Er wollte, daß die Hohenzollern –
ungeachtet aller Privilegien für den preußischen Militäradel – niemals die Fühlung mit dem bürgerlich-kapitalistischen Geist verlieren sollten. In diesem Sinne beruft sich Bismarck gar nicht mit
Unrecht auf die Tradition Friedrichs des Großen. Bismarcks
Kampf gegen die Liberalen war 1879 nur eine vorübergehende
taktische Wendung, aber keine prinzipielle Trennung vom Bürgertum gewesen. Demgemäß stand Bismarck auch zur Judenfrage:
Jüdische oppositionelle Politiker und Literaten waren ihm unangenehm. Aber der jüdische Kapitalist war für Bismarck ein staatser-
haltendes Element.

Bismarcks politischer Realismus war für die neue Romantik der
Treitschke-Schule nach 1879 nicht brauchbar. Treitschkes Gesell-
schaftslehre wurde ein Weltanschauungsersatz für einen Teil des
preußischen Akademikers unter Wilhelm II., die hieraus die Kraft
schöpften, sich getrennt vom übrigen Volke, neben den Offizier zu
stellen. Die Götterdämmerung der deutschen Aristokratie vom
November 1918 mußte bei den im Geiste Treitschkes erzogenen
Akademikerschichten Verwirrung und Erbitterung auslösen. Auch
heute noch ist ein großer Teil der akademischen Jugend durch romantische Verklärung der Vergangenheit vor 1918, ganz besonders zu einer solchen aristokratisch-idealistischen Lebensauffassung
geneigt. Die Erschwerung der wirtschaftlichen Lage der akademischen Schichten löst als Reaktion auf die unerfreuliche Wirklichkeit erst recht solche Wunschbilder aus. Nur ist der Hauptfeind,
den man mit der völkischen Rassenromantik schlagen will, heute
nicht mehr das Bürgertum, sondern die vom »Judentum verführ-
te« sozialistische Arbeiterbewegung. Je mehr das heutige Bürgertum in Deutschland sich selbst vom Liberalismus seiner Vorfahren
abwendet, um so leichter läßt es sich manchmal den völkisch-ro-
mantischen Bundesgenossen gegen den Sozialismus gefallen. Der
deutsche Sozialismus hat demgegenüber die Aufgabe, gerade den
akademischen Kreisen die innere Haltlosigkeit des völkischen Ide-
als zu zeigen, und ihnen zu beweisen, daß die aristokratische Ras-
senphantasie die Abkehr von allen Großtaten des deutschen Geistes in den letzten zwei Jahrhunderten bedeutet.

8. Hans Delbrück

Der Kritiker der Kriegsgeschichte

Hans Delbrück, der vor einigen Wochen [1929] im 81. Lebensjahre verstorbene Berliner Geschichtsprofessor, war als Mensch, als Politiker und als Historiker eine überaus merkwürdige Erscheinung. Er war ein echter preußischer Konservativer des Kaiserreiches von 1871 und hat als solcher Geschichte geschrieben. Und doch gibt es kaum einen zweiten deutschen bürgerlichen Historiker des letzten halben Jahrhunderts, der so viele Götzen zertrümmert, so viele Legenden zerstört und so viele ausgesprochen konservative geschichtliche Stimmungen weggewischt hat wie gerade Hans Delbrück. Wie ist das zu erklären? War in dem Konservativen Delbrück vielleicht heimlich ein radikaler Demokrat oder gar ein Sozialist versteckt, der bei seinen geschichtlichen Arbeiten zum Vorschein kam, so daß seine Bücher ganz etwas anderes wurden als was ihr Verfasser selbst ursprünglich gewollt hatte? War es vielleicht eine Selbsttäuschung, wenn sich Delbrück für einen preußischen konservativen Mann hielt? Nichts dergleichen wäre richtig.

Delbrück war tatsächlich das, wofür er sich ausgab. Er war weder ein Liberaler noch ein Sozialist, und das war gerade der Glücksumstand, der allein seine erstaunlichen historischen Leistungen möglich gemacht hat. Hätte Delbrück »links« gestanden, nicht im Sinne irgendeiner Parteimitgliedschaft, sondern in seiner Weltanschauung, er wäre nie der große Umwälzer der Kriegsgeschichte geworden. Das wird unten noch näher zu begründen sein.

Ein preußischer Konservativer des 19. Jahrhunderts könnte theoretisch aus zwei ganz verschiedenen Lagern kommen: Er könnte ein ständischer Konservativer sein oder ein monarchisch-bürokratischer Konservativer. Beide beruhen gleichmäßig auf der Grundlage des preußischen Feudalismus. Aber beide stehen dem Staat und der Gesellschaft ganz verschieden gegenüber. Der ständische Konservative will die historischen Vorrechte des preußischen Militäradels wahren. Aber der Adel soll sich selbst regieren und in Gemeinschaft mit den anderen historischen Ständen den Staat aufbauen. Der ständische Konservative ist im Grunde für eine aristokratische Selbstverwaltung und gegen die Allmacht des Beamtentums.

Von den ständischen Konservativen ist der junge Bismarck hergekommen. Delbrück dagegen gehört zu dem anderen konservativen Typus. Er hat nie für ständisches Wesen irgendwelche Sympathien gezeigt. Er glaubte an die Monarchie als die Quelle einer vernünftigen Staatsordnung, und an die Regierung durch ein gebildetes königliches Beamtentum. Er billigte die Vorzugsstellung des königlichen Offizierkorps im Staate und wünschte die Erhaltung des preußischen Großgrundbesitzes, damit der historische »Schwertadel« nicht seine wirtschaftliche Grundlage einbüße. Als bürokratischer Konservativer hat Delbrück niemals die Bedeutung der Klasse in der Geschichte wie in der Politik begriffen. Denn der bürokratische Konservative trifft sich darin mit dem formalen Liberalen, daß er den Staat als eine Summe wesentlich gleicher Individuen ansieht: Diese Masse der Staatseinwohner ist zu wahrer Selbstregierung nicht fähig. Es kommt nur darauf an, daß sie von der Obrigkeit, also von den gebildeten Beamten und dem Herrscher, vernünftig und gerecht regiert werden. Dann ist alles in Ordnung. Dem ständischen Konservativen dagegen fällt es viel leichter, klassenmäßig zu denken. So ist Bismarck Zeit seines Lebens bewußter Klassenkämpfer gewesen.

Delbrück hat in seinem langen Leben die Einzelmaßnahmen der Obrigkeit oft mit rücksichtsloser Schärfe kritisiert. Er hat der preußischen Regierung die falsche Behandlung der Polen, der Dänen und der Sozialdemokraten vorgeworfen. Aber niemals hat er das Prinzip der preußischen Staatsregierung als solches angerührt. Delbrück hat selbstverständlich die wirtschaftlichen Eigenarten der einzelnen Berufsstände erkannt. Er hat in den »Preußischen Jahrbüchern«, die er viele Jahre leitete, oft und im einzelnen vielfach treffend über die Lage der Arbeiter, der Bauern, der Akademiker usw. in Deutschland geschrieben. Aber er hat niemals den eigenartigen Klassenwillen des Proletariats, oder auch des Bürgertums, und die innere Notwendigkeit des Kampfes dieser Klassen gegen das herrschende deutsche System begriffen. So erklärt sich auch die seltsame Geringschätzung, die Delbrück zeit seines Lebens der Sozialdemokratie gewidmet hat. Immer wieder predigte er der kaiserlichen Regierung, man solle doch die Sozialdemokratie in Ruhe lassen, sie sei gar nicht so gefährlich: Keine Polizeischikanen, dafür gründliche Sozialpolitik, dann würde das rote Gespenst von selbst verschwinden.

Daß Delbrück, der die Klassen nicht sah, auch für die materia listische Geschichtsauffassung nichts übrig hatte, ist ganz selbstverständlich. Die Streitschrift, die er 1921 gegen die »Marxsche Geschichtsphilosophie« herausgab, ist ohne Zweifel die schwächste seiner Arbeiten. Aber Delbrück, so wie er war, konnte zu Marx gar nicht anders stehen. So hat jene Broschüre Delbrücks zwar für die Geschichtsphilosophie keine Bedeutung, aber sie ist ein wichtiger Baustein zur Biographie ihres Verfassers.

Delbrücks Staats- und Lebensauffassung ist also an sich bei einem preußischen Universitätsprofessor der wilhelminischen Zeit, mit engen persönlichen Beziehungen zum Hof, zur Armee und zur hohen Bürokratie, gar nicht merkwürdig. Immer hat es innerhalb der herrschenden Klasse Preußens auch viel Einzelkritik an dieser oder jener Maßnahme der Regierung gegeben. Das ist eine allgemein menschliche Erscheinung. Warum sollte der konservative Universitätsprofessor Delbrück nicht auch an der Polenpolitik oder an der Behandlung der Sozialdemokraten manches auszusetzen haben? Aber nun müssen wir den allgemeinen gesellschaftlichen Rahmen verlassen und die Einzelpersönlichkeit Hans Delbrücks näher ansehen. Nicht daß Delbrück in Einzelheiten der preußischen Regierung Opposition machte, sondern wie er sie machte, das hob ihn aus dem allgemeinen konservativen Niveau heraus. Delbrück war der geborene Kämpfer. Eine Michael Kohlhaas-Natur, die für eine These jederzeit Stellung und Existenz geopfert hätte. Wenn er in einer Frage, z. B. über die preußische Polenpolitik, sich eine oppositionelle Meinung gebildet hatte, dann prüfte er das Problem bis in die letzte Kleinigkeit hinein. Dann las er die gesamte einschlägige Literatur, dann besorgte er sich alles statistische Material. Dann zerpflückte er die Gründe seiner Gegner in einer Sprache, die an die klassischen Muster deutscher Prosa erinnert und, was die Hauptsache ist, er erkannte dann keine Autorität an. Wenn sämtliche Minister, Geheimräte, »nationalen« Abgeordneten und Zeitungen auf der einen Seite standen, dann stand er, Hans Delbrück, mit seinem Zahlenmaterial und mit seiner Logik, eben auf der anderen Seite, und dann dünkte er sich mindestens ebensoviel wert wie alle seine Gegner zusammen.

Jetzt begreifen wir den eigentlichen inneren Widerspruch in Delbrücks Leben und Persönlichkeit; der geborene Autoritätsfeind Delbrück war in eine Tradition und Gesellschaftsphilosophie hineingeraten, die mehr als jede andere der Autorität bedurfte: in den bürokratischen monarchischen Konservativismus der wilhelmini-

schen Zeit. Es gab daneben aber noch einen zweiten inneren
Widerspruch in Delbrücks Leben und Wirken. Er wählte sich den
Beruf des Historikers, während ein innerer Drang ihn zur Armee
trieb, zum preußischen Offizierskorps, das Delbrück als Stand immer so hoch respektierte. Das hinderte ihn jedoch nicht, den einzelnen preußischen Offizier literarisch rücksichtslos zusammenzuhauen, wenn er eine Ansicht niederschrieb, die Delbrück nicht
paßte.

Man kann sich Delbrück, den Gelehrtenkopf, zwar nicht gut als
aktiven Kompanieführer vorstellen. Aber ein hochgebildeter Generalstäbler im Geiste des von ihm so verehrten Clausewitz hätte
Delbrück wohl sein können. Da er nun aber Geschichtsprofessor
war, verlegte sich Delbrück auf den Teil seiner Wissenschaft, wo
er dem Generalstäbler am nächsten kam, auf die Kriegsgeschichte.
Hier liegt das Feld, wo Delbrück seine wissenschaftlichen Großtaten vollbrachte. Denn wenn auch Delbrück dem Publikum durch
sein Wirken in der Tagespolitik, z. B. als Gegner der alldeutschen
Kriegsziele während des Weltkriegs, und durch seine »Weltgeschichte« vertrauter ist, seine bleibenden Leistungen sind in der
Neugestaltung der Kriegsgeschichte zu finden, wie er sie durch seine »Geschichte der Kriegskunst« und durch eine Fülle von Einzel-
arbeiten vollbracht hat.

Wäre ein Historiker, der auf dem Boden der materialistischen
Geschichtsauffassung steht, ebenso sachkundig und scharfsinnig
gewesen wie Delbrück selbst, so hätte er Delbrücks Lebenswerk
auch leisten, ja da alles, durch die richtige historische Eingliede-
rung der einzelnen kriegsgeschichtlichen Tatsachen, noch besser
machen können. Ein Friedrich Engels, mit seinem militärischen
Fachwissen und seinem unvergleichlichen historischen Sinn, hätte
eine bessere »Geschichte der Kriegskunst« geschrieben als Delbrück, wenn er sein Lebenswerk darin gesehen hätte. Aber Engels
hat das nicht getan, weil er überzeugt war, im Leben eine wichti-
gere Aufgabe zu haben. Ein sozialistischer oder selbst ein liberaler
Historiker von den Qualitäten Delbrücks hätte niemals seine Le-
bensarbeit der Kriegsgeschichte geschenkt, sondern er hätte sich
andere Arbeitsgebiete gesucht, die seiner Stimmung besser entsprachen. Gerade weil Delbrück ein preußischer »Reaktionär«
und »Militarist« war, konnte er, ohne innerlich zu zerbrechen, sein
Leben der Kriegsgeschichte widmen. Denn das Wesentliche an
Delbrück war immer der Kriegshistoriker, von seiner Berliner An-

trittsvorlesung als Universitätsdozent im Jahre 1881, die den Kriegen Napoleons galt, bis zu seiner Auseinandersetzung mit Ludendorff, die er in den letzten Jahren seines Lebens als Sachverständiger im Untersuchungsausschuß des Reichstags durchkämpfte.

Wie sah die Kriegsgeschichte in Deutschland vor Delbrück aus, und wie sieht sie heute noch da aus, wo Delbrücks Geist nicht hingelangt ist? Viele kritisch gestimmte Menschen haben noch heute eine leidenschaftliche Abneigung gegen Kriegsgeschichte, die meistens nicht aus pazifistischer Stimmung zu erklären ist, sondern bald auf Schulerinnerungen beruht, und bald auf der Lektüre der älteren landläufigen Geschichtsbücher. Da hört man immer wieder die Klage, daß die Geschichte offenbar vorwiegend aus den Jahreszahlen und Schlachten besteht. In der Tat nimmt die Kriegsgeschichte in den Werken und Lehrbüchern des älteren Stils einen ganz hervorragenden Raum ein. Aber es ist eigentlich eine sehr merkwürdige Kriegsgeschichte.

Über die Bewaffnung, die Kriegstechnik, die Wehrordnung, über die Taktik und Strategie der Vergangenheit, über die Kunst der Truppenbewegung und -verpflegung, über die Pläne und Absichten der Heerführung in den einzelnen Situationen hört man eigentlich nicht sehr viel. Sondern da steht die »Schlacht« gewissermaßen als Ding an sich. Die Aufzählung der einzelnen Schlachten und Gefechte mit dem Namen der kommandierenden Herrscher und Feldherren und vor allem den dazu gehörigen Jahres- und Tagesdaten, herrschte vor. Dem Geschichtsunterricht alten Stils wirft niemand vor, daß er den Schülern zuviel Militärwissenschaft und Kriegstechnik vermittle, sondern daß er sie die Schlachten nebst den dazu gehörigen Jahren lernen läßt. Woher stammt nun diese Art Geschichtsschreibung und Geschichtsunterricht?

Der monarchische deutsche Staat des 19. Jahrhunderts beruhte vor allem auf der Autorität des Herrschers als Armeeführer und Kriegsherr. So war die monarchische Geschichtsschreibung und der entsprechende Geschichtsunterricht geneigt, den Herrscher, die Armee und den Krieg in den Vordergrund zu rücken. Es kam dabei aber nicht darauf an, dem Publikum oder den Schülern die Einzelheiten der Kriegstechnik und der Truppenführung beizubringen, sondern es sollte eine feierliche Autorität mit den Begriffen »Krieg« und »Schlacht« verknüpft werden. Das Volk sollte die Überzeugung gewinnen, daß das Wichtigste der Weltgeschichte

zu allen Zeiten und in allen Ländern der Herrscher oder doch zumindest der Feldherr gewesen ist, der die Schlachten lieferte. So
feiert die landläufige ältere Kriegsgeschichte »die Schlacht« als ein
Ding an sich.

Neben dieser Kriegsgeschichte bei den monarchischen Historikern gab es aber stets noch eine ganz andere Behandlung der
Kriege der Vergangenheit, nämlich durch die Militärschriftsteller
von Fach. Der gebildete Offizier konnte seinen Beruf vor seinen
Berufskollegen nicht pathetisch, sondern nur technisch behandeln.
Er studierte die Feldzüge der Vergangenheit nicht, um daran die
Ehrfurcht vor der Autorität und den monarchischen Sinn zu lehren, sondern um sich die Fehler früherer Generale klar zu machen. Denn nur so konnte man die eigene Armee davor bewahren,
daß sie im Kriegsfalle die gleichen Fehler beging.

Die preußisch-deutsche Militärwissenschaft hatte seit Beginn
des 19. Jahrhunderts sehr viel von der bürgerlichen Philosophie,
Naturforschung und Technik entlehnt. Ein Mann wie Clausewitz
der eigentliche Begründer der preußischen Militärtheorie, gehörte
zu dem Kreis der bürgerlich und national gestimmten hohen Offiziere, die nach dem Zusammenbruch bei Jena in Preußen die allgemeine Wehrpflicht einführten und später die Befreiungskriege
durchkämpften. Die sachliche, technisch exakte Kriegskritik ist
von den theoretisch gebildeten preußischen Offizieren bis zum
Weltkrieg geübt worden. Wenn freilich dieselben Offiziere sich für
berufen hielten, für die breite Öffentlichkeit Kriegsgeschichte zu
schreiben, dann verfielen auch sie meistens in den pathetischen
Ton der zünftigen Geschichtsschreiber, dann suchten auch sie
nicht Kriegskritik, sondern Kriegsverherrlichung zu geben.

Die große Tat Delbrücks besteht nun darin, daß er, ausgestattet
mit dem militärischen Wissen eines Generalstäblers, die ganze
Kriegsgeschichte von den alten Griechen bis zur Gegenwart
durcharbeitete und sie mit der Methode eines Clausewitz kritisierte. Delbrück lag dabei an sich nichts ferner als daß er dem Heer-
wesen und der Kriegführung ihre Erhabenheit und Autorität hätte
rauben wollen. Aber er nahm sich vor, sämtliche wichtigen Kriege
der Weltgeschichte so zu rekonstruieren, wie sie wirklich gewesen
waren. Er hat dabei alle Legenden und Anekdoten beiseite gescho-
ben, von der Überlieferung nur das geglaubt, was die militärische
Sachkritik bestehen ließ, und als Delbrück mit seinem Werk am
Ende war, da war das Pathos der Schlacht verschwunden, und der

Krieg wurde zu einem sehr gewöhnlichen Menschenwerk, so kompliziert und unvollkommen wie alles, was Menschen tun.

Die zünftigen Perücken wackelten, als Delbrück ihre liebgewordenen Reliquien zerschlug. Aber Delbrück kämpfte den Streit um die Perserkriege und um die Strategie Friedrichs des Großen genauso durch, wie den Konflikt um die preußische Polenpolitik. In einer seiner frühesten Arbeiten, dem überaus bemerkenswerten Aufsatz über General Clausewitz vom Jahre 1878, hat Delbrück selbst seine spätere Lebensaufgabe skizziert. Aber damals schreckte er vor ihr noch zurück. Delbrück schildert (vgl. »Historische und politische Aufsätze von Hans Delbrück«, 2. Aufl. Berlin 1908, S. 212) die Art, wie Clausewitz als kritischer Militärschriftsteller die Feldzüge Friedrichs des Großen und Napoleons behandelt hat:

»Er (Clausewitz) billigt oder verwirft die getroffenen Maßregeln und untersucht die Zulässigkeit anderer. Wenn der Militärschriftsteller dabei veranlaßt wird, in der Kriegführung der größten Feldherren Fehler, und zwar zahlreiche Fehler, aufzudecken, so ist das keine Überhebung. Nachträglich unter Kenntnis aller Umstände das beste rein intellektuell herauszufinden, ist so schwer nicht ... Der Militärschriftsteller sagt uns, daß bei Belle-Alliance nicht nur die französische Armee zertrümmert, sondern gefangengenommen werden mußte, wenn die Preußen Planchenoit eine Stunde früher nahmen. Er fügt hinzu, daß an dem folgenden Tage auch die Armee Grouchys gefangengenommen werden mußte, da das zweite preußische Armeekorps schon in ihrem Rücken stand und Grouchy, nur eine halbe Stunde von den Preußen entfernt, unbemerkt davonzog.«

Das heißt mit anderen Worten, daß durch die Fehler Gneisenaus und Blüchers sehr erhebliche französische Kerntruppen sich vom Schlachtfeld von Belle-Alliance retten konnten. Napoleon hätte mit Hilfe dieser Truppen den Krieg fortsetzen und den Sieg der Preußen noch illusorisch machen können, wenn ihn nicht die innerpolitischen, d. h. die Klassenverhältnisse Frankreichs am Weiterkämpfen gehindert hätten. Der Delbrück von 1878 zieht aber diesen Schluß noch nicht, sondern er macht im Gegenteil die folgende Bemerkung:

»Welchen Eindruck würde aber ein solches Resultat oder auch nur eine solche Bemerkung in einem Geschichtswerk machen? ... Es hieße das Peinliche setzen an die Stelle der Andacht, wollte man den Sieges-Dithyrambus von Belle-Alliance schließen mit einer Betrachtung, um wie vieles größer noch dieser Sieg hätte sein können, wenn der oder jener Fehler seitens der Verbündeten vermieden wurde. Man verhehlt nicht, daß diese Fehler gemacht wurden, aber Fehler sind sie nur vom Standpunkt des Militärschriftstellers aus, dem Historiker sind sie Erscheinungen der ringenden Gewalten, welche er darstellt, wie sie sind, und nicht, wie sie sein möchten.«

Delbrück sah also selbst ein, daß die Übertragung der sachlich fachmännischen Militärkritik in die Geschichtsschreibung das nationale Pathos und die Heldenverehrung töten mußte. Aber in seinen späteren Schriften hat er sich dadurch nicht abschrecken lassen, sondern er hat alles ausgesprochen, was er als Kritiker sagen mußte, auch wenn damit die historische »Andacht« zerstört wurde, und die andächtigen Geister über peinliche Herabsetzung des »Erhabenen« jammerten.

In seinen kritischen Betrachtungen ist Delbrück manchmal der materialistischen Geschichtsauffassung nahe gekommen. So z. B., wenn er die Ursachen des preußischen Zusammenbruchs von 1806 verfolgt. Delbrück stellt fest, daß die Mängel des alten preußischen Heeres im Grunde sämtlich darauf zurückgingen, daß es aus geprügelten Zwangssoldaten bestand. Aber eine radikale Reform der friderizianischen Armee sei deshalb nicht möglich gewesen, weil der Zwangssoldat im Heere eine Konsequenz der Leibeigenschaft des Bauern im Lande war. Um die Armee Friedrichs reformieren zu können, hätte man erst die Leibeigenschaft aufheben müssen. Anders war es nicht möglich. Hier erkennt Delbrück ganz richtig, daß die ganze Militärordnung, Strategie und Taktik des alten Preußen von dem Verhältnis der Klassen zueinander bestimmt war. Soweit ist die materialistische und die Delbrücksche Auffassung identisch. Wenn aber der materialistische Historiker daraus die Konsequenz gezogen und festgestellt hätte, daß die grundlegende Tatsache für die deutsche Geschichte des 18. Jahrhunderts eben der Klassenkonflikt zwischen dem Adel und den Leibeigenen war, und daß demgegenüber die Kriege Friedrichs des Großen mit Maria Theresia nur eine kleinere häusliche Auseinandersetzung innerhalb der herrschenden Klasse darstellen, dann hätte Delbrück eine solche Wertung geschichtlicher Tatsachen niemals mitgemacht.

Aber wie dieses Beispiel zeigt, ist es gar nicht schwer, Delbrücks Kritik der Kriegsgeschichte nach der materialistischen Auffassung zu ergänzen und die Probleme dort weiter zu denken, wo Delbrück aufhört. Die radikale Kritik an der Ideologie der herrschenden Klassen ist eine Hauptaufgabe der marxistischen Wissenschaft. Radikale Kritik ist hier nicht radikales Schimpfen, sondern die restlose sachliche Auflösung gegnerischer Ideologien. Dabei ist jeder ernsthafte bürgerliche Forscher, der, aus welchen Motiven auch immer, Kritik an dem überlieferten Wertebestand übt, dem Marxisten ein Bundesgenosse. So ist auch das Lebenswerk Hans Delbrücks für die sozialistische, proletarische Forschung ein wichtiger Besitz.

9. Das Geheimnis der deutschen Kriegserklärungen

Zu den wunderlichsten Ereignissen im Jahre 1914 gehören die überstürzten deutschen Kriegserklärungen. Man konnte schon bisher [1929] annehmen, daß die Berliner maßgebenden Stellen sich durch rein militärtechnische Rücksichten leiten ließen, sobald einmal der Krieg an sich als unabwendbar erschien. Aber die volle Lösung des Rätsels verdanken wir erst dem neuen Buch von Professor Bredt: Die belgische Neutralität und der Schlieffensche Feldzugsplan (Berlin 1929). Bredt, der bekannte Führer der Wirtschaftspartei im Reichstag, hatte sich schon durch sein Werk über den »Reichstag im Weltkrieg« als großzügiger, vollkommen sachlicher Historiker erwiesen. Dieses Buch Bredts war von belgischer Seite wegen einer beiläufigen Äußerung zur Frage der belgischen Neutralität im Jahre 1914 angegriffen worden. Die belgische Kritik hatte eine sehr erfreuliche Folge: Bredt schrieb daraufhin das neue Buch, in dem er das gesamte Problem der belgischen Neutralität historisch und völkerrechtlich untersucht.

Das Ergebnis ist selbstverständlich, daß Deutschland 1914 die Neutralität Belgiens verletzt hat und damit dem Völkerrecht zuwiderhandelte. Bredt stellt (38) fest: »Der Neutralisierungsvertrag Belgiens vom 9. April 1839 war 1914 noch in Geltung«, und »England, Frankreich, Rußland, Deutschland, Österreich-Ungarn waren verpflichtet, im Kriegsfalle die belgische Neutralität zu achten«. Eine solche offene und klare Feststellung der Tatsachen, auch wenn sie vom deutschen Standpunkt aus unbequem sein mögen, ist selbstverständliche Pflicht ernsthafter Geschichtsforschung. Die Methode Bredts kann das Ansehen der deutschen Wissenschaft im Auslande auch auf diesem heiklen Gebiet nur stärken. Um so mehr Autorität hat dann Bredt bei seinen Hinweisen darauf, wie die deutschen Völkerrechtsbrüche im Weltkriege durch die Rechtsbrüche der Gegenseite mindestens kompensiert werden. Mit vollem Recht kann Bredt ferner den problematischen, brüchigen Charakter des Völkerrechts von 1914 betonen.

So lesenswert die Ausführungen Bredts über die belgische Neutralität auch sind, die eigentliche Bedeutung seines Buches liegt auf einem anderen Gebiet: Bredt verbindet die völkerrechtliche mit der strategischen Frage Belgiens von 1914. Er vertieft sich noch einmal in die Geschichte des Schlieffenschen Plans, der den Einmarsch der deutschen Heere in Belgien als Grundlage der großen Westoffensive vorsah. Hier sind Bredt neue Feststellungen gelungen, die das Attribut »sensationell« verdienen – wenn man dieses Modewort auf bescheidene geschichtliche Forschung anwenden will.

Der Krieg im Westen ist 1914 von deutscher Seite mit dem sofortigen Handstreich gegen Lüttich eröffnet worden. Ohne das Eintreffen der Reservisten und den Abschluß der Mobilmachung abzuwarten, warf die deutsche Heeresleitung die nächsten Friedensformationen gegen Lüttich, um so die Festung zu überrennen und das Tor zu öffnen, durch das drei Wochen später die Hauptmassen des deutschen Heeres einrücken sollten. Das Unternehmen Lüttich führte dazu, daß die deutschen Truppen schon am 4. August die belgische Neutralität verletzten, mit all den folgenschweren politischen Resultaten, die sich daraus ergaben.

Man mußte bisher annehmen, daß dieser Handstreich gegen Lüttich ein Kernstück des Schlieffenschen Planes war. Jetzt weist Bredt nach, daß diese Annahme falsch ist: Die grundlegende Denkschrift des Grafen Schlieffen vom Jahre 1905 sagt nichts darüber, daß die Festung Lüttich sofort nach Beginn der Mobilmachung überfallen werden sollte. Nach einer »persönlichen Mitteilung aus der früheren Umgebung des Grafen Schlieffen«, die Bredt verwerten kann (52), dachte sich Schlieffen die Entwicklung ungefähr so: Nach Kriegsbeginn sollte Deutschland weder ein Ultimatum an Belgien richten, noch die belgische Neutralität verletzen, sondern die Hauptmasse des deutschen Heeres sollte an der belgischen Grenze aufmarschieren. Nach wenigen Tagen mußte die französische Heeresleitung davon erfahren. Sie würde daraus entnehmen, daß die deutsche Armee einen Vorstoß durch Belgien plante. Dann hätten nach Meinung Schlieffens die Franzosen Gegenmaßregeln ergriffen, und die konnten nur darin bestehen, daß die französischen Truppen die natürliche Verteidigungslinie an der Maas südlich von Namur, also auf belgischem Boden, besetzten. Damit hätte Frankreich formell zuerst die belgische Neutralität verletzt, und der deutsche Einmarsch in Belgien wäre nur die Repressalie für den französischen Neutralitätsbruch gewesen.

Schlieffen wollte dann nach Abschluß der deutschen Mobilmachung mit der Hauptarmee an Lüttich vorbeimarschieren. Einige Truppenteile sollten zurückbleiben und mit Hilfe der schweren deutschen Artillerie Lüttich nehmen. In derselben Weise haben dann die deutschen Truppen im Weltkrieg Namur genommen.

Auch nach dem richtigen Schlieffenschen Plan wäre die Festung
Lüttich immer noch rechtzeitig für die Zwecke der deutschen Armee gefallen. Es wäre müßig, heute zu spekulieren, ob wirklich im
einzelnen alles so gekommen wäre, wie Schlieffen es sich dachte,
ob die französische Heeresleitung wirklich in die strategische und
völkerrechtliche Falle geraten wäre, die Schlieffen ihr legen wollte.
Bredt untersucht diese Frage nicht, und sie ist auch zunächst nicht
das wichtigste. Bedeutsam ist: Der Generalstabschef Graf
Schlieffen war nicht nur ein bedeutender Soldat, sondern er hatte
auch ein gewisses politisches Urteil. Er hielt den deutschen Durch-
marsch durch Belgien strategisch für notwendig. Aber er wäre niemals so blind und abenteuerlich in Belgien hereingerannt, wie es
die Epigonen von 1914 unter Billigung Wilhelms II. taten.

Der Schlieffensche Plan ist dann später, wie die Forschung
schon längst feststellte, in entscheidenden Teilen von dem nachfol-
genden Generalstabschef von Moltke verändert worden. Es sind
diese Änderungen, die wesentlich zur Marneniederlage beitrugen.
Jetzt hat Bredt gezeigt, daß auch in der Frage der belgischen Neutralität und Lüttichs eine solche tiefgehende Veränderung des
Schlieffenschen Plans vorlag. Der Plan des deutschen Handstreichs
gegen Lüttich taucht im Berliner Generalstab erst 1908 auf. Seitdem war man entschlossen, sofort nach dem Mobilmachungsbe-
schluß in Belgien einzurücken und alle völkerrechtlichen Folgen
zu tragen. Wie Bredt überzeugend nachweist, liegt hier der Schlüs-
sel zu den deutschen Kriegserklärungen. So erhält die Frage, ob
der deutsche Generalstab Lüttich am vierten oder am vierzehnten
Mobilmachungstag angreifen wollte, eine außerordentliche politische Bedeutung.

Warum hat die deutsche Regierung am 1. August an Rußland
und dann am 3. August an Frankreich den Krieg erklärt? Es sei
zugegeben, daß die russische Mobilmachung den Krieg unvermeidlich machte. Folglich mußte der deutsche Generalstab, um
keine Zeit zu verlieren, sofort die deutsche Mobilmachung veranlassen. Aber ehe ernsthafte Kriegshandlungen der großen Armeen
möglich waren, mußte erst die deutsche Mobilmachung fertig sein.
Man hatte also mindestens 14 Tage Zeit und brauchte keine vor-
zeitige Kriegserklärung. Der gewöhnliche Menschenverstand hätte
sich die Kriegseröffnung 1914 ungefähr so gedacht: Deutschland
wartete, bis Rußland wegen der serbischen Angelegenheit den
Krieg an Österreich erklärte. Dann wandte sich erst die deutsche

Regierung, auf Grund ihrer Auslegung des Dreibundvertrages, gegen Rußland, und danach wäre es Frankreich vorbehalten geblieben, seinerseits auf Grund des Zweibundvertrages an Deutschland den Krieg zu erklären. Das wäre ein natürlicher, vernünftiger Ablauf der Dinge gewesen, soweit man diese menschlichen Attribute auf den grauenhaften Wahnwitz eines Weltkrieges anwenden kann. Dann wäre der Zweibund gezwungen gewesen, vor der ganzen Welt die Verantwortung des Angreifers auf sich zu nehmen. Graf Schlieffen, der sich die Kriegseröffnung ungefähr so gedacht hat, wollte ja außerdem noch den Franzosen den Vortritt bei einer Verletzung der belgischen Neutralität lassen.

England hätte ohne Zweifel auch dann sich am Weltkrieg beteiligt. Denn die englische Regierung kämpft 1914 nicht für Belgien, sondern weil sie eine Niederlage Frankreichs und Rußlands durch Deutschland nicht dulden wollte. Aber bei einer solchen Kriegseröffnung wären die psychologischen Bedingungen bei den Ententevölkern ganz anders gewesen. Vor allem die Arbeiterschaft Englands und Frankreichs hätte sich mit ganz anderer Energie gegen den Angriffskrieg der Ententeregierungen gewandt, und die deutsche Diplomatie hätte ganz andere Möglichkeiten gehabt, nachher in erträglicher Weise aus dem Krieg herauszukommen. Warum hat die deutsche Regierung im August 1914 alle ihre politischen Trümpfe leichtfertig aus der Hand gegeben? Wie Bredt zeigt, wurde diese Handlungsweise der maßgebenden deutschen Stellen in erster Linie durch die Rücksicht auf das Lütticher Unternehmen bestimmt.

Das deutsche Heer sollte sofort nach Erklärung der Mobilmachung die belgische Neutralität brechen. Das war aber höchstens zu rechtfertigen, wenn Deutschland sich bereits im Kriegszustande mit Frankreich befand. Um den Krieg mit Frankreich als vollendete Tatsache zu haben, mußte aber zuvor schon Krieg zwischen Deutschland und Rußland bestehen. Wenn das deutsche Heer am 4. August Lüttich überfallen wollte, mußte Deutschland spätestens am 3. August im Kriegszustand mit Frankreich und noch früher im Kriegszustand mit Rußland sein. So hat Deutschland am 1. August den Krieg an Rußland erklärt, und zwei Tage später erfolgte die Kriegserklärung an Frankreich. Bredt betont mit vollem Recht, daß der deutsche Kriegsplan, was den Osten betraf, die beschleunigte Kriegserklärung gar nicht nötig hatte. Denn im Osten wollte der deutsche Generalstab gar nicht angreifen, sondern man

wartete den russischen Vorstoß gegen Ostpreußen ab: »Nur eine
sofortige Kriegshandlung sah der deutsche Feldzugsplan vor, den
Angriff auf Lüttich ... Der deutsche Generalstabschef wollte es
nicht auf sich nehmen, gegenüber dem beginnenden russischen
Angriff die nötigen Kriegsmaßnahmen zu treffen ohne Kriegserklärung. Die Russen aber hüteten sich wohl, eine solche zu
schicken. Deshalb nahm Deutschland das Odium auf sich, als der
formelle Urheber des Weltkrieges zu erscheinen.« (Bredt, 99)

Für die eigentliche Kriegsschuldfrage sind diese Betrachtungen
ohne Bedeutung. Denn alle diese deutschen Überlegungen und
Schritte erfolgten erst nach der russischen Gesamtmobilmachung,
die den Stein ins Rollen brachte. Ein Wille der deutschen Machthaber, den Weltkrieg im Juli-August 1914 zu entfesseln, folgt aus
diesem unglückseligen Manöver mit den Kriegserklärungen durchaus nicht. Aber um so klarer sieht man jetzt, mit welch beispiello-
ser Unfähigkeit Deutschland damals regiert worden ist. Der
durchaus ehrenhafte und von seiner Verantwortung erdrückte Generalstabschef v. Moltke erblickte seit 1908 in dem sofortigen
Handstreich auf Lüttich die Voraussetzung, um Deutschland bei
einem Zweifrontenkrieg zu retten. Darum änderte er die Pläne des
Grafen Schlieffen ab. Aber existierte denn damals in Deutschland
keine politische Stelle, die diese unmögliche Generalstabstechnik
in ihren Folgen durchschaut und vor ihr gewarnt hätte?

Bredt untersucht die Frage, wieweit die deutschen politischen
Stellen über den Plan des Generalstabs vor dem Kriege orientiert
waren. Bredt stützt sich dabei auf bisher unbekannte Äußerungen
der Reichskanzler Bülow und Bethmann Hollweg sowie des Bot-
schafters Lichnowsky und des Staatssekretärs v. Jagow, die teils
dem Reichsarchiv, teils Bredt persönlich zugegangen sind. Daraus
ergibt sich folgender Tatbestand: Fürst Bülow hat als Reichskanzler nichts davon gewußt, daß der deutsche Generalstab für den Fall
des Zweifrontenkrieges in Belgien einmarschieren wollte. Dagegen
sind dem Reichskanzler von Bethmann Hollweg die Grundzüge
dieses Kriegsplans spätestens 1912 mitgeteilt worden. Ebenso waren seitdem der Staatssekretär des Auswärtigen und die wichtigsten
deutschen Botschafter darüber orientiert.

Damals, vor 1914, hielten sich die politischen Stellen nicht für
befugt, an den Plänen des Generalstabs Kritik zu üben. Vor allem
ist die entscheidende Veränderung des Schlieffenschen Planes 1908
niemals mit der politischen Reichsleitung beraten worden. Dabei

stellte der Entschluß des deutschen Generalstabs zum Handstreich auf Lüttich die deutsche Diplomatie bei Kriegseröffnung vor eine garedezu unlösbare Aufgabe. Sein Erstaunen über derartige Zustände im alten deutschen Kaiserreich verhehlt auch Bredt bei aller Zurückhaltung seiner Darstellung nicht. Aber man muß hier doch die Kritik an den deutschen Verfassungszuständen von 1914 viel schärfer ansetzen, als Bredt es tut. Was waren das für politische Verhältnisse, unter denen die Entscheidung von Lebensfragen der deutschen Außenpolitik bei einem kränklichen, nervösen, seinen Aufgaben nicht gewachsenen Generalstabschef lag! General v. Moltke hat niemals als Haupt einer angeblichen Militärpartei den Weltkrieg gewollt. Wer das Gegenteil behauptet, weiß nichts von dem schwachen, vor der Verantwortung zitternden Charakter des ersten deutschen Generalstabschefs im Kriege. Aber Moltke konnte die schwersten politischen und militärischen Fehler begehen, ohne daß ihm jemand in den Weg trat, weil er nach der damaligen deutschen Verfassung nur eine Gewalt über sich hatte, und das war der Kaiser.

Die denkwürdige Umgestaltung des Schlieffenschen Plans war nur möglich, wenn Wilhelm II. darüber einen Vortrag erhielt und seine Zustimmung gab. Wilhelm II. war aber gar nicht imstande, eine komplizierte strategische Situation zu durchdenken und ihre politische Bedeutung zu werten. So folgte er dem Rat seines Generalstabschefs und war dabei ohne Zweifel überzeugt, daß er als Kaiser eine korrekte und lobenswerte Zurückhaltung übe. In der Tat hätte niemand zum Beispiel im Kriege vom König von England oder vom König von Belgien verlangt, daß sie klüger sein sollten als ihre Generalstabschefs. Aber in England wäre es nie möglich gewesen, daß der Generalstab Entscheidungen traf, die der politischen Leitung den Weg vorschrieben. In Deutschland konnten vor 1914 militärische Wünsche nur dann von politischen Gedanken zurückgedrängt werden, wenn zufällig der Kaiser die politischen Argumente sich zu eigen machte.

Das Schicksal des deutschen Volkes hing also von den Stimmungen und Entschlüssen des Herrschers ab, der entweder nicht richtig informiert war, oder die Probleme nicht durchschaute. Welcher Deutsche kann im Ernst wünschen, daß ein solcher Zustand wiederkehrt?

Der gesamte Inhalt des Buches von Bredt läßt sich in diesen knappen Ausführungen nicht erschöpfen. Bredt gibt unter anderem eine Skizze der diplomatischen Vorgeschichte des Weltkrieges, die klar und objektiv das wiedergibt, was jetzt ungefähr der Stand der Forschung ist. Er stellt, ausgehend vom belgischen Problem, Betrachtungen über die Mängel des alten Völkerrechts und die Möglichkeiten ihrer Beseitigung an. Man findet bei ihm noch eine Reihe weiterer Informationen strategischer Natur, die dem Spezialforscher wertvolle neue Ausblicke eröffnen. Bredt hat nicht alle politischen Folgerungen aus seinem neuen Material und seinen neuen Erkenntnissen gezogen. Er sagt auch nichts über das seltsame Gleichgewicht der Klassen in der deutschen Gesellschaft von 1871 bis 1914, woraus sich die ebenso seltsame alte Reichsverfassung erklärt. Aber auch seine parteipolitischen Gegner werden den unermüdlichen Wahrheits- und Forschungsdrang Bredts anerkennen, und den Eifer, mit dem er seine Verbindungen und Informationen in den Dienst der Geschichtswissenschaft stellt. Für den sozialistischen Arbeiter liefert das Buch Bredts wertvolle Bausteine zur Rekonstruktion einer Vergangenheit, die heute nur zu oft noch von tendenziöser Legende verschleiert wird.

10. Zum 9. November [1918]

Die Republikaner und Sozialisten Deutschlands haben niemals die Wiederkehr des 9. November mit ungemischter Freude feiern können. Denn schon der 9. November 1919 stand im Zeichen des Bruderkrieges der Arbeiter und der frisch erstarkten Militärgewalt. An jedem folgenden 9. November mußte man feststellen, wie sehr, trotz der demokratischen Form der deutschen Republik, die kapitalistischen und sogar die feudalen Mächte im Lande das Übergewicht hatten.

Jetzt [1933] nach dem Untergang der »November-Republik«, ist die Kritik am 9. November leicht. Aber es ist für den Kritiker nicht ganz einfach, wesentlich Neues zu sagen. Denn die deutsche Republik wie die deutsche Arbeiterbewegung hatten sich seit 1918 über mangelnde Kritik nie zu beklagen. Wenn die Kritik allein genügen würde, um einen Staat oder eine Bewegung zu retten, dann hätte die deutsche Republik und der deutsche Sozialismus nie untergehen dürfen. Gerade das deutsche Schicksal lehrt wieder einmal, daß die Kritik, oder die Selbstkritik, allein nichts nützt – sobald es aus irgendwelchen Gründen nicht möglich ist, die entsprechenden Taten zu tun.

Die folgenden Betrachtungen haben nicht den Zweck, die Zahl der Kritiker des 9. November um einen weiteren zu vermehren, sondern einige Tatsachen zu unterstreichen, die in der Diskussion über die deutsche Republik und ihr Unglück nicht immer gewürdigt werden.

Zunächst sollte man nicht vergessen, daß die Revolution vom November 1918 gar nicht das Werk der sozialistisch und demokratisch gesinnten, also der sozialdemokratischen Arbeiter gewesen ist, sondern das *Produkt der Soldatenbewegung*. Die Arbeiter allein wären niemals imstande gewesen, das deutsche Kaisertum über den Haufen zu rennen, auch nicht nach der offenkundigen Niederlage des deutschen Heeres im Felde, und auch nicht bei der Weltuntergangsstimmung unter dem Kanzler Max von Baden. Sondern die Sieger des 9. November waren die deutschen Matrosen und Soldaten, fast möchte man sagen ohne Unterschied der Partei. Denn auch die Truppenteile, die sich vom Lande rekrutierten, und die wahrlich nicht vom »Gift des Marxismus« angefressen waren, haben die Revolution eifrig mitgemacht. Die Soldaten, erfüllt von der Überzeugung, daß jedes weitere Blutvergießen zwecklos geworden war, wollten den unbedingten Frieden sichern. Das ging nach ihrer Meinung nur durch Ausschaltung der Offiziere und der Dynastien. So kam es zum Sturm auf die Achselstücke und die Throne. Die Soldatenräte übernahmen die Macht, und Deutschland wurde eine Republik.

Die rebellierenden Soldaten hißten die rote Flagge und nannten sich »Sozialisten«, weil sie von Kindheit auf in den »Roten« die Gegenkraft gegen den Kaiser und sein Heer erblickten. Wenn sie nun selbst dem Leutnant den Gehorsam verweigerten, dann würden sie damit auch »rot«; freilich »rot« nur im Sinne einer gewaltsamen Opposition und nicht im Sinne eines positiven sozialistischen Willens. Denn die psychologische Deutung der deutschen Soldatenrevolution darf nicht von der Minderheit der bewußten Sozialisten ausgehen, die es 1918 im deutschen Heere gab, sondern von der indifferent oder bürgerlich gestimmten Mehrheit, deren Haltung alles entschied. Auf den Schultern des Millionenheeres der revolutionären Soldaten, und nicht durch eine Aktion der bewußt sozialistischen Arbeiterschaft, kam die Regierung der Volksbeauftragten in ihr Amt.

Diese Überlegung ist auch nicht durch den Hinweis auf die bolschewistische Revolution in Rußland zu entwerten: in Rußland wären Lenin und Trotzki gleichfalls durch die Kraft der Arbeiter allein nie zur Macht gekommen. Sondern es mußte die riesige Masse der Bauern und Bauernsoldaten dazukommen, damit die Revolution siegen konnte. Aber die Bolschewiki führten dennoch die Revolution und behaupteten sich. Also hätten – könnte man argumentieren – die Sozialisten Deutschlands dasselbe leisten können, auch wenn sie nur mit Hilfe der Soldaten zur Macht gelangten.

Der Unterschied ist der, daß die russischen Bauern, als eine dauernd bestehende gesellschaftliche Klasse, auch nach 1917 ein Interesse daran hatten, die Revolution gegen die Wiederkehr des feudalen Zarentums zu schützen. Das deutsche Heer dagegen, das die Revolution vom 9. November gemacht hatte, löste sich in den wenigen Wochen bis Weihnachten 1918 auf. Denn die Soldaten wollten den Frieden, den sie sich durch die Revolution gesichert hatten, nur für sich persönlich realisieren. Das geschah, indem sie den feldgrauen Rock auszogen und nach Hause fuhren. Mit der Rückkehr ins bürgerliche Leben verwandelte sich der Maschinengewehrschütze oder Funker wieder in den Bauern, Handwerker oder Angestellten, den kein Lebensinteresse mehr an die deutsche Revolution band. Am 9. November, als das revolutionäre Millionenheer noch die Waffen trug, war die sozialistische Regierung der Volksbeauftragten allmächtig. Dann verschwand bis Weihnachten das deutsche Heer des Weltkrieges und hinterließ machtpolitisch einen leeren Raum. Seitdem schwebte auch die Regierung der Volksbeauftragten in der Luft.

Ungefähr seit der Jahreswende 1918/1919 mußte die deutsche sozialistische Arbeiterschaft zeigen, ob sie aus eigener Kraft, ohne die zufällige Kombination mit den »roten« Soldaten vom Weltkriegsende die Macht behaupten und die deutsche Republik in ihrem Geiste aufbauen konnte.

Es ist bekannt, wie die deutsche Arbeiterschaft in dieser Prüfung versagte. Man hat auch neuerdings wieder betont, daß eine politische Demokratie unhaltbar sei, zumal eine von Sozialisten geführte Demokratie, wenn sie sich nicht eine entsprechende wirtschaftliche Basis verschaffen kann. Das ist in dieser Allgemeinheit unanfechtbar und entspricht der materialistischen Auffassung von der historischen Entwicklung. Dennoch reicht es nicht aus, um den speziellen Fall der Deutschen Republik zu erklären.

Am 9. November war zwar technisch und organisatorisch Deutschland für die Gemeinwirtschaft völlig reif. Aber psychologisch waren die Arbeitermassen auf die Verwirklichung des Sozialismus gar nicht vorbereitet. Zwar wurde in Deutschland nach dem 9. November die Parole der Sozialisierung rasch populär. Aber wie wirklich die Sozialisierung aussehen sollte, darüber bestanden in den Massen so gut wie bei den Fachleuten die größten Meinungsverschiedenheiten. Wenn die Volksbeauftragten in der ersten Woche ihrer Regierung durch eine Verordnung in Deutschland das Privateigentum an den Produktionsmitteln abgeschafft hätten, so wäre daraus ein unmögliches Chaos entstanden.

Damit soll nicht die völlige Passivität entschuldigt werden, mit der sich die Volksbeauftragten gegenüber dem kapitalistischen und sogar gegenüber dem feudalen Eigentum in Deutschland verhalten haben. Das Mindeste wäre gewesen, wenn man damals den Bergbau und den Großgrundbesitz beschlagnahmt und die planmäßige Neugestaltung der Wirtschaft eingeleitet hätte. Aber die Entscheidung über das Schicksal der deutschen Republik ist auf diesem Gebiet nicht gefallen.

Wie eine konsequente sozialistische Revolution aussehen muß,

weiß niemand von uns, denn bisher hat die Geschichte noch keine
gezeigt. Aber es besteht die Möglichkeit, daß auch schon ein bür-
gerlich-kapitalistischer Staat von der Arbeiterschaft beherrscht
wird. Wenn das sozialistische Proletariat in einem solchen Lande
wirklich die Staatsmacht in der Hand hat, dann kann es allmählich auch die ökonomische Situation in seinem Sinne umgestalten.
An eine solche Möglichkeit haben Marx und Engels mehrfach gedacht. Auch in Deutschland hätte die Entwicklung nach dem 9.
November in dieser Art vorwärts gehen können. Die Voraussetzung dazu wäre gewesen, daß die Sozialisten die Staatsmacht
wirklich bis zur letzten Konsequenz in die Hand genommen und
ausgeübt hätten.

Die Entscheidung über das Schicksal der Deutschen Republik
ist eigentlich schon in den ersten Monaten des Jahres 1919 gefallen. Alles was später kam, ist nur eine Bestätigung dessen gewesen,
was damals historisch festgelegt wurde. Das gilt für 1920 und 1923
ebensogut wie für 1930 und 1933. Die Wurzeln all des späteren
Elends der deutschen Republik liegen schon in den Januarkämp-
fen von 1919, die Hilferding nicht mit Unrecht die »Marneschlacht« des deutschen Proletariats genannt hat.

Die deutsche Arbeiterschaft und der deutsche Sozialismus haben ihre Marneschlacht verloren, weil sie auch nicht mit den ein-
fachsten Voraussetzungen staatlicher Machtpolitik fertig werden
konnten. Der größte Vorwurf, den man im historischen Rückblick
den Volksbeauftragten zu machen hat, besteht darin, daß sie ta-
tenlos der Auflösung des alten deutschen Heeres zusahen, ohne zu
gleicher Zeit eine neue zuverlässige republikanische Truppe aufzubauen. Als die Regierung der Volksbeauftragten im Dezember
1918 und im Januar 1919 von abenteuerlichen Minderheiten gewaltsam angegriffen wurde, war sie tatsächlich wehrlos und sie
warf sich den kaiserlichen Offizieren in die Arme.

Die Freikorps haben dann die Regierung gerettet, aber zugleich
die militärische Gegenrevolution zur entscheidenden Macht im
Staate erhoben. Das Unvermögen des deutschen Sozialismus, mit
der Armee fertig zu werden, wiederholte sich an der Jahreswende
von 1918 und 1919 auf den Gebieten der Polizei und Verwaltung,
der Justiz, der Kirche und Schule und nicht am wenigsten der
Außenpolitik. Es ist leicht, einzelne Namen mehrheitssozialisti-
scher Führer zu nennen und ihnen persönlich die Schuld an dem
ganzen Unheil zuzuweisen. Aber die wirkliche Lösung des Pro-

blems findet man auf diese Art nicht. Was sich nach dem 9. November rächte, war die unzulängliche politische Schulung der deutschen Sozialdemokratie in der Vorkiegszeit.

Die Partei vor 1914 war im wesentlichen eine sehr tüchtige und leistungsfähige Berufsvertretung der Industriearbeiter im Rahmen des monarchisch-bürgerlichen Staates. Die Partei leistete Ausgezeichnetes auf dem Gebiete der Sozialpolitik, und sie bediente sich mit gutem Erfolg der Waffe des allgemeinen Stimmrechts. Aber man hatte keine klare Vorstellung davon, in welcher Form die Partei einmal selbst die Verantwortung für das Schicksal des deutschen Volkes übernehmen würde. Die Wirksamkeit der Volksbeauftragten vom November 1918 bis Januar 1919 entspricht durchaus der Tradition der Sozialdemokratie von 1914: Sie war fruchtbar und gründlich auf den Gebieten der Sozialpolitik und des Wahlrechts, und versagte überall sonst.

So konnte die deutsche Arbeiterschaft es nicht verhindern, daß in den Jahren 1919 und 1920 der Militär- und Staatsapparat der Gegenrevolution sich neu befestigte. Zugleich hat die Freikorps-Politik die Zerklüftung innerhalb der Arbeiterschaft aufs äußerste gesteigert. Im Sommer 1920 war der Kräfteverfall des deutschen Sozialismus ganz offenkundig. Ein Symbol der veränderten Lage war die Bildung der ersten reinbürgerlichen Reichsregierung unter Fehrenbach. Soweit die Novemberrevolution den Sinn haben sollte, daß in Deutschland eine demokratische Republik unter sozialistischer Führung errichtet würde, war sie schon im Sommer 1920 gescheitert. Acht Jahre später hat die Episode der Kanzlerschaft Hermann Müllers an den feststehenden gesellschaftlichen Kräfteverhältnissen nichts mehr ändern können. Wenn man unter einer »Marxisten-Herrschaft« in Deutschland die maßgebende politische Führung durch die sozialistische Arbeiterschaft verstehen will, so ist die Macht der »Marxisten« schon spätestens im Sommer 1920 gebrochen worden. Die Zügel, die von den Sozialisten fallengelassen wurden, übernahm zunächst die kleinbürgerliche Demokratie aus den Reihen des Zentrums. Seit Anfang 1923 wurde sie durch die unverhüllte Herrschaft des Großkapitals unter Cuno abgelöst.

Das in Deutschland seit 1923 herrschende kapitalistische Bürgertum nebst seinen militärischen und feudalen Anhängseln duldete die Formen der Demokratie, solange man sie für zweckmäßig hielt. Seit 1930 (Brüning) hat die herrschende Klasse die demokra-

tischen Formen aufgegeben und ihre offene Diktatur aufgerichtet.
Die Naziregierung, so sehr sie sich in wichtigen Erscheinungsformen von den Perioden Brünings und Papens unterscheidet, gehört
doch historisch gesehen mit ihnen zusammen in die gleiche Zeit
kapitalistischer Diktatur, die 1930 begann.

Es ist überaus bedauerlich, daß die jüngsten deutschen Ereignisse wiederum innerhalb der Arbeiterschaft die Diskussion über
Demokratie und Diktatur aufleben ließen, in der völlig unfruchtbaren Gestalt, die sie durch die Bolschewisten empfangen hat. Das
Unglück der deutschen Sozialisten kam nicht daher, daß sie für
die Demokratie eintraten, sondern daß sie sich mit zu wenig Demokratie zufrieden gaben. Die Demokratie als die Selbstregierung
der werktätigen Massen ist die unbedingte Voraussetzung des Sozialismus. Der Verlust der Demokratie ist der härteste Schlag, der
die Arbeiterschaft überhaupt treffen kann.

Aber die Demokratie erschöpft sich nicht im allgemeinen
Stimmrecht. Die Volksvertretung muß, auch in der bürgerlichen
Demokratie, die unbedingte Gewalt über alle Kräfte des öffentlichen Lebens haben. In der deutschen Republik bestanden nicht allein die großkapitalistischen Wirtschaftsmächte und der feudale
Großgrundbesitz ungestört weiter, sondern die Armee war ein
Staat im Staate, die Verwaltung, die Justiz, die Volksbildung waren von demokratischen Kräften kaum berührt. Die deutsche Republik mit ihrer Reichswehr, ihrem Reichsgericht und ihren Universitäten war überhaupt keine Demokratie, nicht einmal im bürgerlichen Sinne. Die Lehre der deutschen Ereignisse muß deshalb
für die Arbeiter sein, daß sie sich eine *richtige Demokratie* erkämpfen und sich nicht mit der halben Demokratie begnügen.
Aber die Arbeiterschaft wäre nur die Betrogene, wenn sie sich irgendwelchen Despoten unterordnen wollte, auch nicht, wenn diese
sich als »revolutionäre Sozialisten« ausgeben.

Die Deutsche Republik hätte 1918/1919 eine echte Demokratie
mit weitgehenden sozialistischen Möglichkeiten werden können.
Die Niederlage, die damals die Arbeiterschaft erlitt, hat nur die
kapitalistische Scheindemokratie bestehen lassen. Auch der Ausgang des Kapp-Putsches und die Inflationskrise von 1923 waren
weitere große Niederlagen des sozialistischen Proletariats. Wenn
aber eine Klasse in ihrer Revolution eine große historische
Niederlage erleidet, so wie es den deutschen Arbeitern von
1919–1923 erging, dann ist es sehr schwer und braucht lange Zeit,

um die Niederlage wieder gut zu machen. So hat die Niederlage der französischen Arbeiter im Jahre 1848 für 20 Jahre die demokratischen und sozialistischen Kräfte Frankreichs gelähmt. Die Niederlage der Kommune im Jahre 1871 beherrschte ebenfalls in ihren Folgen jahrzehntelang die französische Politik, bis in die Tage Boulangers und darüber hinaus. Selbst unter den ungewöhnlich günstigen revolutionären Bedingungen des russischen Zarenreichs brauchte die russische Arbeiterschaft zwölf Jahre, ehe sie ihre Niederlage von 1905 wieder ausgleichen konnte. In Deutschland verläuft der entsprechende Prozeß besonders qualvoll und langwierig. Es sind jetzt gerade zehn Jahre verflossen seit dem Einmarsch der Reichswehr in Sachsen und Thüringen und dem Zusammenbruch der dort bestehenden proletarischen Regierungen. Jetzt nach zehn Jahren befinden wir uns immer noch in der tiefsten Ebbe der deutschen Gegenrevolution.

Es soll damit nicht gesagt werden, daß alles, was die deutsche Arbeiterschaft im letzten Jahrzehnt getan und gelitten hat, schicksalhafte Notwendigkeit war und daß die Folgen der Niederlage von 1919–1923 inzwischen nicht hätten ausgeglichen werden können. Auch die ruhigste und objektivste Kritik wird viele Fehler des deutschen Sozialismus in diesem Jahrzehnt feststellen können. In erster Linie ist hier die dauernde Spaltung der deutschen Arbeiterschaft zu nennen, wobei der Einfluß der kommunistischen Internationale gerade die besonders aktive sozialistische Minderheit der deutschen Arbeiter zu Sklaven der russischen Staatspolitik machte und damit lahmlegte. Hierher gehört weiter die Illusion, als ob die scheinbare Stabilisierung der deutschen Verhältnisse von 1924/1929 eine dauernde friedliche Weiterentwicklung garantierte. Hierher gehört der ängstliche Respekt vor der Legalität des bestehenden kapitalistischen Staats und der Glaube, daß die Arbeiterschaft nur im Rahmen dieser Legalität kämpfen dürfe. Aber um die ungeheure Vorbelastung zu beseitigen, die durch die Niederlage von 1919/1923 auf der deutschen Arbeiterschaft lag, wäre eine ganz besondere einheitliche klare und kraftvolle Politik der Sozialisten nötig gewesen. Es wäre eine ungewöhnliche historische Tat gewesen, wenn die deutschen Arbeiter ihre Niederlage, die sie unmittelbar nach der Novemberrevolution erlitten, schon in ein paar Jahren hätten ausgleichen können. Aber diese ungewöhnliche Tat blieb aus. So traf die Weltwirtschaftskrise seit 1929 in Deutschland ein Proletariat, das trotz seiner zahlreichen Organisa-

tionen gespalten und unfähig zu revolutionären Kämpfen war.
Darum konnte das Bürgertum 1930 seine Diktatur aufrichten und
seitdem ständig verschärfen.

Die Betrachtung des 9. November sollte dem deutschen wie dem
internationalen Proletariat die eine große Lehre einhämmern: Es
genügt nicht, daß die sozialistische Partei sich den engen Berufs-
interessen der Industriearbeiter im Rahmen der bürgerlichen Gesellschaft widmet. Sondern sie muß jederzeit bereit sein, die gesamte Staatsmacht auf allen Gebieten in die Hand zu nehmen. Es
wird die Aufgabe einer künftigen internationalen Gesellschaft
sein, Krieg und Gewalt aus dem Völkerleben zu verbannen, aber
die kapitalistische Gegenwart läßt sich nur durch Macht überwinden. Die deutschen Arbeiter haben in den letzten Monaten nur zu
gründlich gelernt, was die Armee, die Polizei und die Justiz sind.
Wenn die Demokratie in Deutschland wieder siegen wird – und
die gegenrevolutionäre Ebbe ist in der Geschichte noch immer
durch eine neue Flut abgelöst worden –, dann werden die Arbeiter
sich nicht mit dem Achtstundentag und dem gleichen Wahlrecht
begnügen, sondern ganze Arbeit tun. Nicht im Sinne des Terrors,
aber im Sinne der radikalen Umgestaltung des ganzen Staats und
der ganzen Gesellschaft.

11. 1848–1934

Der heldenmütige Kampf der Wiener Arbeiter vom Februar dieses Jahres [1934] erweckt die historische Erinnerung an die entsprechenden Vorgänge im Jahre 1848. Auch damals unterlag die Wiener revolutionäre Demokratie nach tapferstem Widerstand der technischen und zahlenmäßigen Übermacht der schwarzgelben Reaktion. Die äußere Voraussetzung der Niederlage war 1848 wie 1934 dieselbe, nämlich die vollständige Isolierung der Wiener Kämpfer: 1848 standen die Wiener revolutionären Demokraten ganz allein, als Windischgrätz und Jellachitsch heranrückten. Die reichsdeutsche Demokratie rührte sich nicht. Sie konnte nur gute Wünsche und Sympathie-Resolutionen geben. Böhmen stand abseits, Italien konnte nicht helfen und die Ungarn kamen in unzulänglicher Zahl und zu spät. Ebenso standen die Wiener Arbeiter in diesem Februar völlig isoliert und ohne Hilfe im Kampf gegen Dollfuß und Starhemberg. Die sozialistische Internationale konnte diesmal den Wiener Revolutionskämpfern ebensowenig helfen wie 1848 die demokratische Internationale.

Der Ruhm des roten Wien ging 1848 durch alle Länder Europas. Alle Demokraten, Kommunisten und Sozialisten waren stolz auf das Beispiel, das Wien ihnen gegeben hatte. Aber es drängt sich heute die Frage auf: war nicht, historisch gesehen, der bewaffnete Widerstand, den die Wiener 1848 der Habsburger Armee entgegensetzten, ein heldenmütiger Irrtum? Welche Folgen hatte der ruhmreiche Kampf von 1848? Zunächst war die österreichische Demokratie tot und die Reaktion neu gefestigt. Erst 40 Jahre danach gewann eine sozialdemokratische Arbeiterbewegung in Österreich wieder Bedeutung. Erst 70 Jahre nach dem Einzug der kaiserlichen Truppen in das besiegte Wien wurden die Habsburger vertrieben.

Ebenso könnte es nachdenklich stimmen, daß nach der Niederlage der Pariser Arbeiter im gleichen Jahre 1848 ein Operetten-Despot wie Napoleon III. über 30 Jahre in Frankreich gebieten konnte, und daß jetzt, nach dem Zusammenbruch der italienischen Arbeiterbewegung, Mussolini schon ein Dutzend Jahre in Rom kommandiert, ohne daß ein Ende des Faschismus abzusehen wäre.

Es ist richtig, daß jede große historische Niederlage der Demokratie und der Arbeiterbewegung eine schmerzliche und langwierige Periode einleitet, in der die Kräfte zu einem neuen Aufstieg ge-

sammelt werden können. Historische Prophezeiungen sind eine
undankbare Angelegenheit. Dennoch ist es ganz ausgeschlossen,
daß das System Dollfuß sich nach seinem Siege im Straßenkampf
ebenso stabilisieren kann, wie es sich das System Franz Josefs leisten konnte. Ebensowenig kann Hitler heute die politische Dauerhaftigkeit Napoleons III. nachahmen.

In einem glänzend geschriebenen Artikel erklärte Friedrich Engels zu Beginn der österreichischen Revolution von 1848, daß die
Dampfmaschine und die Eisenbahn die Totengräber des barbarischen Reiches der Habsburger seien. Auf lange Sicht hatte Engels
unbedingt recht. Die Industrialisierung muß am Ende den feudalen Absolutismus zertrümmern und dem demokratischen Sozialismus den Weg öffnen. Aber – was Engels 1848 noch nicht wissen
konnte – es waren zunächst Übergangsperioden möglich, in denen
feudal-militaristische Herrschergruppen sich mit der modernen Industrie verständigen und durch sie neue Lebenskraft gewinnen
konnten.

Die Donau-Monarchie der Habsburger gewann gerade durch
die Eisenbahnen, die Industrie und das Finanzkapital neue Stützpunkte. Die Periode Franz Josefs brachte von 1850 mindestens bis
1900 in Österreich und Ungarn einen mächtigen ökonomischen
Aufschwung; in einem gewissen Grade eine Anpassung der Do-
nauländer an die gesellschaftlich weiter fortgeschrittenen Teile
West- und Mittel-Europas. Der habsburgische Feudalismus wurde
der Nutznießer dieses ökonomischen Aufschwungs, fand ein,
wenn auch schlecht funktionierendes Kompromiß mit dem großen
Bürgertum, und konnte die Demokratie unterdrücken. Die habsburgische Monarchie konnte ihren Völkern nach 1848 einen ökonomischen Aufstieg geben, und so behauptete sie sich.

In ähnlicher Weise war die Ära Napoleons III. eine Periode
des mächtigen Aufschwungs für das französische Kapital. Ebenso
bringt der italienische Faschismus ohne Zweifel eine gewisse technische Modernisierung seines rückständigen Landes. In Italien sind
die Demokratie und die Arbeiterbewegung zertrümmert, aber dafür fahren die Eisenbahnen pünktlich, die Sümpfe werden getrock-
net, Balbo flog nach Chikago, und ein italienischer Dampfer
eroberte das Blaue Band des Ozeans. Diese Bestrebungen der italienischen Faschisten, ihr Land auf die Höhe der modernen kapitalistischen Technik zu bringen, also die Produktionskräfte Italiens
zu steigern, sind ein wesentlicher Grund für die wenigstens schein-

bare Stabilisierung der Diktatur Mussolinis.

Dollfuß und seine Freunde versichern, daß jetzt auch in Österreich ein »faschistischer« Staat entstehen soll. Aber sie können von Mussolini nur die polizeiliche Gewalttätigkeit übernehmen, aber nichts anderes. Der österreichische Reststaat, wie die Friedensverträge ihn übrig ließen, kann ökonomisch nicht saniert werden. Wie soll wohl der österreichische »Faschismus« positiv im italienischen Stil arbeiten? Wird Fürst Starhemberg auf einem österreichischen Flugzeug nach New York fliegen, wird Major Fey in einem österreichischen Auto die Weltrekorde schlagen? Der korporative sogenannte faschistische Staat, wie ihn Dollfuß und seine Leute in Österreich begründen wollen, kann nichts anderes werden als eine kleinbürgerliche Zünftelei. Irgendein neuer Aufschwung der österreichischen Wirtschaft ist weder auf kapitalistischer noch auf kleinbürgerlicher Basis möglich, ja die Rückkehr in das zünftige Mittelalter ist heute nirgends in Europa durchführbar. Mit der Maschinentechnik des 20. Jahrhunderts kann man keine gesellschaftlichen Zustände verbinden, wie sie der Produktion des 14. Jahrhunderts entsprachen. Das sind eigentlich alles Selbstverständlichkeiten, aber sie müssen doch manchmal ausgesprochen werden, weil gegenwärtig so viele dicke romantische Nebel die Tatsachen verschleiern. Auch in Hitlers Deutschland sehen wir den tragikomischen Gegensatz zwischen den großkapitalistischen Tatsachen und den parteiamtlichen romantischen Illusionen.

In den deutschsprechenden Ländern Mittel-Europas ist der Kapitalismus alten Stils nicht mehr lebensfähig. Das haben die Ereignisse der letzten fünf Jahre endgültig bewiesen. Die grausamen Experimente, die gegenwärtig am deutschen wie am österreichischen Volk vorgenommen werden, können kein neues ökonomisches Gleichgewicht schaffen. Darum ist eine Stabilisierung von Dollfuß oder Hitler, in der Art von Franz Josef oder Napoleon III., nicht möglich. Auch eine Nazisierung Österreichs könnte daran nichts ändern, denn wenn zwei Kranke zusammenkommen, werden sie damit noch lange nicht gesund. Das Projekt einer ökonomisch-politischen Annektion Österreichs, nebst Ungarns, durch Italien wird jetzt als Gegenlösung von Mussolini und seinem Anhang vertreten. Aber es ist bekannt, welche außenpolitischen Schwierigkeiten einer solchen Lösung entgegenstehen. Außerdem hat die faschistische Regierung bei sich in Italien wirtschaftlich genug zu tun, und wo sollte sie die Milliarden hernehmen, die zu einer Sanierung

Österreichs auf kapitalistischer Grundlage nötig wären?

Es wäre leichtfertig, irgendwie die Bedeutung und die Folgen der Niederlagen zu unterschätzen, die das österreichische und das deutsche Proletariat erlitten hat. Aber es bleibt doch der unbestreitbare Unterschied in der ökonomischen Perspektive Mittel-Europas, wie sie heute besteht, im Gegensatz zu der Entwicklung nach 1848. Nur die sozialistische Planwirtschaft auf demokratischer Grundlage bringt die Möglichkeit eines neuen Aufstiegs für das deutsche Volk in beiden Staaten. Der Kampf der österreichischen Arbeiter hat gezeigt, welche Energien trotz allem im sozialistischen Proletariat vorhanden sind. Die gleiche Kraft wird sich auch in der Zukunft durchsetzen können, sobald erst einmal der romantische Spuk verflogen ist, hinter dem sich heute der absterbende Kapitalismus verbirgt.

12. Der Faschismus als Massenbewegung

Sein Aufstieg und seine Zersetzung

I. Vorläufer und Pogrome

Die rührende Geschichte von Adolf Hitler und seinen ersten sechs Getreuen, mit denen er zusammen die Partei gründete, und wie dann aus diesen sieben Männern erst eine Million wurde, und dann sechs Millionen, und dann dreizehn, und dann vierzig, und dann das ganze deutsche Volk – gehört zu dem ständigen Inventar der nationalsozialistischen Festredner [1934]. Für Mussolini gibt es eine entsprechende Geschichte. Aber wie der Duce großartiger und imponierender ist als seine blasse Nachbildung, der »Führer«, so war auch der Anfang seiner Partei stattlicher. Die erste Versammlung der italienischen Faschisten am 23. März 1919 in der Handelsschule in Mailand hatte 145 Teilnehmer. Aber auch hier war der Aufstieg gewaltig: von den 145 einzelnen zu ebensoviel Tausenden, dann zu Millionen und schließlich, wenn man den amtlichen Rednern und Statistiken glauben will, zur ganzen italienischen Nation.

Der Aufstieg vom kleinen Häuflein zur Millionenbewegung, die ganze Völker überrannte, ist in der Tat verblüffend. Nicht nur die Anhänger der Diktatoren, auch viele ihrer Gegner glaubten, vor einem Rätsel zu stehen. Viele Leute, die über den Faschismus schrieben, hatten einmal etwas von Soziologie gehört oder von der Klassenlehre des Marxismus. So ging man auf die Suche nach der Klasse, oder überhaupt der Menschenschicht, die jene Wunder möglich gemacht habe. Aber leider ist die Lehre von den gesellschaftlichen Klassen nicht ganz so einfach, wie sie auf den ersten Blick erscheint. Klimpern kann jeder auf den Tasten des Pianos, wenn er sich daran setzt. Aber darum ist er noch lange kein Musiker. Ebenso ist das Herumjonglieren mit den sozialen Klassen noch lange keine soziale Analyse und am wenigsten eine marxistische. Die Dilettanten der Soziologie fanden meistens, daß die Kleinbürger jene geheimnisvolle Klasse wären, mit deren Hilfe Hitler und Mussolini ihre Siege erfochten haben. Der Gemüsehändler Fritz Schulze wuchs empor zu dämonischer Größe. Mit der einen Hand hält er das Proletariat nieder und mit der anderen den Kapitalismus. Er verkörpert die Nation und beherrscht das neue Jahrhundert. Fritz Schulze als Person kann ein wahrer Held sein, er mag sich im Schützengraben alle Kriegsauszeichnungen geholt haben, oder er kann der Boxmeister seines Stadtbezirks sein. Aber hier handelt es sich nicht um Fritz Schulze als Person, sondern um Schulze als Gemüsehändler, als Kleinbürger. Daß die Kleinbürger, als Klasse, Deutschland, Italien, Polen, Österreich und ein halbes Dutzend anderer Länder erobert haben sollen, und daß die übrige Welt gleichfalls in der Gefahr schwebt, »kleinbürgerlich« zu werden, ist etwas wunderlich.

Es gab eine Periode der europäischen Geschichte, in der die Kleinbürger als Klasse, das heißt die in ihren Zünften organisierten Handwerksmeister und Kleinhändler, tatsächlich die Wirtschaft und die Produktion maßgebend beeinflußten. Das waren die Jahrhunderte des späteren Mittelalters. Damals gab es weder ein Proletariat noch einen Kapitalismus im modernen Stil. Es war die goldene Zeit der Zunftmeister. Aber nicht einmal in jenen Tagen, als die Zunftmeister ökonomisch und ideologisch alle Trümpfe in der Hand hatten, vermochten sie eine der großen europäischen Nationen politisch zu beherrschen. In Deutschland errangen zwar die Zünfte in einer Reihe von Städten die Macht, im nationalen Maßstab erlagen sie kläglich dem agrarischen Adel; und wo einmal die Städte wirklich als politische und militärische Macht auftraten, wie in der Hansa, da führten nicht die Handwerksmeister, sondern die patrizischen Großkaufleute. Seit 1500 ist in Europa in jeder Generation das gesellschaftliche Gewicht des Kleinbürgertums zurückgegangen. Vor fünfhundert Jahren, als das Handwerk noch wirklich einen goldenen Boden hatte und die maschinenlose Handarbeit alle Werte erzeugte, war dennoch der Kleinbürger zu schwach, die politische Macht zu erringen. Und heute im Zeitalter des laufenden Bandes, des Flugzeuges und der Elektrizität, soll plötzlich der Kleinbürger unwiderstehlich geworden sein, nur weil er irgendwelche bunten Hemden anzieht, und weil Hitler und Mussolini ihn rufen? Ebensogut könnte man behaupten, daß eine Wachskerze, wenn man sie richtig anzündet, ein besseres Licht gibt als die gewaltigste elektrische Krone.

Manche Kritiker unserer Zeit sehen nicht in dem Kleinbürger die Ursache des Faschismus, sondern in der Jugend, oder auch in beiden Kräften zusammen. Die Theorie von der Jugend ist noch merkwürdiger als die vom Kleinbürger. Solange es Menschen gibt, hat auch der Gegensatz zwischen Jugend und Alter existiert, und so wird es wohl auch bleiben, solange Wesen unserer Art diesen Planeten bewohnen. Aber noch nie ist die Jugend als solche eine politische Bewegung gewesen; denn alle Unterschiede, die unter den Menschen vorhanden sind, kehren auch innerhalb der Jugend wieder. Sollen wir es glauben, daß eines Tages die Söhne der Bankdirektoren beschlossen, sich mit den Söhnen der Metallarbeiter zu vereinen, um gemeinsam alle Vorrechte der Bankdirektoren und alle Organisationen der Metallarbeiter zu zertrümmern, und auf den Ruinen alles dessen, was bisher war, den strahlenden faschistischen »Bund der Jugend« zu begründen?

Der Streit um diese Theorien vom Faschismus ist nicht nur ein Zeitvertreib für Leute, die am Schreibtisch sitzen und über Soziologie spekulieren. Es ist in Wirklichkeit eine bitter ernste Angelegenheit von außerordentlicher praktischer, politischer Bedeutung für das Proletariat. Wer seinen Gegner besiegen will, muß ihn genau kennen. Die fantastischen, aller Logik widerstrebenden Erklärungen für den Faschismus, wie sie vielfach verbreitet sind, haben bei den Demokraten und Sozialisten die Überzeugung geschaffen, daß ihr gegenwärtiger Hauptfeind etwas durchaus Irrationales, mit Vernunftgründen nicht Besiegbares sei. Der Faschismus scheint heraufzukommen wie eine Naturerscheinung, wie ein Erdbeben, wie eine Elementarkraft, die aus den Herzen der Menschen herausbricht und keinen Widerstand duldet. Die Faschisten selbst unterstützen vielfach diese Stimmungen, besonders in Deutschland, wenn sie versichern, daß die Herrschaft der Vernunft und der mechanischen Logik nun vorüber sei, und daß jetzt die Gefühle, die Urinstinkte der Nation, wieder zur Macht kämen. Sozialisten und Demokraten glauben manchmal, daß sie zwar mit politischen Gegnern der gewöhnlichen Art fertig werden, aber sie verzweifeln daran, den Ansturm einer »neuen Religion« aufzuhalten. Angstvoll sucht man nach Mitteln, um die faschistische Offensive abzuwehren. Man zerbricht sich den Kopf, wie man den Kleinbürger gewinnen, oder doch wenigstens versöhnen kann, der jetzt plötzlich der Schiedsrichter der Nationen geworden sein soll. Man will die eigene Partei und Bewegung umstellen, bis sie dem Niveau der Jugend entspricht. Aber es fehlt doch manchmal das rechte Zutrauen, ob man imstande sein wird, der neuen politischen Naturerscheinung zu widerstehen. Die Gegner jedoch nutzen raffiniert die Panikstimmung aus, wie sie besonders nach den deutschen Ereignissen von 1933 im demokratischen und sozialistischen

Lager entstand. Sie tun so, als genüge es tatsächlich, wenn irgendein mehr oder weniger bankrotter, reaktionärer Politiker ein bun-
tes Hemd anzieht, eine Schar unreifer Jünglinge drillt, und vom
»Recht der Jugend« und der »nationalen Erneuerung« redet, um
die ältesten freiheitlichen Verfassungen umzuwerfen und die soli-
desten Arbeiterorganisationen zu Paaren zu treiben.

Heute ist es für die Arbeiterschaft nötiger denn je, sich nicht
verwirren und demoralisieren zu lassen. Wenn man die künstlichen
Nebel, die der Faschismus in allen Ländern aufsteigen läßt, weg-
bläst, so erblickt man dahinter einen guten alten Bekannten. Er ist
gar nicht wunderbar und gar nicht geheimnisvoll, er bringt keine
neue Religion und kein neues goldenes Zeitalter. Er kommt weder aus der Jugend, noch aus dem Kleinbürgertum, wenn er es
auch manchmal versteht, beide gründlich hereinzulegen: Er ist der
gegenrevolutionäre Kapitalist, der geborene Feind der klassenbewußten Arbeiterschaft. Der Faschismus ist weiter nichts als eine
moderne, volkstümlich maskierte Form der bürgerlich-kapitalistischen Gegenrevolution. Es ist eigentlich nicht ganz richtig, das
gleiche Schlagwort »Faschismus« auf so verschiedenartige Bewegungen anzuwenden, wie es die Partei Mussolinis in Italien und
die Partei Hitlers in Deutschland ist. Es sei nur daran erinnert,
daß zum Beispiel die Juden- und die Rassenfrage, dieses Kernstück der Nazi-Ideologie, vom italienischen Faschismus gar nicht
beachtet wird. Aber die politische Alltagssprache von heute nennt
alle jene kapitalistischen gegenrevolutionären Bewegungen faschistisch, sobald sie volkstümlich auftreten und sich zugleich auf eine
aktive, für den Bürgerkrieg geschulte, Parteiarmee stützen.

Seit dem Beginn der modernen Produktionsform übte der bürgerliche Kapitalismus die Herrschaft über alle zivilisierten Länder
aus. Es ist indessen leicht zu verstehen, daß niemals die Kapitalistenklasse direkt durch ihre eigene physische Gewalt ihren Willen
den Massen des Volkes aufzwingen konnte. Es ist eine komische
Idee, sich vorzustellen, wie die Fabrikanten und Bankiers persönlich zu den Waffen greifen und mit Gewehr und Säbel das übrige
Volk sich untertänig machen. Der alte Feudaladel konnte noch aus
eigener physischer Kraft regieren. Im Mittelalter war die schwer-
gepanzerte Ritterschaft tatsächlich den übrigen Volksschichten militärisch überlegen. Ebenso würde in einem Staat, den die Arbeiter oder die Bauern beherrschen, die regierende Klasse auch tatsächlich die physische Gewalt ausüben.

Die Kapitalisten dagegen müssen indirekt regieren. Wie sie nicht selbst ihre Waren hämmern und schmieden, wie sie nicht selbst hinter dem Ladentisch stehen und ihre Produkte dem Kunden verkaufen, so können sie auch nicht selbst ihr Militär, ihre Polizei und ihre Wählerschaft sein. Sie brauchen Helfer und Diener, um zu produzieren, um zu verkaufen und zu regieren. Die Kapitalisten herrschen so lange im Staat, wie entscheidende Schichten des Volkes sich mit ihrem System solidarisch fühlen, bereit sind, für den Kapitalisten zu arbeiten, für ihn zu stimmen und zu schießen, in der Überzeugung, daß ihre eigenen Interessen die Aufrechterhaltung der kapitalistischen Wirtschaftsordnung verlangen.

Die Helfer und Diener, die bewußt oder unbewußt im modernen Europa dem Kapitalismus zur Verfügung stehen, sind ebenso zahlreich wie buntscheckig. Zunächst hat in fast allen Ländern das kapitalistische System in irgendeiner Form sich mit den Trägern der älteren, vorkapitalistischen, feudalen Ordnung abgefunden. Monarchie und Adel, Kirche und Armee, das höhere Berufsbeamtentum haben sich aus der feudalen Periode in die moderne, kapitalistische Zeit hinein entwickelt. Zuerst mußte freilich das Bürgertum in revolutionärer Form seinen Machtanspruch gegenüber den Feudalen durchsetzen. Das Bürgertum gab sich dabei als die Vertretung der Nation im Kampf gegen die privilegierte feudale Minderheit aus. Es vereinte alle mittleren und unteren Volksschichten um sich und zwang so die feudalen Herren zur Kapitulation. Aber sobald der Sieg errungen war, suchten die Kapitalisten schnell einen Kompromiß mit den feudalen Elementen um gemeinsam mit ihnen den demokratischen oder gar sozialistischen Ansprüchen der armen Volksmassen entgegenzutreten. Aus der feudalen Tradition stammen die Ideologien der Autorität, der Disziplin, der militärischen Tugenden und Lebensformen, die für das Verständnis des Faschismus so wichtig sind.

Der Stand der Intellektuellen wuchs gleichfalls aus der alten feudalen Periode in die neue bürgerliche hinein. Er fand sich mit der neuen Gesellschaftsform genauso ab wie früher mit der aristokratischen. Aber da der Intellektuelle nicht direkt im Produktionsprozeß steht, nicht selbst Mehrwert erzeugt, sondern nur indirekt vom Mehrwert lebt, behauptet er auch im kapitalistischen Staat eine gewisse Sonderstellung. Er ist im allgemeinen ganz ehrlich davon überzeugt, daß er nicht das Geldinteresse des Kapitalisten, sondern das Gesamtinteresse der Nation vertritt: Da aber

zum Gedeihen der Nation »leider das Privateigentum gehört«,
muß der europäische Durchschnitts-Intellektuelle schweren Herzens für den Kapitalismus und gegen den Sozialismus sein. Da
der Stand der Intellektuellen berufsmäßig die »allgemeinen« Interessen und die »allgemeinen« Gedanken zu vertreten hat, ist er besonders dazu geeignet, auf die bitteren Realitäten des Klassenkampfes den süßlichen Brei der nationalen Uneigennützigkeit zu
schütten.

   Endlich stehen unter den Kapitalisten in der sozialen Pyramide
die Bauern und Handwerker, deren Stärke in den einzelnen Ländern je nach den besonderen Entwicklungsbedingungen ganz verschieden ist, und schließlich das gewaltige Heer der Arbeitnehmer.
Sie alle sind mehr oder minder für die kapitalistischen Verlockungen empfänglich. Das gilt nicht nur für Bauern und Handwerker.
In Deutschland hat, auch vor dem Aufkommen Hitlers, ein erheblicher Teil der Arbeitnehmer bürgerlich gewählt, und in England
gibt es noch heute eine stattliche Anzahl von konservativen Fabrikarbeitern. Die politische Mechanik eines kapitalistischen Landes im 19. und 20. Jahrhundert war daher stets eine überaus verwickelte Angelegenheit. Stets war eine Fülle von verschiedenen
scheinbar entgegengesetzten Kräften erforderlich, um das kapitalistische Gleichgewicht aufrechtzuerhalten.

   Die großen bürgerlichen Massenbewegungen der neueren europäischen Geschichte gehören zwei verschiedenen Typen an, dem
liberalen und dem antiliberalen Typus. Die neuesten Beispiele für
die bürgerlichen, antiliberalen Massenbewegungen liefert der Faschismus. Der bürgerliche Liberalismus des 19. Jahrhunderts beruhte auf der freien Konkurrenz. Er verlangte Freiheit und Frieden. Freiheit bedeutete in der Innenpolitik den Abbau des staatlichen Zwanges, vor allem die möglichst weitgehende Autonomie
der Wirtschaft; so lange bis der Staat die berühmte Nachtwächterrolle einnahm. Freihandel und Frieden waren die außenpolitischen
Ergänzungen dieses Systems, das den Menschen ein goldenes Zeitalter versprach, wenn erst einmal überall auf Erden das freie Spiel
der wirtschaftlichen Kräfte sich ungehindert entfalten könnte. Das
liberale Evangelium von Freiheit, Freihandel und Frieden begeisterte die Volksmassen, die Mittelschichten und vielfach auch die
Arbeiter. In England regierte der Liberalismus von der Wahlreform
des Jahres 1832 an, zunächst fast ununterbrochen bis 1866, und
dann bis zum Weltkrieg abwechselnd und in Konkurrenz mit der

neugestalteten konservativen Partei. In Deutschland beherrschte der Liberalismus die Mehrheit des Volkes von 1848 ungefähr bis 1878, und danach bis zum Weltkrieg noch eine Minderheit. Freilich konnte sich in Deutschland der Liberalismus niemals so ungestört entfalten wie in England. Nie hat er aus eigener Kraft regiert, sondern er mußte sich mit den Brosamen der politischen Macht zufriedengeben, die ihm die feudale Monarchie zuwarf. In Frankreich dauerte die erste liberale Ära von 1830 bis 1848 unter dem Bürgerkönig Louis Philipp. Dann kam die Diktaturperiode Napoleons III. bis 1870, und sie wurde wiederum von der liberalen Republik abgelöst, die sich freilich in der Periode bis zum Weltkrieg nur mühsam gegen den Ansturm der antiliberalen Bewegungen behaupten konnte. Das Königreich Italien trug seit seiner Gründung die Firma eines liberalen Staates, obwohl sich unter diesem Deckmantel alle möglichen anderen, keineswegs liberalen Kräfte verbargen. In Rußland bekannte sich das Bürgertum bis zum Weltkrieg gleichfalls zum Liberalismus. Seine politische Macht war freilich unter dem Zaren noch viel geringer, als der Einfluß seiner Klassengenossen in Deutschland.

In allen diesen, soeben angeführten Hauptländern Europas treten indessen der liberalen Tendenz andere Strömungen entgegen, die zwar ebenfalls die kapitalistische Wirtschaftsordnung bejahen, aber von den liberalen Prinzipien nichts wissen wollen. Sie verneinen die Nachtwächterrolle des Staates und verlangen statt dessen ein starkes Eingreifen der öffentlichen Gewalt in das Wirtschaftsleben. Sie setzen dem liberalen Freihandel den Schutzzoll, dem liberalen Pazifismus den erobernden Imperialismus entgegen. Sie wollen keine Völkerversöhnung, sondern stellen die Nation über alles. Sie lehnen die demokratische Gleichmachung ab und betonen statt dessen die traditionellen Unterschiede der Menschen. Sie wollen bodenständig sein und die Autorität wieder hochhalten.

Der ökonomische Hintergrund für diese Wandlung vom Liberalismus zu einem neuen, autoritären, Konservatismus ist, wie schon längst erkannt wurde, eine innere Wandlung im bürgerlichen Produktionsprozeß selbst. Der Kapitalismus entwickelte sich aus der Periode der freien Konkurrenz in die neue Zeit der konzentrierten Riesenbetriebe, mit ihrem Willen zum Monopol. Dieser neue monopolistische Kapitalismus schließt sein nationales Wirtschaftsgebiet durch Schutzzölle ab. Er sucht durch Gewalt und Eroberung neue Länder zur Ausbeutung dazu zu gewinnen. Er kann die

friedliche und gemütliche Ideologie der liberalen Periode nicht
mehr brauchen. Er verlangt Autorität, Zentralismus und Gewalt.
Es ist gerade die Gruppe der größten und stärksten Kapitalisten, es sind die Herren der monopolistischen Riesenbetriebe und
der entsprechenden Finanzinstitute, die zuerst den Absprung vom
Boden des gewohnten Liberalismus vornehmen, und sich den
neuen imperialistischen Methoden zuwenden. Die Mehrheit der
mittleren und kleineren Kapitalisten bleibt viel länger der liberalen
Tradition treu. Um die Macht im Staat zu gewinnen, müssen die
antiliberalen Kapitalisten Bundesgenossen in den übrigen Volksschichten anwerben. Die geschicktesten Führer des neuen Imperialismus bringen es fertig, die Liberalen und die bürgerlichen Demokraten an Volkstümlichkeit noch zu übertrumpfen. Sie kämpfen
manchmal sogar unter der Flagge des nationalen Schutzes der Armen gegen die »engherzigen Geldinteressen« des Liberalismus.
Der moderne Faschismus gehört unbedingt in diese Reihe hinein,
und er hat die nationale Propagandistik, die zu dieser Sorte von
Politik gehört, mit virtuosenhafter Meisterschaft entwickelt.

In England hat die von Benjamin Disraeli auf der Basis des Imperialismus erneuerte konservative Partei im Jahre 1867 den städtischen Arbeitern das Wahlrecht gegeben, um sie dem Liberalismus abspenstig zu machen. 1874 errang die konservative Partei
zum ersten Male danach, dank den Arbeiterstimmen, die Mehrheit
im Unterhaus. Konservativ waren in England unter Disraeli und
nachher unter Chamberlain die meisten Aristokraten, die großen
Finanzleute der City, die Schwerindustriellen, die Mehrheit der Intellektuellen und entscheidende Schichten des industriellen Proletariats. Alle diese Elemente waren geeint unter der Losung der nationalen Größe. Dagegen blieben weite Schichten der mittleren
und kleinen Kapitalisten, des Kleinbürgertums und sogar der
Landwirtschaft noch lange den liberalen Idealen treu. In Frankreich finanzierten die großen Banken und die Schwerindustriellen
die Politik der sogenannten nationalen Rechten nach 1871. Man
proklamierte die Idee der Revanche, des siegreichen Rachekrieges
gegen Deutschland zur Wiederherstellung der bei Sedan verlorenen nationalen Ehre. Man suchte alle militärischen und monarchischen Traditionen zu beleben. Adel und Kirche stellten sich in den
Dienst der patriotischen Bewegung. Man beschimpfte die feige
und unpatriotische liberale Republik und verlangte die Diktatur
eines nationalen Erlösers. Für diese Rolle empfahl sich in den

achtziger Jahren der General Boulanger, der vorübergehend, wie die Wahlresultate zeigten, tatsächlich die Mehrheit des französischen Volkes hinter sich hatte. Um die Jahrhundertwende war die französische Republik wiederum von der Gefahr eines militärisch-populären Staatsstreichs aufs schwerste bedroht. Die französische Rechtsbewegung stützte sich auf die Oberschichten der Gesellschaft, auf Teile des Kleinbürgertums und auf irregeleitete Arbeitergruppen, während neben den sozialistischen Arbeitern andere große Massen des Kleinbürgertums hartnäckig für die demokratische Republik kämpften.

In Deutschland verlieren die Liberalen alten Stils seit 1878 die Mehrheit im Reichstag. Die Schwerindustrie bekennt sich zum Schutzzoll und entwirft zusammen mit dem Feudaladel die Heeres-, Flotten- und Kolonialprogramme. Die Intellektuellen begeistern sich für die militärische Disziplin und den Preußengeist. Die Demokratie gilt als eine verächtliche undeutsche Einrichtung, das bürgerliche Lebensideal bildet sich an dem Typus des Reserveoffiziers. In den evangelischen Teilen Deutschlands folgen seit 1878 die ländlichen Massen der konservativen Partei. Auch erhebliche Teile des Kleinbürgertums schwenkten nach Rechts ab. Die Schwerindustrie und ihr intellektueller Anhang gestalten die alte ehrwürdige nationalliberale Partei solange um, bis sie vom Liberalismus nur noch den Namen übrigbehält. Das liberale Banner bleibt den müden Händen der Freisinnigen anvertraut. Bei den Reichstagswahlen des Jahres 1887 errangen unter Bismarck die Konservativen und die schwerindustriellen Nationalliberalen zusammen die Mehrheit. Unter Wilhelm II. wuchs zwar die Sozialdemokratie schnell an, aber der freisinnige Liberalismus wurde so schwach, daß die Konservativen, zusammen mit den Nationalliberalen und dem katholischen Zentrum, über eine sichere Mehrheit im Reichstag verfügten. Wir sehen also in Deutschland, genauso wie in Enland und Frankreich, im letzten Drittel des 19. und zu Beginn des 20. Jahrhunderts den Rückgang des traditionellen Liberalismus und seine Verdrängung durch neue, imperialistisch-nationale Kräfte.

Auch in Deutschland verbündeten sich die Imperialisten mit Armee, Kirche und Intelligenz. Aber es entstand doch in Deutschland vor 1914 keine einheitliche große, nationalistische Massenbewegung, sondern die verschiedenen Abteilungen dieser Tendenzen blieben getrennt. Der Grund dafür ist leicht verständ-

lich. Die kaiserliche Regierung war so stark, daß sie von Volksab-
stimmungen und Parlamentsmehrheiten unabhängig bleiben konnte. Es genügte, wenn der nationale Imperialismus die Reichsregierung lenkte, dann erreichte er alles, was er wollte, und er konnte
sich die große demagogische Mühe der Volksbearbeitung bei den
Wahlen usw. ersparen. Die herrschenden Klassen Deutschlands in
der Kaiserzeit brauchten die Mittel der Demokratie nicht in dem
Grade anzuwenden, wie es für die oberen Schichten in England
und Frankreich zur selben Zeit notwendig war. Der Versuch des
Hofpredigers Stoecker, in den Städten eine volkstümliche, antiliberale und antisozialistische Massenbewegung zusammenzubringen,
ist von der Reichsregierung selbst vereitelt worden. Denn jede Bewegung dieser Art hätte die herrschenden Kreise Deutschlands genötigt, an die »Begehrlichkeit der Massen« gewisse Zugeständnisse
zu machen, und diese Zugeständnisse wollte man nicht. Unter dem
Schutz der Potsdamer Garde fühlten sich der Kaiser und das
Großkapital sicherer als durch die Gunst Stoeckerscher Massen-
versammlungen.

Das Spiel und Gegenspiel zwischen den liberalen und antiliberalen bürgerlichen Kräften, wie es von 1871 bis 1914 die Entwicklung Englands, Frankreichs und Deutschlands maßgebend beein-
flußte, scheint in der entsprechenden Periode der italienischen Geschichte zu fehlen. Aber doch nur scheinbar. Die verschiedenen
Tendenzen waren auch hier vorhanden. Der Liberalismus alten
Stils wird allmählich auch in Italien vom großkapitalistischen Imperialismus zurückgedrängt, der im Jahrzehnt vor dem Weltkrieg
zum Tripoliskrieg und zur aktiven Balkanpolitik führte. Der ge-
steigerte Nationalismus richtete seine Spitze gegen Österreich, verlangte die Befreiung der »unerlösten« italienischen Brüder in
Trient und Triest und suchte mit allen Mitteln den Vorsprung der
reicheren Großmächte im Norden einzuholen. Aber die offizielle
italienische Parteipolitik steckte völlig im Sumpf einer halbfeudalen Korruption, deren Nährboden die rückständigen Landschaften
in der Mitte und im Süden der Halbinsel waren. Die wirklich aktiven gesellschaftlichen Kräfte kamen im italienischen Parlament
entweder gar nicht oder nur unvollkommen zum Ausdruck. In
Rußland ging ebenfalls in der Zeit vor dem Weltkrieg die Groß-
Bourgeoisie zum Imperialismus über und begeisterte sich für die
Eroberung Konstantinopels und die anderen räuberischen Projekte
der zaristischen Minister. Zur selben Zeit bemühten sich die Poli-

zeiagenten des Zaren, als Gegengewicht gegen die Revolution eine kaisertreue Massenbewegung zu schaffen. Man kaufte die Hefe des Lumpenproletariats mit Schnaps und Rubeln und setzte den verbotenen, sozialistischen Gewerkschaften, »echt russische«, von der Polizei geführte Gewerkschaften entgegen. Immerhin kam eine ansehnliche Massenbewegung zustande, der Verband der »echt russische Leute«, oder die »Schwarzen Hundertschaften«, die sich bei den Pogromen mit Ruhm bedeckten.

Auch in Österreich-Ungarn regierte unter der Verfassung von 1867 zunächst in beiden Reichshälften der Liberalismus. Die sogenannten Liberalen Ungarns gehörten freilich in eine sonderbare Kategorie. Sie rekrutierten sich aus dem grundbesitzenden Adel und aus den Geldleuten, und sie hielten die breiten Volksmassen mit rücksichtsloser Gewalttätigkeit nieder. Deshalb brauchte der ungarische Liberalismus einen Übergang zu den imperialistischen Methoden gar nicht zu vollziehen. Die einheimische Gewalttätigkeit genügte vollkommen. Dieses brutale, ungarische Staatssystem hüllte sich in den Deckmantel eines wilden, überhitzten, magyarischen Nationalismus.

In Österreich regierte zunächst in dem Jahrzehnt nach 1867 ein Liberalismus des gewöhnlichen Typus, ungefähr in der Art der gleichzeitigen reichsdeutschen Liberalen. Aber gegen Ende der siebziger Jahre brach auch hier die Herrschaft des Liberalismus zusammen. Der habsburgische Feudalismus vertrug sich zwar bis zu seinem Ende aufs beste mit dem schwerindustriellen und finanziellen Großkapital. Die Firmen, die der Donaumonarchie die Kanonen und Panzerplatten und Staatsanleihen lieferten, waren unbedingt kaisertreu, und sie waren unter Benützung der nötigen Hintertreppen in Wien mächtig genug. Aber der Einfluß des mittleren, liberalen Bürgertums deutscher Nation wurde systematisch in Österreich zurückgedrängt. Gestützt auf den kaisertreuen kleinen Mittelstand und die katholische Kirche gründete Lueger die Massenpartei der Christlich-Sozialen. Er war ein Agitator und volkstümlicher Organisator ersten Ranges. Er eroberte die Mehrheit in Wien, ließ sich zum Bürgermeister der Reichshauptstadt wählen und führte schließlich die stärkste Fraktion des österreichischen Parlaments, auf die jederzeit die kaiserliche Regierung angewiesen war. Lueger war der Führer der kleinen Leute. Das Finanzkapital hatte direkt mit seiner Partei nichts zu tun. Aber Lueger war in der späteren Periode seines Lebens eine Hauptstüt-

ze der habsburgischen Monarchie, deren Existenz wiederum die
Geschäfte des Großkapitals ermöglichte. Es war ein Spiel mit ver-
teilten Rollen, bei dem die volkstümliche Partei Luegers, der Kaiser und seine aristokratischen Minister und die großen Wiener Bankiers im wesentlichen das gleiche Ziel hatten.

Die deutschen Intellektuellen in Österreich, besonders die Jugend, waren in der Generation vor dem Weltkrieg mit ihrer gesellschaftlichen Stellung sehr wenig zufrieden. Sehnsüchtig blickten sie
über die Grenzpfähle hinüber ins Deutsche Reich, wo die studie-
rende Jugend unter der Herrschaft der Hohenzollern Anteil an der
Weltmacht hatte. In Österreich aber begünstigte die Regierung
überall die Slawen zum Schaden der Deutschen. Die christlichen
Intellektuellen fühlten sich außerdem von der zahlreichen und reg-
samen jüdischen Konkurrenz bedroht. Die deutsche Jugend Österreichs hätte sich nur zu gern in den Dienst eines großen, nationalen Imperialismus gestellt, aber man brauchte sie nicht. Die österreichische Regierung war alles andere als deutschnational und die
Hochfinanz war es ebensowenig. So waren es gerade gewisse Teile
der Jugend Deutschösterreichs, die sich zurückgesetzt und ausgeschaltet fühlten. Um so heftiger wurde ihr deutscher Nationalismus und ihr Haß gegen alles Undeutsche. Der merkwürdige Typus einer Schicht junger, deutscher Akademiker, die sich vor 1914
gewissermaßen als Glieder eines besiegten und unterdrückten Volkes fühlten, war zwar unter den Verbindungsstudenten und Reser-
veoffizieren im Reiche Wilhlems II. undenkbar. Aber dieser Typus
existierte in Österreich unter der alldeutschen und deutschnationalen Studentenschaft. Ihre nationale Romantik und ihr verbissener
nationaler Haß übertrug sich auch auf gewisse jugendliche Kleinbürger und Arbeiter. Aus solcher Umgebung ist Adolf Hitler ins
Deutsche Reich gekommen, und er brauchte in dem veränderten
Deutschland nach 1918 gar nicht umzulernen.

Ein demagogischer Nationalismus sucht sich gern ein Objekt,
an dem er alle Tage seine Überlegenheit beweisen und seine Ra-
chegefühle austoben kann. Der arme Weiße in den amerikanischen Südstaaten haßte die Neger. Aber er brauchte sie gleichzeitig, weil er ohne die Negerhetze seine Instinkte nicht entwickeln
konnte. Ebenso erging es dem Türken in der Zeit Abdul Hamids,
wenn er die Armenier mißhandelte. Die deutsche Jugend Böhmens
stand in der gleichen Kampfstellung gegenüber den Tschechen,
und die jungen tschechischen Nationalisten vergalten den Deutsch-

nationalen Gleiches mit Gleichem. Ein besonders dankbares und bequemes Objekt für solche Instinkte waren aber stets die Juden. Unter den antiliberalen und nationalistischen Massenbewegungen in Europa vor 1914, die oben geschildert wurden, spielte die Judenfrage eine außerordentliche Rolle. Die russischen Lumpenproletarier ließen sich ebenso gern gegen die Juden hetzen, wie gewisse intellektuelle und kleinbürgerliche Kreise in Mitteleuropa.

Der Verband »echt russischer Leute« lebte wesentlich von der Judenhetze. Lueger baute seine christlichsoziale Partei in erster Linie mit der antisemitischen Propaganda auf. Als der Hofprediger Stoecker in Berlin eine monarchistische und christliche Massenbewegung entfesseln wollte, griff er die Juden an. Auch der französische Nationalismus um die Jahrhundertwende war scharf antisemitisch. Hierzu trug noch der zufällige Umstand bei, daß damals in Frankreich der Streit der Parteien mit größter Leidenschaft um die Schuld oder Unschuld des jüdischen Hauptmanns Dreyfus ausgefochten wurde. Es gibt doch zu denken, daß schon vor dem Weltkrieg, in vier oder sechs Hauptländern Europas, die antiliberale, nationalistische Massenbewegung mit Judenfeindschaft verbunden war. In Österreich wetteiferten übrigens die Deutschnationalen und die Christlichsozialen im Judenhaß. Dagegen gab es in Ungarn vor 1914 keine starke antisemitische Bewegung: Die reichen Budapester Juden waren die Freunde der regierenden Oligarchie. In Italien, wo die Zahl der Juden sehr gering ist, gehörten gerade jüdische Familien zu den aktivsten Kräften des modernen Imperialismus. Hier war kein politischer Antisemitismus vorhanden und ebensowenig in England.

Was die Staatsform betrifft, so waren in Rußland, Österreich-Ungarn und Deutschland die reaktionären Massenbewegungen unbedingt für Verteidigung der bestehenden autoritären Monarchie und all der idealen Werte, die mit ihr verbunden schienen. In Frankreich war die Rechte antidemokratisch, duldete die Republik höchstens als unvermeidliches Übel, und die extremsten Gruppen der patriotischen Bewegung ersehnten den Staatsstreich, und danach entweder eine militärische Diktatur oder eine Wiederkehr der Monarchie. In Italien war die Verfassungsfrage vor 1914 nicht aktuell. In England waren die großen Volksmassen der Arbeiter, so gut wie der Mittelschichten, unbedingt für die parlamentarische Ordnung. Jede politische Gruppe, die mit Diktaturgedanken gespielt hätte, wäre damit sofort politisch erledigt gewesen. So mußte die konservative Partei sich bemühen, im Rahmen der parlamentarischen Verfassung sich durchzusetzen. Männer, wie Disraeli und Chamberlain waren stolz darauf, bei den Wahlen die Mehrheit zu gewinnen.

Wie man sieht, war die Ideologie, die man heute faschistisch nennt, in Europa vor dem Weltkrieg schon durchaus vorhanden, und sie hatte starken Einfluß bei den Massen. Aber es fehlte doch, von einem Lande abgesehen, die eigentümliche Stoßtrupp-Taktik, die für den heutigen Faschismus charakteristisch ist. Die einzige Ausnahme bilden die »Schwarzen Hundert« im zaristischen Rußland und ihre Wirksamkeit bei den Pogromen. Die faschistische Stoßtrupp-Taktik ist eigentlich eine überaus merkwürdige gesellschaftliche Erscheinung. Sie scheint aller politischen Logik zu widersprechen. Zwar die Gewalttätigkeit der herrschenden Klasse gegen die Beherrschten sind so alt wie die Geschichte der zivilisierten Menschheit. Besonders die europäische Kapitalistenklasse hat sich niemals gescheut, mit größter Härte und massenhaftem Blutvergießen vorzugehen, wenn der Sozialismus oder auch nur eine volkstümliche Demokratie ihre Machtstellung bedrohte. Die französische Kapitalistenklasse hat 1848 und 1871 in blutigen Metzeleien die Pariser Arbeiter niedergeworfen. Bismarck hat von 1878 bis 1890 die deutsche Arbeiterschaft in den Fesseln des Sozialistengesetzes gehalten. Aber es schien doch selbstverständlich zu sein, daß die herrschende Klasse die Gewalt in ihrem Staat mit ihrem Staatsapparat ausübte, der doch für diese Zwecke da ist: Die Obrigkeit, Polizei und Justiz haben gegen den Umsturz zu kämpfen, und wenn das nicht ausreicht, hat das Militär einzugreifen. In besonderen Notfällen kann die herrschende Klasse ihre Staatsmacht durch Freiwillige oder Söldner verstärken, aber es bleibt doch die amtliche Staatsmacht selbst, die direkt mit ihren Mitteln, mit ihren Kanonen und Gesetzen, gegen die Revolution kämpft. Solange die Unterdrückten schwach sind, leisten sie der herrschenden Klasse und ihrer Staatsgewalt entweder gar keinen oder nur geringen Widerstand. Fühlen sie sich stärker, dann bewaffnen sie sich ebenfalls, und es kommt zum Bürgerkrieg. Der Volksaufstand unterbricht die normale Funktion des Staatsapparates, beide Teile greifen zu den Waffen und kämpfen bis zur Entscheidung. Das sind vertraute Bilder aus der englischen Revolution des 17., der französischen des 18. und der russischen des 20. Jahrhunderts.

Stoßtrupps der faschistischen Art scheinen in keine der normalen Möglichkeiten des politischen Kampfes zu passen. Ihre Existenz zeigt, daß kein Friedenszustand im Staate vorhanden ist. Aber es ist auch kein offener Bürgerkrieg. Denn die Gegner der Regierung sind zwar den herrschenden Gewalten unangenehm, aber sie sind nicht stark genug, um in einem direkten Aufstand die Machtfrage zu stellen. Die Regierung und die herrschenden Schichten setzen zum Kampf gegen die Opposition nicht die übliche, reguläre Staatsgewalt ein, sondern freiwillige Scharen aus der Masse des Volkes gehen ans Werk. Sie überfallen, mißhandeln oder töten alle Menschen, die sich unbeliebt gemacht haben, zerschlagen oder rauben ihr Eigentum, verbreiten eine Welle von Grausamkeit und Schrecken, in der jede Opposition ertrinken soll. Die Handlungen dieser Stoßtrupps des faschistischen Typs verstoßen gegen die gedruckten Gesetze des Landes. Nach dem geltenden Recht müssen die Stoßtruppleute vor Gericht gestellt und ins Zuchthaus geschickt werden. Aber es geschieht ihnen tatsächlich gar nichts. Wenn man sie verurteilt, ist es nur Schein, entweder sie verbüßen keine Strafen, oder sie werden schnell begnadigt. Auf jede Weise zeigt die herrschende Gesellschaft den Stoßtrupphelden ihre Sympathie und Dankbarkeit.

Unter welchen Voraussetzungen ist eine solche politische Stoßtrupptätigkeit möglich? Das erste ganz klare und wichtige Beispiel für diese uns heute so vertraute Erscheinung, liefern in der neueren Geschichte Europas die Pogrome der »Schwarzen Hundertschaften« in Rußland im Oktober 1905. Die erste Voraussetzung ist eine vollständige Erschütterung der normalen Staatsgewalt. In der Regel tut die herrschende Klasse alles, um die Autorität der regierenden Obrigkeit zu stärken. Der Staat, das ist nach der herrschenden Ansicht die Verkörperung des Allgemeinen, des Gemeinnützigen. Die Justiz ist der Ausdruck der »unparteiischen« Gerechtigkeit. Der Respekt vor dem Staat und seinen Behörden, der Glaube an die Kraft des Gesetzes ist eine der stärksten Waffen in der Hand der herrschenden Klassen. Erst wenn eine revolutionäre Krise ein Land völlig erschüttert, und wenn die regierenden Schichten nicht mehr hoffen können, mit Gesetz und Polizei allein sich zu behaupten, sehen sie sich nach anderen Mitteln um.

Die Regierung und die Behörden selbst vermeiden den direkten Angriff gegen die Revolutionäre, Demokratie, Sozialisten oder Juden. Aber eines Tages erwacht der »Volkszorn«, der ehrliche

Mann aus dem Volk, der noch an Gott, Kaiser und Vaterland glaubt, erhebt sich, zertrümmert die verruchten Rebellen und stellt die Macht der rechtmäßigen Obrigkeit wieder her. Indessen, wenn dieser Volkszorn echt wäre, dann wäre es gar nicht zu der Krise gekommen. Darum muß der Zorn der patriotischen Massen fabriziert werden. Im Oktober 1905 konnte die russische Regierung angesichts der mächtigen revolutionären Strömung es nicht wagen, einfach ihre Polizisten und Kosaken zusammenzurufen und ihnen den Befehl zum Juden- und Sozialistenmord zu geben. Aber mit Hilfe der Polizei wurde eine Volksbewegung des patriotischen, antiliberalen und antisemitischen Typs geschaffen, und diese Stoßtrupps ließ man dann auf die Juden und Revolutionäre los. So ergab sich eine gewisse Arbeitsteilung; die Regierung des Zaren war nicht direkt und offiziell für die Schandtaten der Pogromhelden verantwortlich. Man konnte wenigstens vor dem Ausland und vor der Öffentlichkeit eine gewisse Distanz wahren, wenn auch manche Gouverneure und Polizeimeister mit zynischer Offenheit für das »Schwarze Hundert« eintraten. Auf der anderen Seite gab es viele ehrliche konservative Anhänger des Zaren, die von den Pogrommethoden nichts wissen wollten. Es gab Beamte und sogar Minister, die sich entschieden gegen die Pogrome erklärten.

Es ist durchaus nicht nötig, daß in einem gegebenen Moment die gesamte herrschende Klasse mit den Stoßtrupps und ihren Methoden übereinstimmt. In der Regel werden Meinungsverschiedenheiten existieren. Die liberale Richtung der Bourgeoisie und gewisse streng autoritäre Konservative werden die Stoßtrupps und die Methode des Faschismus verurteilen. Aber es ist der schlimmste Fehler der Arbeiterklasse, wenn sie sich durch solche Meinungsverschiedenheiten täuschen läßt. Trotz aller taktischen Differenzen bleiben die faschistischen Stoßtrupps Fleisch vom Fleisch der regierenden Kapitalisten oder Feudalherren. Es ist nicht wahr, daß es in solchen Zeiten drei Kräfte im Staat gibt: regierende Kapitalisten, Faschisten und demokratische Sozialisten. Sondern es gibt immer nur zwei: Kapitalisten und Faschisten auf der einen Seite, Demokraten und Sozialisten auf der anderen. Es ist der gemeingefährliche Unfug der Theorie vom »kleinbürgerlichen« Faschismus, daß er diese einfache Tatsache vor den Augen der Arbeiterschaft verschleiert. Dann sieht nämlich die Welt so aus: erstens regierende Kapitalisten, zweitens kleinbürgerliche faschistische Opposition, drittens proletarische, sozialistische Opposition. Wenn man eine solche Dreiteilung annimmt, sind alle möglichen üblen Tricks und Manöver möglich, z. B. ein Bündnis der Sozialisten mit den Faschisten gegen das regierende Kapital, oder eine Koalition der Sozialisten mit liberalen und ehrlich konservativen Kapitalisten gegen die Faschisten, oder sonstige Seifenblasen. Illusionen dieser Art haben das größte Unglück für das Proletariat Deutschlands, Italiens und anderer Länder gebracht.

Trotzki schrieb im Jahre 1909 über die Pogrom-Mobilmachung vom Oktober 1905:

»Die russische Regierung hatte die Truppen für diesen Kreuzzug überall angeworben, in allen Winkeln, Spelunken und Lasterhöhlen. Hier sah man den Kleinkrämer und den Landstreicher, den Schenkwirt und seinen Stammgast, den Hausknecht und den Polizeispitzel, den Berufsdieb und den Gelegenheitsräuber, den kleinen Handwerker und den Bordellportier, den hungrigen in geistiger Finsternis dahinvegetierenden Muschik, der vielleicht gestern erst sein Heimatdorf verlassen und dessen Kopf der Lärm der Maschinen ganz wirr gemacht hatte.«

Zu Beginn des russisch-japanischen Krieges hatte die Polizei zuerst solche Probemobilmachungen der dunklen Massen vorgenommen, die patriotische Straßendemonstrationen für die Kriegspolitik der Regierung unternahmen. Trotzki schreibt weiter:

»Von dieser Zeit an hatte die planmäßige Organisierung des Abschaums der Gesellschaft eine ungeheure Entwicklung erfahren, und wenn auch die Masse der Pogromteilnehmer, sofern hier von Masse die Rede sein kann, eine mehr oder minder zufällige blieb, so war der Kern dieser Truppe dennoch stets nach militärischem Muster dizipliniert und organisiert. Dieser Kern empfing von oben Losung und Parole und gab sie nach unten weiter, er war es auch, der den Zeitpunkt und die Dimension der zu veranstaltenden blutigen Aktion bestimmte.«

Es genügt hier, nur solche Züge der russischen Pogrome und der »Schwarzen Hundertschaften« aufzuzeigen, die für die Naturgeschichte des Faschismus von Bedeutung sind. Zur Vorbereitung der Aktion wird in dem betreffenden Ort eine Zeitung des »Schwarzen Hunderts« gegründet. Bald darauf erscheinen Fachleute auf der Bildfläche, die aus fremden Städten zugereist kamen. Nun tauchen die nötigen Gerüchte auf: Die Juden planen einen Überfall auf die rechtgläubigen Christen, die Sozialisten haben ein Heiligenbild ent-

weiht, die Studenten haben ein Kaiserbild in Fetzen gerissen. Dann
werden Proskriptionslisten aufgestellt, mit Bezeichnung der Personen und Wohnungen, die vor allen anderen geplündert und demo-
liert werden sollen. An dem festgesetzten Tage versammeln sich die
»Schwarzen Hundertschaften« zunächst in den Kirchen zum Fest-
gottesdienst. Es folgt eine große patriotische Straßendemonstra-
tion: Voran wird ein Bild des Zaren getragen, es folgt ein Wald we-
hender Nationalfahnen, ununterbrochen spielt eine Militärkapelle
patriotische Märsche. Allmählich werden die ersten Fensterschei-
ben zertrümmert und Passanten mißhandelt. Dann fallen irgendwelche Schüsse, angeblich von Sozialisten oder Juden auf die »friedlichen« nationalen Demonstranten abgegeben, der Schrei nach
Rache ertönt, und nun wird geraubt, mißhandelt und gemordet
nach Herzenslust.

Die Polizei ist zur Stelle, aber sie bleibt passiv und ist nicht in der
Lage, die Opfer des nationalen Pogroms zu schützen. Aber sobald
irgendwo die Juden oder die sozialistischen Arbeiter eine organisierte Abwehr versuchen, dann ist die Polizei sofort auf dem Platze,
nötigenfalls greift auch das Militär ein. Der proletarische Selbst-
schutz wird niedergeworfen, und der Pogrom kann weitergehen. Im
Herbst 1905 haben die »Schwarzen Hundert« in hundert russischen
Städten, von allen anderen Verbrechen abgesehen, gegen 4000
Menschen ermordet. Was den äußeren Umfang betrifft, kann sich
diese Bewegung der »echt russischen Leute« durchaus mit den
neueren Aktionen der Schwarz- und Braunhemden messen. In einer
Zeit höchster revolutionärer Spannung, als in Rußland Millionen
von Arbeitern streikten, in weiten Landschaften die Bauern revol-
tierten, Soldaten und Matrosen zu meutern begannen, war es doch
auf der andern Seite möglich, Hunderttausende von Angehörigen
der armen Volksschichten in den Stoßtrupps der Gegenrevolution
zusammenzufassen. Der Judenhaß, ein dumpfer, fanatischer Nationalismus, Bestechung und Alkohol wirkten zusammen, um solche
Massen von Kleinbürgern, Lumpenproletariern, und gelegentlich
auch richtigen Arbeitern, zusammenzubringen. Die Möglichkeit,
ungestraft zu stehlen und zu plündern, trieb die Berufsverbrecher in
Scharen in die Stoßtrupps. Aber daneben besteht die stärkste Versuchung für alle verarmten und verkommenen Menschen, sich den
Stoßtrupps anzuschließen, denn als Mitglieder der behördlich ge-
duldeten, faschistischen Stoßtrupps werden sie plötzlich aus ihrer
Nichtigkeit herausgerissen und zu mächtigen Wesen, in deren Hand

das Schicksal ihrer Mitmenschen liegt. Auch dazu äußerte sich Trotzki mit feinem, psychologischem Scharfblick:

»Der Barfüßler herrscht. Vor einer Stunde noch zitternder Sklave, von Polizei und Hunger gehetzt, fühlt er sich jetzt als unumschränkter Despot, ihm ist alles erlaubt, er darf alles, er ist Herr über Gut und Ehre, über Leben und Tod. Wenn er die Lust dazu verspürt, schleudert er aus seinem Fenster im dritten Stockwerk eine alte Frau zusammen mit einem Konzertflügel aufs Straßenpflaster hinunter, zerschmettert er einen Stuhl am Kopf eines Säuglings, vergewaltigt ein kleines Mädchen vor den Augen der Menge. Es gibt keine Marter, die nur ein von Schnaps und Wut tollgemachtes Hirn ausdenken kann, vor der er gezwungen wäre, Halt zu machen. Denn ihm ist alles erlaubt, er darf alles. Gott schütze den Zaren!«

Als die Gegenrevolution in Rußland gesiegt hatte, waren die Pogrome nicht mehr nötig, und die herrschenden Gewalten kehrten zur Ordnung und Gesetzlichkeit zurück. Aber das russische Beispiel lehrt, daß eine Regierung oder ein herrschendes System, das sich einmal nur durch den Terror der Stoßtrupps am Leben halten konnte, doch am Ende dem Tode geweiht ist. Die systematische Zerstörung aller hergebrachten Begriffe von Recht, Ordnung und Gesetzlichkeit, wie die Pogrome und die Stoßtrupps sie herbeiführen, kann kein Volk vergessen. Die nächste Welle der Revolution bringt den grausamen Zusammenbruch und die Vergeltung. Seit dem blutigen Herbst des Jahres 1905 war Nicolaus II. nicht mehr der Zar aller Russen von Gottes Gnaden, sondern nur noch der schmutzige Häuptling der »Schwarzen Hundertschaften«. Seine Pogromhelden haben den Zaren nicht retten können.

In keiner anderen europäischen Großmacht außerhalb Rußlands war vor 1914 die Zersetzung der staatlichen Autorität so weit fortgeschritten, daß die nationalistischen und antiliberalen Bewegungen an die Aufstellung von Terror-Stoßtrupps gedacht hätten. Erst die Folgen des Weltkrieges und die allgemeine soziale Krise, wie sie Europa seit 1919 erfaßte, sollte den Pogrommethoden eine neue Verbreitung sichern.

II. Italien

Der Weltkrieg brachte überall zunächst den Triumph der nationalen Autorität. Die Parteien der Vorkriegszeit tauchten im Schatten des Burgfriedens unter. Die Zensur sorgte für die völlige Einheitlichkeit der Presse und öffentlichen Meinung. Alle Vereine und Verbände, Wissenschaft und Kunst wurden in den Dienst der nationalen Sache gestellt. Vor allem wurde überall die Wirtschaft nach den erforderlichen Bedingungen des Krieges zentralisiert. Das Trustkapital bemächtigte sich der Staatsleitung und faßte die nationale Produktion einheitlich zusammen: Alle kriegführenden Großmächte hatten sich in »totale« Staaten verwandelt.

Es ist begreiflich, daß überall die antiliberalen und nationalistischen Tendenzen die Oberhand gewannen. In Deutschland, Österreich-Ungarn und Rußland stand, wenigstens im ersten Teil des Krieges, die Monarchie fester denn je. In England hatten bald innerhalb der nationalen Koalition, die den Krieg leitete, die Konservativen die Führung, und in Frankreich die Parteien der nationalen Rechten. In Deutschland, Österreich-Ungarn und Rußland waren die entscheidenden Beschlüsse, die zum Kriege führten, das Werk der Monarchen und ihrer Ratgeber, der Minister und Generalstäbler. Die Massen des Volkes wurden um ihre Meinung nicht gefragt, sie hatten zu gehorchen und die nötige patriotische Begeisterung zu zeigen. Unter diesen Umständen war es im Juli 1914 nicht notwendig, in den monarchistischen Großmächten die Kriegspolitik durch nationalistische Massenbewegungen zu fördern. Frankreich mußte den Krieg hinnehmen, der ihm von Deutschland erklärt worden war. In England stimmte das Unterhaus nach freier Debatte und in freiem Entschluß für den Krieg.

Anders war der Verlauf der Entwicklung in Italien. Hier war die Regierung und die Mehrheit des Volkes zunächst für Neutralität, und erst die nationalistische Massenbewegung trieb Italien 1915 in den Krieg. Die Methoden, mit denen Italien in den Krieg gehetzt wurde, sind von außerordentlichem Interesse. Die Kriegsbewegung in Italien im Jahre 1915, deren populärster Führer bereits Mussolini war, ist das historische Bindeglied zwischen den antiliberalen Massenbewegungen der Vorkriegszeit und dem eigentlichen Faschismus seit 1919. Die Aussichten für die Anhänger der Kriegspolitik in Italien schienen im Herbst 1914 und noch um die Wende des Jahres und zu Anfang 1915 nicht sehr günstig. Das nationale Interesse Italiens konnte offenbar auch bei Aufrechterhaltung der Neutralität gewahrt werden, falls Italien sich seine Neutralität von den Kriegführenden gut bezahlen ließ. Die sozialistischen Arbeiter waren für den Frieden, ebenso die Katholiken und die traditionellen Liberalen. Die große Masse des Mittelstandes und der Landbevölkerung wollte Ruhe und hatte keine Sehnsucht nach blutigen Lorbeeren. Selbst ein großer Teil der Berufsoffiziere war gegen diesen Krieg, weil sie mit Deutschland sympathisierten und nicht gern an der Seite der Entente fechten wollten. Dennoch gelang es dem imperialistischen Großkapital, im Bunde mit der intellektuellen Jugend das Land in den Krieg zu reißen. König, Regierung und Parlament hatten alle zusammen nur eine geringe Autorität in Italien. Der Staatsapparat war schwächlich und einer stürmischen Massenbewegung nicht gewachsen, auch wenn diese Bewegung nur von einer Minderheit des Volkes ausging.

Sowohl die Vorgänge des Jahres 1915, wie nachher die Machtübernahme durch Mussolini sind aus der eigenartigen Geschichte Italiens im 19. Jahrhundert zu erklären. Das Land zerfiel wirtschaftlich und sozial in zwei Teile, die abgesehen von der gemeinsamen italienischen Nationalität, wenig miteinander zu tun hatten. Im Norden herrschte eine moderne bürgerliche Kultur, vor allem getragen von den Städten Turin, Mailand und Genua. Nach dem Bildungsgrad der Bevölkerung und ihrer wirtschaftlichen Regsamkeit waren die norditalienischen Landschaften mit den Staaten Mitteleuropas zu vergleichen. Dagegen herrschten in Mittel- und Süditalien, im ehemaligen Kirchenstaat und im früheren Königreich Neapel noch fast mittelalterliche Verhältnisse. Die Masse der Bevölkerung bestand hier aus Kleinbürgern und armen Bauern, die nicht schreiben und lesen konnten und jedem Aberglauben nachliefen. Die Einigung Italiens ging von dem fortschrittlichen Norden aus, aber der große liberale Staatsmann Cavour, der den Grundstein zur Einigung Italiens legte, wollte zunächst nur Norditalien zusammenfassen. Er hatte gar keine Neigung, auch Mittel- und Süditalien sofort mit dem neuen Einheitsstaat zu verschmelzen, denn er wußte genau, daß der Norden gar nicht imstande sein würde, den Süden zu verdauen.

Aber die patriotische Jugend Italiens, erfüllt von den bürgerlichen Gedanken der Freiheit und Größe des Vaterlandes, machte die Mäßigung Cavours nicht mit. Cavour war Minister des norditalienischen Staates Piemont. Man hat Piemont als das Preußen Italiens bezeichnet. Aber in Wirklichkeit läßt sich der kleine und schwache Staatsapparat Piemonts mit der gewaltigen Kriegsmaschine Preußens nicht vergleichen. Die Geschichte Piemonts weist kein Königgrätz und kein Sedan auf. Nicht durch ihre militärische Kraft, sondern nur durch kluge Ausnutzung der Umstände hat die

Dynastie von Piemont die Königskrone Italiens gewonnen. Als Bismarck sein Deutsches Reich gründete, konnte das deutsche Bürgertum sich auf die ungeheure Macht der preußischen Armee und der Hohenzollern stützen. Das italienische Bürgertum konnte von der Dynastie und den Offizieren Piemonts keine Hilfe erwarten.

Die nationale Jugend Italiens verließ sich auch nicht auf die militärischen Leistungen von Piemont, sondern sie bildete ihre Freikorps, die selbständig in den Kampf zogen, um den König von Neapel und den Papst zu besiegen. Die Freikorps der Rothemden fanden in Garibaldi den rechten Führer. In einem berühmten Feldzug warf Garibaldi das feudale Königreich Neapel über den Haufen. Die Rothemden hatten gesiegt, wo der offizielle nationale Staat Piemont ängstlich gezaudert hatte.

Garibaldis Rothemden waren im gewissen Sinne die Vorläufer der Schwarzhemden Mussolinis. Dennoch könnte man niemals die Garibaldianer als Faschisten bezeichnen. Denn Garibaldi selbst war ein ehrlicher, nationaler Demokrat, und seine Leute machten keine Pogrome. Sie prügelten keine wehrlosen Menschen unter dem Schutze der Polizei, sondern sie gingen freiwillig in die Schlacht gegen den äußeren Feind des nationalen Italien. Sie packten gerade die Aufgaben an, vor denen die offizielle, »nationale« Regierung Italiens zurückschreckte. Es war der beste und opferwilligste Teil der bürgerlichen Jugend Italiens, der das rote Hemd Garibaldis anzog. Die Begeisterung der Garibaldianer konnte zwar die feudalen Regierungen in Mittel- und Süditalien niederrennen und so die Einigung Italiens vollenden; aber die realen gesellschaftlichen Kräfte Italiens konnte sie nicht ändern. 1870 war zunächst die nationale Einigung Italiens vollendet. Aber dieses Italien sah ganz anders aus, als Garibaldi und seine Soldaten es erträumt hatten.

Das nördliche Bürgertum hatte nicht die Kraft, den feudalen Süden innerhalb der nächsten Jahrzehnte sich anzugleichen. Die Herren des Südens bildeten die Großgrundbesitzer, die über die Massen verelendeter Kleinpächter geboten, die Priester und gewisse Geheimbünde korrupter, politischer Cliquen. Mailand und Turin waren zu schwach, um den Sumpf der Mafia und Camorra trocken zu legen. Es kam indessen im letzten Drittel des 19. Jahrhunderts in Italien zu keinem dramatischen Kampf zwischen dem Norden und dem Süden, sondern zu einem faulen Kompromiß. Die sogenannten liberalen Politiker des Nordens verständigten sich mit den herrschenden Schichten des Südens. Wenn die Minister den Süden in Ruhe ließen, dann lieferte das Land südlich von Rom ihnen ein paar Hundert unbedingt ergebene Abgeordnete, die jede Opposition niederstimmten. Im Süden erhielt sich die traditionelle Barbarei. Wenn die halbverhungerten Analphabeten sich einmal gegen die Gutsherren empörten, dann kam die Gendarmerie des »liberalen« Staates und schoß sie zusammen. Die Parlamentswahlen machte der Präfekt (Landrat) zusammen mit den Gutsbesitzern. Aber in Rom gehörten die Männer, die das Volk auf diese Art erkoren hatte, zur »liberalen« oder gar »radikalen« Richtung.

So war die parlamentarische Demokratie Italiens eine traurige Komödie, eine Maske für halbfeudale Barbarei und Unterdrückung. Der erste Meister dieses Systems war der Ministerpräsident Crispi, selbst ein Südländer. Sein geschicktester Nachfolger wurde Giolitti. Er stammte zwar aus dem Norden, beherrschte aber die südliche Wahl- und Korruptionsmaschine mustergültig. Unter diesen Umständen ist es begreiflich, daß die Steuergelder in erster Linie im Interesse lokaler Interessenten verwendet wurden, daß der Staat zu einer konsequenten Kultur- und Wirtschaftspolitik nicht imstande war, daß Italien, gemessen an den übrigen Großmächten, arm und rückständig blieb. Die sozialistische Partei Italiens kämpfte vor dem Weltkrieg tapfer gegen die Übelstände und die Ausbeutung, aber sie hatte nur eine kleine Minderheit des Volkes hinter sich.

Es ist begreiflich, daß diese sich liberal nennende Versumpfung Italiens den modernen Großkapitalisten in Turin und Mailand wenig gefiel. Sie wollten eine Sanierung des Landes, damit es endlich den Vorsprung des Auslandes einholen konnte. Ebenso unzufrieden war die intellektuelle Jugend, in der noch die Traditionen Garibaldis lebten. Sie ersehnte ein besseres starkes und glückliches Italien und kämpfte gegen die Politiker des Tages. Es gab eine Menge patriotischer Jugendvereine, die in erster Linie den »unerlösten Brüdern« dienen sollten, den Italienern, die noch in Trient und Triest unter Österreichs Herrschaft standen. Wenn die jungen Studenten etwas älter wurden und in bezahlte Staatsstellungen einrückten, kühlte sich ihr nationaler Eifer ab. Aber die patriotische Garibaldi-Tradition der italienischen bürgerlichen Jugend erhielt sich und erfaßte immer neue Generationen auf der Schule und der Universität. Die patriotische Jugend war manchmal aus Enttäuschung über die Unzulänglichkeit der Monarchie republikanisch. Die Machthaber Italiens bis zum Weltkrieg lebten ständig in doppelter Angst:

Bald fürchteten sie eine revolutionäre Aktion der radikalen Arbeiter, der Syndikalisten, Anarchisten und Sozialisten, und bald einen Putsch der radikalen Nationalisten. Die regierenden Herren genossen zwar das Vertrauen des Königs und der Parlamentsmehrheit. Aber das nützte ihnen nicht viel, denn die gehorsamen Wählermassen waren stumpfe Bauern und Kleinbürger, und die konnten der Regierung nicht helfen, wenn irgendwelche radikale Aktivisten in den größeren Städten losschlugen. Ob man sich unbedingt auf die Truppen verlassen konnte, war ebenfalls zweifelhaft.

Diese eigenartigen gesellschaftlichen Umstände erlaubten es gerade in Italien dem imperialistischen Großkapital, gewissermaßen revolutionär aufzutreten, den regierenden Parteien mit ihrem halb spießbürgerlichen und halb feudalen Anhang den Krieg zu erklären, das »Volk« gegen das Parlament und nötigenfalls auch gegen den König aufzurufen. Wie schon oben betont wurde, ist schon im Jahrzehnt vor dem Weltkrieg in der Politik Italiens der wachsende Einfluß der modernen Imperialisten zu spüren. Als der Weltkrieg ausbrach, kam es in Italien zur entscheidenden Machtprobe für oder gegen den Imperialismus. Damals verließ der radikale Sozialist Mussolini seine alte Partei und stellte sich an die Spitze der Kriegsbewegung. Margherita Sarfatti schildert in ihrer Lebensgeschichte Mussolinis sehr anschaulich die Massenbewegung, die damals durch Italien ging:

Abbasso l' Austria
E la Germania
Con la Turchia
In compagnia.

(Nieder mit Österreich und mit Deutschland und mit der Türkei dazu!) »Scharen von jungen Leuten skandierten. Arm in Arm, langsam, rhythmisch, tosend diese Verse, daß es klang wie ein hämmernder Marschtakt. Ein geheimnisvoller Instinkt hatte sie zum erstenmal in so ernster und kriegerischer Disziplin vereint. Diese Worte waren das Leitmotiv der Interventionisten. (Anhänger einer Intervention Italiens in den Weltkrieg.) Die Interventionisten überfüllten alle Straßen und alle Plätze von Mailand, und langsam rollte diese Flut über ganz Italien hin. In ihr verkörperte sich der unbeugsame Wille einer Nation, die es sich nicht verbieten lassen wollte, heroisch zu sein. Der untersetzte Arbeiter mit flatternder Krawatte, der kurzsichtige kleine Beamte in seiner ausgewaschenen Jacke, der schlanke sportgewandte Student mit dem hohen Stehkragen – sie alle standen nun verbrüdert nebeneinander. Sie waren die Jungen schlechthin, die Ewigjungen und darum Idealisten. Es waren jene Jünglinge aus den Werkstätten und Hochschulen, jung an Jahren und Geist, denen der Leiter des ›Popolo d' Italia‹ (Mussolinis neugegründete Zeitung) mit sicherem Instinkt seinen Weckruf zugeschleudert hatte. Sie brannten darauf, Geschichte zu machen, diese Jünglinge, die Mussolini später, als der Faschismus gegründet wurde, mit dem neuen Ruf ›A noi!‹ – ›Zu uns!‹ von neuem um sich scharte.«

Wenn man den amtlichen faschistischen Schwung abzieht, gibt diese Schilderung die Ideologie der italienischen Kriegsbewegung von 1915 gut wieder. Die intellektuelle Jugend unterstützt das Kriegsprogramm des Großkapitals, weil sie sich danach sehnt, »Geschichte zu machen«, d. h. zusammen mit der Größe des Vaterlandes die eigene Größe zu erkämpfen. Es gelingt der bürgerlichen Jugend, die Jugend des Kleinbürgertums und sogar einen Teil der Arbeiterjugend mit sich zu reißen. In Italien wirkt 1915, was man die Garibaldi-Tradition nennen könnte, besonders verwirrend. Es schien wirklich ein Kampf für Vaterland und Freiheit bevorzustehen, so wie die Väter ihn 1848/9 und 1859/60 geführt hatten.

Die jugendliche Begeisterung der Anhänger des Interventionskrieges erfüllte die Straßen der größeren Städte Italiens. Das Geld der einheimischen Kapitalisten und der Entente half nach. Der Lärm wurde so groß, daß die liberale Friedenspartei den Rückzug antreten mußte, obwohl die katholische Kirche und die Sozialisten auf ihrer Seite waren. Es ist hier nicht der Ort, all die diplomatischen Wechselfälle zu schildern, die dem Eintritt Italiens in den Krieg vorangingen. Der Außenminister Sonnino, persönlich ein Ehrenmann, aber zugleich ein entschlossener Imperialist, arbeitete für den Krieg. Aber noch Mitte Mai schien durch den Einfluß des alten Giolitti noch einmal der Friede gesichert. Damals schrieb Mussolini: »Was mich anbelangt, bin ich immer fester davon überzeugt, daß man zum Heil Italiens ein Dutzend Abgeordnete erschießen müßte, in den Rücken erschießen, sage ich und ebenso mindestens ein paar Exminister ins Zuchthaus schicken. Ich überzeuge mich immer mehr davon, daß das Parlament in Italien eine Pestbeule ist, die das Blut Italiens vergiftet. Man muß sie ausschneiden. Die Ehre und die Zukunft des Vaterlandes sind in Gefahr, das Vaterland steht am furchtbarsten Scheideweg seiner Geschichte, Volk, Du hast das Wort, entweder Krieg oder Republik.«

Die Gefahr, daß der Frieden ausbrechen konnte, ging indessen vorüber, und Ende Mai 1915 hatten die Imperialisten Italiens ihren heißersehnten Krieg. Es war der erste Sieg der Ideen und der Klassenkombination in Italien, die man später faschistisch nannte. Das Wort und die Organisation der Faschisten waren bereits in der Bewegung von 1915 vorhanden. Mussolini gründete einen Verband der radikalen Anhänger der Kriegspolitik. Ihre einzelnen Ortsgruppen nannten sich »Fasci di azione rivoluzionaria« (Verbände der revolutionären Aktion), sie hatten jedoch im Januar 1915 in ganz Italien nur 5000 Mitglieder, und die pogromartige Stoßtrupptaktik, die später für den Faschismus so charakteristisch wurde, existierte damals in Italien noch nicht. Die ersten Fasci sollten nur dem Zweck dienen, Italien in den Krieg hereinzubringen. Als das Ziel erreicht war, lösten sie sich auf. Erst 1919 kam es dann zur Neugründung der faschistischen Organisation.

Mussolini ging als Kriegsfreiwilliger an die Front, aber er und die anderen Interventionisten hatten im Schützengraben merkwürdige Erlebnisse. Damit sollen hier nicht die üblichen bekannten Leiden des Soldaten im modernen Krieg gemeint sein, sondern ganz andere Enttäuschungen. In der Redaktionsstube, in der Volksversammlung, auf der Straße war Mussolini im Frühjahr 1915 an der Spitze begeisterter Massen gewesen. Im Schützengraben fühlten er und seine Gesinnungsgenossen die erbitterte Feindschaft der großen Mehrheit ihrer Kameraden gegen die Kriegshetzer, und viele aktive Offiziere dachten in Italien genauso wie ihre Mannschaften. Es zeigte sich jetzt die Kehrseite der Münze. Bei den Demonstrationen in den großen Städten hatten Zehntausende von lärmenden jungen Patrioten sich als die Nation ausgeben können. Aber im Schützengraben lag das wirkliche Volk. Da waren die Hunderttausende vom Land und von der Kleinstadt und auch die organisierten Arbeiter aus den großen Städten, die den Krieg verfluchten. Der eifrigste Mitarbeiter Mussolinis bei der Propaganda für den Krieg war ein früherer Syndikalist Corridoni gewesen. Corridoni ging ebenfalls an die Front und fiel. Mussolini erzählte später, wie ihm der Tod seines Freundes mitgeteilt worden ist: »Ich kam allein vom Arbeitsdienst, und während ich einen Augenblick ausruhte, kam einer zu mir und fragte: Bist Du Mussolini? Ich sagte: Ja. Schön, sagte der andere, ich habe eine nette Nachricht für Dich, der Corridoni ist hin. Das geschieht ihm ganz recht, das gefällt mir! Verrecken sollen sie alle, diese Interventionisten.«

Der Italiener ist als Mensch mindestens ebenso tapfer, entschlossen und ehrliebend wie die anderen Völker Europas. Um so merkwürdiger ist die außerordentliche militärische Unzulänglichkeit des italienischen Heeres im Weltkrieg. Drei Jahre lang waren die Italiener nicht imstande, mit einem Bruchteil des österreichischen Heeres fertigzuwerden, und als dann einige deutsche Divisionen eingriffen, brach das italienische Heer vollkommen zusammen und konnte nur durch eiligst herbeikommende englische und französische Hilfstruppen notdürftig gestützt werden. Die Geschichte Italiens im Krieg wird nur verständlich, wenn man sich klar macht, daß die Mehrheit der italienischen Armee den Krieg verfluchte und der Kriegführung passiven Widerstand entgegensetzte. Dieses italienische Beispiel ist von größter Wichtigkeit für den Fall, daß einer der gegenwärtigen faschistischen Staaten in einen Krieg geraten sollte. Während die Deutschen, Franzosen, Engländer 1914 mit der Überzeugung in den Krieg gingen, daß sie ihre nationale Existenz zu verteidigen hätten, während hier mindestens neun Zehntel des Volkes bewußt und entschlossen den Krieg förderten, hat Italien den Krieg bereits auf faschistische Art geführt, d. h. der Krieg wurde dem Volke durch eine lärmende, gut organisierte Minderheit aufgezwungen. Ein faschistischer Staat muß in einem ernsten Krieg zusammenbrechen, weil zum modernen Krieg die Mitwirkung des ganzen Volkes gehört. Im Krieg müßte die faschistische Regierung an die von ihr getretenen Volksmassen appellieren, und sie würde dem passiven und später auch dem aktiven Widerstand des Volkes erliegen.

Die imperialistische Regierung Italiens, die mit dem Namen Sonnino verbunden ist, wäre im Winter 1917/18 jämmerlich zusammengebrochen, wenn die verbündeten Mächte ihr nicht geholfen hätten. Am Ende des Jahres 1918 gehörte Italien, dank der Energie des amerikanischen, britischen und französischen Bürgertums, ebenfalls zu den Siegermächten, und im Frieden erreichte Italien ungefähr die Ziele, für die es in den Kampf gegangen war. Aber das italienische Volk wurde seines Sieges nicht froh, dreieinhalb Jahre hatte man das Elend in den Schützengräben und die Entbehrungen in der Heimat erfahren. Jetzt kam dazu die Massenarbeitslosigkeit, wie sie überall mit dem Übergang von der Kriegs- zur Friedenswirtschaft verbunden war. Der an sich schwächliche Wirtschaftskörper Italiens konnte den Erschütterungen der Krise nicht widerstehen. Die Schrecken der Inflation brei-

teten sich im Lande aus. Ein schamloses Valuta- und Warenschie-
bertum machte sich vor den Augen der verelendeten Volksmassen
breit.

Im Jahre 1918 war die erdrückende Mehrheit des italienischen
Volkes von wildem Haß gegen die Kriegspolitik und alles was mit
ihr zusammenhing, erfüllt. Arbeiter, Bauern und Kleinbürger
dachten darüber vollkommen gleichmäßig. Der nationale Rausch
von 1915 war verflogen. Man hatte zwar jetzt Trient und Triest
erobert. Aber was nützte dies im Vergleich zu all den Leiden und
Opfern, die das italienische Volk erdulden mußte? Unter dem
Druck der Massenstimmung verlor die Fraktion der Imperialisten
die Regierungsgewalt, und die alten Liberalen der Vorkriegszeit
kehrten zur Macht zurück. Auch der unvermeidliche Giolitti
tauchte wieder aus der Versenkung auf. Als Mussolini 1915 ins
Feld ging, hatte er das Brausen einer siegreichen Massenbewegung
hinter sich. Als er mit der Würde eines Unteroffiziers von der
Front heimkehrte (eine höhere militärische Beförderung hatte er
nicht erlangt, so groß war die Abneigung seiner Vorgesetzten gegen den Interventionisten), war er einsam und verachtet. Er fuhr
1919 fort, sein Blättchen in Mailand herauszugeben, aber niemand
nahm ihn und seine Tendenz ernst.

Die Erbitterung der Volksmassen gegen die Kriegspolitik, ihre
Urheber und Nutznießer führte zu einer außerordentlichen Stärkung des Sozialismus. Denn die sozialistische Partei Italiens hatte
ohne jede Schwankung die Teilnahme Italiens am Kriege bekämpft, und ihre Haltung schien durch die Folgen gerechtfertigt.
Bei den Parlamentswahlen des Jahres 1919 errangen die Sozialisten über 150 Mandate. Die Zahl der roten Wähler war bei weitem größer, als die der Industriearbeiter des Landes. Die städtischen Kleinbürger hatten sich damals zu einem erheblichen Teil
der sozialistischen Bewegung angeschlossen, und was von größter
Wichtigkeit werden konnte, der Sozialismus hatte auch unter den
Bauern und Pächtern des Südens Fuß gefaßt. Neben den Sozialisten saßen im Parlament die Abgeordneten einer großen demokra-
tisch-katholischen Partei, und die Reste der alten liberalen oder
konservativen Gruppen blickten ängstlich in die Zukunft.

In den Jahren 1919 und 1920 schien Italien vor einer proletarischen Revolution zu stehen. Die sozialistische Partei war geschlossen der Dritten Internationale beigetreten. Streiks und Demonstrationen der Arbeiter waren auf der Tagesordnung. In Hunderten

von Gemeinden errangen die Sozialisten die Mehrheit und übernahmen die Verwaltung. Der Einfluß der Gewerkschaften wuchs. Die armen Bauern fügten sich nicht mehr der Autorität der Gutsbesitzer. Den Höhepunkt dieser ganzen revolutionären Bewegung bildete die berühmte Fabrikbesetzung im Herbst 1920, als die Arbeiter überall in den großen Städten und Industriegebieten die Betriebe selbst übernahmen und eine Zeitlang behaupteten.

In der Tat wäre damals in Italien eine siegreiche proletarische Revolution möglich gewesen, wenn eine entschlossene revolutionäre Partei die Bewegung der Arbeiter und der armen Bauern einheitlich zusammengefaßt und dann die Massen in den Entscheidungskampf geführt hätte. Bei der damaligen Stimmung im Volke und der außerordentlichen Schwäche der sogenannten liberalen Regierung, hätte die bewaffnete Macht kaum einen erheblichen Widerstand geleistet. Aber die große Mehrheit der italienischen Sozialisten hatte gar keinen ernsten Willen zur Revolution. Den Arbeitermassen fehlte jede revolutionäre Erfahrung, und die meisten Führer wußten nicht, was sie in dieser kritischen Zeit anfangen sollten. Außerdem war die sozialistische Bewegung in sich uneinig und zerrissen, und sie löste sich seit 1920 in drei verschiedene Tendenzen auf, die sich aufs heftigste bekämpften. Den italienischen Sozialisten geschah das Schlimmste, was in einer solchen Periode möglich ist: Sie schienen revolutionär, ohne es zu sein. Sie traten so radikal auf, daß sie der herrschenden Klasse und allen Besitzenden panischen Schrecken einjagten. Aber sie waren nicht radikal genug, um wirklich den entscheidenden Schlag zu führen. Die beiden Jahre 1919 und 1920 vergingen, ohne daß die Sozialisten die Macht übernommen oder etwas Entscheidendes geleistet hätten. Die Revolution läßt sich nicht auf Eis legen. Da das Proletariat die günstige Periode verpaßte, wurde es das Opfer seiner Feinde.

Mussolini hatte im März 1919 die Organisation seiner »Fasci di Combattimento«, der »Kampfverbände« von 1915, erneuert. Er begann mit ein paar hundert Anhängern. Sein radikal-nationalistisches Programm war damals so unpopulär wie nur möglich. Bei den Parlamentswahlen, die im selben Jahr folgten, erlitten die Faschisten eine vollständige Niederlage. Die Masse der Soldaten war mit größter Erbitterung gegen die Kriegshetzer von der Front zurückgekehrt, aber die herrschende Antikriegsstimmung, von der liberalen Regierung geteilt, vergriff sich doch bisweilen in den Mit-

teln. Für die Kriegsbeschädigten und überhaupt die Kriegsteilnehmer wurde schlecht gesorgt. Es kam vor, daß Offiziere verprügelt
wurden, nur weil sie die Uniform trugen, und daß eine wütende
Volksmenge den Kriegsbeschädigten ihre militärischen Ehrenzei-
chen herunterriß. All dies hätte keine entscheidende Bedeutung gehabt, wenn wirklich aus der Bewegung gegen den Krieg, die sozialistische Revolution geworden wäre. Aber die Revolution blieb
aus, und die vielen Tausende der arbeitslosen Kriegsteilnehmer
fühlten sich verraten und verlassen. Das galt für die früheren
Mannschaften so gut wie für die früheren Reserveoffiziere, die
jetzt ohne Stellung herumliefen. Langsam begann in diesen Kreisen der nationale Aktivismus wieder zu erwachen. Sein Prophet
war aber zunächst nicht Mussolini, sondern der Dichter Gabriele
d' Annunzio.

In seiner schweren nervösen Überreizung sah das italienische
Volk in den Jahren 1919 bis 1921 nicht nur seine wirtschaftliche
Notlage, sondern es glaubte auch noch, daß seine ehemaligen Verbündeten es beim Friedensschluß übervorteilt hätten. Man sah
nicht auf die Vorteile und Eroberungen, die der Frieden Italien
verschafft hatte, sondern man blickte lieber auf das wenige, das
Italien nicht erreicht hatte. So war Fiume, die von Italienern be-
wohnte Hafenstadt an der Adria, beim Friedensschluß nicht zu
Italien gekommen. Viele Italiener erregten sich über das Schicksal
Fiumes. D' Annunzio stellte ein Freikorps zusammen, überschritt
gegen den Willen der italienischen Regierung die Grenze und besetzte Fiume. Der Dichter hatte gehandelt wie ein neuer Garibaldi. Während die Regierung versagte, hatte er die patriotische Jugend zusammengerufen und war an ihrer Spitze marschiert.

Mussolini erkannte die außerordentliche Bedeutung dieses Fiu-
me-Unternehmens. Er stellte seine Partei in den Dienst der Aktion
von Fiume und tat alles, um die Propaganda für d' Annunzio am
Leben zu erhalten. Zum ersten Male hatten wieder nationale Stoßtrupps im Gegensatz zu der herrschenden sozialistischen und pa-
zifistischen Welle gehandelt. Allmählich hatten auch die Stoßtrupps Mussolinis größeren Zulauf, und im Laufe des Jahres 1921
wurde der Faschismus wieder zu einer politischen Macht in Italien. Die Partei wuchs nicht so sehr dank den gewöhnlichen Methoden politischer Bewegungen, sondern durch eine gewaltsame
Offensive ihrer Stoßtrupps, diesmal nicht gegen den äußeren
Feind, wie unter Garibaldi und d'Annunzio, sondern gegen den in-

neren Feind, gegen die organisierten Sozialisten und Kommunisten.

Die liberalen Regierungsmänner fühlten, wie ihnen der Boden unter den Füßen wankte. Die Arbeiter und die armen Bauern lehnten das herrschende System ab, aber auch bei den Kapitalisten des Nordens und den Gutsbesitzern des Südens wuchs die Erbitterung gegen die Regierung, die nichts gegen die rote Flut unternahm. Die sogenannten liberalen Regierungen der Vorkriegszeit hatten sich durch die Wahlmanöver in Mittel- und Süditalien am Leben erhalten, wo die Präfekten, zusammen mit den Gutsherren und den örtlichen Cliquen, für die richtigen Wahlen gesorgt hatten. Diese alte liberale Gemütlichkeit war zu Ende, sie war seit dem Weltkrieg in der Glut des Klassenkampfes geschmolzen. Die Liberalen waren 1919 wieder zur Macht gekommen, weil das Volk die Imperialisten haßte, aber die Sozialisten noch nicht die Kraft hatten, die Regierung zu ergreifen. Die liberalen Minister waren in den Jahren 1919 bis 1922 nichts als Lückenbüßer, denen niemand vertraute. Darum wagten sie keinen entscheidenden Entschluß, und sie wollten es mit keiner Partei oder Klasse ganz verderben.

Mussolini rief wiederum die intellektuelle Jugend und ganz besonders die Kriegsteilnehmer auf, sich um ihn zu scharen. Die liberalen Minister und die überall maßgebenden Sozialisten hätten den Sieg verdorben, Italien ins Elend gestürzt, die Soldaten, Kriegsteilnehmer und Kriegsbeschädigten beschimpft und zurückgesetzt. Jetzt würde der Faschismus die nötigen Konsequenzen aus dem Siege ziehen und ein neues, stolzes und glückliches Italien aufbauen. Erwerbslose Studenten, Kaufleute und Arbeiter, denen der Sozialismus nicht hatte helfen können, kamen zu Mussolini. Als seine Stoßtrupps die ersten Erfolge errangen, Gewerkschaftshäuser demolierten, Arbeiterführer mißhandelten oder auch töteten, da erkannten die Kapitalisten, daß jetzt für sie ein neuer Stern aufging. Die Industriellen begannen den Faschismus zu finanzieren, und auch die Gutsbesitzer schlossen sich bereitwillig der neuen Bewegung an, die ihnen die Pächter niederhielt. Die faschistischen Strafexpeditionen fuhren hinaus in die Dörfer, mit Gewalt und Mord zerbrachen sie die örtlichen Organisationen der Landarbeiter und Kleinbauern. Die Gutsbesitzer konnten wieder ruhig schlafen.

Im Laufe des Jahres 1921 wurde Mussolini der bewunderte Vorkämpfer der Kapitalisten und Großagrarier. Die intellektuelle

Jugend und die Kriegsteilnehmer strömten ihm zu. Die italienischen Arbeiter leisteten den Faschisten und ihren Terrorbanden
überall den tapfersten Widerstand. Zwar kam eine große Abwehr-
aktion gegen den weißen Terror, durchgeführt zugleich im ganzen
Lande und mit der gesamten Kraft des Proletariats, nicht zustande. Aber an allen Orten kämpften die Arbeiter, wenn auch verein-
zelt und auf verlorenem Posten, heldenhaft gegen die Terrorbanden. Wenn man die Geschichte des italienischen Proletariats in
den Jahren 1921 und 1922 verfolgt, mit der unendlich langen Reihe von immer den gleichen Vorgängen, diesen vielen Bränden,
Überfällen, Zerstörungen, Morden, so kommt man zu dem
Schluß: die Arbeiter wären trotz aller ungünstigen Umstände mit
den Faschisten fertiggeworden, wenn die Staatsmacht nur ein wenig Neutralität oder Objektivität gezeigt hätte. Aber immer, wenn
die proletarische Abwehr gegen die Faschisten irgendeinen Erfolg
hatte, griff sofort die staatliche Gendarmerie oder das Militär ein.
Die Arbeiter waren vielleicht den faschistischen Stoßtrupps gewachsen, aber nicht der organisierten bewaffneten Macht des
Staates. Die Gendarmen schossen die aktiv kämpfenden Arbeiter
nieder oder schleppten sie ins Gefängnis, und dann tauchten die
Faschisten wieder auf und vollendeten triumphierend ihr Zerstö-
rungswerk.

Es ging in Italien genauso wie früher in Rußland bei den Pogromen. Die Terrorbanden konnten nur siegen, weil sie immer,
wenn es ernst wurde, die Staatsmacht hinter sich hatten. Die italienischen liberalen Minister hatten es 1919 und 1920 nicht gewagt,
die Arbeiter zu provozieren. Als die sozialistische Welle noch hoch
ging und man mit der kommenden roten Revolution rechnete, hatte die liberale Regierung eine Art von Neutralität der Staatsmacht
gegenüber den Klassenkämpfen proklamiert. Noch bei den Fabrik-
besetzungen im Herbst 1920 hatte die Regierung nicht schießen
lassen, sondern sich mit diplomatischen Verhandlungen begnügt.
Aber seit dem Auftreten Mussolinis und seiner Faschisten bekam
das Bürgertum wieder Mut, und das steckte die Verwaltungsbeam-
ten, die Polizeiführer und Offiziere an. Wenn die Faschisten so
tapfer auf die roten Aufrührer losschlugen, dann hielt auch die
Polizei sich nicht länger zurück. Die merkwürdigen Gegensätze innerhalb der italienischen Gesellschaft hatten in den Jahren 1919
und 1920 die legale Staatsgewalt so schwach gemacht, daß niemand sie respektierte. Rein technisch war die reguläre Armee und

die Polizei immer noch huntertmal stärker als die faschistischen Verbände. Aber die Faschisten hatten den rücksichtslosen Willen, die Arbeiterorganisationen zusammenzuhauen. Sie begannen immer mit dem Angriff, und dann kam die große, schwere Staatsmaschinerie in Bewegung und folgte ihnen nach. Wenn es ernst wurde, leistete die Staatsgewalt die Hauptarbeit, aber den Ruhm des Sieges hatten die Faschisten.

Man denke sich, daß bei einem Streit auf der einen Seite fünf Männer stehen, nur mit Stöcken ausgerüstet, auf der anderen Seite steht eine Gruppe von zehn Männern. Sie haben alle Revolver in der Tasche, aber sie wagen es nicht, sie zu gebrauchen. Die fünf mit den Stöcken können ungestraft die zehn mit den Revolvern auslachen. Plötzlich taucht ein junger Bursche auf und stürzt sich mit lautem Geschrei auf die fünf, und nun ziehen die zehn anderen ihre Revolver und schießen die fünf wehrlosen Gegner nieder. Der lärmende Bursche ist der Faschismus, und die zehn Bewaffneten sind das Bürgertum und seine legale Staatsmacht. Die fünf mit den Stöcken sind leider manchmal die organisierten Arbeiter. Das Auftreten des Faschismus verändert niemals das reale Klassenverhältnis zwischen den Kräften der Bourgeoisie und des Proletariats. Ist das Proletariat tatsächlich stärker als die Bourgeoisie, dann wird es siegen, mit oder ohne Faschismus. Ist aber die Kapitalistenklasse objektiv die stärkere, dann kann das Auftreten des Faschismus den Zusammenbruch der Arbeiterbewegung nach sich ziehen.

In Mittel- und Süditalien wurden die Gutsbesitzer seit 1921 die wärmsten Freunde Mussolinis, der sie vor der ländlichen Revolution schützte. Die Masse der Kleinbauern duckte sich wie zuvor, nachdem man ihre Organisationen zerschlagen hatte. Sie schwiegen und gehorchten, aber aktive Faschisten wurden sie nicht. Auch den Kleinbürgern Mittel- und Süditaliens blieb der Faschismus eine fremde Angelegenheit. In Norditalien dagegen, in den modernen, fortgeschrittenen Teilen des Landes, wurde der Faschismus seit 1921 eine richtige Massenbewegung. Zwar die organisierten Industriearbeiter blieben größtenteils ihren alten Überzeugungen treu. Aber neben den Kapitalisten, die ihn finanzierten, neben den Studenten, beschäftigungslosen Kriegsteilnehmern und Abenteurern, die in seine Stoßtrupps gingen, gewann Mussolini hier allmählich die aktiven Sympathien der bürgerlichen Mittelklasse. Bei den Parlamentswahlen im Mai 1921 errang Mussolini eine überraschend große Stimmenzahl, vor allem in Mailand, Pavia, Bologna und Ferrara. An der Spitze von 33 Abgeordneten zog er ins Parlament ein.

Es ist manchmal behauptet worden, daß gegenwärtig die Mittelklassen einen geheimen, fanatischen Haß gegen das Proletariat hätten, daß sie bereit wären, bei der ersten besten Gelegenheit zu den Waffen zu greifen und die Arbeiter niederzumetzeln. Der Mittelstand fürchte, selbst proletarisiert zu werden, und aus Angst vor diesem Geschick hasse er den Arbeiter und suche ihn niederzutreten. Das ist eine wunderliche Theorie. Der kleine Handwerker und Kaufmann soll einen solchen versteckten Mordhaß gegen die Arbeiter haben, die oft die besten Kunden in seinem Laden sind, ja in proletarischen Bezirken einfach die Leute, von denen er lebt? Der Angestellte soll den heimlichen Wunsch haben, seinem handarbeitenden Kollegen im Betrieb heimlich das Messer in den Rücken zu stoßen? Die Primaner und Studenten sollen auf die Gelegenheit lauern, auf ihre ärmsten Volksgenossen zu schießen? Es sei nur an die banale Wahrheit erinnert, daß es heute unzählige und unmerkliche Übergänge zwischen dem kleinen Mittelstand und dem Proletariat gibt, daß oft in derselben Familie ein Bruder Maurer, ein anderer ein kleiner Angestellter und ein dritter Handwerksmeister ist, während der Sohn eines von ihnen, unter den Opfern der ganzen Familie, die höhere Schule besucht. Der angeborene Mordhaß des Mittelstandes gegen die Arbeiter, als heimliches Leitmotiv des Faschismus, ist eine der üblichen Seifenblasen einer angeblichen Soziologie. Es gibt viele Fälle, in denen die Mittelschichten politisch mit den Arbeitern zusammengehen, und andere Gelegenheiten, bei denen sie sich feindlich gegenüberstehen. Aber immer ist die politische Situation des Augenblicks entscheidend, und nicht am wenigsten die Taktik der betreffenden politischen Parteien. Das allgemeine Dogma erklärt gar nichts.

In Zeiten einer großen sozialen Krise werden die Mittelschichten zusammen mit dem Proletariat gehen, wenn die sozialistische Partei entschlossen den Weg zur Rettung und zum Aufbau einer neuen Gesellschaft zeigt. Wenn indessen die sozialistische Bewegung selbst schwankend und unsicher wird, vor der Revolution und dem Neuaufbau zurückschreckt, wird sie auch die Sympathien des Mittelstandes einbüßen. Die italienischen Mittelschichten waren im Jahre 1919 ebenso bereit, eine sozialistische Umwälzung mitzumachen, wie die deutschen Mittelklassen nach dem 9. November. Als in beiden Fällen die Sozialisten sich unfähig zeigten, ganze Arbeit zu machen, wandten sich die Mittelschichten wieder von ihnen ab. Dazu kamen dann noch besondere Umstände. Die Sozialisten hatten in Italien, wie schon oben erwähnt wurde, 1919 und 1920 in vielen Gemeinden die Mehrheit erobert. Sie hatten dort die leitenden kommunalen Stellungen mit ihren Vertrauensleuten besetzt. Das war unbedingt richtig, und die neuen sozialistischen Stadträte haben mindestens ebenso gut gearbeitet, wie früher die bürgerlichen. Wenn jedoch das Volk in einer solchen Zeit von den Sozialisten die Umwälzung erwartet, diese bleibt aus, das Elend der Arbeitslosen und die Sorgen des Mittelstandes werden nicht gelindert, aber zur gleichen Zeit sieht man die sozialistischen Stadträte friedlich in ihren verhältnismäßig gut bezahlten Stellungen amtieren, so erregt das Erbitterung, Enttäuschung und schließlich Haß. Das sind Stimmungen, die auch in Deutschland, in der Vorgeschichte der nationalsozialistischen Machtübernahme, von Bedeutung waren. Die sozialistischen Funktionäre, die in den bezahlten Stellungen bei der Stadt, in den Gewerkschaften usw. saßen, waren in ihrer überwältigenden Mehrheit ehrenhafte Männer, die getreulich ihre Pflichten gegenüber dem Proletariat und der Öffentlichkeit erfüllten, in Italien so gut wie in Deutschland. Aber man hatte von ihnen in der Krisenzeit mehr verlangt, als diese friedliche Pflichterfüllung.

Die Mittelschichten und viele Arbeiter erhitzten sich über die neue sozialistische Bürokratie, die sich, unter Ausnutzung der Klassenbewegung der Ärmsten, ihre behaglichen Posten verschafft hätte.

Dazu kamen gewisse taktische Fehler bei Streiks, besonders bei Streiks in lebenswichtigen Betrieben. Wenn die Straßenbahnen, oder gar die Gas- und Wasserwerke ihre Tätigkeit einstellen, so führt das zu unzähligen Unannehmlichkeiten für die breiten Massen des Volkes, für die übrigen Arbeiter und für die Mittelschichten. Wenn die Streikenden den Massen des Volkes nachweisen können, daß ihre Sache berechtigt ist, daß sie die Arbeiten niederlegen mußten, um das Existenzminimum für sich und ihre Kinder zu verteidigen, dann werden die breiten Volksmassen den Streik verstehen und die Unannehmlichkeiten, die er mit sich bringt, ertragen. Indessen, in Situationen, wie Deutschland und Italien sie 1919 und 1920 hatten, löst sich nur zu leicht die Aktivität der Arbeiterschaft an Stelle der großen politischen Bewegung in kleine

Lohnbewegungen auf. Die Streiks als Glieder einer großen, revolutionären Offensive, werden von den Massen verstanden werden, aber bei abbröckelnder politischer Bewegung werden isolierte Lohnstreiks manchmal nicht viel Sympathien finden, zumal wenn sie von besser bezahlten Arbeitergruppen ausgehen und den übrigen Massen schwere Unannehmlichkeiten zufügen.

Die Mittelschichten Italiens hatten 1919 und 1920 die sozialistische Revolution erwartet. Diese war ausgeblieben, dafür wuchsen die Wirtschaftskrise und das Elend, aber nun saßen die sozialistischen Führer in gutbezahlten Stellungen, und die Straßenbahner und die Arbeiter der sonstigen öffentlichen Dienste legten immer wieder das Leben der Stadt lahm, um ihre Löhne hochzuschrauben. Der Mittelstand hatte jetzt nicht mehr das Gefühl, daß er zusammen mit den Arbeitern gegen Kapitalisten und Schieber kämpfen müsse. Sondern er sah in der organisierten Arbeiterschaft so etwas wie eine selbstsüchtige Oligarchie, die nur für sich selbst und ihre Führer immer höhere Löhne herauspressen will, und zwar auf Kosten der Allgemeinheit, des Steuerzahlers, vor allem des Mittelständlers selbst. So begann der italienische Intellektuelle, Kaufmann, Beamte, Handwerker allmählich daran zu glauben, daß die organisierten Sozialisten die Volksverräter seien. So entstand die Wut gegen die »Bonzen« wie man in Deutschland später sagte, und gegen die Streikspezialisten. So entstand in den Mittelschichten eine direkte Freude am Streikbruch und der Wille, sich an den Roten zu rächen. Ein Teil der Mittelständler ging in Mussolinis Stoßtrupps, und die übrigen halfen ihm wenigstens mit dem Stimmzettel.

Margherita Sarfatti schreibt in ihrem boshaften, aber psychologisch interessanten Mussolinibuch:

»Dann begann die Wasserleitung zu streiken, die Straßenbahnen blieben stehen, das elektrische Licht erlosch, der öffentliche Verkehrsdienst, der Stolz jedes pünktlichen Mailänders, war nur noch eine Kette von Unglücksfällen, und die unvorhergesehene Verstaatlichung, die eine Unzahl von neuen Beamten schuf, lastete auf dem Steuerzahler. Seit die Straßenkehrer Ministergehälter erhielten, blieben die sonst so sauberen Straßen schmutzig, und im Winter konnte man des Schnees wegen sie kaum beschreiten, was bei den Mailändern Verwünschungen auslöste. Auf diesen ungekehrten Straßen, auf diesem Schnee kam Karl Marx in Italien zu Fall.«

Es ist zwar nicht bekannt, daß Marx in irgendeiner seiner Arbeiten sich für den Schmutz auf den Straßen erklärt hat, und auch die braven Mailänder Straßenfeger werden unter der sozialistischen Stadtverwaltung nicht gerade Ministergehälter bezogen haben. Aber diese Stelle gibt doch in prächtiger Klarheit die durchschnittliche Stimmung der Mailänder Mittelklassen beim Hochkommen des Faschismus wieder: Marxismus, das war gleich Streik und Schmutz, und Faschismus bedeutete die Rückkehr zur Ordnung und Sauberkeit! Oder man höre den Hymnus derselben Verfasserin auf den Streikbruch:

»Ein neuer Generalstreik im August, der sich über das ganze Volk verbreitete, hatte sich den schönen Namen eines legalen Streiks gegeben. Der Faschismus sprang den Streik an und zerriß ihm die Lenden. Ingenieure, Männer aus allen Berufen und zukünftige Minister traten an die Stelle der ausländischen, streikenden Zünftigen, um die Betriebe und die Verkehrsmittel weiterzuführen. Man sah damals Studenten wacker 10–12 Stunden Fabrikarbeit verrichten, oder Straßenbahnen durch die aufrührerischen Stadtteile führen, dabei mit ungewohnter Höflichkeit Schaffnerdienste verrichtend.«

Auf dem Dritten Kongreß der faschistischen Partei Italiens, im November 1921, wurde das Ergebnis einer Rundfrage mitgeteilt, welche die faschistische Parteileitung bei 151 000 Parteimitgliedern über ihre Berufszugehörigkeit vorgenommen hatte. Das Resultat ist ·außerordentlich bemerkenswert, auch wenn man gegen einzelne der angegebenen Zahlen Bedenken haben kann. Die Statistik erfaßte:

Kaufleute	14.000
Fabrikanten	4.000
Gutsbesitzer	18.000
Studenten und Lehrer	21.000
Angehörige freier Berufe	10.000
Beamte	7.000
Angestellte	15.000
Industriearbeiter nebst Seeleuten . . .	25.000
Landarbeiter	37.000
	151.000

Die große Zahl der Landarbeiter, die in dieser Liste auftreten, bestand wohl meistens aus Zwangsmitgliedern; an solchen Orten,

wo die Faschisten den Landarbeiterverband zerschlagen und seine
ehemaligen Mitglieder in ihre eigene Organisation hineingetrieben
hatten. Auch unter den Industriearbeitern dürften sich solche
Zwangsmitglieder befunden haben. Ferner macht die Statistik keinen Unterschied zwischen Arbeitenden und Arbeitslosen. Unter
dem Titel »Kaufmann« kann sich alles mögliche verstecken, vom
Großunternehmer herunter bis zum erwerbslosen Agenten. Unter
den Fabrikanten ist wohl auch eine Anzahl selbständiger Handwerksmeister mitgezählt worden. Überraschend, aber durchaus im
Einklang mit der Geschichte des Faschismus, ist die außerordentlich große Zahl von Studenten und Intellektuellen in der Partei.
Eine eigentlich kleinbürgerliche Tendenz des Faschismus ergibt
sich aus diesen Zahlen nicht. Sondern Mussolini führte Ende 1921
eine typisch-bürgerliche Partei, mit einem besonders starken Ein-
schlag von Intellektuellen und Akademikern und mit einem gewissen Anhang von Proletariern.

Das Programm des Faschismus hat sich in den Jahren von 1919
bis 1922 außerordentlich schnell und gründlich gewandelt. Die
Taktik der Machteroberung war für Mussolini alles. Die Pro-
grammpunkte waren demgegenüber durchaus nebensächlich. 1919,
am Anfang der faschistischen Bewegung, als alles in Italien mehr
oder minder rot war, und die Kapitalisten sich um Mussolini wenig kümmerten, hatte er ein linksradikales Programm entworfen.
Mussolini wollte durch eine Art von nationalem Sozialismus Arbeiterstimmen gewinnen. Er erklärte sich damals, unter anderem,
für eine Volksherrschaft, ausgeübt durch ein allgemeines gleiches
und direktes Wahlrecht beider Geschlechter, für die Ausrufung
der italienischen Republik, für die Auflösung der industriellen und
finanziellen Aktiengesellschaften, für die Umstellung der Produktion auf korporativer Grundlage, mit unmittelbarer Gewinnbeteili-
gung aller Arbeiter, und für andere schöne Dinge. Aber als die
Großindustriellen und Gutsbesitzer anfingen, dem Faschismus ihre
Sympathien und Kassenschränke zur Verfügung zu stellen, änderte sich das Programm Mussolinis sehr schnell. Im November 1921,
auf dem schon erwähnten Dritten Kongreß seiner Partei, versicherte Mussolini, er sei zwar gegen den Liberalismus in der Politik, aber unbedingt für den Liberalismus in der Wirtschaft: »Ich
wäre geneigt, nach Möglichkeit die Eisenbahnen, die Post und die
Telegraphen privaten Unternehmern auch aus dem Grunde zurückzugeben, um den Staat von der Last dieser ökonomischen

Funktion zu befreien, die in Wirklichkeit sehr unökonomisch sind.« Damit war der Faschismus wieder bei der unbedingten Verteidigung des privaten Kapitalismus angelangt.

Mussolini unterstützte die Gutsbesitzer Süditaliens in ihrem Kampfe gegen die Agrarrevolution, aber er war doch niemals geneigt, diesen halbfeudalen Herren den entscheidenden Einfluß im Staat zurückzugeben, den sie in der sogenannten liberalen Periode gehabt hatten. Der Faschismus war und blieb die Partei des modernen Nordens. Mussolini verglich einmal seine eigene Arbeit mit dem Werke Mustafa Kemals in der Türkei, der von Angora aus den neuen bürgerlichen Staat aufbauen wollte, im Gegensatz zu dem feudalen Konstantinopel der Sultane. Ebenso versicherte Mussolini, er sei in Italien der Führer von Mailand-Angora im Kampf gegen Rom-Konstantinopel. In der Tat hat der italienische Faschismus stets auf zwei Fronten gekämpft. Freilich nicht auf den eingebildeten zwei Fronten des Kleinbürgertums, das zugleich gegen Kapitalismus und gegen Proletariat losschlägt. So vielfältig und wandelbar auch Mussolinis Parteiprogramme waren, keines von ihnen zeigt ein besonderes Interesse für das Kleinbürgertum, und die faschistische Praxis in Italien ist alles andere als kleinbürgerlich.

Der Faschismus besiegte in Italien in den Jahren 1921 und 1922 in seinen täglichen gewaltsamen Kämpfen das organisierte sozialistische Proletariat. Aber gleichzeitig brach er den beherrschenden Einfluß der rückständigen Feudalkreise Mittel- und Süditaliens. Für die Gutsbesitzer und örtlichen Machthaber des Südens handelte es sich damals um das größere oder kleinere Übel: Sie empfanden begreiflicherweise die rote Agrarrevolution als das größere Übel, und darum gingen sie zum Faschismus über. Aber sie wußten zugleich, daß mit dem Siege der Faschisten doch ihre alte Herrlichkeit vorüber sein würde. Sie behielten zwar ihren Grundbesitz und ihr Privateigentum, aber sie konnten nicht mehr darauf hoffen, mit Hilfe der »liberalen« Politiker über den Staat zu bestimmen. Mussolini war der Führer des modernen italienischen Nordens mit seinem Bürgertum und seiner Intelligenz. Das ist das Geheimnis seines relativ dauerhaften Erfolges. Mussolini regiert jetzt zwölf Jahre in Italien, und ein Ende des italienischen Faschismus ist vorläufig noch nicht zu sehen. Wäre Mussolini dagegen wirklich ein Kleinbürgerführer gewesen, dann hätte er sich keine zwölf Monate behauptet.

1922 war der Faschismus zu der großen Einheitsfront aller aktiven, bürgerlichen und antisozialistischen Kräfte des Landes geworden. Hinter Mussolini standen die Kapitalisten, die Mittelklassen,
die Intellektuellen; mit gemischten Gefühlen die Gutsbesitzer, ein
erheblicher Teil der Arbeitslosen, die in den Stoßtrupps Erwerb
und Betätigung gefunden hatten, und auch einzelne Arbeitergruppen. Die sozialistischen und kommunistischen Organisationen waren zertrümmert, die alten bürgerlichen Parteien in schneller Auflösung begriffen. Der Staatsapparat hatte sich längst daran gewöhnt, in Mussolini den nationalen Führer zu sehen, weder das
Militär noch die Polizei dachten ernstlich daran, gegen den Faschismus zu kämpfen. Auch das italienische Königtum erkannte
allmählich, daß die liberal-feudale Periode vorüber war, und
machte noch rechtzeitig seinen Frieden mit Mussolini. Unter diesen Umständen war es nur noch eine leere Formalität, als Mussolini die letzten »liberalen« hilflosen Minister fortjagte und sich
selbst an ihre Stelle setzte.

In Italien ist das industrielle Proletariat nur eine Minderheit im
Volke. Ein Sieg der Sozialisten wäre nach 1919 nur auf der Basis
einer demokratischen Koalition der Arbeiter mit den Bauern und
den Mittelschichten möglich gewesen. Hoffnungsvolle Ansätze zu
einer solchen Koalition waren in den Jahren 1919 und 1920 vorhanden. Indessen wurde diese Koalition wieder auseinanderge-
sprengt, ehe sie noch fest geworden war. Die Faschisten haben
von den schwankenden Kleinbürgermassen die eine ländliche
Hälfte gewaltsam niedergeschlagen und die andere städtische auf
ihre Seite gebracht. Beide Prozesse, sowohl die Zertrümmerung
der roten Organisationen auf dem Lande als auch die erneute
Trennung zwischen dem städtischen Mittelstand und dem Proletariat wurden nur durch schwere Fehler der italienischen Sozialisten
möglich. Als jedoch beide Prozesse vollzogen waren, hatte sich in
Italien die bürgerliche Mehrheit des Volkes wieder geeinigt, und
zwar unter der neuen Fahne des Faschismus. Die Arbeiter mußten
sich mit der veränderten Situation abfinden. Das moderne Bürgertum hatte in Italien vor 1914 in Wirklichkeit noch nie regiert. Deshalb hatte es eine historische Aufgabe nachzuholen.

Das berühmte Schlagwort von den Eisenbahnzügen, die in Italien unter Mussolinis Regierung anfingen, pünktlich zu gehen, hat
doch seinen Sinn. Es soll hier gar nicht untersucht werden, ob die
italienischen Bahnen vor Mussolini wirklich so schlecht waren,

und ob sie unter dem Faschismus so viel besser geworden sind. Die Hauptsache ist, daß ein solches Problem für Italien wirklich bestand. In England und Amerika, Frankreich und Deutschland ist es selbstverständlich, daß die Eisenbahnen gemäß dem neuesten Stand der Technik funktionieren. Für halbfeudale Länder, wie Rußland und Italien bis zum Weltkrieg es waren, ist es nicht selbstverständlich. Hier war die Arbeit der Anpassung dieser Länder an die moderne kapitalistische Technik noch zu leisten.

Der Faschismus brauchte der Mafia und Camorra keine Tribute mehr zu zahlen. Die öffentlichen Gelder, die früher bei den örtlichen Cliquen hängen blieben, kamen jetzt restlos den Interessen des modernen Kapitalismus zugute. Die staatskapitalistische Zusammenfassung Italiens im sogenannten korporativen System erleichterte die Beherrschung des Landes durch die leistungsfähigsten kapitalistischen Gruppen. Die Schwerindustrie und die chemische Industrie, Automobilismus, Flugwesen, Dampfschiffahrt wurden systematisch vorwärts getrieben. Wo ist da wohl der »kleinbürgerliche« Geist, der das Wesen des Faschismus sein soll? Es handelt sich hier nicht um Sympathie oder Antipathie, sondern um historische Tatsachen: Die Produktivkräfte Italiens sind tatsächlich vom Faschismus, mindestens bis zum Beginn der großen Weltwirtschaftskrise, weiterentwickelt worden. Dadurch gewann Mussolini den Nimbus des Erfolges, und der Faschismus sicherte sich die Anhänglichkeit der bürgerlichen Massen. Mussolini hatte Autorität genug, um die Stoßtrupps, nachdem ihr Terror überflüssig geworden war, in eine Art von Hilfspolizei des neugestärkten bürgerlichen Staates zu verwandeln.

Mussolini hat freilich die italienische Landfrage nicht lösen können. Der kapitalistische Aufschwung seit 1922 hat in Wirklichkeit das spezifische Gewicht des Proletariats verstärkt. Bei der nächsten ernsten Krise wird sich die italienische Kapitalistenklasse erneut der Opposition der Arbeiter und armen Bauern zum Kampf stellen müssen. Dann wird es nicht mehr möglich sein, die soziale Revolution abzulenken durch die Aufgabe, daß man in Italien erst einmal den Kapitalismus richtig aufzubauen habe. In den zwölf Jahren Mussolinis hat sich Italien ungefähr den Ländern nördlich der Alpen angepaßt; folglich steht ihm kein Sonderweg mehr offen, um sich den allgemein-europäischen, sozialen Entscheidungen zu entziehen.

III. Deutschland

Der entscheidende Unterschied zwischen Italien und Deutschland liegt in der völlig verschiedenen berufsmäßigen Zusammensetzung ihrer Bevölkerung. Infolgedessen mußte der Faschismus in Deutschland andere taktische Wege einschlagen als in Italien, um zur Macht zu gelangen. Es ist nicht ganz leicht, sich die berufsmäßige Zusammensetzung der politischen Wähler Deutschlands klarzumachen. Die Berufsstatistik und die Wahlstatistik erfassen nicht dieselben Menschenmassen. Viele wahlberechtigte Deutsche üben keinen Beruf aus, z. B. Hausfrauen. Auf der anderen Seite haben Jugendliche unter 20 Jahren, auch wenn sie bereits im Erwerbsleben stehen, kein Wahlrecht. Es ist jedoch notwendig, sich irgendeine Anschauung von der klassenmäßigen Zusammensetzung der deutschen Wählerschaft zu bilden, denn nur so ist die politische Bewegung der Massen seit 1919 und der Aufstieg des Nationalsozialismus verständlich.

Die Berufsstatistik des deutschen Reichs vom Jahre 1925 ergab bei einer Gesamtbevölkerung von über 62 Millionen nicht ganz 36 Millionen Erwerbstätige. 1925 lebten in Deutschland 5^1/$_2$ Millionen Selbständige. Dabei sind sowohl die Eigentümer eines Unternehmens, wie Fabrikanten, Handwerksmeister, Landwirte usw. als auch Geschäftsführer, Direktoren und sonstige leitende Beamte mitgerechnet. Die Zahl der mithelfenden Familienangehörigen war ungefähr ebenso groß. Auf der anderen Seite ergab die Zählung 14^1/$_2$ Millionen Arbeiter, nicht ganz 5^1/$_2$ Millionen Angestellte und Beamte und ungefähr 5 Millionen Hausangestellte und Berufslose. Ein kleiner Teil der sogenannten Berufslosen sind kapitalistische Rentiers, die große Mehrzahl von ihnen sind jedoch ehemalige Arbeitnehmer, die irgendwelche Versicherungs-, Altersrenten, Pensionen usw. beziehen. Bei dieser Statistik sind die Arbeitslosen nicht gesondert gezählt, sondern bei ihren ursprünglichen Berufen mitgerechnet. Es kommt nun darauf an, aus diesen Zahlen das Kräfteverhältnis des bürgerlichen Elements zum Proletariat festzustellen. Dabei müssen die berufslosen Familienangehörigen ebenfalls berücksichtigt werden. In den Bauernwirtschaften und bei den kleinen Gewerbetreibenden erscheinen fast regelmäßig die Ehefrau und die größeren Kinder als mithelfende Familienangehörige gleichfalls in der Berufsstatistik. Im Haushalt des Arbeitnehmers wird aber die Ehefrau nur dann mitgezählt, wenn sie einen eigenen Beruf ausübt. Von den Menschen, die im bäuerlichen oder kleinbürgerlichen Haushalt leben, dürften ungefähr zwei Drittel als Selbständige oder als Mithelfende in der Berufsstatistik erscheinen. Von den Menschen des proletarischen Haushalts dagegen nur ungefähr die Hälfte. Wenn man nach diesem Prinzip rechnet, so haben in Deutschland im Jahre 1925 ungefähr 17 Millionen Menschen die Familien des großen und des kleinen Bürgertums gebildet, und 45 Millionen die Familien der Arbeitnehmer und Proletarier im weitesten Sinne.

Man sieht, welch eine erdrückende Mehrheit der Bevölkerung in Deutschland der Arbeitnehmerschaft angehört. Auch wenn man das gesamte selbständige Kleinbürgertum und alle Bauern bis zum kleinsten herunter zur bürgerlichen besitzenden Klasse rechnet, ergibt sich kaum mehr als ein Viertel der Gesamtbevölkerung. Die Voraussagen von Marx über die künftige soziale Entwicklung der modernen Industrieländer haben sich vollkommen bestätigt. Indessen muß doch ein Mißverständnis vermieden werden. Deutschland hat eine erdrückende Mehrheit von Arbeitnehmern, aber keine Mehrheit von Industriearbeitern im engeren Sinne des Wortes. Wie die oben angeführten Ziffern beweisen, stehen innerhalb des proletarischen Lagers den 14½ Millionen Arbeitern 10½ Millionen Beamte, Angestellte, Rentenempfänger, Dienstmädchen usw. gegenüber. Ferner sind unter den 14½ Millionen Arbeitern: 2½ Millionen Landarbeiter mitgerechnet und dazu kommen noch die Gesellen in den Handwerksbetrieben. Eine ganz starre Grenze, wo der Handwerksbetrieb aufhört und der Fabrikbetrieb anfängt, läßt sich schwer ziehen. Aber die Zahl der wirklichen Handwerksgesellen beläuft sich doch mindestens auf 1 Million. Demnach sind von den 25 Millionen Arbeitnehmern und Proletariern im weitesten Sinne des Wortes höchstens 11 Millionen echte Fabrikarbeiter und 14 Millionen andere.

Diese Zahlen lassen sich ungefähr auf folgende Art anschaulich machen: Von 100 Deutschen (die Familienangehörigen immer mitgerechnet) gehörten im Jahre 1925 ungefähr 28 zur besitzenden Klasse im weitesten Sinne des Wortes und 72 zu den Arbeitnehmern und Proletariern im weitesten Sinn. Aber darunter waren nur 32 richtige Fabrikarbeiter und 40 sonstige. Diese Berechnung hat ohne Zweifel ihre Fehlerquellen, aber sie hat keinen anderen Zweck, als eine oberflächliche Anschauung von den wirklichen Verhältnissen zu geben. Bei den Parlamentswahlen in der deut-

schen Republik pflegten die 28 Besitzenden fast geschlossen bürgerlich zu wählen, die 32 Fabrikarbeiter in ihrer großen Mehrheit
sozialistisch oder kommunistisch, dagegen war von den 40 sonstigen Arbeitnehmern nur eine Minderheit sozialistisch, während die
Mehrheit der Angestellten, Beamten, Landarbeiter, Gesellen usw.
die bürgerlichen Parteien unterstützte. So erklärt sich die Tatsache, daß die politischen Wahlen Deutschlands nach der Revolution stets eine bürgerliche Mehrheit ergaben. Auf der anderen Seite ist jedoch der Druck der Volksmehrheit, die sich aus Besitzlosen und Arbeitnehmern zusammensetzt, so gewaltig, daß keine
deutsche Regierung sich ihm entziehen kann.

Am Ende des Weltkriegs und zu Beginn der Republik waren die
kriegsmüden Massen Deutschlands ganz entschieden sozialistisch
und demokratisch gestimmt. Nicht nur die gesamte Masse der
deutschen Arbeitnehmerschaft bekannte sich damals zur Republik
und wollte von der Herrschaft des Adels, der Offiziere und der
Großkapitalisten nichts mehr wissen, sondern auch weite Teile des
Mittelstandes standen auf dem Boden der Revolution. Bei den
Wahlen zur deutschen Nationalversammlung im Januar 1919 befanden sich im republikanischen Lager die SPD und die USPD,
das Zentrum, in dem damals die demokratischen christlichen Gewerkschaften die Führung hatten, und die Demokraten, die sich
aus Angestellten, Beamten und Mittelständlern zusammensetzten.
Vertreter der Gutsbesitzer und des Kapitals waren die Deutschnationalen und die Deutsche Volkspartei. Es wurden bei der Wahl
zur Nationalversammlung 30 Millionen Stimmen abgegeben. Davon erhielten die republikanischen Parteien 25$\frac{1}{2}$ Millionen und
die Rechtsparteien 4$\frac{1}{2}$ Millionen! Unter den 30 Millionen Wählern dürften ungefähr 8 Millionen Besitzende und 22 Millionen
Arbeitnehmer im weitesten Sinn gewesen sein. Das Wahlresultat
zeigt, daß damals die Arbeitnehmerschaft Deutschlands fast zu
100% die Republik und Demokratie unterstützte. Ebenso erklärte
sich fast die Hälfte der Mittelständler für das neue System. Diese
Volksstimmung war zugleich Ursache und Resultat des 9. November. Hätte sie sich in Deutschland aufrechterhalten lassen, dann
wäre nie ein deutscher Faschismus und nie eine Hitlerregierung
gekommen.

Die riesige republikanisch-demokratische Volksmehrheit bröckel-
te schnell ab, z. T. unter dem Druck objektiver Bedingungen, aber
ebenso infolge der schweren Fehler der deutschen Republikaner.

Es gelang nicht, den Kapitalismus durch eine sozialistische Gesellschaftsordnung zu ersetzen, ebensowenig gelang die Durchführung einer wirklichen Demokratie, denn Armee und Verwaltung, Justiz und Bildungswesen blieben fast vollständig in der Hand der alten Gewalten. Die Arbeiterschaft war nicht einig, sondern ihre einzelnen Tendenzen standen sich im Bürgerkrieg gegenüber. Die Mittelschichten, große Teile der Angestellten und Beamten, die nach dem 9. November die Republik freudig begrüßt hatten, hielten sich schon bald darauf enttäuscht abseits. Man warf den republikanischen Führern vor, daß sie ihre Versprechungen nicht gehalten hätten, sondern daß die neue Verfassung Not und Elend, Inflation und Bürgerkrieg gebracht habe. Dazu bürdete man der Republik die Verantwortung für die trostlose nationale Lage Deutschlands auf, wie sie sich als Folge des Friedensvertrags ergab. So waren die Voraussetzungen für eine antirepublikanische, nationalistische Massenbewegung gegeben, in der sich die Feudalherren, die Kapitalisten und die Mittelklassen trafen.

Es ist oben betont worden, daß die herrschenden Klassen im Kaiserreich gar nicht so sehr populär sein wollten. Die konservative Partei trieb zwar bei den Reichstagswahlen die abhängigen ländlichen Massen zur Wahlurne, und eine gewisse Anzahl von Kleinbürgern wählte auch in den Städten konservativ. Aber man dachte nicht daran, in den Großstädten und Industriegebieten eine konservative oder nationalistische, z. B. alldeutsche, Volksbewegung zu schaffen, die dort die Konkurrenz mit den Sozialdemokraten aufgenommen hätte. Die bürgerliche Agitation in den Großstädten überließ man im allgemeinen den Liberalen und dem Zentrum. Die Konservativen haben vor 1914 niemals daran gedacht, aus eigener Kraft die Mehrheit bei den Reichstagswahlen zu erringen. Sie begnügten sich damit, den Reichstag durch die Koalition mit dem Zentrum und den Nationalliberalen zu beeinflussen. Als dennoch der Hofprediger Stoecker seine konservative, städtische Massenpartei gründen wollte, wurde sein Werk von Bismarck und nachher von Wilhelm II. bewußt zerschlagen. Denn wenn sie die Stimmen der städtischen Massen gewinnen wollten, mußten die Herren zum gewöhnlichen Volk herabsteigen, in den Volksversammlungen und Zeitungen seine Sprache reden und auf seine Wünsche eingehen. All dies schien in der Kaiserzeit eine überflüssige Mühe zu sein, denn die Herren hatten die Macht auch ohne demagogische Manöver.

Seit dem 9. November war die alte Herrlichkeit zerbrochen, und die rote Flut überschwemmte alle Bollwerke des traditionellen Besitzes und der historischen Autorität. Jetzt mußten die Herren zum Volk gehen, um zu retten, was noch zu retten war. Von den ersten Tagen ihres Bestehens an redete die Deutschnationale Volkspartei eine für Deutschland völlig neue Sprache. Die alten reaktionären Parolen: »Monarchie, Militarismus, Schutz des kapitalistischen und feudalen Eigentums« wurden geschickt eingehüllt in nationale Losungen und sentimentale Verheißungen: »Jeder wahre Patriot wählt die Farbe Schwarz-Weiß-Rot!« Oder: »In Deutschland brennt's, wählt Laverrenz« (so hieß der deutschnationale Spitzenkandidat in Berlin), hörte man schon 1919.

Die deutschnationalen Flugblätter verhießen die Wiederherstellung des »Deutschland von Luther, Bismarck und Hindenburg«. Sie zeigten manchmal die Bilder dieser und anderer »Heroen« und stellten ihnen die Karikaturen der republikanischen und sozialistischen Führer gegenüber. Das Kapital des Volksvertrauens, das die Deutsche Republik im Januar 1919 besessen hatte, war bereits nach einem Jahr zu einem erheblichen Teil verbraucht. Die Reichstagswahlen im Juni 1920 zeigten ein völlig verändertes Bild: Von 28 Millionen abgegebenen Stimmen erhielten die republikanischen Parteien nur noch 18 Millionen, und die verschiedenen antidemokratischen, monarchistischen und nationalistischen Rechtsparteien erhielten 10 Millionen! Wenn man dieses Resultat mit Hilfe der Berufsstatistik nachprüft, zeigt es: im Sommer 1920 hatte die reaktionäre Rechtsbewegung bereits die überwältigende Mehrheit des besitzenden Mittelstandes zurückgewonnen und einen erheblichen Einbruch in die Front der Arbeitnehmerschaft gemacht. Der trübselige Prozeß der Aufsaugung immer weiterer deutscher Volksschichten durch die nationalistische Rechte läßt sich von einer politischen Wahl Deutschlands zur anderen verfolgen. Diese Entwicklung ist nicht im entferntesten das Werk Adolf Hitlers, der mit seinen Nazis nur geerntet hat, was andere vor ihm säten.

Nur eine charakteristische Wahl aus der Zeit vor der Größe der Nazis sei hier noch hervorgehoben, nämlich die Reichspräsidentenwahl im März 1925. Die Rechtsparteien hatten als gemeinsamen Kandidaten Herrn Jarres. Er hatte keine einzige Eigenschaft, die ihn irgendwie hätte populär machen können. Jarres war weiter nichts als ein zuverlässiger Repräsentant des schwarzweißroten

Nationalismus. Dennoch erhielt er von 27 Millionen abgegebenen Stimmen 10½ Millionen. Neben Jarres gab es damals noch zwei andere antirepublikanische Kandidaten. Die Partikularisten der Bayrischen Volkspartei erhielten für Held 1 Million Stimmen, und die Nationalsozialisten für ihren damaligen Splitterkandidaten Ludendorff nicht ganz 300 000. Von den Jahreswählern des Jahres 1925 hat 1932 die erdrückende Mehrheit für Hitler gestimmt, während Ludendorff selbst inzwischen der Nazibewegung den Rücken kehrte. Die Nazis hätten niemals ihre großen Wahlerfolge seit 1930 erringen können, wenn nicht die übrigen deutschen Rechtsparteien ihnen seit 1919 so erfolgreich vorgearbeitet hätten. Die Grundzüge der nationalistischen und antirepublikanischen Ideologie der deutschen Rechtsparteien sind im Wesentlichen seit 1919 unverändert. Nur klangen je nach der wirtschaftlichen und internationalen Situation die einzelnen Akzente verschieden.

Im ganzen erhielten im März 1925 die Rechtsparteien zusammen 12 Millionen Stimmen, und die Linksparteien im weitesten Sinn: SPD, KPD, Zentrum, Demokraten 15 Millionen. Von den 27 Millionen Wählern, die sich an der Präsidentenwahl beteiligten, mögen ungefähr 7 Millionen Besitzende gewesen sein, von denen vielleicht 6 Millionen für die Rechtsparteien stimmten und 1 Million für Zentrum und Demokraten. Dann hätten damals von den Arbeitnehmern im weitesten Sinne 6 Millionen für die antidemokratische Rechte gestimmt und 14 Millionen für die Linke. Man sieht, wie sich der Prozentsatz der gegenrevolutionären Arbeitnehmer seit 1920 weiter gesteigert hat.

Es ist ja bekannt, daß beim zweiten Wahlgang zur Präsidentenwahl im April 1925 sämtliche Rechtsgruppen ihre Stimmen auf Hindenburg vereinigten, dessen Stimmenzahl über 14½ Millionen erreichte, was einen Gewinn der Rechten von 2½ Millionen Stimmen gegenüber dem ersten Wahlgang bedeutete. Aber Hindenburg hat damals durch die Autorität seines Namens viele Stimmen aus dem indifferenten Volksteil bekommen, so daß man nach diesem Wahlresultat die Stärke der Rechtsbewegung in Deutschland nicht einwandfrei beurteilen kann. Immerhin haben bei allen Wahlen Deutschlands bis zum Jahre 1933 die Sozialdemokraten nebst den Kommunisten und das Zentrum zusammen eine, wenn auch knappe Stimmenmehrheit erzielt. Diese Mehrheit setzte sich sozial aus dem größten Teil der industriellen Arbeiterschaft, aus einem erheblichen Prozentsatz der sonstigen Arbeitnehmer, und aus einer gewissen Anzahl katholischer Bauern und Kleinbürger zusammen. Trotz aller Fehler der deutschen Republikaner, trotz ihrer Uneinigkeit und der Ungunst der Zeiten, konnte die kapitalistisch-nationalistische Rechte doch nicht die Staatsmacht mit Hilfe der parlamentarischen Legalität erobern. Das verhinderte bis zuletzt das zahlenmäßige Gewicht der marxistischen und katholischen Arbeitnehmerschaft. Um das Ziel zu erreichen, mußte die Gegenrevolution zu den außerparlamentarischen Methoden ihre Zuflucht nehmen. Der ideologische Faschismus mußte durch den terroristischen Faschismus der Stoßtrupps ergänzt werden.

Der deutsche Stoßtrupp-Faschismus geht auf die Freikorps zurück, die von der republikanischen deutschen Regierung des Jahres 1919 selbst, sehr gegen ihren Willen, aufgestellt werden mußten. Die herrschende republikanische Volksmehrheit mußte sich damals gegen den Angriff kleiner, linksradikaler Arbeitergruppen verteidigen. Die deutsche Republik war aber nicht imstande, eine Wehrmacht zu bilden, die sich aus zuverlässigen Demokraten und Sozialisten zusammengesetzt hätte, sondern sie vertraute sich wieder den kaiserlichen Offizieren an. Stellungslose Offiziere versammelten andere, ebenfalls arbeitslose, Kriegsteilnehmer um sich. Diese Verbände überwanden die sogenannten spartakistischen Aufstände der Jahre 1919 und 1920. Die Offiziere dienten formal der Deutschen Republik. Aber die meisten von ihnen waren im Herzen Anhänger des alten Systems geblieben. Sie kämpften gegen die radikale Arbeiterschaft und freuten sich über die Gelegenheit, an den Urhebern der Revolution Rache zu nehmen. Der siegreiche Vormarsch der Freikorps brachte objektiv eine Entwaffnung der Arbeiterschaft und eine Bewaffnung der Gegenrevolution. Die antirepublikanischen und arbeiterfeindlichen Elemente aus dem Bürgertum und aus der Intelligenz erkannten bald die veränderte Situation und nahmen die Verbindung mit den Freikorps auf.

Die Freikorps begnügten sich im Jahre 1919 nicht mit dem Dienst innerhalb des Deutschen Reichs, sondern sie führten noch ihren privaten Krieg im Baltikum. Sie kämpften dort zunächst gegen den Bolschewismus, dann auch gegen die Letten und Esten, traten in Verbindung mit russischen Weißgardisten und machten aus den Ostseeländern die Zentralstelle für die deutsche Gegenrevolution. Das Baltikum-Abenteuer hatte ungefähr dieselbe Bedeutung für den deutschen Faschismus, wie das Fiume-Unternehmen für den italienischen. Als die Freikorps unter dem Druck der Entente das Baltikum räumen mußten, beschlossen sie ohne weiteres einen Staatsstreich in Deutschland. Der Kapp-Putsch des Jahres 1920 scheiterte an dem Widerstand der Arbeiterschaft, aber auch an der Uneinigkeit der deutschen gegenrevolutionären Kräfte. Die engeren Freunde der Freikorps hatten losgeschlagen, ehe sie sich vollständig mit den großen Parteien und Bewegungen des Bürgertums hatten einigen können. So war die gegenrevolutionäre Front vom ersten Tage des Kapp-Putsches an zersplittert, und dieser Fehler ließ sich nicht gutmachen. Nur in Bayern war die Verschwörung besser vorbereitet, war ein wirkliches Zusammenwirken zwischen den illegalen bewaffneten Verbänden und den legalen politischen Parteien des Bürgertums hergestellt. In Bayern kamen 1920 die Verschwörer zur Macht und legalisierten ihren Staatsstreich mit Hilfe der bürgerlichen Mehrheit des Landtags. Als im übrigen Deutschland nach dem Rücktritt Kapps die republikanische Regierung wieder zur Macht kam, fügte sich die bayrische Gegenrevolution scheinbar wieder in den Rahmen des Reichs ein. Seitdem hatte der deutsche Faschismus in München seine legale Basis. Alle Verschwörer, die sich im übrigen Reich nicht halten konnten, fanden in Bayern gastliche Aufnahme, und von München aus wurden ungestört die weiteren Aktionen gegen die deutsche Demokratie vorbereitet.

Die Niederlage der Kapp-Verschwörer im Reich brachte keine wirkliche Stärkung der deutschen demokratischen Republik. Als die Regierung die offizielle Reichswehr aufbaute, blieb ein Teil der Freikorps außerhalb der regulären Armee. Auf dem Papier wurden die Freikorps aufgelöst, in Wirklichkeit bestanden sie weiter, unter allen möglichen Verkleidungen. Dazu kam eine Fülle anderer Bünde und Verbände, in denen Studenten und sonstige aktive Elemente der deutschen Gegenrevolution sich zusammenfanden. Gewisse Verbindungen zwischen Offizieren der Reichswehr und ihren Kameraden in den sogenannten Wehrverbänden bestanden weiter. Die Kämpfe gegen die Polen in Oberschlesien boten bald eine neue Gelegenheit, die Freikorps zu mobilisieren. Als im Jahre 1923 die großkapitalistische Cuno-Regierung den Ruhrkrieg gegen Frankreich begann, bildete sie mit Hilfe der Freikorps die sogenannte Schwarze Reichswehr, als eine Art von Reserve der regulären Armee. Einzelne Scharen von Freikorpsleuten begannen, anstelle des offiziellen passiven Widerstands, den aktiven Widerstand gegen die Franzosen. Andere Freikorpsleute versuchten durch

Mord die prominenten Führer der Republik zu beseitigen. Erzberger und Rathenau fielen ihnen zum Opfer. In denselben Jahren 1921/23 gewöhnten sich die Freikorps und Wehrverbände an die Praxis der Fememorde zur Beseitigung wirklicher oder eingebildeter Verräter.

Bis zum Ende des Jahres 1923 lebte die deutsche Republik ständig in der Gefahr eines neuen gegenrevolutionären Staatsstreiches, durchgeführt von den Freikorps, den Wehrverbänden und ihren Hintermännern. Aber zur selben Zeit gab es eine Reihe von amtlichen Stellen, besonders in der Reichswehr, die Verbindungen zu den Freikorps und den Gegenrevolutionären unterhielten. Die deutsche demokratische Republik war völlig unterwühlt und zersetzt durch die Macht des Großkapitals, des Großgrundbesitzes und all der Freunde des alten Systems in Armee, Justiz und Verwaltung. Aber der Schein der demokratischen und parlamentarischen Republik war immer noch gewahrt, und so konnten auch die deutschen Faschisten die bequeme Rolle der Revolutionäre spielen, die auf den Tag hinarbeiteten, an dem das deutsche Volk sich an den »Novemberverbrechern« rächen würde.

Als sich in Deutschland seit 1919 die Freikorps und die akademische Jugend trafen, entstand aus ihrem Zusammenwirken die völkische Bewegung. Die große Mehrheit der deutschen Studenten vertrat schon seit 1919 die gleiche Ideologie, die man heute nationalsozialistisch nennt; schon in Zeiten, als an den meisten deutschen Universitäten noch niemand etwas von Adolf Hitler wußte. Der bekannte Baltikum-Führer Graf v. d. Goltz schrieb im Jahre 1928 einen wichtigen Aufsatz über die »Vaterländischen Verbände« Deutschlands. Goltz rechnet in dieser Arbeit bestimmt mit einer Übernahme der Macht in Deutschland durch die Völkischen, aber er hält es nicht für nötig, Hitler und die SA in seinem Aufsatz auch nur zu erwähnen. Bei den Reichstagswahlen desselben Jahres erhielten die Nationalsozialisten in ganz Deutschland nur 800 000 Stimmen. Sie waren eine unbedeutende Splitterbewegung innerhalb der großen nationalen Rechten. Viel eher glaubte man 1928, daß der Stahlhelm einmal alle deutschen Wehrverbände einen und den völkischen Staat aufrichten würde.

Goltz schrieb damals über die deutsche Studentenschaft:

»Als die deutsche Jugend aus Schützengräben und Stahlgewittern in die Heimat zurückkehrte, und diese gar nicht den Idealen entsprach, für die sie draußen geblutet, als sie mit dieser furchtba-

ren Enttäuschung die deutschen Hochschulen aufsuchte, da schloß
sich die Kriegsgeneration deutscher Studenten mit dem heiligen
Schwur zusammen: im Frieden die Gedanken und Ideale zu verbreiten, die im Kriege nicht verwirklicht werden konnten. Aus dieser Erkenntnis entstand der deutsche Hochschulring, der an allen
Hochschulen örtliche Hochschulringe deutscher Art gründete. Seine erste leidenschaftliche Tat war das Verhindern der Abgabe der
in Deutschlands Glanzzeit eroberten Fahnen und Standarten an
den Feind, ihre Entführung aus dem Zeughause und ihr feierliches
Verbrennen zu Füßen des Denkmals des großen Preußenkönigs,
indem man dazu das Lied sang vom Gott, der keine Knechte wollte.
Aber man blieb nicht bei der Begeisterung, man schuf den
Werkstudenten, der sich das Geld zum Studieren durch eigene Arbeit verdient, indem er ohne Standesdünkel, wie im Schützengraben neben dem Arbeiter stehend, Werte schafft.«

»Als die neue Republik die Studentenausschüsse schuf, um mit
ihrer Hilfe die Studenten zu der neuen Staatsauffassung zu erzie-
hen, eroberte man die Ausschüsse für die Studenten, die den Frei-
heitsgedanken tief im Herzen tragen. Der Hochschulring bekennt
sich zum deutschen Volkstum und zum Zusammenschluß aller
Kräfte, die aus gemeinsamer Abstammung, Geschichte und Kultur
heraus die deutsche Volksgemeinschaft aller Deutschen und damit
die Wiedererstarkung unseres Volkes und Vaterlandes erstreben.
Er erkennt die neuen Grenzen nicht an und arbeitet zusammen
mit den deutschen Studenten in Deutsch-Österreich, Sudetenland
und Danzig. Er will keinerlei Unterschiede unter den Studenten,
lehnt aber einen ab: den Volksfremden.«

Über das Programm, das allen völkischen Deutschen, allen
Wehrverbänden und ehemaligen Freikorps gemeinsam ist, äußert
sich Goltz folgendermaßen:

»Die Feinde der vaterländischen Verbände sind ebenso die zum
Umsturz geneigte und dem Bolschewismus nahe verwandte Sozialdemokratie, in der in ernsten Zeiten stets die radikalen Elemente
die Oberhand haben werden, wie das materialistische, ideallose,
internationale, pazifistische, zersetzende Asphaltbörsianertum, das
keinerlei Verständnis für Heimat, Bodenständigkeit, Blut, Geschichte, Volkstum, Religion und geistige, seelische und sittliche
Vertiefung besitzt. Diese beiden Feinde arbeiten politisch und par-
teipolitisch fast immer zusammen, sie sind seelenverwandt. Beide
werden von dem seit fast zwei Jahrtausenden bodenentwurzelten,

über die Welt verstreuten und sich doch zusammengehörig fühlen-
den Judentum geistig geführt und geldlich unterstützt. Das Judentum ist durch die Riesenzuwanderung der Ostjuden seit 1918 zur
Staatsgefahr geworden, wie auch einsichtige, früher eingedeutschte,
sogenannte konservative Juden offen zugeben. Bedauerlich ist, daß
eine andere überstaatliche Macht, der römische Ultramontanis-
mus, mit diesen Mächten des Umsturzes zusammenarbeitet, obwohl sie auch seine Todfeinde sind. Aber der überstaatliche Gedanke, der den nationalen, völkischen und wehrhaften Aufstieg
Großdeutschlands verhindern will, scheint doch der stärkere zu
sein. Deshalb bedeutet die regierende schwarzrotgoldene Internationale eine Gefahr für des deutschen Volkes Zukunft. Hieraus ergibt sich die wichtige Aufgabe, unser Volk, insbesondere den Arbeiter, dem Einfluß dieser Kreise zu entziehen. Einmal muß der
Augenblick kommen, in dem der Arbeiter einsieht, daß nicht der
deutsche Unternehmer, sondern der Entente-Großkapitalismus
und Imperialismus ihn ausbeutet und an seiner elenden Wirtschaftslage schuld ist. Dann muß der Arbeiter uns, seine nationalen und völkischen, deutschen Volksgenossen als seine Freunde
und Retter erkennen.«

Man braucht nur die Worte »Führer« und »Nationalsozialismus« an geeigneten Stellen einzufügen, dann hat man hier schon
das gesamte Hitlerprogramm von 1933. Auch in seinem Feldzug
gegen die deutsche Muttersprache ist der völkische Graf ein guter
Gesinnungsgenosse des Führers gewesen. Eine volkstümliche
Massenbewegung ohne eine ihr eigentümliche Ideologie ist nicht
denkbar. So mußten auch die Mächte der deutschen Gegenrevolution, die Kapitalisten und ihre Freunde, als sie seit 1919 unter die
Massen gingen, sich eine entsprechende Weltanschauung aufbauen. In der bürgerlichen Gesellschaft haben die Intellektuellen
die nötige Weltanschauung für die Erhaltung des Kapitalismus zu
liefern, und die deutsche akademische Intelligenz hat sich jederzeit
redlich um diese Aufgabe bemüht. Dabei knüpfte man nach 1919
an die Formen und Gedanken der Vorkriegszeit an, soweit sie unter den veränderten Verhältnissen brauchbar waren.

Der deutsche Akademiker wuchs nach 1871 in einer demütigen
Verkehrung für den preußischen Militarismus auf. Die Siege des
preußischen Heeres in den Jahren 1864, 1866, 1870/71 waren zugleich entscheidende Niederlagen des deutschen Liberalismus gewesen. Bismarck hat dem deutschen Bürgertum das Rückgrat ge-

brochen. Gewisse Teile des Bürgertums begannen sich ihrer liberalen oder demokratischen Vergangenheit zu schämen, und sie suchten eine neue Lebensform, in der sich Dienst und Gehorsam mit hochmütigem Nationalismus mischten. Dienst und Gehorsam war man der nationalen Obrigkeit schuldig. Man begann auch die Verhältnisse des bürgerlichen Lebens unter der Firma »Vorgesetzter und Untergebener« zu sehen. Der Uniformierte war der Vorgesetzte aller nicht uniformierten, gewöhnlichen Menschen. Der Schalterbeamte war der Vorgesetzte des Publikums, der Unternehmer der Vorgesetzte seiner Arbeiter und Angestellten. Der preußische Offizier wurde das Vorbild, dem die Jugend des besitzenden und gebildeten Bürgertums nachstrebte. Wer nicht aktiver Offizier sein konnte, war dann wenigstens Verbindungsstudent oder Reserveoffizier.

Die Bereitschaft zum Gehorsam gegenüber dem Vorgesetzten, ganz gleich welcher es in jedem Augenblick war, fand ihre Ergänzung in der wüsten nationalistischen Überhebung, in der Mißachtung gegen alles, was nicht deutschblütig war. Für eine solche dünkelhafte nachgemachte Aristokratie ist der Judenhaß eine sehr geeignete Betätigung. Denn im Juden erblickt man den Gegensatz zu sich selbst, und der ständige Anblick der jüdischen »Minderwertigkeit« stärkt das Bewußtsein der eigenen »Hochwertigkeit«. In der Tat empfand die neudeutsche akademische Aristokratie gerade im Juden das Sinnbild all der Eigenschaften, die sie verdammte. Den Juden empfand man als den typischen modernen, liberalen Menschen, der nicht blind gehorchte, sondern sich seine eigenen Gedanken machte, der nicht anbetete, sondern Vernunft gebrauchte. In denselben Jahren, in denen der politische Niedergang des deutschen Liberalismus sichtbar wird, ungefähr seit 1878, beginnt auch der Antisemitismus an den deutschen Hochschulen um sich zu greifen. Der Prophet der völkisch-akademischen Aristokratie wurde Professor von Treitschke in Berlin.

Der akademische Antisemitismus entwickelte sich aus den oben angeführten Gründen im Kaiserreich ebensowenig zur Massenbewegung politischen Charakters wie die kleinbürgerlich-proletarische Tendenz Stoeckers. Indessen blieb an den deutschen Hochschulen und unter den deutschen Akademikern christlicher Abstammung die völkische judenfeindliche Stimmung ungeschwächt bis zum Weltkrieg erhalten. Der bekannteste Vertreter dieser Geistesrichtung wurde in der späteren Regierungszeit Wilhelms II.

wiederum ein Berliner Professor: Gustav Roethe. Als die deutschen Akademiker nach 1919 sich bemühten, der Demokratie und
dem Sozialismus eine neue volkstümliche Weltanschauung entge-
genzustellen, lebten die antisemitischen Erinnerungen aus der Vorkriegszeit wieder auf. Es genügte jetzt nicht, national zu sein, sondern der rechte junge Deutsche mußte völkisch fühlen, sich zur
Rassenreinheit und zur Ablehnung des fremden jüdischen Elements bekennen.

Die deutschen Schwerindustriellen und Großkapitalisten, die in
der Inflationszeit neue Riesengewinne aufhäuften, waren von Anfang an eifrige Förderer der völkischen Idee. Denn sie sahen hier
das Mittel, um die verhaßten Gewerkschaften und überhaupt den
sozialistischen Einfluß im Volke zu vernichten. Zum völkischen
Glaubensbekenntnis gehörte auch das Schlagwort von der »wahren Volksgemeinschaft«, in die man gütigst auch den Arbeiter aufnehmen wollte, sobald er die verderbliche Irrlehre vom Klassenkampf abschwören würde. Wenn die Bewegung, um in den richtigen Schwung zu kommen, neben den »Roten« auch das jüdische
Kapital angreifen mußte, so störte das zumindest die christlichen
und germanischen Schwerindustriellen und Bankiers gar nicht. Im
Gegenteil, die völkisch-antisemitische Parole lieferte eine glänzende Gelegenheit, auch auf deutschem Boden das bekannte Manöver
des internationalen populären Nationalismus zu wiederholen: daß
nämlich eine, dem Großkapital dienende Bewegung in der Volksversammlung antikapitalistisch auftritt. Wenn die völkischen Agi-
tatoren gegen das jüdische Wucherkapital wetterten, und die Bre-
chung der Zinsknechtschaft proklamierten, konnten sie am besten
dem Sozialismus den Wind aus den Segeln nehmen.

Die völkische Bewegung Deutschlands war nach 1919 zunächst
an keine spezielle politische Partei gebunden. Sie durchdrang vielmehr alle Parteien, Organisationen, legalen und illegalen Verbände
der bürgerlichen antidemokratischen Rechten. Als 1920 die
Kapp-Rebellen, die Baltikum-Kämpfer unter Führung des Kapi-
täns Ehrhardt, in Berlin einmarschierten, trugen sie das völkische
Hakenkreuz am Stahlhelm. Unter den vielen Millionen Wählern,
die bei den Wahlen von 1919/1928 für die bürgerliche Rechte
stimmten, waren die meisten mehr oder minder vom völkischen
Gedanken berührt. Vor allem für die deutsche intellektuelle Jugend wurde in dieser Zeit die völkische Lehre das Evangelium des
neuen Deutschlands, des kommenden »Dritten Reichs«. Keine von

diesen Tatsachen hat Adolf Hitler geschaffen; aber er konnte sie später durch eine besondere Fügung von Umständen für sich und seine Partei ausnutzen.

Die deutsche sozialistische Arbeiterschaft schien am 9. November 1918 alle Trümpfe in der Hand zu haben, aber dann nahm ihr Einfluß mit reißender Schnelligkeit ab. Schon 1920 waren, durch die gemachten Fehler und durch die Uneinigkeit der Arbeiter, die Kräfte des Sozialismus so verbraucht, daß das Zentrum die Führung der Reichsregierung übernehmen mußte. Zentrumskanzler wie Fehrenbach und Wirth bemühten sich, von der deutschen Demokratie zu retten, was noch zu retten war. Zwei Jahre darauf waren auch ihre Kräfte erschöpft. Die Regierung der deutschen Republik fiel in die Hände der offenen Vertreter des Großkapitals: Die Regierung Cuno des Jahres 1923 war, wenn man will, schon der Sieg des legalen Faschismus. Die furchtbare Krise des Jahres 1923, in der Deutschlands Staat und Wirtschaft an den Rand der Auflösung kam, fand das deutsche Proletariat gespalten und aktionsunfähig. Es schien gegen Ende des Jahres 1923, als ob auf die Todeskrise der deutschen kapitalistischen Wirtschaft keine sozialistische Revolution, sondern erst recht eine faschistische Diktatur folgen würde. Die Parlamente waren im Reich wie in den Einzelstaaten ausgeschaltet oder wehrlos. Die vollziehende Gewalt hatten überall die Generäle. Widerstandsversuche des Proletariats in Hamburg, Sachsen und Thüringen brachen schnell zusammen. Aber im Frühjahr 1924 ging der militärische Ausnahmezustand sang- und klanglos zu Ende, und die friedliche parlamentarische Demokratie feierte ihre Auferstehung. Es begann die längste Periode einer unerschütterten und unbedrohten Existenz, die überhaupt der deutschen Republik beschieden gewesen ist: von 1924 bis 1929. Als dann die Weltwirtschaftskrise im Jahre 1929 auch Deutschland ergriff, ging die Entwicklung des deutschen Faschismus ungefähr dort weiter, wo sie Ende 1923 aufgehört hatte.

Diese erstaunliche neue Befestigung der verfassungsmäßigen deutschen Republik seit 1924 war nicht das Werk der deutschen Demokraten und Sozialisten, im Gegenteil, die wirklichen Republikaner waren Ende 1923 in Deutschland völlig besiegt und ohnmächtig. Sondern die Veränderung ergab sich durch die Intervention des Auslandes. Das Weltkapital, vor allem die amerikanischen Großbanken, waren geneigt, ihre überschüssigen Milliarden in Deutschland anzulegen. Die sogenannte Regelung der Reparationsfrage, die um dieselbe Zeit erfolgte, sollte für dieses riesenhafte Anleihegeschäft die Grundlage bieten. Wenn die Amerikaner ihr Geld in Deutschland anlegen sollten, verlangten sie, daß dort Ruhe, Frieden und Demokratie herrsche. Gegen Ende 1923 hatten die führenden deutschen Kapitalisten erkannt, daß sie das Ruhrabenteuer liquidieren mußten. Der passive Widerstand wurde abgebrochen, und man begann die Verhandlungen mit dem Weltkapital. Infolgedessen wurde auch die Aufrichtung der offenen faschistischen Diktatur in Deutschland abgeblasen, und die herrschenden Autoritäten, die Großindustriellen und Bankiers, die Reichswehrgeneräle und die Spitzen der Bürokratie, machten eine ebenso plötzliche wie elegante Schwenkung zur Legalität zurück. Einzelne Gruppen der nationalen Verschwörer und Freikorpsleute, die diese Wendung nicht rasch genug begriffen, wurden mit Gewehrkugeln zur Ordnung gebracht. Zu denen, die damals den Anschluß verpaßten, gehörte in München Hitler mit seinen Nationalsozialisten.

Die Nazipartei hatte 1920 einen merkwürdigen Ursprung. Der Zweck der Partei war ursprünglich, wie schon der Name der nationalsozialistischen »Arbeiterpartei« beweist, eine neue nationale Arbeiterbewegung, im Gegensatz zu den Kommunisten und Sozialdemokraten, zu schaffen. Das berühmte Programm vom 24. Februar 1920 enthält zwar viele kleinbürgerliche Konfusionen, aber daneben stehen klare, unzweideutig sozialistische Sätze, z. B. der Punkt 13 über die Verstaatlichung aller bereits vergesellschafteten Betriebe. Hätte Hitler, als er zur Macht kam, diesen Punkt 13 seines Programms verwirklicht, so wäre Deutschland wirklich ein sozialistischer Staat geworden. Daß Hitler gar nicht daran dachte, sein eigenes Parteiprogramm durchzuführen, steht auf einem anderen Blatt. Auch nur eine ernsthafte Propaganda für den vollen Inhalt ihres Programmes hätte von Anfang an die Nationalsozialisten in einen prinzipiellen Gegensatz zu allen Gruppen der völkischen Gegenrevolution bringen müssen. Aber Hitler und seine Leute gerieten sehr schnell in die gewöhnliche völkische Bewegung hinein. Die Partei, die sie 1920/23 in München und Umgebung aufbauten, war die typische völkische Freikorpspartei mit ihren Akademikern, spekulierenden Literaten, abenteuerlustigen Offizieren und Soldaten, ihren kapitalistischen Geldmännern und kleinbürgerlichen Mitläufern. Es fehlten nicht die notwendigen Verbindungen zur Reichswehr, und die SA war ursprünglich weiter nichts als die Filiale der Schwarzen Reichswehr in München.

Die gesamte Hitlerpropaganda geschah denn auch in jenen Jahren unter ausdrücklicher Duldung der gegenrevolutionären bayrischen Regierungsmänner.

Die Zahl der wirklichen Industriearbeiter, die sich in den ersten Jahren den Nazis anschlossen, war gering, prozentual nicht größer als die Zahl der Arbeiter, die sich in die übrigen völkischen Organisationen Deutschlands verirrt hatten. Dennoch war das sozialistische Programm der Nazis von außerordentlicher Bedeutung für spätere Jahre. Zwar noch nicht im Jahre 1923, aber doch in der nächsten großen Krise der deutschen Wirtschaft und Gesellschaft konnten die Nazis vor den besitzlosen Massen als die wahren deutschen Sozialisten auftreten. Die Nazis spielten eine Doppelrolle, zu der keine andere völkische Organisation Deutschlands fähig war. Wenn der Stahlhelm oder Kapitän Ehrhardt versicherten, daß der deutsche Arbeiter ihr geliebter Volksgenosse sei, machte dies bei den proletarischen Massen nicht viel Eindruck. Die Nazis, gestützt auf ihr sozialistisches Glaubensbekenntnis, fanden viel eher Eingang bei den verarmten und verelendeten Volksschichten. Zur selben Zeit erzählten die Naziführer ihren großkapitalistischen Geldleuten alles, was diese hören wollten. Dieser Doppelcharakter der Nazibewegung hat ebensosehr Hitlers Machtübernahme beschleunigt, wie nachher die Zersetzung seiner Partei und seiner Machtstellung gefördert.

Die radikalen und teilweise sozialistischen Sätze des Naziprogramms hatten neben ihrer Wirkung auf das Proletariat noch eine andere wichtige Folge. Die Freikorpsführer und all die abenteuerlichen Gestalten, die in der deutschen faschistischen Gegenrevolution eine Rolle spielen, sind zuverlässige Helfer der Kapitalisten und überhaupt der herrschenden Gewalten im Kampf gegen Marxismus und Gewerkschaften. Indessen genügt es ihnen nicht, die alte Ordnung wieder zu befestigen, sondern sie wollen selbst an die Macht kommen. Sie schlagen die Marxisten nicht zu dem Zweck tot, daß die Generäle der regulären Armee, die hohen Bürokraten mit juristischer Vorbildung, die Großgrundbesitzer und Fabrikanten wieder Ruhe haben. Sondern diese Abenteurer und Berufsrevolutionäre wollen selbst zur Macht gelangen. Sie wollen selbst Generäle werden oder Polizeipräsidenten oder die allmächtigen Häupter einer neuen Organisation. Der legale Faschismus nützt ihnen nicht viel, weil dann die alten Machthaber auf ihren Sesseln bleiben. Sie brauchen die gewaltsame Revolution, oder we-

nigstens den Schein einer solchen, weil sie persönlich nicht anders
zur Macht gelangen können. Um ihren Gegensatz zu den alten
Autoritäten auch ideologisch begründen zu können, neigen diese
faschistischen Berufsrevolutionäre zu möglichst radikalen Formu-
lierungen. Sie bekennen sich zum nationalen Sozialismus, nicht
weil sie ihn verwirklichen, sondern weil sie unter dieser Parole ihren Anteil an der Macht und den irdischen Gütern erkämpfen
wollen.

Die sozialistische Seite des Naziprogramms spielte in der Krise
von 1923 noch keine nennenswerte Rolle. Als jedoch die deutschen Großkapitalisten gegen Ende des Jahres ihre plötzliche
Schwenkung zur Legalität machten, stießen einige radikale Frei-
korpsgruppen selbständig vor. Es kam in Norddeutschland zu der
Aktion der Schwarzen Reichswehr unter Major Buchrucker. In
München suchte die Gruppe der Regierungsmänner, mit Kahr an
der Spitze, sofort Anschluß an das norddeutsche Großkapital und
seine neuen Weisungen. Hitler und die SA suchten selbständig das
nationale Revolutionsprogramm zu verwirklichen und wurden mit
leichter Mühe von der bayerischen Reichswehr niedergeworfen.

In den Jahren 1924/29, als in Deutschland die Dollarsonne
strahlte, die Mark stabil war und die fremden Anleihen hinein-
strömten, schien die Republik so befestigt, wie die Verfassung
Frankreichs oder der Vereinigten Staaten. Die Großkapitalisten
und die Großgrundbesitzer waren plötzlich für die legale Demokratie, infolgedessen waren auch die Vorstände der Deutschnationalen und der deutschen Volkspartei für positive Mitarbeit im
Rahmen der Verfassung. Die Regierungen des Bürgerblocks übten
im Reich friedlich und legal die Macht aus, und die Sozialdemokraten bildeten bis 1928 eine ebenso friedliche und legale Opposition. Danach gingen die Sozialdemokraten noch einmal zusammen
mit den bürgerlichen Mittelparteien in die Reichsregierung. Da die
Spitzen des deutschen Kapitalismus für Legalität waren, wurden
die ehemaligen Freikorpsleute manchmal recht schlecht behandelt,
ungefähr wie arme Verwandte, deren man sich jetzt schämte. Die
kleine Nazipartei bekam von der Industrie kein Geld mehr, und
die Justiz begann die Fememörder zu verfolgen. In öffentlichen
Gerichtsverhandlungen wurden diese Helden der völkischen Bewegung wie gewöhnliche Meuchelmörder abgeurteilt, und die amtlichen Sachverständigen der Reichswehr konnten sich nicht erinnern, jemals mit den Freikorpsleuten auf der Anklagebank etwas

Gemeinsames gehabt zu haben. Von den Fememördern wurde zwar keiner hingerichtet, das blieb erst Hitler im Jahre 1934 vorbehalten (Heines usw.), aber sie saßen, soweit man ihrer habhaft wurde, lange Zeit in Haft und waren froh, durch allgemeine politische Amnestien wieder zur Freiheit zu kommen.

Trotz allem war die Stabilität der deutschen demokratischen Republik in den Jahren 1924/29 nur ein Schein. Die Verfassung stand fest, so lange die Anleihen aus Amerika kamen. Sie brach zusammen, sobald die Dollars ausblieben. Die Sozialisten und Demokraten machten in diesen Jahren keine neuen moralischen Eroberungen. Der Prozentsatz der marxistischen Stimmen im ganzen nahm bei den Wahlen, verglichen mit der Zeit von 1924, nicht zu. Im bürgerlichen Lager sank die Deutsch-demokratische Partei zur vollständigen Bedeutungslosigkeit herab, und innerhalb des Zentrums verlor der wirklich demokratische Flügel ständig an Einfluß. Nicht nur die katholischen Kapitalisten und Agrarier, sondern auch einflußreiche christliche Arbeiterführer kehrten der Demokratie den Rücken: Sie saßen zusammen mit den Deutschnationalen in den Bürgerblockregierungen und waren nicht abgeneigt, unter veränderten Umständen auch faschistische Experimente mitzumachen.

Wenn die Demokratie schon auf die Zentrumsarbeiter keine Anziehungskraft mehr ausübte, so änderten die Millionen von Wählern der deutschen Rechtsparteien noch weniger ihre Grundauffassungen. Die Massen des evangelischen Mittelstandes, die rechtsstehenden Angestellten, Beamten usw. blieben völkisch und antisemitisch. Sie haßten die schwarzrotgoldene Republik und die marxistischen »Bonzen« und ersehnten die Zeit, in der wieder der Geist von Fridericus Rex und die schwarzweißrote Flagge in Deutschland herrschen würden. Die Parteivorstände der Deutschnationalen und der Deutschen Volkspartei mit ihrer republikanischen Realpolitik, täuschten sich über die wirkliche Stimmung ihrer Wählermassen. Der durchschnittliche evangelische Bürger, Bauer und Angestellte, wählte zwar von 1924 bis 1929 deutschnational, Deutsche Volkspartei oder Wirtschaftspartei; aber nur solange es ihm materiell erträglich ging und solange diese Parteien ihm den Fortgang seiner Verdienstmöglichkeiten zu garantieren schienen. Sobald eine neue Krise eintrat, brach die völkische antirepublikanische Grundstimmung bei den rechtsstehenden Wählermassen sofort wieder hervor. Ebenso waren begreiflicherweise die

leitenden deutschen Großkapitalisten höchstens Vernunft-Republi-
kaner. Wenn es nötig war, dann waren sie jederzeit bereit, auch
wieder die Diktatur und den Faschismus zu unterstützen. Als die
große Krise 1929 und 1930 über Deutschland hereinbrach, waren
plötzlich die sechs friedlichen Jahre der legalen Republik weggewischt, und die Situation Deutschlands von Ende 1923 war wieder
da.

Die Kräfte der deutschen Arbeiterschaft waren in diesen sechs
Jahren weder zahlenmäßig noch an wirklicher Energie gewachsen. Die Sozialdemokratie gewann zwar Anhänger auf Kosten der
Kommunisten, aber nur weil die Wirtschaftslage offenbar besser
geworden war. Die Unglücksprophezeiungen der Kommunisten
schienen durch die tatsächliche Entwicklung widerlegt. Die legalen
Methoden der Sozialdemokratie schienen gerechtfertigt. So gewann die SPD Stimmen und Mandate bei den Parlamentswahlen,
sie behauptete ihren Einfluß in den Einzelstaaten und Gemein-
deverwaltungen. Die Gewerkschaften erzielten gute praktische Erfolge für ihre Mitglieder. Aber bei alldem wurde die sozialistische
Bewegung zur Gefangenen der republikanischen Legalität, und sie
wußte keinen Ausweg, als eine neue revolutionäre Situation sich
nach 1929 entwickelte. Die KPD geriet in denselben Jahren in
vollständige Abhängigkeit von Stalins russischer Staatspolitik. Das
selbständige Leben in der Partei wurde von oben her erstickt. Mit
Hilfe eines leeren Schlagwortradikalismus und unter Ausnutzung
der Autorität der russischen Revolution, hielt man einige Millionen deutscher Arbeiterwähler zusammen. Für jede wirkliche proletarische und revolutionäre Aktion war die offizielle KPD völlig
unbrauchbar.

Die völkischen Organisationen, der Stahlhelm, die Alldeutschen,
die Offiziers- und Studentenbünde und all die übrigen größeren
und kleineren Verbände, bemühten sich, die ungünstigen Jahre so
gut zu überstehen, wie nur möglich, und ihre Flamme lebendig zu
erhalten. Sie alle waren jedoch mehr oder minder abhängig von
der großen Deutschnationalen Partei und irgendwie mit verantwortlich für den deutschnationalen legalen Opportunismus. Als die
Zeitenwende eintrat, zeigte sich zur allseitigen Überraschung, wie
sehr die alten Verbände an Autorität bei den völkischen Massen
eingebüßt hatten. Eine selbständige deutsch-völkische politische
Partei, die in diesen Jahren in Norddeutschland auftrat, löste sich
bald wieder auf. Dagegen gelang es Hitler, seine nationalsozialisti-

sche Partei wenn auch in kleinem Rahmen, am Leben zu erhalten. Seit November 1923 hatte sie ihre Beziehungen zur Reichswehr, zum Großkapital und zur herrschenden Bürokratie gelöst. Sie konnte, unbehindert von allen Rücksichten, die schärfste Opposition gegen das Regierungssystem und alle mit ihm verwandten Parteien, von den Deutschnationalen bis zur SPD, machen. Nennenswerte Wahlerfolge hatten die Nazis nicht, solange die wirtschaftliche Lage günstig blieb. Bei den Reichstagswahlen von 1928 erhielt Hitler nur 800 000 Stimmen. Aber die bloße Existenz seiner Partei wirkte auf die Millionenmassen der völkischen Wähler der Deutschnationalen ungefähr ebenso, wie 1919 und 1920 der kleine Spartakusbund die Millionenpartei der USPD beherrschte.

Die Wirtschaftskrise bot seit 1929 in Deutschland alle objektiven Möglichkeiten für einen entscheidenden Aufschwung des revolutionären Sozialismus. Obwohl weder die SPD noch die KPD imstande waren, die Lage zu ihren Gunsten auszunutzen, hatten doch die Kapitalisten die schwersten Sorgen, angesichts des Millionenheeres der Arbeitslosen und der wachsenden Verelendung der Mittelschichten. Sich in solchen Zeiten den Methoden der Demokratie anzuvertrauen, war für die Kapitalistenklasse zu gefährlich. Kurz entschlossen griff man zur Diktatur. Die Koalition zwischen der Sozialdemokratie und der bürgerlichen Mitte wurde gesprengt, und der neue Reichskanzler Brüning bildete 1930 die erste autoritäre Diktaturregierung. Bei den Reichstagswahlen im selben Jahre wuchs die Stimmenzahl der Nationalsozialisten mit einem Ruck von 800 000 bis auf 6,4 Millionen.

Besser als alle Worte zeigen die Wahlziffern den Aufstieg der faschistischen Massenbewegung in Deutschland. Wenn man die vier Reichstagswahlen von 1928, von 1930, vom Juli 1932 und vom März 1933 vergleicht, ergeben sich folgende Resultate: Die Zahl der abgegebenen Stimmen bei diesen vier Wahlen betrug: 30,7 Millionen, 34,9 Millionen, 37 Millionen und schließlich 39,3 Millionen. Wie man sieht, hat sich in diesen fünf Jahren unter dem Eindruck der Krise die Politisierung des deutschen Volkes außerordentlich gesteigert. Die Wählerzahl stieg im ganzen um $8^1/_2$ Millionen. Das waren teils Indifferente, die neu in den politischen Strudel hineinkamen, teils Jugendliche, die jetzt erst das wahlfähige Alter erreichten. Bei den vier Wahlen waren die Ziffern der Marxisten (SPD, KPD und kleine sozialistische Splitter): 12,6 Millionen, 13,2 Millionen, 13,3 Millionen, 12 Millionen.

Zentrum und Demokraten zusammen erhielten: 5,3 Millionen, 5,4 Millionen, 5 Millionen, 4,7 Millionen. Man sieht, daß die Marxisten und die alten republikanischen Parteien keine Fortschritte machen. Die Politisierung der neuen Massen bringt ihnen keinen Nutzen. Was sie an neuen Wählern gewonnen haben mögen, verlieren sie an alten. Demgegenüber vergleiche man den Aufstieg der Rechtsparteien: 12,7 Millionen, 16,2 Millionen, 18,3 Millionen, 22,5 Millionen. In einer politischen Sturmflut ohnegleichen hat sich in diesen fünf Jahren die Stimmenzahl der antidemokratischen Rechten fast verdoppelt. Sie allein wurde die Nutznießerin aus dem Zustrom der neuen Wählermassen, und außerdem gelangen ihr erhebliche Eroberungen aus dem alten Stamm der Linken und der Mitte. Die Rechtsparteien ohne die Nazis erhielten in den vier Wahlen folgende Stimmenzahl: 11,9 Millionen, 9,8 Millionen, 4,4 Millionen, 5,2 Millionen. Demnach haben fast 7 Millionen alte Wähler der Rechtsparteien, mit völkischer Grundstimmung, in diesen fünf Jahren sich für Hitler erklärt. Die Kurve des Aufstiegs der Nazis wird durch folgende Zahlen veranschaulicht: 800 000, 6,4 Millionen, 13,7 Millionen, 17,3 Millionen. Die 16$^{1/2}$ Millionen Stimmen, die von den Nazis im Laufe der fünf Jahre gewonnen wurden, scheinen sich ungefähr so zusammenzusetzen: 7 Millionen alte Rechtswähler, 8$^{1/2}$ Millionen ganz neue Wähler, 1 Million frühere Linkswähler. In Wirklichkeit dürfte die Zahl der früheren Linkswähler, die zu Hitler übergegangen sind, etwas größer sein. Dafür mag eine entsprechende Zahl von neuen Wählern die Linke unterstützt haben.

Bei den letzten Reichstagswahlen, die in Deutschland noch einigermaßen frei waren, am 5. März 1933, erhielten die Nazis 17,3 Millionen Stimmen, die übrige Rechte erhielt 5,2 Millionen (die Bayrische Volkspartei ist hier, wie bei allen anderen Berechnungen, zu den Rechtsparteien gezählt). Die Marxisten erhielten 12 Millionen, Zentrum und Demokraten 4,7 Millionen. Es sei der Versuch gewagt, diese Ziffern auf die einzelnen Berufe zu verteilen, nach den Prozenten, die oben ermittelt wurden: 28% Selbständige nebst ihren Angehörigen, 32% Industriearbeiter, 40% sonstige Arbeitnehmer. Da die Industriearbeiter im engeren Sinn des Wortes nur knapp ein Drittel der Wähler gewesen sind, ergibt sich, daß trotz aller Ungunst der Zeiten doch fast die gesamte Arbeiterschaft im Betrieb, einschließlich eines großen Teils der Erwerbslosen, den alten Überzeugungen treu geblieben ist. Die folgende Tabelle ist nur ein Versuch, und sie dürfte erhebliche Fehler im einzelnen enthalten. Aber sie gibt doch im ganzen ein brauchbares Bild der Situation:

	Marxisten	Rechtsparteien	Zentrum	Demokraten
Arbeiter	10 Mill.	1 Mill.	2 Mill.	13 Mill.
Besitzende	– Mill.	10 Mill.	1 Mill.	11 Mill.
Sonstige Arbeitnehmer	2 Mill.	11,5 Mill.	1,7 Mill.	15,2 Mill.
	12 Mill.	22,5 Mill.	4,7 Mill.	39,2 Mill.

Besonders die älteren Arbeiter im Betrieb sind noch zu einer Zeit, als der braune Terror ganz Deutschland beherrschte, ihrem Klassenbewußtsein treu geblieben. Das gleiche gilt von der großen Mehrzahl der Arbeitslosen. Auch von den christlichen Arbeitern sind nicht viele den Verlockungen der Nazis gefolgt. Aber die erdrückende Mehrheit der Angestellten, Beamten, Berufslosen usw. hat sich den Nazis zugewandt. Die Berliner Wahlresultate zeigen, daß die hier gegebene Verteilung der Wähler auf die einzelnen Klassen ungefähr richtig sein muß. Im Bezirk Wedding, der Hochburg der Industriearbeiter und der Arbeitslosen, erhielten noch am 5. März 1933 die Marxisten 147 000 Stimmen und die Nazis nur 62 000 Stimmen. Die Deutschnationalen und die Deutsche Volkspartei hatten 16 000 Stimmen. Im Bezirk Zehlendorf, wo das besitzende Bürgertum überwiegt, erhielten die Nazis 18 000, die Marxisten 11 000, die Deutschnationalen und die Deutsche Volkspartei zusammen 12 000. Im Bezirk Steglitz, dem typischen Wohngebiet der Angestellten und Beamten, hatten die Nazis 63 000, die Marxisten 34 000, die Deutschnationalen und die Deutsche Volkspartei 31 000 Stimmen. Man sieht, daß auch noch im März 1933 die Industriearbeiterschaft in großer Mehrheit hinter den marxistischen Parteien stand, und je geringer in einem Bezirk die Arbeiterbevölkerung ist, um so stärker sind die Nazis und die Deutschnationalen. Das beste Wahlresultat für die Nazis zeigen solche Gegenden, in denen die Angestellten und Beamten vorherrschen. Wo aber das besitzende Bürgertum wohnt, sind die Deutschnationalen günstiger.

In den Zeiten des furchtbarsten wirtschaftlichen Elends und stärkster politischer Erregung der Massen hat demnach in Deutschland der marxistische Sozialismus keinerlei Anziehungskraft ausgeübt. Weder die SPD noch die KPD hatten ein Programm für den Wiederaufbau Deutschlands, dem die Massen glauben konnten, denn die Kommunisten erschienen der Mehrheit des deutschen Volkes als unzuverlässige Phrasenmacher und die Sozialdemokraten als die Mitschuldigen des bestehenden kapitalistisch-republikanischen Systems. Daß die alten Arbeiterbataillone der roten Fahne treu blieben, ist überaus ehrenvoll und berechtigt zu den besten Hoffnungen für die Zukunft. Aber im Jahre 1933 konnte diese Treue das Schicksal nicht wenden. Alle Schichten der deutschen Arbeitnehmerschaft, deren Klassenbewußtsein nicht so fest und erprobt war, Jugendliche, früher Indifferente, Angestellte, Unterbeamte, Handwerksgesellen, Landarbeiter liefen zum Hakenkreuz.

In den Jahren, in denen die Nazis schwach waren und die Kapitalisten sie entbehren konnten, hatte das deutsche Unternehmertum sich um sie nicht gekümmert. Als jedoch Hitler plötzlich an der Spitze von 6 Millionen Wählern stand, erneuerten sich die Beziehungen zwischen Hakenkreuz und Großkapital, wie sie bis 1923 bestanden hatten. Führende Großindustrielle und Bankiers finanzierten den wachsenden Geldbedarf der Braunen Häuser. Dieser Teil des deutschen Großbürgertums begrüßte die kommende nationalsozialistische Diktatur und fand sich damit ab, daß die Nazis alle anderen Parteien des deutschen Bürgertums in sich aufnehmen würden. Die sozialistischen Agitationsphrasen, wie sie in den Volksversammlungen zu hören waren, störten diesen Teil des Großbürgertums nicht: Das alles war doch nur Theater für die Dummen. Die Hauptsache war, daß Hitler den Marxismus vernichtete und den Bolschewismus abwehrte. Ein anderer Teil der deutschen Kapitalisten und ebenso der Großgrundbesitzer blieb jedoch nachdenklich. Bei allem Vertrauen, das man zu Hitler selbst haben konnte, wühlte doch die tägliche Agitation der Nazis im Volke solche antikapitalistischen Leidenschaften auf, daß ein Bollwerk gegen den linksradikalen Flügel der Nazis notwendig erschien. So kam es, daß einflußreiche deutsche Wirtschaftsführer und ihre politischen Freunde der NSDAP nicht beitreten wollten, sondern sich bemühten, neben der Hitlerpartei noch die alte deutschnationale Bewegung zu erhalten.

So blieben auch nach 1930 zunächst zwei Formen des deutschen Faschismus bestehen: Die Nazis selbst mit ihrem eigentümlichen, historisch begründeten Doppelcharakter, der zugleich Neuaufbau des deutschen Kapitalismus und Schöpfung des deutschen Sozialismus versprach – und ihnen gegenüber die alten Deutschnationalen, die den Rest ihrer einst so stattlichen Partei mühsam zusammenhielten, und sich dabei auf den gleichfalls stark heruntergekommenen Stahlhelm zu stützen suchten. Diese zweite Tendenz wollte vom Sozialismus nicht das geringste wissen, sondern trat unbedingt und unzweideutig für das kapitalistische Privateigentum ein. Daneben gab es noch eine dritte Form des deutschen Faschismus, die zwar weder unter den Volksmassen noch unter der kapitalistischen Oberschicht einen nennenswerten Anhang besaß, die aber unter Ausnutzung günstiger Umstände 1930/32 die Macht in Deutschland ausüben konnte. Dies waren die sogenannten Volkskonservativen, oder die Richtung Brüning. Der Reichskanzler Brüning ist zwar aus der Zentrumspartei hervorgegangen, aber seine Politik hatte mit den Traditionen des Zentrums nichts gemeinsam. Seine Regierungsgrundsätze entlehnte er einer Gruppe früherer deutschnationaler Politiker, die sich volkskonservativ nannten.

Die Volkskonservativen waren unbedingte Gegner der republikanischen Demokratie. Sie wollten eine diktatorische Regierung im Interesse des Kapitals und der überlieferten Autoritäten. Brüning regierte mit Notverordnungen, die der Reichspräsident erließ, und denen danach der Reichstag zustimmen mußte. Brüning und die Volkskonservativen suchten die ganze Last der Krise den Arbeitnehmern und Arbeitslosen aufzubürden, mit Hilfe von sogenannten Sparmaßnahmen, die aber den Großkapitalisten und den Großgrundbesitzer niemals trafen. Jeder Widerstand gegen die diktatorische Regierung sollte mit Militär- und Polizeigewalt niedergeworfen werden. Indessen unterschieden sich die Volkskonservativen von den Nazis und Deutschnationalen dadurch, daß sie eine dramatische Neugestaltung Deutschlands vermeiden und möglichst die alten Formen aufrechterhalten wollten. Vielleicht ließen sich auch die bestehenden Gewerkschaften der Arbeiter, wenn man sie genügend gedemütigt hatte, in das neue diktatorische Staatssystem überleiten. Wie schon oben erwähnt wurde, hatte sich eine führende Gruppe der christlichen Gewerkschafter schon vorher der Demokratie entfremdet und faschistischen Theorien genähert. Gestützt auf diese Männer zwang Brüning das Zentrum und die christlichen Gewerkschaften zur Gefolgschaft. Zugleich nötigte der Kanzler die Sozialdemokraten durch eine reine Erpressertaktik, seinen Notverordnungen zuzustimmen. Er bedrohte sie mit der Naziregierung, die kommen müsse, wenn man ihn nicht als das geringere Übel unterstütze.

Die Nazis und die Deutschnationalen waren zwar mit Brünings Nationalismus und seinen Wirtschaftsmethoden im Grunde einverstanden. Aber sie lehnten die allmähliche, in der Form schonende, Aufsaugung des Zentrums und der Sozialdemokraten ab. Sie verlangten die sofortige demonstrative Aufrichtung des völkischen Staats und die vollständige Vernichtung des Marxismus und der katholischen Parteien. So konnte Brüning den Kompromiß mit den Nazis, den er so sehr ersehnte, nicht durchführen. Hitler erhielt das unendlich wertvolle Geschenk, daß er noch zwei Jahre Opposition spielen durfte. Die Sparverordnungen Brünings machten die deutsche Wirtschaftslage noch schlechter, als sie bereits war. Die Zahl der Arbeitslosen und der ruinierten Mittelständler wuchs von Monat zu Monat. Die grauenhafte Politik Brünings konnte sich, dank der Zustimmung der Sozialdemokraten und des Zentrums, als die Politik der deutschen Republik ausgeben. Der letzte Rest von Sympathie, den die Weimarer Republik noch in den Volksmassen besessen hatte, ging in den beiden Brüningjahren verloren. Die Nazis jedoch sprachen den verzweifelten Volksmassen aus dem Herzen, wenn sie 1930/32 die Methoden Brünings erbarmunslos kritisierten. Zur selben Zeit lehnten auch die Großkapitalisten und Großgrundbesitzer die Taktik Brünings ab. Als es sich herausstellte, daß der Kanzler tatsächlich keine nennenswerte Schicht im Volke hinter sich hatte, entließ ihn der Reichspräsident. Mit ihm verschwand die ganze unrühmliche, für die deutsche Arbeiterschaft so verhängnisvolle, Episode des Volkskonservatismus. Nach den kurzen Zwischenspielen der Kanzlerschaften Papens und Schleichers übernahmen die beiden übriggebliebenen Fraktionen des deutschen Faschismus gemeinsam die Macht: Hitler wurde Reichskanzler und nahm die Führer der Deutschnationalen und des Stahlhelms in seine Regierung auf.

Der Riesenaufschwung der Nazis seit 1929 brachte auch eine neue Glanzzeit der SA. Die alten Freikorpsführer, stellungslosen Offiziere und bürgerkriegslustigen Akademiker an der Spitze der Sturmabteilungen fanden einen Zulauf von Hunderttausenden. Es waren vor allem Arbeitslose aller Kategorien, die in die SA eintraten. Da gerade die Besitzlosen und Verzweifelten in die Sturmabteilungen gingen, war das proletarische Element in der SA viel stärker als in der politischen Wählerschaft Hitlers. Die SA begann unter der Kanzlerschaft Brünings den pogromartigen Kleinkrieg gegen die Marxisten nach dem Vorbild Mussolinis. Die Regierung Brünings hatte, wenigstens äußerlich, manche Ähnlichkeiten mit den letzten »liberalen« Regierungen Italiens. Auch sie schwebte politisch in der Luft und hatte keine wahre Stütze im Volke. Auch sie versprach allen Teilen objektive Gerechtigkeit, konnte aber nicht verhindern, daß Polizei und Justiz in der Regel den Faschisten gegen die Arbeiter halfen. Brüning selbst und die anderen regierenden Volkskonservativen hätten niemals aus eigener Initiative einen Pogrom gegen die Sozialisten empfohlen. Aber die deutschen Kapitalisten und die meisten Intellektuellen freuten sich, wenn die SA so energisch gegen die »marxistischen Volksverräter« vorging, und diese Stimmung übertrug sich auf die Polizei, die Justiz und die sonstigen Staatsorgane. Soweit damals noch sozialdemokratische Minister in deutschen Einzelstaaten amtierten, war ihr Einfluß durch die Gesamtsituation des Reiches gelähmt. Die Arbeiter wehrten sich gegen die Angriffe der SA, so gut es ging. Sie hätten noch bis 1933 unbedingt gesiegt, wenn die Polizei wirklich neutral geblieben wäre. In Wirklichkeit hatten die Arbeiter, wenn sie gewaltsam gegen die SA kämpften, regelmäßig die schwerbewaffnete und für den Bürgerkrieg besonders gedrillte Staatspolizei gegen sich. Außerdem wußte man, daß hinter der SA und der Schutzpolizei als letzte und stärkste Reserve des Kapitalismus noch die Reichswehr stand. Diese Einsicht hat von Anfang an die Widerstandskraft der deutschen Arbeiterschaft gelähmt und zu dem unrühmlichen, aber bei den gegebenen Umständen begreiflichen, Ende im Jahre 1933 geführt.

Die SA hat die größten Gewalttaten gegen die organisierte Arbeiterschaft verübt. Sie verkörperte den eigentlichen braunen Terror gegen Marxisten und Juden. Aber zur selben Zeit war sie das am meisten proletarische Element innerhalb der Nazibewegung. Hier trafen sich die verbitterten und demoralisierten, am Marxismus irre gewordenen Arbeitslosen mit den alten Berufsrevolutionären aus den Freikorps. Die SA schlug zwar 1929/30 die Schlachten des deutschen Kapitalismus, aber sie war ihm kein zuverlässiges Werkzeug. Sie war auch eine ständige Gefahrenquelle für Hitler, sobald er sich offen zum Kapitalismus bekannte und entsprechende Taten für das Unternehmertum und den Großgrundbesitz verüben wollte. Solange freilich die nationale Revolution noch nicht fertig war, und es galt, mit dem »System« abzurechnen, stürmte die Partei einig und geschlossen vorwärts. Die Schwierigkeiten kamen erst später.

Kann man die Nationalsozialisten als eine kleinbürgerliche Partei bezeichnen? Es ist richtig, daß sich 1933 die deutschen Mittelklassen fast geschlossen zu Hitler bekannten. Indessen muß jede bürgerliche Partei, um zur Massenbewegung zu werden, den Mittelstand für sich gewinnen. Daß die Bauern und Handwerker, die Angestellten und Kleinrentner im allgemeinen für Hitler stimmten, genügt noch nicht, um die Nazis zu einer kleinbürgerlichen Bewegung zu machen. Dazu wäre nötig, daß die Partei in erster Linie die Interessen des Kleinbürgertums gegenüber den anderen Klassen vertreten hätte. Die Nazis haben den Mittelständlern weitgehende Versprechungen vor der Machtübernahme gegeben, genauso wie sie jedem Volksteil alles versprachen, was er gern hören wollte. Eine echte Mittelstandspartei hätte jedoch, zumal nach einem Sieg revolutionärer Art, mindestens die Warenhäuser und die Konsumgenossenschaften schließen müssen. Beides geschah nicht. Eine echte Bauernpartei hätte sich bemühen müssen, für die arme Landbevölkerung neue Siedlungen durch Aufteilung des Großgrundbesitzes zu schaffen. Auch dies ist ausgeblieben. Eine Partei der Kleinrentner und kleinen Sparer hätte in Deutschland die Aufwertungsfrage neu aufrollen müssen. Auch daran hat Hitler nicht gedacht. Endlich zeigt das nationalsozialistische Arbeitsrecht nirgends eine Bevorzugung der Angestellten vor den Arbeitern.

Unter der deutschen Republik hat eine ganze Reihe von echten Kleinbürgerbewegungen eine politische Rolle gespielt: die Wirtschaftspartei des Mittelstandes, die Aufwertungspartei, die verschiedenen Bauernverbände usw. Man braucht die Praxis dieser wirklichen Kleinbürgerparteien nur mit den Nazis zu vergleichen, um sofort den Unterschied zu erkennen. Es ist gewöhnlich nicht die Art des Kleinbürgers, selbständig auf dem politischen Kampffeld zu erscheinen; im offenen Gegensatz sowohl zum Kapitalismus wie zum Proletariat. Viel lieber schließt sich der Kleinbürger einer der beiden großen gesellschaftlichen Kräfte an, oder er schwankt je nach den Umständen zwischen beiden. Raffen sich die Kleinbürger aber wirklich dazu auf, unabhängig in der Politik aufzutreten, dann schleppen sie alle ihre kleinen Berufssorgen auf das Kampffeld und stellen unzählige Forderungen spezieller Art auf. Die Taktik und Wirksamkeit der Nazis waren ganz anders. Sie selbst bezeichnen sich niemals als Mittelstandspartei, obwohl sie auf die Eroberung der Bauern großes Gewicht legen, und diesem Stand, dem eigentlichen Repräsentanten von Blut und Boden, alle möglichen Schmeicheleien sagen. Ebenso eifrig haben die Nazis stets die Arbeiter und die Jugend umworben. Als die drei Grundpfeiler ihrer Macht über die Massen stellen sie gern die Arbeiter, die Bauern und die Akademiker hin. Ferner gehört der »produktive schaffende«, deutsche Fabrikant und Unternehmer durchaus zum Wirtschaftsaufbau des Dritten Reichs.

Die leitende Idee der Nazipropaganda ist die nationale Erneuerung, die Wiederherstellung der Herrlichkeit des Reichs, wie es bis 1914 bestand. Sozial gesehen, war vor allem das Großbürgertum der Träger des nationalen Machtgedankens bis 1914. An des Reiches Herrlichkeit verdiente die Firma Krupp und nicht irgendein Bäckermeister. Ebenso stehen auch heute Krupp, seine Gesinnungs- und Standesgenossen hinter Hitler. Die völkische Bewegung stammt aus dem bürgerlichen Nationalismus. Freilich mußte sie, um das industrielle Deutschland zu erobern, auch große Massen von Arbeitnehmern für sich gewinnen. Das Bindeglied zwischen Kapital und Arbeit bildeten die Offiziere und die Akademiker. Die Kleinbürger liefen mit, haben aber weder den Charakter noch das Schicksal der Bewegung bestimmt. Mussolinis Faschismus ist im gewissen Sinne eine Partei des Kapitalismus, der noch zum Aufstieg fähig ist. Deshalb konnten sich die italienischen Faschisten unzweideutig zum Privateigentum bekennen. Mussolinis radikales Programm von 1919 war nur eine Episode ohne Folgen für das weitere Geschick der Bewegung. Die Nazis dagegen sind eine Partei des absterbenden Kapitalismus, und sie mußten ihren kapitalistischen Charakter vor den Massen verschleiern, um sich im proletarischen Deutschland durchsetzen zu können. So war Hitlers Diktatur von Anfang an mit einem unlösbaren inneren Widerspruch behaftet, der für Mussolini nicht existierte.

IV. Niedergang und Auflösung

Italien und Deutschland liefern die beiden klassischen Beispiele für die Rolle des modernen Faschismus. Ähnliche Erscheinungen in anderen Ländern sollen nur kurz charakterisiert werden. In Ungarn brach am Ende des Weltkrieges die Herrschaft der Aristokratie und ihrer großbürgerlichen Freunde zusammen. Es folgten eine

demokratische Republik, dann die Räterepublik und schließlich
seit 1919 die Gegenrevolution und der weiße Terror. Nach dem
Ende der Räterepublik haben zunächst die Stoßtrupps der »erwachenden Ungarn«, geführt von stellungslosen Offizieren, Akademikern und anderen Söldnern der Gegenrevolution, furchtbare Gewalttaten gegen Marxisten, Juden und alle unbeliebten Personen
verübt. Als das Chaos vorüber war, hat die legale Oligarchie im
Stil der Vorkriegszeit ihre Macht in dem verkleinerten Ungarn
wieder aufgerichtet, und die »erwachenden Ungarn« verschwanden sang- und klanglos von der Bildfläche.

Deutsch-Österreich mit seiner überwiegend bäuerlichen und
kleinbürgerlichen Bevölkerung bot eigentlich für eine sozialistische
Massenbewegung nur einen dürftigen Boden. Dennoch gelang es
der österreichischen Sozialdemokratie, durch eine ebenso zielbe-
wußte wie realistische Taktik, fast die gesamte Arbeitnehmerschaft und weite Teile des Mittelstandes um sich zu scharen. Bei
den parlamentarischen Wahlen näherte sich die österreichische Sozialdemokratie bereits der Majorität des Volkes. Die Staatsmacht
hatte der Teil der Bourgeoisie mit schwarzgelben Traditionen, gestützt auf die Agrarier und die Reste des alten habsburgischen
Feudalismus. Die österreichische Regierungspartei setzte die
christlich-soziale Tradition der Vorkriegszeit fort. Die Intelligenz
und andere kapitalistische Gruppen, die Nachfolger der Alldeutschen und Deutschnationalen der Vorkriegszeit, erstrebten demgegenüber den Anschluß an Deutschland, um sich dort in einem
größeren Rahmen betätigen zu können. Die Wirtschaftskrise und
das Beispiel der deutschen Ereignisse schuf in Österreich seit 1930
eine revolutionäre Situation. Die schwarzgelbe Regierungspartei
ging allmählich zur Diktatur über und schuf sich in der »Heimwehr« ihren Wehrverband. Die Nazis traten die Erbschaft der alten Deutschnationalen an, übertrugen ihre Terrormethoden aus
dem Reich auf Österreich und erzählten den unter der Wirt-
schaftsnot verzweifelnden Volksmassen, daß nur der Anschluß an
Hitler sie retten könne.

In Österreich bestand tatsächlich in den letzten Jahren ein ernsthafter Gegensatz zwischen den beiden Fraktionen der kapitali-
stisch-faschistischen Reaktion; ein Gegensatz, der sich aus der Geschichte Österreichs leicht erklären läßt. Die regierende Tendenz
verteidigt die Selbständigkeit Österreichs, die oppositionelle will
die Vereinigung mit Deutschland. So ergab sich auch in Österreich

in den letzten Jahren eine Situation, bei der eine faschistische Partei, auch hier die Nazis, oppositionell gegen eine kapitalistische Diktaturregierung auftreten konnte. Die Nazis hatten die Möglichkeit einer hemmungslosen, radikalen Propaganda unter den Opfern der Wirtschaftskrise. Indessen nützte die Regierung die Existenz der Nazibewegung aus, um die demokratische Verfassung Österreichs zu beseitigen. Dollfuß dachte, er könne durch die ständige Drohung mit den Nazis die Arbeiterschaft niederhalten und ihrer Rechte berauben, also das Spiel Brünings nach Wien übertragen. Aber die österreichische Sozialdemokratie hat nicht kapituliert, sondern ohne Rücksicht auf die Existenz der Nazis den offenen Kampf gegen den Verfassungsbruch der Regierung aufgenommen. Die österreichischen Arbeiter unterlagen zwar für den Augenblick der besser bewaffneten Staatsmacht. Moralisch ist jedoch der Sozialismus in Österreich unbesiegt. Die Klassenfronten sind dort völlig klar, und keine Demagogie der Nazis kann sie wieder verwischen. Die Sozialdemokratie ist und bleibt in Österreich die einzige Vertreterin der unterdrückten Volksmassen.

Der Faschismus ist ein Kind des Imperialismus. Er liefert für die Pläne des Großkapitals die nötige Massenbasis. Wenn der Faschismus jedoch der nationalen Größe dienen soll, dann muß etwas da sein, was wirklich »groß« ist. So hat der Faschismus seine wirkliche Existenzberechtigung nur in den großen Ländern. Die bisher gegebenen Betrachtungen bezogen sich daher auf die europäischen Großmächte oder auf Länder wie Deutsch-Österreich und Ungarn, die historisch aus einer Großmacht hervorgegangen sind und noch von den gesellschaftlichen Traditionen ihrer Vergangenheit beherrscht werden. Daneben gibt es jedoch auch merkwürdige Versuche, den Faschismus künstlich bei kleineren Ländern und Völkern zu erzeugen, wo er das richtige Objekt, die Arbeit an der »nationalen Größe« gar nicht finden kann. Ein typisches Beispiel eines solchen künstlichen Faschismus liefert die Bewegung der »nationalen Front« in der Schweiz.

Die Schweiz hat ein im Verhältnis zu ihrem geringen Umfang außerordentlich reiches Bürgertum, mit einem entsprechend starken Haß gegen den Sozialismus. Ferner gibt es dort eine zahlreiche, wohlhabende und selbstbewußte Intelligenz. Unter dem Eindruck der deutschen Ereignisse entwickelte sich in der Schweiz die Bewegung der Frontisten, in erster Linie getragen von der akademischen Jugend; unterstützt vom Großkapital und von pensio-

nierten Offizieren. Es wurde krampfhaft versucht, den Schweizern
»nationale Ziele« zu stecken, obwohl die Schweiz kein einziges nationales Problem zu lösen hat, niemand sie bedroht und niemand
ihr etwas fortnehmen will, abgesehen gerade von extremen deutschen Faschisten, die von einer Verschmelzung der deutschen
Schweiz mit dem Staate Hitlers träumen. Die Schweiz hat nicht
am Weltkrieg teilgenommen, sie hatte nachher keine Revolution.
Die Wirtschaftskrise hat das Land nur wenig getroffen. Es gibt
dort keine verelendeten Massen. Die Schweiz hat eine uralte, im
Volke verwurzelte demokratische Überlieferung. Es fehlten hier
also sämtliche objektive Voraussetzungen einer faschistischen
Massenbewegung. Dennoch ist mindestens der Versuch gemacht
worden, mit Hilfe der »nationalen Front« die Arbeiter einzu-
schüchtern und den Wünschen des Großkapitals gefügig zu machen. Das Schweizer Proletariat hat sich indessen durch diese Manöver nicht beirren lassen und seine Positionen kraftvoll behauptet.

Wieder einen anderen Typus des künstlichen Faschismus liefert
Bulgarien. Als dieses Land die Balkankriege und den Weltkrieg
hinter sich hatte und nach ungeheuren Opfern den völligen Zusammenbruch seiner Hoffnungen erlebt hatte, war damit auch die
alte herrschende Schicht erledigt. An Stelle der Regierung der Bürger, Beamten und Militärs kam eine radikale Demokratie, getragen
von der Bauernpartei. Die Industriearbeiter sind dort an Zahl zu
gering, als daß sie das Land beherrschen könnten. Die Bauernpartei hatte indessen nicht die nötige Energie, um das Land von den
Resten des alten Systems wirklich zu reinigen. Die Offiziere des
Weltkriegs, die jetzt überflüssig geworden waren, bildeten eine faschistische Verschwörung und holten sich dazu die nötigen Bandenführer und Berufsrevolutionäre aus Mazedonien. Die Bauern-
regierung wurde gestürzt. Die Offiziere, Intellektuellen und maze-
donischen Bandenführer bildeten Terrortrupps, die in furchtbarer
Grausamkeit unter den Bauern und Marxisten Bulgariens auf-
räumten. Wenn man die Zahl der Opfer mit der Größe der Bevölkerung des Landes vergleicht, war die bulgarische Regierung Zankow vielleicht die blutigste von allen faschistischen Regierungen
Europas. Nach einigen Jahren mußte die Terror-Regierung dem
Volkshaß weichen, aber die wiederhergestellte Demokratie brach
in diesem Jahr nochmals zusammen.

Das bulgarische Bürgertum nebst der Intelligenz wäre aus eigener Kraft niemals imstande, die Volksmassen niederzuhalten. Aber beide benutzten die Hilfe der Offiziere aus dem Weltkrieg, die im weißen Terror eine Art von Existenzberechtigung finden und den Faschismus mit dem Ruhm der nationalen Kriege verzieren. Die militärischen Diktaturen in Jugoslawien und Polen sind in mancher Beziehung anders geartet als das Regierungssystem Bulgariens. Typisch ist, daß in allen diesen östlichen Ländern die militärischen und faschistischen Gewalthaber genauso grausam gegen bäuerlich-demokratische Bewegungen vorgehen, wie gegen die Sozialisten. Das in den Bauernparteien politisierte Kleinbürgertum ist also genauso ein Opfer des militärischen Faschismus wie das sozialistische Proletariat. In Polen trat neuerdings eine faschistische, wesentlich von den Universitäten ausgehende Partei auf, die sich in wüsten Judenhetzen betätigt und gleichzeitig der herrschenden Militärdiktatur Opposition macht. In Rumänien gibt es, auf dem Hintergrunde des Klassenkampfes zwischen Bürgertum und Proletariat, Adel und Kleinbauerntum, ebenfalls mehrere faschistische Gruppen, die sich in Judenhetzen und Terrorakten austoben und die Landesregierung bekämpfen.

Im 19. Jahrhundert war bei den kleineren Nationen Europas die Intelligenz die Vorkämpferin der nationalen Demokratie. Das Nationalgefühl trieb sie dazu, in den Dienst der armen Volksmassen zu treten, an der Seite der Arbeiter und Bauern zu kämpfen. In unserer Generation hat das Vorbild der großen Mächte, mit ihrem Finanzkapital und ihrem hochmütigen antidemokratischen Nationalismus, auf die Akademiker der kleinen Nationen ansteckend gewirkt. Sie wollen jetzt auch Faschismus spielen, übertreffen sich gegenseitig im nationalen und Rassendünkel, und da sie keine Gelegenheit haben, dem Ausland die gepanzerte Faust zu zeigen, trampeln sie am liebsten auf den ärmeren Volksmassen des eigenen Landes herum.

Das tollste Beispiel des nachgemachten Faschismus von heute liefert gerade das Volk, das selbst in den meisten Ländern das Opfer faschistischer Ausschreitungen ist, nämlich das jüdische. Die an sich durchaus berechtigte, nationale jüdische Bewegung nahm in der Partei der sogenannten »Revisionistischen Zionisten« eine extreme Entwicklung. Es entstanden jüdische nationalistische Stoßtrupps, die z. B. in Polen andere jüdische Gruppen angriffen. In Berlin versuchten die Revisionisten, unter Hitlers Regierung, jüdische Versammlungen zu sprengen, wobei sie ihre Gegner als

»Marxisten« beschimpften! In Palästina wirken die Revisionisten im Kampfe der Unternehmer gegen die jüdischen sozialistischen Gewerkschaften mit. Die objektive Bedeutung dieses jüdischen Faschismus ist begreiflicherweise gering, aber er ist ein hochinteressantes Symptom für die faschistische Weltkrankheit, die an den unwahrscheinlichsten Stellen hervorbricht.

Das Studium des Faschismus wird sich in erster Linie auf die Länder zu beschränken haben, wo er als wirkliche Massenbewegung vorhanden ist. Spekulationen über faschistische Zukunftsmöglichkeiten bleiben dabei besser außer Betrachtung. So läßt sich z. Z. die wirkliche Stärke der von Mosley geführten faschistischen Partei Englands nicht feststellen, da diese Partei sich bisher niemals an politischen Wahlen beteiligte und noch keine ernsthaften Angriffe auf die Arbeiterbewegung versuchte. In den Vereinigten Staaten haben gewisse Kapitalistengruppen sich nie gescheut, gewaltsam gegen die Arbeiterschaft vorzugehen. Die Gangster und der Ku-Klux-Klan würden sich leicht für Stoßtrupps anwerben lassen. Dennoch läßt sich heute nicht sagen, ob in Amerika in absehbarer Zeit eine antidemokratische terroristische Massenbewegung möglich sein wird. Ebenso unsicher ist die politische Zukunft Frankreichs, obwohl es klar ist, daß dort die nationale Rechte unter Umständen auch zu außerparlamentarischen Mitteln greift und sich dabei vor allem auf Kriegsteilnehmer und ähnliche Verbände stützt.

Faschistische Massenbewegungen, die Erfolg hatten, kamen bisher stets im Zusammenhang mit revolutionären Krisen. Die Aktionen des Verbandes echtrussischer Leute gegen Ende 1905 waren die Folge der russischen Revolution vom selben Jahr. Der deutsche, österreichische und ungarische Faschismus haben ihre Wurzeln in den Revolutionen von 1918. Dazu kam noch die erneute revolutionäre Zuspitzung in Deutschland und Österreich seit 1929, infolge der besonders schweren Wirtschaftskrise in beiden Ländern. Auch Italien hatte 1919/20 eine ausgesprochen revolutionäre Situation. Die Balkanländer befinden sich durchweg seit Ende des Weltkrieges im Zustand revolutionärer Erschütterung. Das moderne Polen ist ein revolutionäres Produkt, aus dem Zusammenbruch des Zarismus und der Mittelmächte, und bis heute hat Polen eine wirkliche politische Stabilität nicht gewonnen. Der Faschismus ist jedoch nicht das Mittel, mit dem bisher der Kapitalismus und der Feudalismus die aufsteigende revolutionäre Welle bekämpften. Am 9. November gab es in Deutschland keine Hakenkreuzler. Als in Österreich-Ungarn die Habsburger zusammenbrachen, gab es in Wien keine Heimwehrleute und in Budapest keine »erwachenden Magyaren«. Auch Mussolini hütete sich, 1919/20 der roten Flut entgegenzutreten. Noch als die italienischen Arbeiter die Fabriken besetzten, schrieb Mussolini Artikel für die Arbeiter. Der Faschismus begann bisher immer nur, wenn eine Revolution ins Stocken geriet, ihre Ziele nicht erreichen konnte oder sich in rückläufiger Bewegung befand.

In Rußland setzten die Pogrome der Schwarzen Hundertschaften erst ein, als die erste Welle der Revolution den Zarismus nicht überrannt hatte. In Deutschland kam der faschistische Kapp-Putsch 1920, als die Kraft der Revolution schon längst gebrochen war. Mussolini begann 1921 seine große Offensive, als die Schwäche und Uneinigkeit des italienischen Proletariats offenkundig geworden waren. Die Nazis breiteten sich über ganz Deutschland aus, sobald es klar wurde, daß die deutschen Arbeiter sich gegen die Diktaturmethoden Brünings nicht wehren konnten. In Ungarn setzte der faschistische Terror unmittelbar nach dem Zusammenbruch der Räterepublik ein. Auf dem Balkan und in Polen begannen faschistische Bewegungen erst erhebliche Zeit nach der Umwälzung von 1918/19, immer wenn die Schwäche der Demokratie und des Sozialismus sich herausgestellt hatte.

Die faschistische Terror- und Stoßtrupptaktik setzt, wie schon oben betont wurde, eine weitgehende Auflösung der normalen Staatsordnung voraus, wie sie eben mit revolutionären Situationen verbunden ist. Andererseits beweist die Herausbildung einer brutal-gegenrevolutionären Massenbewegung eine gewisse Schwäche der Revolution. Der Faschismus greift die Revolution nicht an, wenn sie siegreich vorwärtsstürmt, sondern erst wenn im Klassenkampf der Bewegungskrieg sich in den Stellungskrieg verwandelt hat. Der faschistische Kleinkrieg verhält sich tatsächlich zum großen revolutionären Aufstand so, wie die alltäglichen Schützengraben-Aktionen zur offenen Feldschlacht. Die unterdrückten Schichten, die Sozialisten und die Demokraten, sollten daraus die Lehre ziehen, daß es überaus gefährlich ist, eine Revolution nur halb zu machen. Wenn die unterdrückten Volksmassen gezwungen sind, die Waffe der Revolution anzuwenden, dann müssen sie auch entschlossen bis zum Ende gehen. So vermeiden sie am besten die faschistische Gefahr.

Die rückhaltlose Energie, mit der die Bolschewiki die russische Revolution durchführten oder z. B. Kemal Pascha und seine Partei die türkische Revolution, haben bisher dem Faschismus in beiden Ländern unüberwindliche Bollwerke entgegengesetzt. Dabei sollte es doch theoretisch viel leichter sein, die ungebildeten und abergläubischen Volksmassen in Rußland und der Türkei, z. B. zur Verteidigung der angestammten »Religion und Sitte«, in Bewegung zu setzen als die aufgeklärten Deutschen und Norditaliener. Die Entwicklung der Tschechoslowakei seit 1918 zeigt, daß auch eine bürgerlich-demokratische Revolution sich erfolgreich behaupten kann, wenn ihre maßgebenden Parteien und Führer ganze Arbeit machen und sich die nötige Autorität zu erhalten wissen.

Das Beispiel eines vorläufigen Sieges der Arbeiterschaft über eine faschistische Massenbewegung bietet die russische Revolution von 1917, die mit dem Zaren zugleich auch die Schwarzen Hundertschaften vernichtete. Die russischen Revolutionäre haben zwar den Pogromhelden und ihren Gewalttaten stets so viel physischen Widerstand entgegengesetzt, wie nötig war, aber sie haben den Kampf gegen die Schwarzen Hundertschaften niemals isoliert und nie als ihre Hauptaufgabe angesehen. Es war ganz selbstverständlich, daß die Pogrombanden einen Teil der zaristischen Macht darstellten. Wenn der Zar und mit ihm der russische Feudalismus und das Großkapital stärker waren als die Arbeiter, dann ließen sie die Pogrombanden los. Waren aber die Revolutionäre stärker als der Zar, dann waren auch die Schwarzen Hundertschaften erledigt. Nie haben die russischen Revolutionsparteien darüber spekuliert, ob vielleicht einsichtige Fraktionen der Bourgeoisie oder gemäßigte Minister des Zaren sie vor dem Pogrom schützen könnten.

In der großen Linie entsprechend war die Taktik der österreichischen Sozialdemokraten, die in diesem Jahr zwar noch nicht zum Siege, aber doch zur moralischen Rettung der österreichischen Arbeiterbewegung geführt hat. Auch hier hätten sogenannte Realpolitiker empfehlen können, Dollfuß freie Hand zu lassen und die Übergriffe der Heimwehr wenigstens vorläufig zu ertragen, damit nur nicht die Nazis zur Macht kämen. Die österreichischen Arbeiter dagegen haben so gegen Dollfuß gekämpft, als ob die Nazis nicht existierten, wenn man es ganz überspitzt ausdrücken will. Dennoch war dies die richtige Taktik. Sie hat erneut vor den Massen Österreichs bewiesen, daß die Sozialdemokratie die wirkliche Vorkämpferin des Proletariats ist. So hat sie indirekt den österreichischen Nationalsozialismus mehr geschädigt als durch jede andere scheinbar kluge Methode.

Auf der anderen Seite war es unbedingt ein Fehler der italienischen Sozialisten, daß sie ständig in den Jahren 1921 und 1922 vor den liberalen Ministern ihren Willen zur Legalität beteuerten und die Hilfe des »Rechtsstaats« gegen den Faschismus anriefen. Ebenso fehlerhaft war es, daß die deutsche Sozialdemokratie meinte, sie könne durch Tolerierung Brünings den Aufstieg der Nazis zur Macht verhindern. Wenn sich erst einmal in einem Lande eine terroristische faschistische Massenbewegung entwickelt hat, ist es reiner Selbstmord für die sozialistische Arbeiterschaft, wenn sie zwischen diesem Faschismus und der offiziellen Staatsgewalt einen Unterschied macht. Entweder die Arbeiterschaft kann sich ihrer Feinde erwehren oder nicht, aber sie wird niemals, wenn die Dinge erst einmal so weit gediehen sind, durch demütiges Verhalten bei einem Teil ihrer Feinde Gnade finden. Darum ist die Theorie vom Faschismus als der »Kleinbürgerbewegung« direkt gemeingefährlich, weil sie den Arbeiterführern einreden kann, der Faschismus und die gerade regierende Fraktion der Bourgeoisie seien prinzipiell verschieden.

Wenn der Stoßtrupp-Faschismus es nur irgendwie einrichten kann, bleibt er in der kritischen Übergangszeit außerhalb der Regierung, um die Massen besser täuschen zu können. Wenn dann die Sozialisten sich schutzbedürftig an den bestehenden Staat anlehnen, verstärken sie nur in den schwankenden, verarmten Volksmassen den Verdacht, daß die sozialistischen oder demokratischen Führer ein Teil des gehaßten alten Systems sind, während nur die Faschisten es ehrlich bekämpfen. Wenn dagegen die Sozialisten mit aller Kraft gegen den herrschenden Kapitalismus vorgehen, fesseln sie damit die schwankenden Schichten, selbst aus dem Mittelstand, an sich, und sie zwingen den Faschismus, auf seine zweideutigen Schlagworte zu verzichten.

Ein Beispiel für richtiges Verhalten der Arbeiterschaft im Kampf gegen den Faschismus sei noch aus der Schweiz angeführt. Das Großkapital hoffte, der Arbeiterschaft mit Hilfe der faschistischen Drohung einen Lohnabbau auferlegen zu können. Den Anfang sollte ein Lohnabbau bei den Staatsangestellten machen. Alle bürgerlichen Parteien verlangten den Lohnabbau mit den üblichen

Reden von der Krise, der nötigen Sparsamkeit usw. Die Sozialdemokraten jedoch machten nicht das geringste Zugeständnis, und es
gelang ihnen bei der nach der Schweizer Verfassung erforderlichen Volksabstimmung, den Gesetzentwurf des Bundesrats zu Fall
zu bringen. Die Sozialdemokratie führte in diesem Kampfe die gesamte Arbeitnehmerschaft, und sie mobilisierte erstaunlich große
Reserven auch in rein bäuerlichen Bezirken. Die Faschisten waren
dabei ausgeschaltet, mußten zum Teil aus Demagogie sich selbst
gegen den Lohnabbau erklären und so ihre eigene Niederlage vergrößern. Denn jeder einsichtige Mensch in der Schweiz empfand
diese Volksabstimmung des Jahres 1933 als eine Kraftprobe zwischen der Demokratie und dem Sozialismus auf der einen Seite,
und ihren kapitalistischen und faschistischen Gegnern auf der anderen Seite.

Mit den wildesten Versprechungen und den lockendsten Zukunftsbildern bringen die Faschisten ihre Massenbewegung zusammen. Wie lange bleiben danach die Massen dem Faschismus
treu? Italien und Deutschland scheinen eine völlig verschiedene
Antwort auf diese Frage zu geben. Die Partei Mussolinis ist nach
zwölf Jahren nach der Machtübernahme wenigstens an der Oberfläche intakt, während Hitlers Partei schon im zweiten Jahre des
Dritten Reichs völlig zersetzt ist, wie die grausigen Schlächtereien
vom 30. Juni beweisen. Der Unterschied liegt darin, daß beide ihrem Volke etwas Verschiedenes versprachen. Was Mussolini versprach, war wenigstens zum Teil durchführbar. Was Hitler verhieß, konnte er unmöglich erfüllen. Mussolini kündigte einen
neuen kapitalistischen Aufstieg Italiens an, und da der Kapitalismus in Italien noch einen unausgefüllten Spielraum hatte, waren
positive Erfolge der Faschisten möglich. Der Rückschlag wird in
Italien erst dann eintreten, wenn die Grenzen der ökonomischen
Expansion erreicht sind. Noch unter der Weltwirtschaftskrise hat
der italienische Faschismus, wenn auch unter großen Schwierigkeiten, seine wirtschaftliche Aktivität fortgesetzt. Es gelang z. B.
eine weitere Steigerung der italienischen Flugtechnik (Balbos Geschwaderflug nach Amerika usw.), oder die Trockenlegung der
Sumpfgelände mit der Erbauung neuer Städte. Aber diese Möglichkeiten werden bald ausgeschöpft sein, und dann wird die Frage
lauten, auf wessen Kosten die weitere Entwicklung in Italien gehen soll: Ob die Kapitalisten, auch bei gleichbleibender oder zurückgehender Produktivität, vermehrte Profite aus den Massen

herauspressen, oder ob die städtischen und ländlichen Arbeiter dies vereint verhindern werden. Gewisse Vorboten kommender großer Klassenkämpfe waren in den letzten Jahren in den faschistischen Korporationen erkennbar, wenn die Forderungen der Arbeiter auf den Widerstand der Unternehmer stießen, und Mussolini sich bemühte, die Konflikte irgendwie aus der Welt zu schaffen.

Hitler begann das Dritte Reich mit zwei Versprechungen, die sich erstens untereinander widersprachen, und die er zweitens beide unmöglich halten konnte. Er verhieß den Kapitalisten eine Erneuerung der Herrlichkeit des Reiches, ungefähr die Rückkehr zu 1913. Aber der deutsche Kapitalismus hatte schon vor Hitler seine äußersten technischen und produktiven Möglichkeiten erschöpft, und seine Wege sind durch die internationale Konkurrenz hoffnungslos erschwert. Hitler konnte daran nichts ändern, und seine lärmende Außenpolitik mußte die Lage der deutschen kapitalistischen Wirtschaft immer wieder verschlechtern. Auf der anderen Seite versprach Hitler den breiten Volksmassen den deutschen Sozialismus, aber er war nie imstande, in Deutschland etwas für den Sozialismus zu tun. Denn selbst wenn er es gewollt hätte, würden seine großkapitalistischen Auftraggeber es nicht erlaubt haben.

Um die SA abzulenken, erhielt sie zunächst Terror- und Mordfreiheit, und dann wurden ihr die Juden geopfert. Der Rassenunsinn wurde überall amtlich anerkannt, um die Instinkte der SA-Männer zu befriedigen und zugleich den arischen Akademikern und Geschäftsleuten die jüdischen Konkurrenten vom Leibe zu halten. Aber auf die Dauer genügten diese Zugeständnisse nicht. Entweder mußte man der SA noch weiteren Spielraum geben und damit die deutsche Wirtschaft noch mehr zerrütten, oder die SA mit einem mächtigen Schlage niederwerfen. Dann hatten Hitler und die Kapitalisten Ruhe, aber die Nazibewegung alten Stils war tot.

Die von der SA beherrschte alte Nazipartei bis zu dem großen Blutbad war eine jämmerlich verzerrte Karikatur einer proletarischen Revolutionsbewegung gewesen, aber sie glich doch dem Original so, wie eine schlechte Karikatur immer gewisse Züge ihres Urbildes haben muß. Manche Einzelheiten zeigten ein, wenn auch irregeleitetes, Gefühl für proletarische Gleichheit: Wenn man die in Deutschland geheiligte Anrede »Gnädige Frau« verbieten wollte, oder die Schilder an den Haustüren »Nur für Herrschaften« entfernte, wenn man versicherte, daß es im Dritten Reich nur den

Adel der Arbeit geben dürfe, und wenn man einen adeligen Ritt-
meister a. D. einsperrte, als er gegen eine solche Mißachtung seines Stammbaums protestierte. Oder wenn die Arbeiterjungen in
der Hitlerjugend es nicht mehr dulden wollten, daß die höheren
Schüler mit ihren bunten Mützen herumliefen und die Korpsstu-
denten mit allen Attributen ihrer feudalen Herrlichkeit. Hierher
gehört auch die umfassende Durchführung der Maifeier, die uner-
müdliche Sammeltätigkeit für die Erwerbslosen und Notleidenden,
das Bemühen, möglichst viele Arbeitslose wieder in die Betriebe
zu bringen, wenn auch ihr Arbeitslohn kaum höher war als die
alte Erwerbslosenunterstützung. Es ist traurig, daß die deutsche
Republik und ihre führenden Parteien in diesen scheinbar kleinen
Dingen niemals die nötige Instinktsicherheit bewiesen haben. Aber
zur selben Zeit konnten die Thyssen und Schacht unbeschränkt
über die deutsche Wirtschaft gebieten, und während man den
»Adel der Arbeit« rühmte, erließ Hitler das Arbeitsrecht des Dritten Reichs, mit autokratischen Vorrechten für den Unternehmer
im Betrieb und völliger Entrechtung des Arbeiters.

Die Berufsrevolutionäre an der Spitze der SA wollten unbedingt
die Bewegung weitertreiben, um die Mannschaften bei guter Stimmung zu erhalten und die eigene Machtfülle zu steigern. Demgegenüber verlangten die Großkapitalisten, die Großgrundbesitzer,
die Offiziere der alten Armee, die Kirchen und die hohe Bureaukratie, daß mit dem Revolutionsspiel endlich Schluß gemacht
werde. Mussolini hatte auch manchmal Schwierigkeiten mit den
abenteuerlichen Elementen in seinen Stoßtrupps, aber er hat doch
die Umwandlung der Terrorverbände in eine legale, staatliche
Hilfspolizei glatt durchführen können. Ebenso ist die aristokratische ungarische Regierung mit ihren Terrorgruppen ohne irgendwelche Katastrophen fertiggeworden. Dasselbe galt für die Regierung Zankow in Bulgarien. Ebenso konnte man sich kaum vorstellen, daß Dollfuß in die Lage käme, seine Heimwehrführer umzu-
bringen. Dabei kamen die weißen Terroristen z. B. in Ungarn und
Bulgarien an persönlicher Rohheit und Hemmungslosigkeit den
SA-Männern mindestens gleich. Der Unterschied besteht darin,
daß außerhalb Deutschlands die faschistischen Minister und ihre
Stoßtrupps im großen gesehen derselben Klassen angehörten.
Die Offiziere, Akademiker und Abenteurer in den Terrorverbän-
den konnten politisch nur einer Klasse dienen, nämlich dem Bürgertum, beziehungsweise dem Feudalismus. In Deutschland dage-

gen, mit seiner ungeheuren Bevölkerung von Arbeitnehmern, hatten die Stoßtruppführer die Auswahl zwischen zwei entgegengesetzten Klassen. Die leitenden Männer der SA hatten zwar durchaus keinen ehrlichen und klaren sozialistischen Plan, aber sobald sie anfingen, ihre eigene Autorität gegen die Minister und offiziellen Parteiführer zu verteidigen, wurden sie die Repräsentanten des proletarischen Flügels. Die ganze Kluft innerhalb des deutschen Faschismus tat sich auf und war durch Reden und Schlagworte nicht mehr zu überbrücken.

Dabei muß man ehrlich zugeben, daß die illegale sozialistische oder kommunistische Arbeit in Deutschland auf keinen Fall die Ursache dieser ungeheuren Zersetzung des Faschismus gewesen ist. Die illegale Arbeit hat auch dazu beigetragen, die Klassengegensätze in Deutschland klarer und schärfer herauszuarbeiten, aber in erster Linie waren es die natürlichen, inneren Widersprüche innerhalb der Nazibewegung selbst, die zur Explosion drängten. Hitler hatte zwar im Jahre 1933, auf der Höhe seiner Macht, die Auflösung der konkurrierenden Deutschnationalen Partei durchsetzen können. Der Teil der deutschen Großkapitalisten und Großgrundbesitzer, der bisher an der deutschnationalen Sonderpartei festgehalten hatte, mußte sich jetzt ebenfalls den Nazis anschließen. Aber damit wurden die klassenmäßigen Ansprüche des deutschen Großkapitals durchaus nicht vermindert. Im Gegenteil, Hitler mußte jetzt erst recht beweisen, daß er als alleiniger Schirmherr des deutschen Kapitalismus seine Verpflichtungen richtig verstand. Sofort auf die Auflösung der Deutschnationalen Partei folgte die Berufung des Großkapitalisten Schmitt zum Reichswirtschaftsminister. Die Ära Schmitt wird durch das famose Arbeitsrecht der Nazis genügend charakterisiert. Schon seit Beginn des Jahres war es klar, daß der Entscheidungskampf für oder gegen die SA heranreifte. Am 30. Juni hat Hitler mit Hilfe der alten Gewalten, der Reichswehr und der staatlichen Polizei, die SA durch Hinmordung ihrer Führer buchstäblich geköpft. Was man mit dem übriggebliebenen Rumpf machen wird, steht noch nicht fest. Nach den letzten vorliegenden Nachrichten soll künftig die SA eine Art von Parteischule für die Nazis werden.

Die deutsche Entwicklung lehrt, daß in einem modernen Industrieland eine faschistische Massenbewegung nur möglich ist, wenn sie breite Schichten von Arbeitnehmern gewinnt. Diese Propaganda unter den Arbeitnehmern zwingt den Faschismus zu den ärg-

sten Zweideutigkeiten und zu immer stärkeren inneren Widersprüchen. Da die Partei nicht zugleich den Arbeitgebern und den Arbeitnehmern dienen kann, trägt sie, je größer sie wird, um so
mehr, Keime der Zersetzung in sich. Es liegt an den Arbeiterparteien selbst, ob sie diese Zersetzung durch eine geeignete Politik
rechtzeitig herbeiführen. In Deutschland mußte erst die Machtübernahme durch den Faschismus kommen, ehe seine inneren
Widersprüche offenkundig wurden.

Es ist durchaus möglich, daß Hitler und seine »gereinigte« Partei noch eine Zeitlang in Deutschland regieren werden. Termine
für den Zusammenbruch anzugeben, ist heute noch schwieriger als
früher. Es ließ sich von Anfang an erkennen, daß der innere
Widerspruch innerhalb der Nazibewegung zu einer schnellen Katastrophe führen würde. Aber nun ist der Widerspruch im gewissen Sinne überbrückt. Die NSDAP führt zwar die »deutschen Arbeiter« immer noch in ihrem Namen, aber sie ist heute in den
Augen der Massen die eindeutige Partei der großkapitalistischen
Diktatur, verbündet mit den Junkern, Generälen, Bureaukraten
und Polizisten. Würde demnächst Hitler gegen einen General oder
gegen einen Prinzen ausgewechselt, so würde dies an den Kräften
und an der Funktion des Systems nichts ändern. Nur eine demokratische und sozialistische Revolution wird das deutsche Volk
von dieser Regierung befreien, genauso wie die Ungarn und Bul-
garen und Österreicher nur durch den Volksaufstand ihre Machthaber abschütteln können.

Seine populäre Massenbasis, die in der SA alten Stils verkörpert
war, hat der deutsche Faschismus endgültig verloren. Daß die
Zweideutigkeit des Hitlersystems vorüber ist, bedeutet objektiv
einen großen Fortschritt. Ferner war die alte SA die eigentliche
Waffe des braunen Terrors. Seit sie zerbrochen ist, wird jede Art
von Opposition in Deutschland leichter sein. Dennoch wäre ein
übertriebener Optimismus über die deutsche Entwicklung verfehlt.
Man darf nie vergessen, daß Deutschlands Proletariat nach dem 9.
November 1918 nichts als Niederlagen erlitten hat. Hitlers Regie-
rungsantritt im Jahre 1933 war nur die Konsequenz der großen
proletarischen Niederlagen von 1923 und 1930. Manche Leute
wiegten sich in der Illusion, und es waren nicht die schlechtesten,
daß die deutsche Arbeitnehmerschaft durch all das Blut und den
Schmutz der Hitlerwirtschaft hindurch mit Hilfe der Nazis zur
Macht kommen werde. Aber es ist objektiv unmöglich, daß eine

Klasse, die besiegt und geschwächt ist, plötzlich durch einen Far-
benwechsel zur Macht gelangt. Wenn die deutschen Kapitalisten
stärker als die Arbeiter waren, so war diese Tatsache nicht dadurch aus der Welt zu schaffen, daß die Arbeiter eines Tages, an
Stelle der roten Fahne, das Hakenkreuzbanner hißten. Die Erhebung der SA gegen den kapitalistischen Parteiflügel, die im besten
Fall auch nur eine traurige Karikatur einer proletarischen Revolution gewesen wäre, ist gar nicht erst zur Entwicklung gekommen,
sondern sofort in einem Blutbad erstickt worden. Erst wenn sich
eine entscheidende innere Wandlung des deutschen Proletariats
vollzogen hat, eine Abstoßung der alten Schlagworte und Bequem-
lichkeiten, und an ihrer Stelle die Herausbildung des klaren und
festen Willens zur Macht – erst dann wird das deutsche Volk wieder frei sein. Unter dem Naziterror hat die deutsche Arbeiterschaft viel gelernt. Man kann sich z. B. kaum denken, daß die
deutsche Arbeiterschaft nach all dem, was sie von den Nazis sah,
bei einem neuen 9. November wieder ehrfurchtsvoll vor den Ge-
heimräten und dem Reichsgericht haltmachen würde. Aber es ist
besser, sich nicht optimistische Termine zu setzen und sich die
eigene Aufgabe nicht zu leicht zu denken.

Im ganzen hat der Faschismus dem Bilde des modernen Klassenkampfes keine prinzipiell neuen Züge eingefügt. Vor allem hat
er nichts hervorgebracht, was irgendwie zur Revision einer der
grundlegenden Erkenntnisse von Marx führen könnte. Daß die
Mittelschichten für die revolutionäre Taktik des Proletariats von
großer Bedeutung sind, haben Marx und Engels immer gewußt.
Das hat auch niemand besser gewußt als Lenin. Aber das Proletariat kann sich nur zur »Nation konstituieren« durch entschlossene
Offensive und durch klare Erkenntnis seiner Klassenaufgabe, jedoch niemals, wenn es neuen mystischen Lehren von Jugend,
Kleinbürgertum und Volkstum glaubt, wenn es den Vorurteilen
des Mittelstandes schmeichelt oder sich gar hinter den Rockschö-
ßen des absterbenden Liberalismus oder eines »wohlwollenden«
Konservatismus verkriecht.

Auswahlbibliographie*

1. Bücher

Untersuchungen zur römischen Zenturienverfassung, Berlin 1911.

Der Staat der alten Italiker. Verfassung der Latiner, Osker und Etrusker, Berlin 1913.

Geschichte der römischen Republik, Leipzig 1921.

Einleitung und Quellenkunde zur römischen Geschichte, Berlin 1921.

Demokratie und Klassenkampf im Altertum, Bielefeld 1921 (in diesem Band Nr. 1).

Die Entstehung der Deutschen Republik, 1871–1918, Berlin 1928.

Geschichte des Bolschewismus von Marx bis zur Gegenwart, Berlin 1932, Frankfurt 1966, 1969.

Der Faschismus als Massenbewegung. Sein Aufstieg und seine Zersetzung, Karlsbad 1934 (in diesem Band Nr. 12).

Geschichte der Deutschen Republik, Karlsbad 1935.

Demokratie und Sozialismus. Zur politischen Geschichte der letzten 150 Jahre, Amsterdam 1938, Frankfurt 1962, 1971.

Entstehung und Geschichte der Weimarer Republik, Hg. Kurt Kersten, Frankfurt 1955, 1971[13].

2. Abhandlungen

Etruskisches, Glotta 4. 1913, 51–78.

Zur Zenturienreform, Berliner Philologische Wochenschrift 49. 1913, 1567.

Studien zur Entstehung der Plebs, Hermes 48. 1913, 359–77.

Nochmals Aedilis lustralis und die Sacra von Tusculum, Hermes 49. 1914, 253–72.

Herodot und Cortona, Rheinisches Museum für Philologie N. F. 69. 1914, 615–24.

Imperator, Paulys Realencyclopädie der klassischen Altertumswissenschaft, Hg. W. Kroll, Stuttgart 1893 ff., Bd. 9, 1, 1139–54.

Ramnes, Paulys Realencyclopädie der klassischen Altertumswissenschaft, Hg. W. Kroll, Stuttgart 1893 ff., 2. Reihe, Bd. 1, 1, 137–39.

Ravenna, Paulys Realencyclopädie der klassischen Altertums-

---

* Nach: H. Schachenmeyer, A. Rosenberg, Wiesbaden 1964, 173–82; z. T. ergänzt.

wissenschaft, Hg. W. Kroll, Stuttgart 1893 ff., 2. Reihe, Bd. 1, 1, 300–5.

Regia, Paulys Realencyclopädie der klassischen Altertumswissenschaft, Hg. W. Kroll, Stuttgart 1893 ff., 2. Reihe, Bd. 1, 1, 465–69.

Regifugium, Paulys Realencyclopädie der klassischen Altertumswissenschaft, Hg. W. Kroll, Stuttgart 1893 ff., 2. Reihe, Bd. 1, 1, 469–72.

Res publica, Paulys Realencyclopädie der klassischen Altertumswissenschaft, Hg. W. Kroll, Stuttgart 1893 ff., 2. Reihe, Bd. 1, 1, 633–74.

Rex, Paulys Realencyclopädie der klassischen Altertumswissenschaft, Hg. W. Kroll, Stuttgart 1893 ff., 2. Reihe, Bd. 1, 1, 702–26.

Rex Sacrorum, Paulys Realencyclopädie der klassischen Altertumswissenschaft, Hg. W. Kroll, Stuttgart 1893 ff., 2. Reihe, Bd. 1, 1, 721–26.

Romulia, Paulys Realencyclopädie der klassischen Altertumswissenschaft, Hg. W. Kroll, Stuttgart 1893 ff., 2. Reihe, Bd. 1, 1, 1074.

Romulus, Paulys Realencyclopädie der klassischen Altertumswissenschaft, Hg. W. Kroll, Stuttgart 1893 ff., 2. Reihe, Bd. 1, 1, 1074–104.

Der Untergang des weströmischen Reiches, Deutsche Literaturzeitung 36. 1915, 2221–25.

Zu den altlateinischen Priestertümern, Hermes 50. 1915, 416–26.

Perikles und die Parteien in Athen, Neue Jahrbücher für das klassische Altertum 4. 1915, 205–23.

Imperium, Paulys Realencyclopädie der klassischen Altertumswissenschaft, Hg. W. Kroll, Stuttgart 1893 ff., Bd. 9, 3, 1201–11.

Neue Censoreninschrift aus Praeneste, Rheinisches Museum für Philologie, N. F. 71 1916, 117–27.

Amyntas, der Vater Philipps II., Hermes 51. 1916, 499–509.

J. G. Droysen, Geschichte Alexander des Großen, Hg. A. Rosenberg, Berlin 1917, Einleitung.

Bericht über römische Staatsaltertümer (1902–1916), Jahresberichte über die Fortschritte der klassischen Altertumswissenschaft 176. 1918, 201–26.

Die Parteistellung des Themistokles, Hermes 53. 1918, 308–16.

Zur Geschichte des Latinerbundes, Hermes 54. 1919, 113–73.

Ein Dokument zur Reichsreform des Kaisers Gallienus, Hermes 55. 1920, 319–21.

Die Entstehung des sog. Foedus Cassianum und des latinischen
Rechts, Hermes 55. 1920, 337–63.

Die Reform des Geschichtsunterrichts, Die neue Erziehung 1.
1920, 405–10.

Das Geheimnis der deutschen Kriegserklärungen, Die Gesellschaft
6/2. 1929, 51–57 (in diesem Band Nr. 9).

Hans Delbrück, der Kritiker der Kriegsgeschichte, Die Gesellschaft 6/2. 1929, 245–52 (in diesem Band Nr. 8).

Treitschke und die Juden, Die Gesellschaft 7/2. 1930, 78–83 (in
diesem Band Nr. 7).

Zur Vorgeschichte des Weltkriegs, Die Gesellschaft 8/1. 1931,
28–42.

Die französischen Dokumente über die Ursachen des Weltkriegs,
Die Gesellschaft 8/1. 1931, 418–22.

Fürst Bülow u. die historische Wahrheit, Die Gesellschaft 8/2.
1931, 179–82.

Stresemanns Vermächtnis, Die Gesellschaft 9/2. 1932, 227–32.

Karl Marx, in: Menschen, die Geschichte machten, Bd. 2, Wien
1932, 491–97 (in diesem Band Nr. 3).

Nation und Sozialismus, Neue Blätter für den Sozialismus 3. 1933,
118–19.

Aristoteles über Diktatur u. Demokratie, Rheinisches Museum für
Philologie, N. F. 82. 1933, 339–61 (in diesem Band Nr. 2).

Socialist Parties, Encyclopaedia of Social Sciences, Bd. 14, N. Y.
1934, 212–21·(in diesem Band Nr. 5).

Zum 9. November, Zeitschrift für Sozialismus 1933, H. 2, 41–46
(in diesem Band Nr. 10).

1848–1934, Zeitschrift für Sozialismus 1934, H. 7, 209–11 (in diesem Band Nr. 11).

Ein Aktionsprogramm der englischen Arbeiterpartei, Zeitschrift
für Sozialismus 1934, H. 10, 332–34.

Nachlese zur verlorenen Schlacht, Zeitschrift für Sozialismus 1935,
H. 19, 605–8.

Wandlungen der sowjetrussischen Außenpolitik, Zeitschrift für Sozialismus 1935, H. 20/21, 643–49.

Das Geschichtsbild des Bolschewismus, Scandia. Tidskrift för Historiske Forskening 12. 1939, 256–83 (in diesem Band Nr. 6).

Was bleibt von Karl Marx? Maß und Werk 3. 1940, 384–90 (in
diesem Band Nr. 4).

Bibliographische Notiz

1. Demokratie und Klassenkampf im Altertum, Bielefeld 1921
2. Aristoteles über Diktatur und Demokratie, Rheinisches Museum für Philologie NF 2. 1933, 339–61
3. Karl Marx, in: P. R. Rhoden, Hg., Menschen, die Geschichte machten, II, Wien 1933, 491–97
4. Was bleibt von Karl Marx?, Maß und Wert 3. 1940, 384–90
5. Sozialistische Parteien, Encyclopaedia of the Social Sciences 14. 1934 (1953[10]), 212–21
6. Das Geschichtsbild des Bolschewismus, Scandia. Tidskrift för Historiske Forskening 12. 1939, 256–83
7. Treitschke und die Juden, Die Gesellschaft 7/II. 1930, 78–83
8. Hans Delbrück, der Kritiker der Kriegsgeschichte, Die Gesellschaft 6. 1929/II, 245–52
9. Das Geheimnis der deutschen Kriegserklärungen, Die Gesellschaft 6. 1929/II, 51–57
10. Zum 9. November 1918, Zeitschrift für Sozialismus 1. 1933, 41–46
11. 1848–1934, Zeitschrift für Sozialismus 1. 1934, 209–11
12. Der Faschismus als Massenbewegung, Karlsbad 1934

Geschichte der Philosophie

Herausgegeben von
François Châtelet

ein Ullstein Buch

Ullstein
Materialien

Wissenschaft
im Taschenbuch

Folgende Bände sind
bisher erschienen:

A. S. Makarenko
Ein pädagogisches Poem
Ullstein Buch 2871

Karl Marx
Das Kapital
Band 1 · Ullstein Buch 2806
Band 2 · Ullstein Buch 2805
Band 3 · Ullstein Buch 2807

Karl Marx / Friedrich Engels
Staatstheorie
Ullstein Buch 3008

Franz Mehring
Die Lessing-Legende
Ullstein Buch 2854

Friedrich Nietzsche
Werke Band 1 bis Band 5
Ullstein Buch 2907 bis 2911

Ludwig August von Rochau
Grundsätze der Realpolitik
Ullstein Buch 2915

Daniel Paul Schreber
Denkwürdigkeiten eines
Nervenkranken
Ullstein Buch 2957

ein Ullstein Buch